Alfons Axmann, Roland Dosch, Michael Hardick, Reinhold Nowak, Manfred Scherer, Bernd Utpatel

Betrifft Sozialkunde

Ausgabe Saarland

Lehr- und Arbeitsbuch an beruflichen Schulen

5. Auflage

Bestellnummer 0109S

Bildungsverlag EINS

Haben Sie Anregungen oder Kritikpunkte zu diesem Produkt?
Dann senden Sie eine E-Mail an 0109S_005@bv-1.de
Autoren und Verlag freuen sich auf Ihre Rückmeldung.

Die in diesem Werk aufgeführten Internetadressen sind auf dem Stand der Druck-
legung 2009. Die ständige Aktualität der Adressen kann von Seiten des Verlags nicht
gewährleistet werden. Darüber hinaus übernimmt der Verlag keine Verantwortung
für die Inhalte dieser Seiten.

Aus Gründen der besseren Lesbarkeit wird bei geschlechtsspezifischen Bezeichnungen
in der Regel ausschließlich die männliche Form gewählt.

www.bildungsverlag1.de

Bildungsverlag EINS
Sieglarer Straße 2, 53842 Troisdorf

ISBN 978-3-8242-**0109**-9

Lerngebiet 8: Politik und Geschichte im Land an der Saar ...

Lerngebiet 9: Vom geteilten Deutschland zur Vereinigung ..

Lerngebiet 12: Das Regierungssystem der Bundesrepublik Deutschland II

Lerngebiet 13: Frieden und Sicherheit

Liebe Schülerinnen und Schüler,

das neue **„Betrifft Sozialkunde"** will ein Beitrag leisten zur wirkungsvollen Teilnahme am Gegenwartsgeschehen. Auf der Grundlage des Lehrplans für Sozialkunde (Lehrplan-Saarland-BS/BGJ/BGS – Sozialkunde 2003) haben Autoren und Verlag ein Lehr- und Arbeitsbuch entwickelt, das sowohl aktives Lernen im Unterricht als auch die selbstständige Erarbeitung und Prüfungsvorbereitung zu Hause ermöglicht.

Die Lerngebiete sind wie folgt aufgebaut: Jedes Kapitel beginnt mit einem interessanten Einstieg plus Erschließungsfragen zu der nachfolgenden Thematik. Informationstexte vermitteln die notwendigen Kenntnisse und werden durch grafische Darstellungen, Statistiken, Fotos, Karikaturen und Quellentexte ergänzt. Die zahlreichen Erarbeitungsfragen zu den Materialien und dem Informationstext bilden die Grundlage für einen lebendigen Unterricht.

Am Ende jedes Lerngebietes – bzw. bei sehr großen Lerngebieten am Ende jedes größeren thematischen Abschnittes – gibt es einen grafisch besonders hervorgehobenen Block:
- **Wiederholungsaufgaben** prüfen das erworbene Wissen noch einmal strukturiert.
- **Handlungsimpulse** bieten Ideen und Vorschläge für Projekte und praxisorientierte Aufgabenstellungen.

Eine kleine Aufgabenlegende:

Einstiegs- und Erarbeitungsfragen zu bestimmten Materialien sind in dieser Farbe gekennzeichnet.

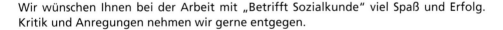

Erarbeitungsfragen zum gesamten Kapitel sind mit diesem Symbol gekennzeichnet.

Wir wünschen Ihnen bei der Arbeit mit „Betrifft Sozialkunde" viel Spaß und Erfolg. Kritik und Anregungen nehmen wir gerne entgegen.

Die Verfasser und die Verlagsredaktion

Berufsschule und Schülermitverantwortung

Auszug einer Diskussion über die Berufswahl

Heike Jetzt, nachdem ich seit ein paar Wochen zur Einzelhandelskauffrau ausgebildet werde und mich in meinem Betrieb halbwegs eingelebt habe, wurde mir eine Lehre für den Beruf Möbelschreiner angeboten. Das war immer mein Traumberuf. Was soll ich jetzt bloß machen?

Sebastian Nimm doch deinen Job nicht so ernst. Es ist doch egal, was du machst. Schau, wo du das meiste Geld verdienst. Das wirkliche Leben findet doch erst in der Freizeit statt.

Silke Quatsch! Der Beruf muss einem Spaß machen. Wie willst du die Arbeit auf Dauer sonst durchhalten? Ich würde an Heikes Stelle sofort umsatteln und das machen, was ich schon immer machen wollte!

Tobias Ich meine, sie sollte den Beruf wählen, den sie auch noch in zwanzig Jahren ausüben kann.

Anna Die Zukunft kennt niemand. Besser ist es, einen Beruf zu wählen, der gute Chancen zur Weiterbildung hat.

Eva Mir ist wichtig, dass ich meinen Beruf später als Mutter auch halbtags ausüben kann.

Georg Für euch Frauen ist der Beruf doch Nebensache. Irgendwann werdet ihr heiraten, Kinder bekommen und den Haushalt führen. Wer interessiert sich dann noch dafür, was ihr gelernt habt.

Nicole Bist du von vorgestern, Georg? Für Frauen ist der Beruf genauso wichtig wie für Männer. Was glaubst du, wie viele Ehen heute geschieden werden, wie viele Frauen ohne Rentenansprüche sind, nur weil sie nicht gearbeitet haben? An der Arbeit hängt doch die ganze Sozialversicherung.

Julia Ohne Beruf wirst du in unserer Gesellschaft auch nicht anerkannt. Meine Mutter klagt immer darüber, dass sie „nur" Hausfrau ist.

Klaus Für meine Mutter ist Arbeit ein Stück Selbstverwirklichung. Sie bräuchte nicht zu arbeiten, weil mein Vater gut verdient. Trotzdem arbeitet sie den ganzen Tag im Betrieb.

Oliver Findest du das in Ordnung, Klaus? Viele Familienväter sind arbeitslos und deine Mutter schafft nur zum Vergnügen!

Sven Ihr redet immer nur von Arbeitnehmern. Meine Eltern sind selbstständig. Sie kennen keine festen Arbeitszeiten und kein festes Arbeitseinkommen. Sie arbeiten mit dem Risiko, bei vollem Arbeitseinsatz nichts zu verdienen.

1. Stellen Sie die unterschiedlichen Meinungen dar.
2. Beziehen Sie selbst Stellung.

1 Die Berufsschule als Teil der berufsbildenden Schule

1.1 Das duale System der Berufsausbildung

Autsch!

Das besondere Merkmal der Berufsausbildung in Deutschland ist die Verbindung der beiden Lernorte Betrieb und Berufsschule. Dieses Zusammenspiel von Arbeiten und Lernen wird „duales System" genannt. Dem jungen Menschen bietet die Verknüpfung von Theorie und Praxis einen vergleichsweise reibungslosen Übergang von der allgemeinbildenden Schule ins Erwerbsleben.

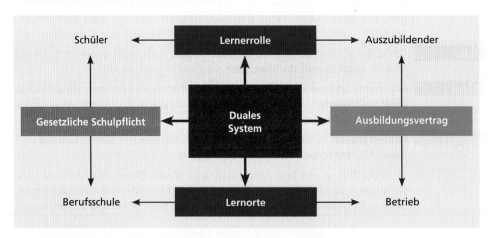

1. Interpretieren Sie die Karikatur.
2. Beschreiben Sie das duale System der Berufsausbildung.

1.2   Lernort Betrieb

Was einen Ausbildungsberuf kennzeichnet, wird von den zuständigen Bundesministern in einer **Ausbildungsordnung** festgelegt. Das **Ausbildungsberufsbild** enthält die
Kenntnisse, Fertigkeiten und Fähigkeiten, die ein Auszubildender erwerben muss und
die Grundlage der Prüfung sind. Im **Ausbildungsrahmenplan** werden diese sachlich und
zeitlich gegliedert. Derzeit sind ca. 350 Ausbildungsberufe anerkannt.

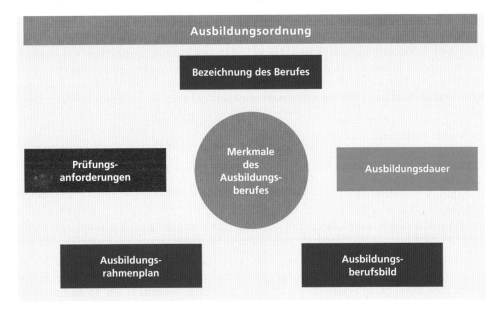

Die neu geordneten Ausbildungsberufe tragen der Dynamik am Arbeitsmarkt in besonderer Weise Rechnung. Ihr Ziel ist die umfassende berufliche **Handlungskompetenz**.
Der Auszubildende soll befähigt werden, berufliche Handlungssituationen selbstständig zu bewältigen (vgl. auch Lerngebiet 3, S. 72).

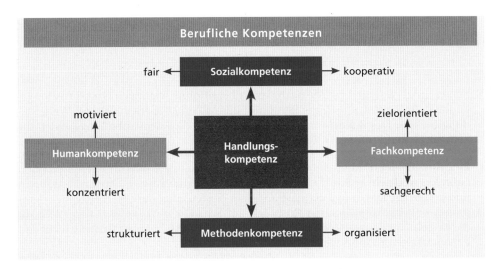

Das persönliche Rechtsverhältnis zwischen dem Auszubildenden und dem Ausbilden-den (= Ausbildungsbetrieb) beruht auf dem **Berufsausbildungsvertrag**. In ihm regeln die Vertragsparteien die Bedingungen unter denen die Ausbildung erfolgen soll. Die getroffenen Regelungen sind keine unverbindlichen Erklärungen, sondern stellen einen einklagbaren Rechtsanspruch dar.

Der Inhalt des Berufsausbildungsvertrages ist nicht in allen Punkten frei vereinbar. Zur Sicherstellung einer qualifizierten Ausbildung wurde 1969 auf Bundesebene das **Be-rufsbildungsgesetz (BBiG)** erlassen. Im Handwerk gilt zudem die **Handwerksordnung**. Es enthält Vorschriften, die von den Vertragsparteien zu erfüllen sind.

Das Berufsbildungsgesetz legt in § 10 fest, dass vor Ausbildungsbeginn ein Vertrag schriftlich abzufassen ist. Er muss laut § 11 mindestens die folgenden Punkte enthalten:

Mindestinhalte des Berufsausbildungsvertrages

1. Art der Berufsausbildung, sachliche und zeitliche Gliederung
2. Beginn und Dauer der Berufsausbildung
3. Ausbildungsmaßnahmen außerhalb der Ausbildungsstätte
4. Dauer der regelmäßigen täglichen Arbeitszeit
5. Dauer der Probezeit
6. Zahlung und Höhe der Vergütung
7. Dauer des Urlaubs
8. Voraussetzungen, unter denen der Ausbildungsvertrag gekündigt werden kann

Das Ausbildungsverhältnis endet, wenn die vereinbarte Ausbildungszeit abgelaufen ist oder mit dem Tag der Feststellung des Prüfungsergebnisses. Daneben kann es zuvor durch eine **Kündigung** enden. Diese ist nach § 20 BBiG innerhalb der Probezeit ohne Angabe von Gründen und ohne Frist möglich. Die **Probezeit** muss mindestens einen und darf höchstens vier Monate betragen. Nach der Probezeit darf nur noch aus einem wich-tigen Grund (z.B. Diebstahl) das Ausbildungsverhältnis gelöst werden (**außerordentliche Kündigung**). Eine solche Pflichtverletzung darf nicht länger als zwei Wochen dem zur Kündigung Berechtigten bekannt sein. Will der Auszubildende seine Berufsausbildung nach der Probezeit aufgeben (**ordentliche Kündigung**), muss er dies dem Ausbilden-den unter der Einhaltung einer Frist von vier Wochen schriftlich mitteilen. Werden die Vorschriften missachtet, kann nach § 23 BBiG innerhalb von drei Monaten nach Beendi-gung des Ausbildungsverhältnisses Schadenersatz geltend gemacht werden.

Aus der Rechtsprechung: Schadenersatz wegen außerordentlicher Kündigung!

- Einem Auszubildenden wurde nach der Probezeit ohne wichtigen Grund fristlos ge-kündigt. Zur Fortsetzung seiner Berufsausbildung besuchte er ein privates Weiterbil-dungsinstitut. Das Bundesarbeitsgericht entschied, dass der Ausbildungsbetrieb die Lehrgangs- und Prüfungskosten zu tragen habe.
  Bundesarbeitsgericht, Urteil vom 17.07.2007, Az.: 9 AZR 103/07
- Eine Auszubildende kündigte nach der Probezeit, weil sie den Wohnort aus privaten Gründen wechseln wollte. Der Ausbildende stellte eine ausgebildete Ersatzkraft ein und klagte auf Erstattung der entstandenen Kosten. Das Bundesarbeitsgericht ent-schied, dass grundsätzlich ein Anspruch auf Schadenersatz besteht, aber nicht für die Kosten einer ausgebildeten Fachkraft, weil ein Ausbildungsverhältnis nicht mit einem Arbeitsverhältnis gleichgesetzt werden kann.
  Bundesarbeitsgericht, Urteil vom 17.08.2000, Az.: 8 AZR 578/99

1. Begründen Sie, weshalb der Staat in die Vertragsfreiheit zwischen Auszubilden-
   dem und Ausbildendem mit Vorschriften eingreift.
2. Diskutieren Sie die Auffassung des Bundesarbeitsgerichts.

Das Berufsbildungsgesetz überträgt den Vertragspartnern genaue **Pflichten**, die dem
anderen gegenüber als **Rechte** zu verstehen sind:

Der Ausbildende muss ...	Der Auszubildende muss ...
• ... die erforderlichen Kenntnisse und Fertigkeiten vermitteln! • ... selbst ausbilden oder einen Ausbilder beauftragen! • ... die Ausbildungsmittel kostenlos zur Verfügung stellen! • ... zum Besuch der Berufsschule anhalten! • ... Verrichtungen übertragen, die dem Ausbildungszweck dienen! • ... charakterlich fördern, vor sittlicher und körperlicher Gefährdung schützen! • ... für die Prüfung freistellen! • ... ein Zeugnis ausstellen!	• ... bemüht sein, sich die nötigen Kenntnisse und Fertigkeiten anzueignen! • ... Weisungen von Ausbildendem und Ausbilder, sofern sie dem Ausbildungszweck dienen, befolgen! • ... Werkzeug, Maschinen und Einrichtungen pfleglich behandeln! • ... an Ausbildungsmaßnahmen, für die er freigestellt ist (z. B. Berufsschule), teilnehmen! • ... die übertragenen Verrichtungen sorgsam ausführen! • ... die Betriebsordnung beachten! • ... ein Berichtsheft führen, wenn es verlangt wird! • ... über Betriebs- und Geschäftsgeheimnisse Stillschweigen bewahren!

Der Berufsausbildungsvertrag muss der **Kammer** zur Überprüfung vorgelegt werden.
Sie ist die zuständige Stelle für die Berufsbildung (Handwerkskammer, Industrie- und
Handelskammer, Landwirtschaftskammer, Ärztekammer, Apothekerkammer, Rechts-
anwaltskammer). Alle ordnungsgemäßen Ausbildungsverträge werden von ihr in das
Verzeichnis der Berufsausbildungsverhältnisse (Lehrlingsrolle) eingetragen. Die Kammern organisieren die überbetriebliche Ausbildung und führen die Zwischen- und Ab-
schlussprüfung durch. Sie berufen die Prüfungsausschüsse, die mit der gleichen Anzahl
von Arbeitgeber- und Arbeitnehmervertretern sowie mindestens einem Lehrer der berufsbildenden Schule besetzt sind. Die erfolgreiche Berufsausbildung wird von Seiten
der Kammern durch den Gesellen- bzw. **Gehilfenbrief** bescheinigt.

	Berufsschule	Betrieb
Zuständigkeit	Land	Bund
Rechtsgrundlage	Berufsschulpflicht	Berufsausbildungsvertrag
Abschluss	Berufsschulzeugnis	Gesellen- bzw. Gehilfenbrief
Lerninhalte	Lehrplan	Ausbildungsplan
Finanzierung	Land	Betrieb
Überwachung	Schulaufsicht	Kammern

1.3 Lernort Berufsschule

Ein Auszubildender:

„Ich finde, dass ein Großteil der Berufsschule unnötig ist. Vor allem das Fach Sozialkunde.
Ich brauche es nicht für den Beruf und es interessiert mich nicht! Ich fände es besser, wenn der Berufsschulunterricht gekürzt würde und wir mehr im Betrieb wären."

Eine Auszubildende:

„Ich gehe gern in die Berufsschule, auch in den Sozialkundeunterricht. Man hört mal etwas anderes, nicht immer nur Berufliches. Außerdem wird unser Leben als Auszubildende auch von der Politik bestimmt und da sollte man schon Bescheid wissen."

1. Diskutieren Sie, ob der Sozialkundeunterricht an der Berufsschule gestrichen werden sollte.
2. Welche Erwartungen haben Sie an die Berufsschule?

Die Berufsschule fällt in den Regelungsbereich der Länder. Im Saarland legt das Schulpflichtgesetz eine neunjährige Vollzeit- und eine anschließende dreijährige Berufsschulpflicht fest. Die Berufsschulpflicht endet frühestens mit der Vollendung des 18. und spätestens mit der Vollendung des 21. Lebensjahres. Liegt ein über das Ende der Berufsschulpflicht hinausgehendes Berufsausbildungsverhältnis vor oder wird ein solches nach dem Ende der Berufsschulpflicht begründet, so kann die Berufsschule freiwillig bis zu dessen Beendigung besucht werden. Pro Tag darf der Berufsschulunterricht acht und im Blockunterricht pro Woche 38 Unterrichtsstunden nicht überschreiten.

Am Ende der Berufsausbildung erhält der Auszubildende ein Abschlusszeugnis der Berufsschule. Kann er die geforderten Leistungen nicht erbringen, wird ihm ein Abgangszeugnis ausgestellt.

Konfliktsituationen Berufsschulpflicht

Susanne ist 17 Jahre alt und lernt Einzelhandelskauffrau. Sie muss jeden Montag und alle zwei Wochen mittwochs zur Berufsschule. Jeder Berufsschultag dauert von 08:00 bis 15:15 Uhr. Unmittelbar danach besucht sie einen Gymnastikkurs. Da ihr Klassenlehrer nach einem Unfall für fünf Wochen nicht zur Schule kommen kann, fällt für diese Zeit der Unterricht nach 13:00 Uhr aus. Ihr Ausbildungsbetrieb teilt ihr schriftlich mit, dass sie für diese Zeit nach der Mittagspause in den Betrieb zu kommen hat. Zur Begründung gibt er einen krankheitsbedingten Personalengpass an. Susanne ist wütend:

„Ich habe mich auf diese Schulzeiten eingestellt und den Gymnastikkurs fest gebucht. Wenn ich ihn nicht besuchen kann, habe ich die Gebühr umsonst bezahlt. Ich bin nicht schuld am Unterrichtsausfall, deshalb darf mir auch kein Schaden entstehen!"

§ 9 Jugendarbeitsschutzgesetz (JArbSchG)

(1) Der Arbeitgeber hat den Jugendlichen für die Teilnahme am Berufsschulunterricht freizustellen. Er darf den Jugendlichen nicht beschäftigen ... an einem Berufsschultag mit mehr als fünf Unterrichtsstunden von mindestens je 45 Minuten, einmal in der Woche. [...]

1. Stellen Sie die Rechtssituation dar.
2. Diskutieren Sie die Sinnhaftigkeit der Rechtsregelung

1.4 Schulische Alternativen zur dualen Berufsausbildung

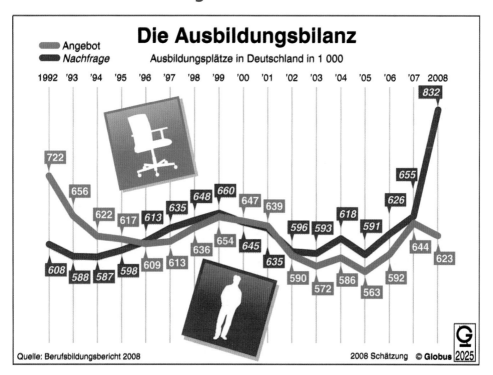

Die Ausbildungsbilanz

Angebot
Nachfrage

Ausbildungsplätze in Deutschland in 1 000

1992 '93 '94 '95 '96 '97 '98 '99 '00 '01 '02 '03 '04 '05 '06 '07 2008

832
722
656
655
648 660
647 639
626
622 617 613 635
618
596 593
591
654 645
636
644
608 588 587 598 609 613
635
623
590
572
586
592
563

Quelle: Berufsbildungsbericht 2008   2008 Schätzung   © Globus 2025

Wer keinen Ausbildungsplatz für einen Lehrberuf erhält oder aber eine schulische Form der beruflichen Bildung anstrebt, findet an der berufsbildenden Schule ein breites Angebot schulischer Berufsqualifizierung. Solche Bildungsgänge werden zum Teil auf eine spätere Ausbildung angerechnet.

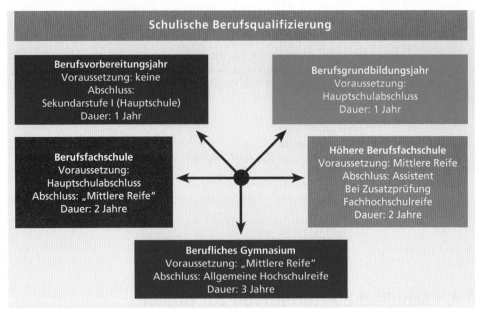

Schulische Berufsqualifizierung

Berufsvorbereitungsjahr
Voraussetzung: keine
Abschluss:
Sekundarstufe I (Hauptschule)
Dauer: 1 Jahr

Berufsgrundbildungsjahr
Voraussetzung:
Hauptschulabschluss
Dauer: 1 Jahr

Berufsfachschule
Voraussetzung:
Hauptschulabschluss
Abschluss: „Mittlere Reife"
Dauer: 2 Jahre

Höhere Berufsfachschule
Voraussetzung: Mittlere Reife
Abschluss: Assistent
Bei Zusatzprüfung
Fachhochschulreife
Dauer: 2 Jahre

Berufliches Gymnasium
Voraussetzung: „Mittlere Reife"
Abschluss: Allgemeine Hochschulreife
Dauer: 3 Jahre

1. Stellen Sie die in den vergangen Jahren gewachsene Bedeutung der vollschulischen Berufsqualifizierung dar.
2. Diskutieren Sie die Vor- und Nachteile der vollschulischen Berufsqualifizierung.

1.5 Schulische Weiterbildung

 Im Nachhinein bedaure ich sehr, das Gymnasium abgebrochen und eine Ausbildung begonnen zu haben. Das theoretische Lernen macht mir Spaß und ich würde gerne Ingenieur werden.

 Du hättest ja am Gymnasium bleiben und dein Abitur machen können.

 Klar, aber ich wollte mal etwas anderes machen als nur Schule. Ich bin doch deshalb nicht dümmer als die anderen.

 Es können nicht alle Häuptlinge sein, es muss auch Indianer geben.

 Die Theoretiker machen Abitur, die Praktiker machen eine Ausbildung!

 Sicherlich, aber es muss auch Chancengleichheit geben. Warum sollen Abiturienten studieren dürfen und wir nicht?

 Wir machen auch Theorie und die Abiturienten brauchen auch Praxis!

1. Charakterisieren Sie den Unterschied zwischen dem allgemeinen und dem beruflichen Bildungsweg.
2. Diskutieren Sie die Forderung, das auch Absolventen der dualen Berufsausbildung studieren dürfen.

Die erfolgreiche Berufsausbildung ist keine Sackgasse.

Nachträglicher Erwerb von Bildungsabschlüssen:

Wer noch keinen mittleren Bildungsabschluss besitzt, kann im Saarland die erweiterte Realschule in Abendform besuchen. Voraussetzung sind ein Hauptschulabschluss und ein Mindestalter von 16 Jahren. Die Anmeldung muss spätestens bis zum 15. Juni erfolgen. Der Bildungsgang dauert zwei Jahre und umfasst insgesamt 20 Wochenstunden.

Daneben besteht die Möglichkeit, den mittleren Bildungsabschluss durch eine besondere Prüfung zu erwerben. Die Meldung hat zum 1. Dezember beim Bildungsministerium zu erfolgen. Die Prüfung besteht aus einem schriftlichen und einem mündlichen Teil. Kern der Prüfung sind die Fächer Deutsch, Fremdsprache und Mathematik sowie zwei frei gewählte Fächer des Prüflings.

Wer nach der Berufsausbildung die allgemeine Hochschulreife erwerben will, dem bietet sich das dreijährige Saarland-Kolleg an. Vorraussetzung ist das Bestehen einer Aufnahmeprüfung und ein Mindestalter von 19 Jahren.

Nach der dualen Berufsausbildung können auch schulische Bildungsgänge besucht werden, die zur allgemeinen Fachhochschulreife führen. Sie werden in Voll- oder Teilzeitform angeboten. Zum Teil verleihen sie eigene Berufsbezeichnungen; die Fachschule

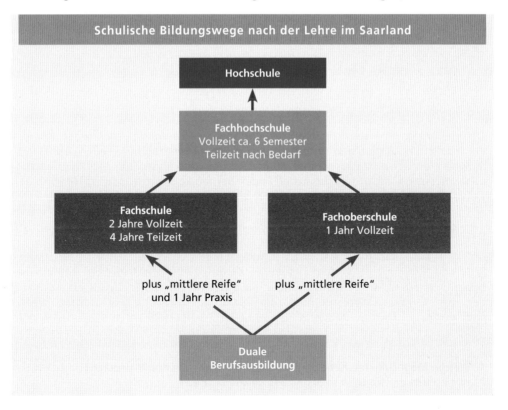

beispielsweise den staatlich geprüften Techniker bzw. Betriebswirt. Andere zielen wie der „Meisterbrief" als großer Befähigungsnachweis auf die wirtschaftliche Selbstständigkeit.

Wer einen weiterführenden Bidlungsgang besucht, hat nach dem Bundesgesetz über individuelle Förderung der Ausbildung (Bundesausbildungsförderungsgesetz – BAföG) einen Anspruch auf finanzielle Unterstützung durch den Staat. Die Förderhöhe richtet sich nach den eigenen finanziellen und sozialen Verhältnissen. Bei Schülern, die einschließlich der Berufsausbildung noch keine sechs Jahre in einem Arbeitsverhältnis standen oder das 30. Lebensjahr noch nicht vollendet haben, werden auch die zum Unterhalt verpflichteten Eltern in die Berechnung mit einbezogen. Der Höchstsatz für einen Schüler ohne Geschwister beträgt 2008 maximal 389 Euro und 528 Euro, wenn er außerhalb der elterlichen Wohnung lebt.

Betriebliche Weiterbildung

Betriebe und Kammern bieten eine breite Palette von speziellen berufsbezogenen Weiterbildungsmöglichkeiten (z. B. EDV-Kurse) an. Diese werden entweder intern oder extern durchgeführt. In Großbetrieben (z. B. Banken und Sparkassen) gibt es vielfach zusätzlich eigene Bildungssysteme mit abgestuften Qualifikationsbausteinen (vgl. auch Lerngebiet 3, S. 75ff.).

2 Mitwirkung in der Schule

(Fortsetzung des Einstiegsfalls von S. 16)

Unterrichtsvertretung statt Unterrichtsausfall?

Susanne bringt im Unterricht ihren Fall zur Sprache. Sie will im Namen der Schüler die Schulleitung bitten, den Unterrichtsausfall am Nachmittag durch eine Vertretung aufzufangen. In der Klasse löst ihre Absicht heftige Reaktionen aus. Nicht alle Auszubildende müssen bei Unterrichtsausfall in den Betrieb kommen. Für sie ist eine Stunde weniger Berufsschule eine Stunde mehr Freizeit.

§ 20 Schulmitbestimmungsgesetz

(1) Die Schüler haben das Recht, nach Maßgabe dieses Gesetzes bei der Arbeit ihrer Schule zur Erfüllung der Unterrichts- und Erziehungsaufgabe mitzuwirken und mitzubestimmen und in diesem Rahmen ihre Interessen wahrzunehmen. Inhalt und Formen der Mitwirkung und Mitbestimmung sollen dem Alter der Schüler entsprechend abgestuft werden.

1. Welche Möglichkeiten hat Susanne, ihre Vorstellungen durchzusetzen?
2. Wie könnte der Konflikt in der Klasse gelöst werden?

Diskussionsregeln

Auch zwischen Schülern kann es zu einem Interessenkonflikt kommen. Nach Möglichkeit sollte er von ihnen selbst gelöst werden. Dies setzt eine Verständigung untereinander voraus. Ohne Spielregeln ist eine Diskussion zum Scheitern verurteilt. Alle Beteiligten sollten sie kennen und beachten.

Wichtige Diskussionsregeln sind:

- Aufmerksam zuhören
- Nur sprechen bei Worterteilung
- An den Gesprächsfaden anknüpfen
- Wiederholungen vermeiden
- Schlüssig und kurz argumentieren (Stichwortnotizen)
- Die Beziehungen zwischen den Teilnehmern beachten
- Gezielte Rückfragen zur Klärung von Aussagen

Wer für die Schülerschaft sprechen darf, wird von der Schülerschaft durch eine demokratische Wahl entschieden. Welche Aufgabe die Schülervertretung hat und welche Rechte ihr zustehen, ist im Schulmitbestimmungsgesetz (SchumG) festgelegt.

§ 24 Aufgaben der Schülervertretung

- Die Schülervertretung dient der Vertretung von Interessen der Schüler in der Schule, der Beteiligung an den schulischen Gremien sowie der Durchführung übertragener und selbstgewählter Aufgaben im Rahmen der Unterrichts- und Erziehungsaufgabe der Schule.
- Sie ist an der Planung von Einzelveranstaltungen der Schule, die der Erweiterung des Unterrichtsangebotes dienen, zu beteiligen und hat das Recht, die Einrichtung von Arbeitsgemeinschaften beim Schulleiter zu beantragen.
- Sie besitzt kein politisches Mandat.

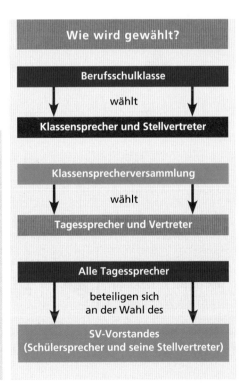

Wie wird gewählt?

Berufsschulklasse

wählt

Klassensprecher und Stellvertreter

Klassensprecherversammlung

wählt

Tagessprecher und Vertreter

Alle Tagessprecher

beteiligen sich an der Wahl des

SV-Vorstandes (Schülersprecher und seine Stellvertreter)

Instanzenweg einer SV-Aktion

Die Aktion wird durchgeführt

Die **Schulleitung** sorgt für die Durchführung
des Beschlusses der Gesamtkonferenz

– Koordinierung
– Gespräche
– Organisation
– Terminabsprache

Schüler – mitarbeit

Elternmitarbeit

Lehrermitarbeit

– Delegierung
– Einteilungen
– Sitzungen
– Kontrolle
– Bestellungen

In der
Gesamtkonferenz
(Lehrer, Eltern, Schüler)
wird über den Vorschlag diskutiert
und ein Beschluss gefasst. Organisatorische
und rechtliche Fragen werden besprochen und geklärt.
Die Schüler- und Elternvertreter haben als Mitglieder des
Schulausschusses ein Rederecht, dürfen aber nicht abstimmen.

Gespräche mit **Eltern**	Gespräche mit der **Schulleitung**	Gespräche mit dem **Verbindungslehrer** und den anderen **Lehrern**

In der **Klassensprecherversammlung** wird über den Vorschlag diskutiert und abgestimmt.
Beim Schulleiter wird der Antrag gestellt, das Thema als Tagesordnungspunkt in der
Gesamtkonferenz zu behandeln.

Der **Klassensprecher** formuliert den Vorschlag im Auftrag seiner Klasse in der **Klassensprecherversammlung** und begründet ihn.	Der **Klassensprecher** spricht mit dem **Schülersprecher** über den Vorschlag. Dieser setzt ihn auf die Tagesordnung der **Klassensprecherversammlung.**

Ein Schüler hat eine Idee und macht in der Klasse einen Vorschlag.

In der **Klassenversammlung** wird über den Vorschlag des Mitschülers diskutiert und abgestimmt. Die Klassenversammlung kann in einer **SV-Stunde** oder **Klassenratsstunde** stattfinden.

Aus: SV-Arbeit in der Schule, in: PZ-Information 12/1995, S. 66

Zur Wiederholung

1. Beschreiben Sie das System der Dualen Berufsausbildung.
2. Diskutieren Sie die Vor- und Nachteile des dualen Systems der Berufsausbildung.
3. Erläutern Sie die Merkmale eines Ausbildungsberufs.
4. Stellen Sie die wichtigsten rechtlichen Regelungen des Berufsausbildungsverhältnisses dar.
5. Zeigen Sie die schulischen Alternativen zur dualen Berufssausbildung auf.
6. Geben Sie an, wie im Saarland nachträglich der mittlere Bildungsabschluss erreicht werden kann.
7. Zeichnen Sie ein Schaubild über die schulischen Bildungswege nach der dualen Berufsausbildung.
8. Erläutern Sie die Mitwirkungsmöglichkeiten der Schüler in der Berufsschule.

Handlungsimpulse

A   **Ein Rollenspiel für ein Bewerbungsgespräch durchführen**

Einige Ausbildungsbetriebe bieten Arbeitsplätze für Ihren Ausbildungsberuf an. Führen Sie die Auswahlgespräche durch und entscheiden Sie sich für einen Bewerber. Teilen Sie sich zunächst in zahlenmäßig gleiche Gruppen für Bewerber und Betriebe auf. Diskutieren Sie in Ihren Gruppen, welche Ansprüche Sie an den Bewerber bzw. Betrieb stellen. Überlegen Sie sich, durch welche Vorgehensweise Sie erfahren können, ob Ihr Gegenüber diesen Ansprüchen genügt. Jedes Gruppenmitglied spielt anschließend einen Betrieb bzw. Bewerber. Jeder Bewerber setzt sich zu einem Betrieb und führt ein Bewerbungsgespräch. Die Bewerber wechseln in einem festen Zeitrhythmus die Betriebe. Hat jeder Betrieb jeden Bewerber kennengelernt, entscheidet er sich für einen Kandidaten und jeder Kandidat für einen Betrieb. Vergleichen Sie anschließend die Ergebnisse und sammeln Sie die Gründe für unterschiedliche Einschätzungen. Werten Sie die Ergebnisse in Gruppen aus und formulieren Sie auf einem Plakat Tipps für ein erfolgreiches Bewerbungsgespräch. Stellen Sie Ihre Resultate der Klasse vor.

B   **Eine Beratung zur Bildungslaufbahn durchführen**

Steffen hat den Hauptschulabschluss an der Erweiterten Realschule nach der 9. Klasse erfolgreich bestanden. Während seines Betriebspraktikums in einem Architekturbüro durfte er eigene Ideen für den Bau von Häusern entwickeln. Seine Vorschläge fanden viel Lob, weshalb in ihm der Wunsch aufkam, selbst später an einer Fachhochschule Architektur zu studieren. Er ist sich jedoch unsicher, ob er mit seinem Schulabschluss dieses Ausbildungsziel überhaupt erreichen kann und ob es Sinn macht, die Strapazen, die damit eventuell verbunden sind, auf sich zu nehmen. Diskutieren Sie in verschiedenen Gruppen, welche Bildungswege Steffen einschlagen kann, um Architekt zu werden. Entscheiden Sie sich für eine Alternative und zeichnen Sie diese auf einem Plakat auf. Geben Sie gleichzeitig an, welche Anforderungen Steffen erfüllen muss, um diesen Weg erfolgreich zurückzulegen. Stellen Sie Ihre Resultate der Klasse vor und diskutieren Sie die Unterschiede, die sich eventuell ergeben.

Gesellschaft im Wandel

1 Arbeitsverhältnis im Wandel

1.1 Von der Ständegesellschaft zur Industriegesellschaft

„Der von den Steuern erdrückte Bauer" – Anspielung auf die Unterdrückung des 3. Standes durch Staat und Kirche (Kupferstich 1789)

Die Karikatur verdeutlicht die ständische Gesellschaftsordnung.

1. Welche Stände werden durch die Personen symbolisiert?
2. Welche Aufgabenverteilung der Stände wird in der Karikatur verdeutlicht?
3. In der Karikatur fehlt der Bürgerstand. Welche Berufsgruppen lassen sich diesem Stand zuordnen?

Die Gesellschaft bis Ende des 18. Jahrhunderts gliedert sich nach Ständen, in der jedem Menschen von Geburt an ein fester Platz zugeteilt ist. Man wird als Adliger, Geistlicher, Bürger oder Bauer geboren und verharrt in der Regel in seinem Stand bis zum Tod. Ein Standes- und Berufswechsel ist kaum möglich. Diese starre und undurchlässige Gesellschaftsordnung wird als **Ständegesellschaft** bezeichnet.

Hinzu kommt das traditionelle Denken der Menschen: Arbeits- und Produktionsweisen, Erziehung und Rechte des Einzelnen haben sich seit Jahrhunderten nur geringfügig gewandelt; sie werden vielfach als gottgewollt angesehen.

Grundlage des Erwerbslebens ist die Landwirtschaft. Etwa 80 Prozent der Menschen sind bis Ende des 18. Jahrhunderts in der Landwirtschaft beschäftigt, die meisten sind Leibeigene, von Großgrundbesitzern abhängige Bauern. Nur 20 Prozent der Bevölkerung arbeitet in Handwerk, Verlagswesen und Manufakturen. Zu Recht wird die Ständegesellschaft auch als **Agrargesellschaft** bezeichnet.

Während Adel und Klerus (Geistliche) das Privileg der Steuerfreiheit genießen, tragen Bürgertum und Bauern die Hauptlasten der Abgaben. Das Handwerk organisiert sich in **Zünften**. Diese Zusammenschlüsse von Meistern desselben Handwerks bestimmen Arbeitszeit, Warenqualität, Produktionsmenge sowie Anzahl von Gesellen und Lehrlingen jedes Betriebes. Dadurch werden einerseits Absatzchancen garantiert, andererseits aber Fortschritt und Wandel erschwert und Wettbewerb verhindert.

Im **Verlagswesen** arbeiten zunftunabhängige Handwerker und verarmte Bauern. In Heimarbeit fertigen sie mit teilweise zur Verfügung gestellten Werkzeugen und bereitgestellten Rohstoffen Produkte für Unternehmer, die sich als Verleger bezeichnen. Die Entlohnung ist gering und erfolgt nach der gefertigten Stückzahl.

Der Vorläufer der Fabrik ist die **Manufaktur**. In ihr wird der Arbeitsprozess in spezialisierte Einzelarbeiten zerlegt. Der Unterschied zur Fabrik besteht jedoch darin, dass nicht mit Hilfe von Maschinen, sondern noch mit der Hand (lat. manus) gearbeitet wird. Neben den gesellschaftlichen Strukturen hemmen auch die politische Zersplitterung Deutschlands in Kleinstaaten und die mangelhafte Infrastruktur einen wirtschaftlichen Wandel.

Insbesondere mit den Gedanken der **Aufklärung** setzt eine geistige Bewegung ein, die sich im wissenschaftlich-technischen Fortschritt und in sozialpolitischen Veränderungen niederschlägt.

Was ist Aufklärung?

Aufklärung ist der Ausgang des Menschen aus seiner selbst verschuldeten Unmündigkeit. Unmündigkeit ist das Unvermögen, sich seines Verstandes ohne Leitung eines anderen zu bedienen.
Selbst verschuldet ist diese Unmündigkeit, wenn die Ursache derselben nicht am Mangel des Verstandes, sondern der Erschließung des Mutes liegt, sich seiner ohne Leitung eines anderen zu bedienen. „Sapere aude! Habe Mut, dich deines eigenen Verstandes zu bedienen!" ist also der Wahlspruch der Aufklärung.

Immanuel Kant (1724–1804)

1. Was ist die Kernaussage der Aufklärung?
2. Welche gesellschaftlichen Folgen ergeben sich mit den Ideen der Aufklärung?

Wissenschaftliches Arbeiten, das Beobachten und Analysieren von Umwelt und Natur gehen einher mit der Forderung der Aufklärung, sich seines Verstandes zu bedienen. Naturwissenschaftliche Erkenntnisse fördern technische Erneuerungen. Es kommt zu revolutionären Entdeckungen und Entwicklungen, vor allem in England:

- 1769 Erfindung der Dampfmaschine durch James Watt
- 1775 Einsatz von Spinnmaschine und mechanischem Webstuhl
- 1807 Bau des ersten Dampfschiffes
- 1814 Bau der ersten Lokomotive in England

Die **Basistechnologie** der Dampfmaschine ist die treibende Kraft der allmählichen Industrialisierung. Die maschinelle Massenproduktion ist möglich geworden.

Auch die Landwirtschaft profitiert von den wissenschaftlich-technischen Erkenntnissen. Durch bessere Anbaumethoden (Umstellung von der Dreifelderwirtschaft auf die
Fruchtwechselwirtschaft), den Einsatz von Düngemitteln (z. B. Stickstoff und Kali) sowie
durch eine fortschreitende Mechanisierung (z. B. Dreschmaschinen und Ackerwalzen)
wachsen die Erträge in der Landwirtschaft. Mehr Menschen können ernährt werden.

Nicht zuletzt auch wegen neuer medizinischer Fortschritte und besserer Hygiene steigt
die Bevölkerung ab 1750 rapide an. Sind es in Deutschland 1761 noch ca. 13,7 Millionen Einwohner, so erhöht sich die Einwohnerzahl bis zum Jahre 1864 auf über 39
Millionen.

Die Betonung der Vernunft (Rationalismus) führt auch zur kritischen Betrachtung der
gesellschaftlichen Zustände. Vor allem die Bürger lehnen sich auf gegen die Unterdrückung und Bevormundung durch Adel und Kirche sowie die Privilegien der einzelnen
Stände, was in Frankreich 1789 zur Revolution führt. Die Ideale der Französischen Revolution „Freiheit", „Gleichheit" und „Brüderlichkeit" verbreiten sich in ganz Europa.
In Deutschland findet zwar keine Revolution statt, dennoch kommt es unter dem Druck
der Massen zu politischen Veränderungen und **Reformen**:

- Bauernbefreiung (in Preußen 1807): Abschaffung der Leibeigenschaft
- Gewerbefreiheit (in der Pfalz 1791, in Preußen 1807)
- Aufhebung der Zünfte (in Preußen 1810)

Im Zuge der Bauernbefreiung in Preußen, veranlasst durch den Freiherrn von Stein, können sich die Bauern von den Frondiensten freikaufen. Oft müssen sie wegen Geldman-
gels Land an die Gutsherren verkaufen, sodass die Freiheit teuer erkauft wird: Viele Bauern werden zu Knechten oder ziehen in die Städte, um Arbeit zu finden (Landflucht).

Der Wandel von der ständischen Gesellschaft zur Industriegesellschaft ist ein Prozess,
in dem sich viele Faktoren gegenseitig bedingen:

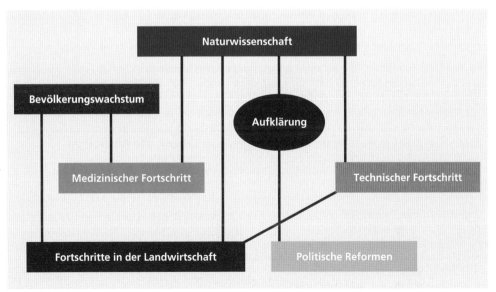

1.2 Die industrielle Revolution

Ein ehemaliger Handwerksgeselle berichtet …

Ist überhaupt in einer Fabrik, wie der hiesigen, anders, als in einem meisterischen Hause und kein Zusammenhalt nit unter den Gesellen. Läuft jeder seinen Weg und dreht sich nit viel nach dem anderen.

Eine zunftmäßige Ausführung ist überall unter den Kollegen nit zu finden und kein Umgang, wie unter ordentlichen Gesellen.

Zudem gefällt mir das Arbeiten nit, dieweil jeder den langen Tag die gleiche Arbeit verrichten muss und dabei das Ganze aus den Augen verliert. Muss wohl in einer Fabrik solcherweis geschehen, kann mich aber nit darein schicken und mein immer, ich triebe mein Gewerb nur halb.

Dewald, Biedermeier auf Walze, zitiert nach: W. Pöls: Deutsche Sozialgeschichte 1815–1870, 3. Auflage, München 1979, S. 226 f.

1. Was vermisst der ehemalige Handwerksgeselle in der Fabrik?
2. Was stört ihn an seiner Arbeit?

Die Veränderungen in der Arbeitswelt setzen erst allmählich ein, um dann immer rascher alle Lebensbereiche grundlegend zu verändern. Deshalb spricht man auch von der **industriellen Revolution**.

Die Fabrik als neue Betriebsform ist charakteristisch für den Industrialisierungsprozess. Mit den Fabrikarbeitern entsteht eine neue gesellschaftliche Gruppe, die nicht mehr in die herkömmliche Ständegesellschaft passt. Fabrikarbeiter sind wegen andersartiger Arbeitsbedingungen weder mit den Tagelöhnern auf dem Lande noch mit den Gesellen in den Handwerksbetrieben zu vergleichen.

Die strikte Trennung zwischen Wohnung und Arbeitsplatz ist für die ehemaligen Handwerksgesellen oder Bauern eine neue und ungewohnte Erfahrung. Lange Wege und Fußmärsche von der Wohnung zur Fabrik gehören zum Alltag vieler Arbeiter.

In den Fabriken finden die Arbeiter ganz andere Arbeitsbedingungen vor als in der alten häuslichen Arbeitsgemeinschaft und auf dem Lande. War ihr Alltag bisher durch den Wechsel der Tageszeiten und die Abfolge der Jahreszeiten bestimmt, so sind es jetzt die Maschinen und genau festgelegten Arbeitszeiten, die den Arbeitsablauf bestimmen. Rastlose Arbeit war nahezu unbekannt. Die Arbeitsbedingungen in den Fabriken empfinden die Arbeiter als radikale Veränderungen ihres Lebens- und Arbeitsrhythmus.

Die Arbeitsbedingungen in der Fabrik sind u. a. durch folgende Merkmale gekennzeichnet:

- arbeitsteilige Organisation
- monotone Arbeitsabläufe
- Zeitdruck
- fehlende Kommunikation und Solidarität
- Entfremdung von der Arbeit
- Stress durch Lärm, Schmutz und Hitze

Maschinensaal der Fabrik von Richard Hartmann in Chemnitz um 1876

Bei den meisten Tätigkeiten in den Fabriken verlieren die vorher erlernten Fähigkeiten an Bedeutung. Die klare Trennung des Handwerks in Meister, Geselle und Lehrling hat keine Gültigkeit mehr.

Zumeist sind die Unternehmen nach heutigem Maßstab Kleinbetriebe. Daneben entwickeln sich aber auch die ersten Aktiengesellschaften, z. B. die BASF, private Eisenbahngesellschaften oder Banken. Die Aktiengesellschaft ist eine neue Unternehmensform und Ausdruck für die immer stärkere Bedeutung des Kapitals in der Industrialisierung.

Wichtig für die industrielle Entwicklung in Deutschland sind der Ausbau der Verkehrswege sowie die Gründung des deutschen Zollvereins 1834. Zwischen 1835 und 1900 wächst das Eisenbahnnetz von sechs auf fast 50 000 km. Ziel des Zollvereins, dem Preußen, Sachsen, Württemberg und mehrere kleinere deutsche Staaten angehören, ist es, Steuern und Wirtschaft zu harmonisieren.

1.3 Die soziale Frage

Ernst Abbé über die Arbeitsverhältnisse seines Vaters

Mein Vater war ein Mann von Hünengestalt, einen halben Kopf größer als ich, von unerschöpflicher Robustheit, aber mit 48 Jahren in Haltung und Aussehen ein Greis; seine weniger robusten Kollegen waren aber mit 38 Jahren Greise.

Ich selbst habe als Junge zwischen fünf und neun Jahren jeden Tag abwechselnd mit meiner um ein Jahr jüngeren Schwester, wenn das Wetter nicht gar zu schlecht war und die Mutter den sehr weiten Weg dann lieber selber machte, meinem Vater das Mittagsbrot gebracht. Und ich bin dabei gestanden, wie mein Vater sein Mittagessen, an eine Maschine gelehnt, aus dem Henkeltopf mit aller Hast verzehrte, um mir dann den Topf geleert zurückzugeben und sofort wieder an seine Arbeit zu gehen.

Zit. nach Norbert Günther: Ernst Abbé: Schöpfer der Zeiss-Stiftung, Wissenschaftliche Verlagsgesellschaft, Stuttgart 1946

Aus einer Fabrikordnung einer Baumwollweberei (1853)

Paragraph 14

Der Arbeitslohn wird von den Fabrikinhabern am ersten Zahltag nach dem Antritt des Arbeiters festgesetzt und später nach Umständen erhöht oder erniedrigt. Jede Erhöhung oder Erniedrigung desselben, sowie die Arbeitsstunden, sollen den Arbeitern vorher an einem Zahltage angezeigt werden. Bei Lohnerniedrigung hat der Arbeiter jedoch das Recht einer vierzehntägigen Aufkündigung ...

Aus: Jürgen Kuczynski: Geschichte der Lage der Arbeiter unter dem Kapitalismus, Bd. 2, Berlin 1962

In einem Berliner Elendsviertel (1843)

Gartenstraße 92 b, Stube Nr. 9.

Dahlström hat früher als Seidenwirker gearbeitet und wöchentlich drei bis vier Taler verdient. Seit fünf Jahren leidet er an chronischem Katarrh und an Augenschwäche, so dass er völlig untauglich zur Arbeit ist. Die feuchte Kellerwohnung, die er wegen rückständiger Miete nicht vertauschen kann, wirkt sehr nachteilig auf seine Gesundheitsumstände. ...

Ein vierzehnjähriges Mädchen verdient wöchentlich 22 1/2 Silbergroschen in einer Kattunfabrik, wo es von fünf Uhr morgens bis neun Uhr abends zur Arbeit angehalten wird. Ein zehnjähriger Knabe geht in die Schule oder hütet sein zweijähriges Brüderchen. Die Mutter sucht in der Stadt Knochen zusammen, von welchen ein Zentner mit zehn Sgr. bezahlt wird. Um so viel zusammenzubringen, sind wenigstens drei Tage Zeit erforderlich. ...

Den Kleinen dient ein Strohsack als Bett. Auf den Tisch kommt morgens ein wenig trocknes Brot, des Mittags gewöhnlich nichts, abends Brot und Hering oder Mehlsuppe.

Aus: Bettina von Arnim: Dies Buch gehört dem König, Band 1 u. 2, 2. Aufl. Berlin 1843

1. Unter welchen Bedingungen arbeitet der Fabrikarbeiter?
2. Wie werden die Löhne festgesetzt?
3. Wie leben und wohnen der Arbeiter und seine Familie?
4. Welche Folgen haben Krankheit oder Arbeitslosigkeit für die Familie?
5. Wie versucht die Familie Dahlström ihre Existenz zu sichern?

Mit der Industrialisierung verändern sich die gesellschaftlichen Strukturen; es entsteht die **Klassengesellschaft**. Auf der einen Seite steht die Klasse der Fabrikbesitzer und Unternehmer (Kapitalisten), auf der anderen Seite bildet sich mit den Fabrikarbeitern eine neue gesellschaftliche Gruppe, nämlich die Arbeiterschaft (Proletariat). Das einzige Kapital der Arbeiter ist ihre Arbeitskraft. Bevölkerungswachstum und Landflucht sorgen für ein Überangebot von Arbeitskräften, was die Fabrikbesitzer ausnutzen. Der Staat sieht keine Veranlassung, in die Wirtschaft und die sozialen Verhältnisse korrigierend einzugreifen. Die Folge sind niedrige Löhne, lange Arbeitszeiten, schlechte Arbeitsbedingungen, Kinderarbeit und menschenunwürdige Wohnverhältnisse.

Während die Fabrikbesitzer profitieren, verarmt und verelendet die Arbeiterschaft immer mehr. Die Frage, wie die Not und das Elend der Arbeiterschaft gelindert oder gelöst werden kann, wird als die **soziale Frage** bezeichnet. Auf diese Frage gibt es von verschiedenen Seiten unterschiedliche Lösungsvorschläge.

Die radikalste Anwort auf die soziale Frage gibt **Karl Marx** im Kommunistischen Manifest (1848). Marx sieht als Ursache der Verelendung das Privateigentum, also auch das Eigentum an Produktionsmitteln. Wenn das Eigentum an Kapital und Boden abgeschafft wird, verschwindet auch der Klassengegensatz zwischen Proletariat und Kapitalisten. Eine klassenlose Gesellschaft (Kommunismus) wäre möglich. Nach Marx ist diese klassenlose Gesellschaft nur durch eine Revolution und Diktatur des Proletariats durchsetzbar.

Nach und nach bilden sich **Arbeiterbildungsvereine**. Sie wollen die Lage der Arbeiter durch Mitwirkungs- und Schutzrechte verbessern und die Arbeiter nach Feierabend weiterbilden („Wissen ist Macht"). Die Sozialistische Arbeiterpartei (1875) bzw. die Sozialdemokratische Partei (1890) gehen aus den Arbeiterbildungsvereinen hervor. Die SPD fordert allgemeines und gleiches Wahlrecht, allgemeine Schulpflicht, Verbot der Sonntags- und Kinderarbeit sowie Schutzgesetze für die Arbeiter. Parallel zu den Arbeiterbildungsvereinen und der SPD entwickelt sich die Gewerkschaftsbewegung.

Auch von **kirchlicher Seite** finden die Arbeiter Unterstützung. Bekannte Vertreter sind z. B. Friedrich von Bodelschwingh (Wohlfahrtsanstalten), Adolf Kolping (Gesellenvereine), Johann Hinrich Wichern (Innere Mission) oder der Mainzer Bischof von Ketteler. Sozial aufgeschlossene **Unternehmer** (z. B. Krupp, Bosch, Abbé) verbessern die Arbeitsbedingungen in ihren Werken, gründen Betriebskrankenkassen, Pensionskassen und bauen Werkswohnungen.

Die politisch und sozial bedeutendste Antwort auf die soziale Frage ist die **Sozialgesetzgebung** unter Reichskanzler von Bismarck. Um einem revolutionären Umsturz den Boden zu entziehen und die Arbeiterpartei und die Gewerkschaften zu schwächen, wird ein System der sozialen Absicherung geschaffen: 1883 wird die Krankenversicherung eingeführt, 1884 die Unfallversicherung und 1889 die Alters- und Invalidenversicherung. Diese unter Bismarck begonnene Sozialgesetzgebung ist bis heute weiter ausgebaut worden. Wichtige Wegmarken sind die Einführung der Arbeitslosenversicherung (1927) und die Pflegeversicherung (1995).

1.4 Von der Industrie- zur Informationsgesellschaft

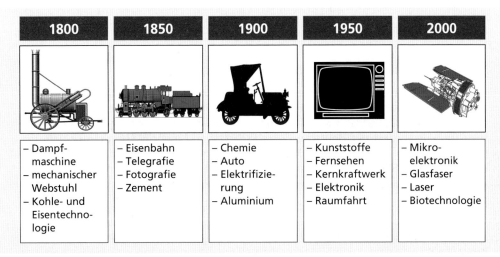

1800	1850	1900	1950	2000
– Dampf-maschine – mechanischer Webstuhl – Kohle- und Eisentechno-logie	– Eisenbahn – Telegrafie – Fotografie – Zement	– Chemie – Auto – Elektrifizie-rung – Aluminium	– Kunststoffe – Fernsehen – Kernkraftwerk – Elektronik – Raumfahrt	– Mikro-elektronik – Glasfaser – Laser – Biotechnologie

1. Welche Basisinnovationen waren Motor gesellschaftlicher Veränderungen?
2. Welche Auswirkungen hat die Mikroelektronik auf die Arbeitswelt?

Sowohl für die Entstehung wie für die Weiterentwicklung einer modernen Industriegesellschaft sind **Basisinnovationen** von grundlegender Bedeutung. Mit der Erfindung
der Dampfmaschine beginnt die Industrialisierung, die durch den Elektro- und Verbren-
nungsmotor weiter vorangetrieben wird. Im Zusammenhang mit dem Fließband und
der zunehmenden Automatisierung wird von einer zweiten industriellen Revolution
gesprochen. Heute sind es vor allem die **Mikroelektronik** und **Informationstechnologie**,
die zur dritten technischen Revolution führen. Deshalb wird die heutige Gesellschaft
auch häufig als Informationsgesellschaft bezeichnet. Auch Gen- und Biotechnologie,
die Werkstoff- sowie die Umwelttechnologie sind die Schlüsseltechnologien für das 21.
Jahrhundert.

Jeder technologische Fortschritt hat auch seinen Preis: Betriebszweige und Berufe verändern sich oder müssen der Entwicklung weichen. Technischer Wandel hat immer
soziale oder ökologische Folgen, z. B. den Verlust von Arbeitsplätzen oder die Entsor-
gungsprobleme bei Sondermüll.

Die erste elektronische Rechenmaschine,
der „Eniac", entstand 1946. Die Maschine
wog 30 Tonnen, verbrauchte 150 Kilowatt
Strom und nahm den Platz eines kleinen
Einfamilienhauses ein. Heute kann fast
jeder Taschenrechner mehr Rechenleistun-
gen erbringen als dieser Koloss. Wie rasant
die Entwicklung in der Mikroelektronik ist,
zeigt folgender Vergleich: Hätte sich das
Transportwesen genauso schnell verändert
wie die Elektronikindustrie, dann würde
der neueste Airbus gerade 500 Euro kosten
und mit 20 Litern Treibstoff in 20 Minuten
einmal um den Globus fliegen.

Was im Zuge der technischen Entwicklung für die Betroffenen zunächst nachteilig ist,
kann sich letztlich für die Gesellschaft als Fortschritt erweisen. So haben verständli-
cherweise die Weber oder Drucker gegen neue Erfindungen revoltiert; es hat sich aber
gezeigt, dass die neuen Techniken zu einem erhöhten Lebensstandard geführt haben:
Textilien und Druckerzeugnisse können sich heute alle leisten.

Der Mensch ist also zugleich Urheber, Nutznießer und Leidtragender des technolo-
gischen Fortschritts. Ziel muss es deshalb sein, jede neue Technologie auf ihre Sozial-
und Umweltverträglichkeit zu prüfen. Der technische Wandel betrifft viele Arbeitnehmer. Deshalb fordert der Deutsche Gewerkschaftsbund mehr Mitbestimmung für die
Arbeitnehmer beim Einsatz neuer Techniken am Arbeitsplatz. Rationalisierungsschutz-
abkommen sind Beispiele dafür, dass technischer Wandel für Arbeitnehmer nicht zum
wirtschaftlichen und sozialen Abstieg führen muss.

Dennoch, Innovationen und fortschreitender Wandel erzeugen bei vielen Menschen
Unsicherheiten und Ängste, nicht zuletzt auch deshalb, weil die Entwicklung einher-
geht mit einem **Wertewandel** und der **Auflösung traditioneller Strukturen**. Ein gutes
Beispiel ist die Familie: In der Entwicklung von der Agrar- zur Industriegesellschaft löst
sich die Großfamilie auf. Die Trennung von Wohn- und Arbeitsstätte fördert die Kleinfamilie; 35 Prozent aller Haushalte sind Single-Haushalte.

Unsere heutige Gesellschaft wird zuweilen auch als Leistungs-, Konsum-, Freizeit- oder Mediengesellschaft bezeichnet. Hier wird deutlich, dass sowohl die Arbeitswelt als auch der Freizeitbereich von Veränderungen betroffen ist.

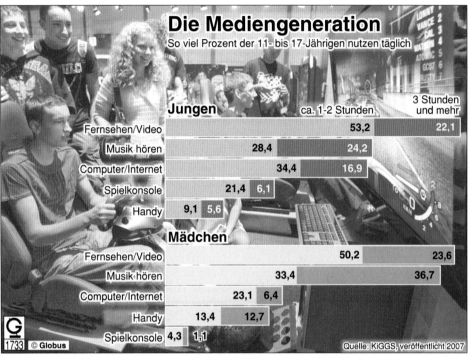

Die Mediengeneration
So viel Prozent der 11- bis 17-Jährigen nutzen täglich

Jungen — ca. 1-2 Stunden — 3 Stunden und mehr

Fernsehen/Video	53,2	22,1
Musik hören	28,4	24,2
Computer/Internet	34,4	16,9
Spielkonsole	21,4	6,1
Handy	9,1	5,6

Mädchen

Fernsehen/Video	50,2	23,6
Musik hören	33,4	36,7
Computer/Internet	23,1	6,4
Handy	13,4	12,7
Spielkonsole	4,3	1,1

1733 © Globus — Quelle: KiGGS, veröffentlicht 2007

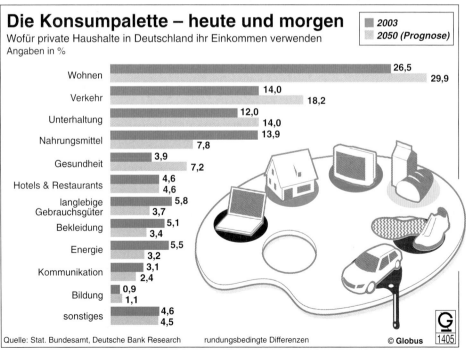

Die Konsumpalette – heute und morgen

2003
2050 (Prognose)

Wofür private Haushalte in Deutschland ihr Einkommen verwenden
Angaben in %

	2003	2050 (Prognose)
Wohnen	26,5	29,9
Verkehr	14,0	18,2
Unterhaltung	12,0	14,0
Nahrungsmittel	13,9	7,8
Gesundheit	3,9	7,2
Hotels & Restaurants	4,6	4,6
langlebige Gebrauchsgüter	5,8	3,7
Bekleidung	5,1	3,4
Energie	5,5	3,2
Kommunikation	3,1	2,4
Bildung	0,9	1,1
sonstiges	4,6	4,5

Quelle: Stat. Bundesamt, Deutsche Bank Research — rundungsbedingte Differenzen — © Globus 1405

1.5   Schlüsseltechnologien heute

Leben im Jahre 2025

Leben im Jahre 2025: Maschinen bauen sich nach dem Vorbild der Natur durch Vervielfältigung selbst. Roboter denken, erledigen die Hausarbeit und montieren in ferngesteuerten Fabriken feinfühlig komplizierteste Bauteile. Urlaub im Weltraumhotel ist der Renner. Winzigste Chips geben Blinden und Tauben ihr Augenlicht und Hörvermögen zurück.

Studenten aus aller Welt treffen sich mit ihren Professoren in virtuellen Räumen zu Vorlesungen. Computer sind Teil der Kleidung geworden und halten auf Schritt und Tritt Kontakt mit dem globalen Datennetz. Ärzte ersetzen defekte Teile des menschlichen Erbguts, Spitzenchirurgen operieren Patienten via Satellit und Manipulatoren über Tausende Kilometer hinweg. Werkstoffe passen sich selbstständig neuen Aufgaben an.

Die Menschen leben in computerisierten Räumen, in denen Mikrofone und Kameras ihre Wünsche registrieren. Klumpen aus Methan, die in riesigen Mengen auf dem Meeresboden lagern, versorgen die Menschheit mit Energie. In Wüsten erblühen Nahrungspflanzen, die fast ohne Wasser wachsen.

Schöne Utopien? Hirngespinste eines fantasiebegabten Hollywood-Regisseurs? Keineswegs. In den Forschungslabors dieser Welt wird voller Tatendrang an all diesen Entwicklungen gearbeitet. Ob sie genauso eintreten, wird sich zeigen. Sicher ist: Angetrieben vom technischen Fortschritt, dreht sich die Spirale von neuem Wissen, neuen Produkten und neuen Verfahren immer schneller.

Dürand Dieter, in: Wirtschaftswoche Nr. 50/1999, S. 110 (gekürzt)

1. Welche Bereiche gehören zu den Technologien von morgen?
2. Welche Chancen und Risiken sind mit diesen Technologien verbunden?

Die **Schlüsseltechnologien** des 21. Jahrhunderts heißen Mikroelektronik, Informationstechnologie, Bio- und Gentechnologie, Werkstoff- und Umwelttechnologie. Eine neue Technologie wird dann zur Schlüsseltechnologie, wenn sie folgende Merkmale aufweist:

- Sie muss ein breites Anwendungsfeld haben.
- Sie bildet die Grundlage für neue Entwicklungen.
- Durch ihren Einsatz wird die Produktion kostengünstiger.
- Sie hat Auswirkungen auf die Gesellschaft, z. B. auf die Berufswelt.

Eine wichtige Schlüsseltechnologie, wenn nicht die bedeutendste, ist die **Mikroelektronik**. Die Halbleitertechnik ist die Basistechnik für andere Bereiche. Ohne elektronische Bausteine und Mikrochips sind Fortschritte im Maschinenbau, der Feinmechanik, der Informations- und Kommunikationstechnik, der Optik sowie der Automobilindustrie nicht mehr denkbar. Alte Techniken sind durch den Einsatz elektronischer Bauteile abgelöst worden, weil sie produktiver und kostengünstiger sind. Auch für den Verbraucher sind viele Produkte der Mikroelektronik erschwinglich geworden.

Mithilfe der **Bio- und Gentechnologie** können Erbinformationen verändert werden. Dadurch eröffnen sich verschiedene Anwendungsbereiche. Erbkrankheiten lassen sich korrigieren oder verhindern, Medikamente (z.B. Insulin) können durch Organismen produziert werden. Mithilfe der Bio- und Genforschung erhoffen sich die Wissenschaftler Fortschritte bei der Behandlung von Krankheiten, insbesondere von Krebs oder Aids. In der Landwirtschaft ist es das Ziel der neuen Technologie, Pflanzen und Tiere zu züchten, die weniger anfällig gegen Krankheiten sind und einen höheren Ertrag garantieren. Auch für den Bereich der Umwelt ist die Biotechnologie wichtig. So ist es z.B. gelungen, Öl fressende Bakterien zu entwickeln oder Abwässer biologisch aufzubereiten.

Die Bio- und Gentechnologie ist nicht unumstritten, weil sie massiv in die Natur eingreift. Um Risiken und Missbrauch zu begrenzen, hat die Bundesrepublik ein Gentechnikgesetz verabschiedet.

Die **Werkstofftechnologie** beschäftigt sich z.B. mit neuen Legierungen, Glas- und Kohlefasern oder mit der Lasertechnik. Es entstehen zum Teil völlig neue Produkte, wobei Rohstoffe eingespart werden können. Auch die Raumfahrt wird für die Erforschung und Anwendung neuer Werkstoffe ausgenutzt.

Mit den Umweltproblemen und dem wachsenden Umweltbewusstsein hat auch die Bedeutung der **Umwelttechnologie** zugenommen. Neue Formen der Speicher- und Energietechnik können umweltverträgliche Energieformen erschließen; hierzu zählen Solar-, Wind- oder Gezeitenkraftwerke. Weitere Bereiche der Umwelttechnologie sind u. a. die Recyclingtechnik, Filteranlagen, Katalysatoren, Altlastensanierung, Lärm- und Gewässerschutzmaßnahmen.

Die technischen Veränderungen vollziehen sich in einem geradezu atemberaubenden Tempo. Das Telefon gab es 55 Jahre, bis 50 Millionen Menschen es nutzten. Das Fernsehen brauchte nur mehr 13 Jahre, um diese Nutzerzahl zu erreichen. Dem Internet gelang es bereits in drei Jahren.

Wie gut ist die Bundesrepublik auf die neuen Techniken vorbereitet? Experten befürchten, dass Deutschland ausgerechnet in den größten Wachstumsfeldern gegenüber den globalen Konkurrenten zurückliegt: Informations- und Biotechnologie. Spitzenplätze im Bereich Umwelt und Mobilität können dieses Defizit nicht ausgleichen. Für alle Schlüsseltechnologien gilt, dass enorme Anstrengungen in der Forschung nötig sind. Dies übersteigt oft die Möglichkeiten einzelner Unternehmen. Um die Wettbewerbsfähigkeit der Volkswirtschaft zu erhalten und zu stärken, unterstützen die Bundesrepublik Deutschland und die EU viele Forschungprogramme.

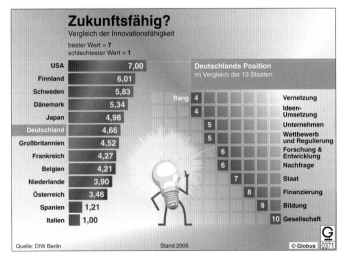

1.6   Strukturwandel

Mit den Veränderungen in der Industriegesellschaft ist auch immer ein Strukturwandel verbunden. Das Saarland befindet sich im sicherlich schwierigen und länger andauernden Prozess des Strukturwandels.

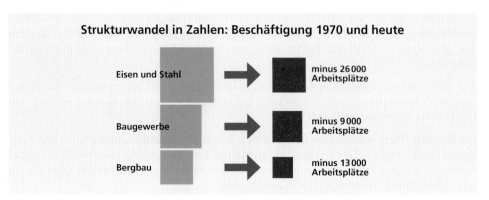

Dr. Hanspeter Georgi: Das Saarland im Strukturwandel, Industriestätten werden Begegnungsstätten, Vortrag am 27.10.2005 in München, unter: http://www.lebendige-stadt.de/de/veranstaltungen/symposium2005/nps/praesi_georgi.pdf

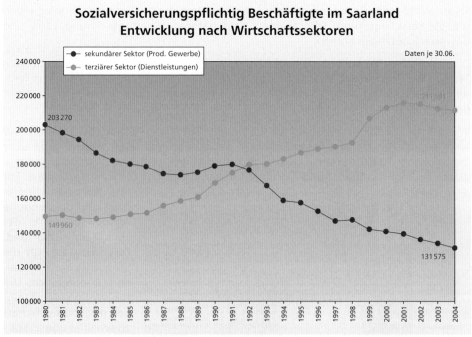

Dr. Hanspeter Georgi: Das Saarland im Strukturwandel, Industriestätten werden Begegnungsstätten, Vortrag am 27.10.2005 in München, unter: http://www.lebendige-stadt.de/de/veranstaltungen/symposium2005/nps/praesi_georgi.pdf

1. Vergleichen Sie die beiden Schaubilder, und beschreiben Sie den Strukturwandel an der Saar.
2. Welche Berufsfelder
   a) profitieren vom Strukturwandel?   b) sind die „Verlierer"?

Strukturwandel = Der Begriff wird vorwiegend im wirtschaftlichen Sinne verwendet und bedeutet hier, dass sich

a) die bisherigen Beziehungen innerhalb der einzelnen Wirtschaftsbranchen (sektoraler S.) bzw. innerhalb einzelner Regionen (regionaler S.) drastisch ändern oder

b) dass sich das Verhältnis zwischen eingesetztem Kapital (Maschinen, Automaten, Robotern) und notwendiger menschlicher Arbeitskraft drastisch ändert.

Klaus Schubert/Martina Klein: Das Politiklexikon, 4., aktualisierte Auflage, Dietz, Bonn 2006, unter: www.bpb.de

Der Strukturwandel zur Informationsgesellschaft bringt tief greifende gesellschaftliche Veränderungen und Umwälzungen mit sich, die nicht weniger einschneidend sind als der epochale Übergang von der Agrar- zur Industriegesellschaft.

Dieser Wandlungsprozess bringt Gewinner, aber auch Verlierer hervor: Menschen, die das Neue begrüßen und sich darin zurechtfinden, und andere, die sich darauf nicht einstellen können oder für die der Arbeitsmarkt keine angemessenen Angebote in ausreichender Zahl anbietet.

In den letzten Jahren ist es im Saarland zunehmend gelungen, Innovationscluster zu bilden, Marktnischen zu besetzen und Netzwerke aus Unternehmen, Hochschulen und Forschungseinrichtungen zu knüpfen, die das Saarland zu einem aufstrebenden Innovations-, Forschungs- und damit auch modernen Wirtschaftsstandort entwickeln. Die Forschungslandschaft im Saarland besitzt heute Spitzeneinrichtungen in der Informationstechnologie, Medizin- oder Fertigungstechnik sowie in der Nano- und Biotechnologie. Zudem sind die Automobilindustrie, Informationstechnologie- und Logistikzentren wichtige Wirtschaftsbereiche. Mit der konsequenten Ausrichtung des Saarlands als Schrittmacher von Innovationen hat das Bundesland einen Imagewandel eingeläutet.

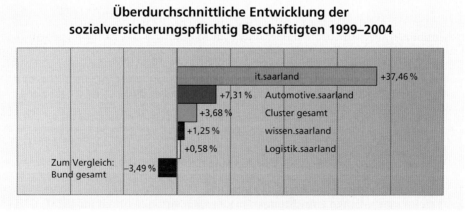

Überdurchschnittliche Entwicklung der sozialversicherungspflichtig Beschäftigten 1999–2004

Dr. Hanspeter Georgi: Das Saarland im Strukturwandel, Industriestätten werden Begegnungsstätten, Vortrag am 27.10.2005 in München, unter: http://www.lebendige-stadt.de/de/veranstaltungen/symposium2005/nps/praesi_georgi.pdf

1.7 Arbeiten in der Informationsgesellschaft

Virtuelle Teams
„Hello Muelheim, Orlando calling ..."
von Katrin Terpitz

Früher arbeiteten die engsten Kollegen im Nebenzimmer. Heute sitzen sie immer öfter verstreut über diverse Zeit- und Klimazonen. Multinationale Teams gelten als kreativ und kostensparend. Doch das virtuelle Arbeiten mit Kollegen rund um den Globus hat seine Tücken.

Rein technisch betrachtet ist Teamarbeit über viele Zeitzonen heute kein Problem. Orlando/Florida 7:30 Uhr Ortszeit. Siemens-Ingenieur Ken Lancaster fährt seinen PC hoch. So fort ploppen ihm dutzende Mails seiner engsten Teamkollegen entgegen. Denn diesseits des großen Teichs haben die Siemensianer längst ihre Mittagspause beendet. In Mühlheim an der Ruhr ist es 13:30 Uhr. „Hi Ken, hier ist es kalt und regnerisch. Freu mich auf das Barbecue bei euch nächste Woche", mailt Christian Scholz, Leiter der Abteilung Engine Integration, auf Englisch. Dann geht's per Videoschalte in technische Details. Schließlich stemmen die beiden mit 250 Siemens-Kollegen an fünf Standorten ein ehrgeiziges Projekt: Sie entwickeln die größte Gasturbine der Welt. Die erste geht bald im bayrischen Irsching ans Netz.

Arbeiteten die engsten Kollegen früher im Nebenzimmer, sitzen sie heute immer öfter verstreut über diverse Zeit- und Klimazonen. Virtuelle, bunt gemischte Teams – sie sind die logische Konsequenz der globalen Arbeitsteilung: Produktion oder Backoffice-Funktionen wandern ins kostengünstigere Ausland. Und durch Zukäufe und Fusionen wachsen auch Mittelständler weit über die Landesgrenzen. So kommt der Controller im Schwäbischen plötzlich zu Abteilungskollegen in Polen oder Indien, mit denen er täglich eng zusammenarbeiten muss – auf Englisch versteht sich. (...)

Rein technisch betrachtet, ist Teamarbeit über viele Zeitzonen heute kein Problem: E-Mail, Instand Messenger, Skype, Video- und Net-Konferenzen machen's möglich. Der direkte Kontakt tritt beim modernen Büromenschen ohnehin immer mehr in den Hintergrund. So kommunizieren bereits vier von zehn Kollegen überwiegend virtuell miteinander, das heißt, ohne sich zu sehen oder zu hören. (...)

Wer Kollegen in völlig fremden Kulturen hat, braucht besonders feine Antennen. Der Inder Samir Malhotra etwa, der bei IBM in Bangalore im Rechnungswesen arbeitet, hat so seine Erfahrungen gemacht: „Europäer haben oft eine sehr direkte Art, Dinge anzusprechen. Wir Inder fühlten uns anfangs manchmal angegriffen oder beleidigt." Sein polnischer Teamkollege Tomasz Mordarski in Krakau weiß das zu nehmen: „Ein Inder würde nie Negatives ansprechen. Das muss man wissen, sonst erkennt man Schwierigkeiten erst, wenn sie zu einem Riesenproblem geworden sind." (...)

Katrin Terpitz: http://www.handelsblatt.com/unternehmen/strategie/hello-muelheim-orlando-calling:1353289
Zugriff am 08.08.2008

1. Was ist unter virtuellen Teams zu verstehen?
2. a) Welche technischen Einrichtungen machen die virtuelle Arbeit möglich?
   b) Wie funktionieren diese?
3. Welche Schwierigkeiten und Probleme können bei der virtuellen Arbeit auftreten?

Treibende Kraft in unserem nachindustriellen Zeitalter ist die Informations- und Kommunikationstechnologie. Im 21. Jahrhundert wird die Bedeutung körperlicher Kraft und vieler heute noch geübter Fertigkeiten und Routinearbeiten weiter abnehmen. Das Wissen und der Umgang damit werden zu den wichtigsten Rohstoffen für die Arbeitswelt von morgen und zur Wohlstandsquelle der Zukunft.

Das wirkt sich massiv auf die einzelnen Unternehmen und ihre Betriebsstätten aus. Zudem wird auch die globale Zusammenarbeit grundlegend verändert.

Nicht mehr zeitgemäße Strukturen in den Betrieben verschwinden. Arbeitsabläufe werden immer komplexer und die Firmen müssen immer schneller auf Marktveränderungen reagieren. Dies führt dazu, dass sich die Binnenstruktur der Firmen verändert. Je nach Bedarf werden neue Teams und Projektgruppen zusammengesetzt, verändert oder wieder aufgelöst. In diesem Zusammenhang spricht man von einem **lernenden Unternehmen**.

In sogenannten **virtuellen Unternehmen** werden die Produkte und Dienstleistungen mithilfe moderner Kommunikationsmittel, wie E-Mail, Internet, Mobilfunk und Video abgewickelt. Damit werden diese Unternehmen unabhängig von einem festen Standort. So geht bildlich gesprochen die Sonne über vielen vernetzten Arbeitsvorgängen innerhalb eines Unternehmens nicht unter. Was Projektteams in Fernost entwerfen, wird – wenn dort der Tag endet – in Europa aufgegriffen und später am immer noch gleichen Tag in Amerika fortgeführt.

„Abschied von der Vollkasko-Mentalität"

„TAGESSPIEGEL": Worauf müssen sich Angestellte einstellen?
JENS FLAMMANN: Auf mindestens zwei Entwicklungen. Erstens: Arbeitgeber übernehmen weniger Verantwortung für die Mitarbeiter. Das kann ich sogar verstehen. Wenn ich als Arbeitgeber nicht weiß, wie mein Absatzmarkt morgen aussieht, versuche ich jeden Ballast zu vermeiden. Dazu gehört auch, dass die Stammbelegschaften möglichst klein gehalten werden. Feste Mitarbeiter werden, um flexibler zu sein, zunehmend durch Leistungs-Lieferanten ersetzt: freie Mitarbeiter zum Beispiel. Aber auch wer in einem festen Arbeitsverhältnis bleibt, muss sich umstellen. Er muss sich sehr viel intensiver als bislang selbst kümmern: um seine Weiterbildung, um seine sogenannte Work-Life-Balance und auch um seine nächste Jobchance – in welcher Funktion und in welchem Beruf auch immer.
„TAGESSPIEGEL": Was ist der zweite Aspekt?
JENS FLAMMANN: Nun, die Absatzmärkte haben sich verändert und damit auch die Nachfrage auf dem Arbeitsmarkt. In den wachsenden Märkten ist Know-how besonders wichtig. Know-how heißt ja ‚Wissen wie'. Das ist etwas anderes als das ‚Wissen was' – also Fachwissen. Beim ‚wie' geht es um Sozial- und Methodenkompetenzen. Viele wissen nicht genau, was damit gemeint ist, und schon gar nicht, was sie selbst in diesem Bereich zu bieten haben. Leute, die stetig an ihrer persönlichen Weiterentwicklung arbeiten, werden in Zukunft die Nase vorn haben.
„TAGESSPIEGEL": Das hört sich nach lebenslänglichem Dauerstress an?
JENS FLAMMANN: So kann man das sehen. Aber jede Medaille hat ja zwei Seiten: Ich glaube, dass es für viele Menschen attraktiv ist herauszufinden, was sie wollen und was sie können. Und dann zu sehen, wo sie das umsetzen können. Wer heute sein Ikea-Regal selbst zusammenbauen darf, der will doch seine Lebensplanung nicht dem Arbeitgeber überlassen. Diese Menschen sind ihre eigenen Unternehmer, Lebensunternehmer sozusagen. Und als solche brauchen sie eine Karrierestrategie, die stetig überarbeitet werden muss.
Die Fragen stellte Christine Schreiber.

Interview im Tagesspiegel, 05.10.2003; http://www.auszeit.de/kunden/medien.html, 07.12.2006

Welche Anforderungen werden an den modernen Arbeitnehmertyp gestellt?

Wichtigste Aufgabe der Unternehmensführung ist es, die Mitarbeiter nach ihrem individuellen Wissen einzusetzen und die Selbstverantwortung und Eigeninitiative zu fördern.

Probleme erkennen, Lösungen finden

Logisch denken

Verantwortung übernehmen

Im Team arbeiten

Mit Kritik umgehen

Zielgerichtet handeln

Sich besprechen, andere informieren

Entscheidungen treffen

Sich auf neue Situationen einstellen

Ergebnisse beurteilen

Planen und organisieren

Auch die Arbeits- und Lebenswelt des Arbeitnehmers verändert sich. Fest gefügte und festgeschriebene Berufsfelder, Beschäftigungs-, Laufbahn- und Entlohnungsmuster werden bald der Vergangenheit angehören, das alte Schema „Ausbildung – Beschäftigung – Rente" ebenso. Der Vollzeit-Arbeitnehmer weicht dem Typus des **„Lebensunternehmers"**. Damit ist gemeint, dass sich der Arbeitnehmer ständig den neuen Anforderungen und Veränderungen stellt, seinen individuellen Arbeits- und Lebenspfad sucht und findet. So wird sich das Arbeitsleben wie ein Puzzle aus verschiedenen Erwerbstätigkeiten, Zeiten der Fort- und Weiterbildung sowie der Nichterwerbstätigkeit zusammensetzen. Wie das lernende Unternehmen ist der „Lebensunternehmer" ein **lebenslang lernender Mitarbeiter**, der seine Fähigkeiten auf einem freien Arbeits- und Auftragsmarkt präsentieren muss und seine Stärken und Schwächen einzuschätzen versteht.

Zur Wiederholung

1. Welche Merkmale weist die Ständegesellschaft auf?
2. Welchen Einfluss haben die Ideen der Aufklärung auf die Gesellschaft?
3. Der Wandel von der Ständegesellschaft zur Industriegesellschaft ist ein Prozess mehrerer, sich bedingender Faktoren. Erläutern Sie dies.
4. Was versteht man unter der industriellen Revolution?
5. Welche sozialen Folgen hat die Industrialisierung im 19. Jahrhundert?
6. Erläutern Sie den Begriff der „sozialen Frage".
7. Zeigen Sie die verschiedenen Lösungsvorschläge zur sozialen Frage auf.
8. Beschreiben Sie den Wandel von der Industrie- zur Informationsgesellschaft.
9. Welche Folgen sind mit diesem Wandel verbunden?
10. Welche Technologien werden als die Schlüsseltechnologien des 21. Jahrhunderts bezeichnet?
11. Was versteht man unter dem „Strukturwandel" in der Wirtschat?
12. Beschreiben Sie den Strukturwandel im Saarland.
13. Erläutern Sie, was unter
    a) virtuellen Unternehmen
    b) lernenden Unternehmen zu verstehen ist.
14. Wie verändert sich die Lebens- und Arbeitswelt in der Informationsgesellschaft?

Handlungsimpulse

A   Recherche und Dokumentation

Recherchieren Sie den strukturellen Wandel in Ihrer Region. Dokumentieren Sie Ihre Ergebnisse und präsentieren Sie diese.

B   Umfrage zur Freizeitgestaltung

Führen Sie in Ihrer Lerngruppe eine Umfrage zur Freizeitgestaltung durch. Erstellen Sie dazu einen Fragebogen, werten Sie diesen aus und stellen Sie die Ergebnisse in Form einer Grafik anschaulich dar.

C   Mind-Map erstellen

Erstellen Sie eine Mind-Map zum Thema „Der Arbeitnehmer als Lebensunternehmer".

2 Kulturelle Vielfalt, Zuwanderung und Integration

2.1 Der Begriff Kultur

Zwei Austauschschüler in Deutschland zum Thema Partnerschaft

Roberto Tenorio, 18, Costa Rica
„Deutsche Mädchen sind viel offener als die Mädchen in Costa Rica. Sie machen, was sie wollen und kämpfen um ihre Gleichberechtigung. Sie sind im Umgang mit Jungs sehr entspannt. Man redet halt einfach so miteinander und trifft sich, ohne dass es gleich etwas mit Sex zu tun haben muss. Und wenn es dann doch in diese Richtung geht, geben sie einem das auch zu verstehen. Außerdem finde ich, dass deutsche Mädchen sehr gut angezogen sind. Hosen, Pullis – alles sieht elegant und selbstbewusst aus. Sie ziehen sich für sich an und nicht für die Blicke der Männer. Sie scheinen die Blicke nicht nötig zu haben. Die Mädchen in Costa Rica kleiden sich betont sexy, tragen knappe Röcke und Tops, präsentieren immer nur ihren Körper, verstecken aber ihre Seele."

Leah Nielsen, 18, USA
„Deutsche Jungs sind wahnsinnig schnell bei der Sache, was Flirten und Sex angeht. Die Amerikaner sind da langsamer. Es gibt da einfach einige Regeln: Wenn mich in den USA ein Junge fragt, ob ich mit ihm ins Kino gehen will, heißt das, dass er mich süß findet und Interesse hat. Wenn ich dann mit ihm ausgehe, signalisiere ich natürlich Zustimmung, aber auch, dass ich ihn kennenlernen will, wissen will, wer er ist und wie er denkt. Kann schon sein, dass ich mich am Ende des Abends dann auch küssen lasse, aber wir würden nicht gleich miteinander schlafen. Vielleicht haben sie weniger Hemmungen, weil ihre Eltern meistens nicht so streng sind wie amerikanische. Ich könnte hier zum Beispiel einfach so bei meinem Freund übernachten. In den USA wäre das unmöglich."

Roberto Tenorio, Leah Nielsen, Simone Buchholz, http://www.goethe.de/z/jetzt/dejart38/dejart38.htm (27.08.2007)

1. Entsprechen diese Vorstellungen Ihrer eigenen Wahrnehmung?
2. Was hat das Thema Partnerschaft mit der Kultur eines Landes zu tun?

Der Begriff **„Kultur"** wird sehr unterschiedlich gebraucht. Auf die Gesellschaft bezogen, wird unter ihm zumeist die Art und Weise verstanden, wie die Menschen in einer Gemeinschaft zusammenleben. Häufig wird die Kultur dabei mit einer „Software" verglichen, die den Geist ihrer Mitglieder „programmiert". Sie „steuert" das Wahrnehmen, Denken, Werten und Handeln der Menschen. Sie bestimmt nicht, was gedacht wird, sondern wie gedacht wird. Für das einzelne Mitglied einer Gemeinschaft ist die Kultur ein Orientierungssystem. Es hilft, das eigene Tun mit dem der anderen in Einklang zu bringen. Dies erstreckt sich bis auf ganz alltägliche und gewöhnliche Dinge des Lebens: Begrüßen, Essen, Zeigen oder Verbergen von Gefühlen, Körperabstand zu anderen, Lieben oder Körperhygiene. Die jeweilige Form, in der dies geschieht, wird als **Kulturstandard** bezeichnet. Die Formen können sich zwischen den jeweiligen Gemeinschaften stark unterscheiden. Kulturstandards werden zumeist von früheren Generationen übernommen **(Tradition)** und durch das Aufwachsen in der jeweiligen Gemeinschaft erlernt **(Sozialisation)**.

Kulturen verändern sich!

Dein Christus ein Jude
Dein Auto ein Japaner
Deine Pizza italienisch
Deine Demokratie griechisch
Dein Kaffee brasilianisch
Dein Urlaub türkisch
Deine Zahlen arabisch
Deine Schrift lateinisch
Und Dein Nachbar nur ein Ausländer?

„Kultur ist das, was in der Auseinandersetzung mit dem Fremden entsteht, sie stellt das Produkt der Veränderung des Eigenen durch die Aufnahme des Fremden dar."
Mario Erdheim, Psychoanalytiker

„Im Ganzen genommen könnte man die Kultur als den Prozess der fortschreitenden Selbstbefreiung des Menschen beschreiben … (In ihm) entdeckt der Mensch eine neue Kraft – die Kraft, sich eine eigene, ideelle Welt zu errichten."
Ernst Cassirer, Philosoph

1. Was soll mit dem Graffiti zum Ausdruck gebracht werden?
2. Was hat das Thema „Kultur" mit Ausländern zu tun?

Kulturen sind keine geschlossenen Systeme. Durch den Kontakt mit anderen verändern sie sich ständig. Das „Fremde" kann zum „Eigenen" werden, wie umgekehrt das Bisherige fremd. Ohne den Kontakt mit anderen Kulturen wäre uns womöglich vieles von dem unbekannt geblieben, was heute längst unseren Alltag prägt. Die Kartoffel aus Amerika oder das Bier aus Babylon, aber auch die Demokratie und die moderne Wissenschaft. Beide wurzeln im Denken des antiken Griechenlands, von dem wir in Mitteleuropa durch die Übersetzungen arabischer Gelehrter erfahren haben.

Kulturen verändern sich auch von innen heraus. Im Verlauf der Geschichte werden die Menschen immer selbstbewusster. Sie lösen sich von Althergebrachtem und bestimmen ihr Leben zunehmend selbst **(Individualisierung)**. Der Einzelne geht eigene Wege und grenzt sich dabei von anderen Lebensformen ab **(Differenzierung)**. Es kommt zu neuen Gemeinschaften mit neuen Eigenarten. Die kulturelle Vielfalt wächst **(Pluralisierung)**. Ein Beispiel: Frauen und Männern wurde früher zumeist eine feste Rolle in der Familie zugewiesen: Der Mann verdient das Geld, die Frau erzieht die Kinder und führt den Haushalt. Durch die Erwerbstätigkeit der Frau hat sich dies geändert. Heute gibt es vielfältige Formen des partnerschaftlichen Miteinanders. Selbst gleichgeschlechtliche Partnerschaften sind möglich.

Neue Lebensformen entstehen:

Das Lebenspartnerschaftsgesetz vom 1. August 2001 gibt homosexuellen Paaren die Möglichkeit, ihre Partnerschaft bei einer von den Ländern zu bestimmenden Behörde – in der Regel beim Standesamt – eintragen zu lassen. Daraus erwachsen für die Partner eine Reihe von Rechten und Pflichten. Kernpunkte des Lebenspartnerschaftsgesetzes sind: Möglichkeit, einen gemeinsamen Namen zu bestimmen, gegenseitige Unterhaltspflichten und -rechte, das „kleine Sorgerecht" des Lebenspartners, also die Mitentscheidung in Angelegenheiten des täglichen Lebens eines Kindes, das der Lebenspartner/die Lebenspartnerin in die Partnerschaft einbringt, das gesetzliche Erbrecht des überlebenden Lebenspartners, Regelungen über die Folgen der Trennung von Lebenspartnern (zum Beispiel Unterhaltsrecht).

Autorentext

2.2 Einwanderungsland Deutschland

Vor 40 Jahren: Ein Moped für den 1 000 000 Gastarbeiter

Köln (ddp-nrw)- Erschöpft und übernächtigt kam der Portugiese Armando Rodrigues de Sá nach drei Tagen Fahrt in einem Sonderzug im Bahnhof Köln-Deutz an. Seine Ankunft am 10. September 1964 verlief anders als von ihm erwartet. Ein Dolmetscher rief aufgeregt seinen Namen, um ihn aus der Menge der mitangereisten Gastarbeiter herauszupicken. Dann wurde Rodrigues zu einem Empfangskomitee geführt, wo ihm Metallarbeitgeberpräsident Manfred Dunkel vor der Presse ein Moped Marke „Zündapp Sport Combiette" schenkte. Armando Rodrigues de Sá war an jenem Tag vor 40 Jahren der einmillionste Gastarbeiter, der nach Deutschland kam (...) Damals gab es im Wirtschaftswunderland Bundesrepublik immer noch rund 600 000 offene Stellen zu besetzen. Gastarbeiter waren daher bei den Firmen hoch begehrt (...) Der gelernte Zimmermann Armando Rodrigues arbeitete in Stuttgart, dann bei einer Zementfabrik in Blaubeuren. Er lebte sparsam und schrieb zwei- bis dreimal pro Woche nach Hause. Deutschland sei „ein Land des Geldes", bemerkte er in einem seiner Briefe – und dass man hier einen starken Magen haben müsse (...) [Eine Krebserkrankung] zwang die Familie, sich seine Rente auszahlen zu lassen. 1979 erlag Armando de Rodrigues im Alter von nur 53 Jahren in seiner Heimat seinem Krebsleiden. Vom Tod des ehemaligen „Vorzeige-Gastarbeiters" nahm die deutsche Presse keine Notiz. Im Zeitalter von Öl- und Konjunkturkrise waren Gastarbeiter längst kein Thema mehr.

Kölnische Rundschau vom 07.09.2004 (gekürzt)

1. Wie wirkt die Geschichte von Armando Rodrigues de Sá heute auf Sie?
2. Fragen Sie in Ihrer Klasse nach, wessen Eltern oder Großeltern nach Deutschland kamen, um hier zu arbeiten.

Der Wiederaufbau Deutschlands nach dem Krieg erforderte mehr Arbeitskräfte als zur Verfügung standen. Dieser Mangel wurde in Westdeutschland noch verschärft, als der **Flüchtlingsstrom** aus dem Osten durch den Mauerbau 1961 vollständig zum Erliegen kam. Da gleichzeitig in vielen Mittelmeerländern Arbeitslosigkeit herrschte, wurden ab 1955 in Rücksprache mit den dortigen Regierungen Arbeitskräfte angeworben. Ohne diese Wanderung **(= Migration)** von Arbeitskräften wäre das deutsche Wirtschaftswunder in den Fünfziger- und Sechzigerjahren nicht möglich gewesen. Die große Mehrheit der Arbeitsmigranten wollte nur vorübergehend in Deutschland arbeiten und sich mit dem verdienten Geld in der Heimat später eine Existenz aufbauen. Deshalb wurden sie auch als **„Gastarbeiter"** bezeichnet. Viele ließen ihre Frauen und Kinder zunächst zurück, um sie in ihrem gewohnten sozialen Umfeld zu belassen. Je länger sie aber blieben, desto häufiger holten sie ihre Familien nach. 1973 war die Anzahl der ausländischen Arbeitnehmer auf 2,6 Millionen angewachsen. Damit hatte jeder zehnte Erwerbstätige einen fremden Pass. Die Wirtschaftskrise Anfang der Siebzigerjahre brachte eine Umkehr auf dem Arbeitsmarkt. Die deutsche Regierung verfügte daher 1973 einen **Anwerbestopp** für ausländische Arbeitskräfte. Trotz der vielen Rückkehrer stieg die Zahl der in Deutschland lebenden Migranten weiter an. Die Ursachen sind vielfältig: Familiennachzug, höhere Geburtenrate, Asyl für politisch Verfolgte und Zuflucht für Bürgerkriegsflüchtlinge. Heute leben in Deutschland ca. 15 Millionen Menschen mit „Migrationshintergrund", das sind fast 20 % der Bevölkerung.

Ausländische Mitbürger in Deutschland

Ende 2007 lebten 6,74 Millionen Ausländer in Deutschland

Die am häufigsten vertretenen Staatsangehörigkeiten in 1 000	Durchschnittliche Aufenthaltsdauer in Jahren
Türken 1 714	22 Jahre
Italiener 528	26
Polen 385	9
Serben und Montenegriner 331	18 bzw. 13*
Griechen 295	25
Kroaten 225	26
Russen 188	7
Österreicher 176	27
Bosnier und Herzegowiner 158	19
Niederländer 128	24
Ukrainer 127	7
Portugiesen 115	21
Franzosen 107	18
Spanier 106	27
US-Amerikaner 100	16
Briten 97	19

Quelle: Stat. Bundesamt

*18 Jahre für Personen des ehemaligen Serbien und Montenegro, 13 Jahre jeweils für Personen der Nachfolgestaaten Serbien bzw. Montenegro © Globus 1939

„Wir haben Arbeitskräfte gerufen, und es sind Menschen gekommen!"

Max Frisch

1. Zeigen Sie auf einer Welt-karte, woher die Ausländer in Deutschland gekommen sind.
2. Erläutern Sie die Aufent-haltsdauer der Ausländer in Deutschland.

Früher:

„(…) beim Einkaufen, da man die Sprache nicht beherrscht, war man gezwungen, immer ‚ja, ja' zu sagen. Dies kränkte mich sehr."

(Metin T. kam 1962 als Arbeiter nach Deutschland, arbeitete bei Ford in Köln, war in der Türkei Absolvent einer türkischen Hochschule.)

„Auf uns allein gestellt, haben wir sehr viel Eier gegessen, es herrschte Angst vor dem Schweine-fleisch (…) Das, was wir aßen, war nichts, die Er-nährung war sehr mangelhaft."

(Alaattin M. kam 1965 als Arbeiter nach Deutschland, in der Türkei war er Praktikant beim Stadttheater Adana und beim Militär Trommel-Major.)

Zitiert nach: Zur Geschichte der Arbeitermigration aus der Türkei. Materialsammlung. Hrsg. von DOMiT-Dokumentationszentrum und Museum über die Migration aus der Türkei. Aytaç Eryilmaz, Bengü Kocatürk-Schuster, Wulf Schade im Auftrag des Ministeriums für Arbeit und Soziales, Qualifikation und Technologie des Landes Nordrhein-Westfalen, Köln 2000

Heute:

Asli Bayram ist die neue „Miss Deutschland". Am 13. Januar 2005 setzte sich die dunkelhaarige Schönheit in Aachen gegen 23 Konkurrentinnen durch (…) „Man kann alles schaffen, wenn man wirklich will", ist das Lebensmotto der 23-jährigen Erfolgsfrau, die in Köln Jura studiert. Mit Asli Bay-ram sprach Vaybeel-Redakteurin Yildiz Turak.

Welche Bedeutung hat dein türkischstämmiger Hintergrund für dich? (…)

Auf den Titel bezogen ist es von Vorteil. Ich erhalte nicht nur von der deutschen Presse Aufmerksam-keit, sondern auch von so vielen türkischen Medi-en. Gleichzeitig denke ich, dass ich ein positives Beispiel für die Integration der türkischstämmigen Bevölkerung in Deutschland bin (…)

Obwohl Türken seit über 40 Jahren in Deutsch-land leben, existieren hierzulande immer noch Vorurteile Türkinnen gegenüber: von den Brü-dern unter Verschluss gehalten, verschleiert und auf ihre Ehre reduziert. Wirst du deinen Titel dazu nutzen, um dieses Image zu korrigieren?

Das Bild von Türkinnen in Deutschland wird schlimmer dargestellt, als es ist. Allein, wenn man in die Türkei verreist, stellt man fest, dass vor allem in den Städten nur die Minderheit der Frauen Kopftücher trägt. Schönheitswahlen gibt es dort schon seit Jahren. Natürlich gibt es noch extreme Beispiele, doch es ist sicherlich die Min-derheit. Gerne werde ich dazu immer Stellung nehmen und meine Meinung vertreten.

Welche Bedeutung hat die Türkei für dich?

Die Türkei ist das Heimatland meiner Eltern und gleichzeitig das Land, welches ich jedes Jahr be-suche. Es ist mein Lieblingsland. Ich fühle mich sehr wohl in der Türkei.

http://www.vaybee.de/servlets/NetCommunity Personalize?nick=&sessionid=lurker&nh=0&path=/ deutsch/channel/lifestyle/index_71759.html vom 14.03.2005 (gekürzt)

3. Schildern Sie die kulturellen Probleme der ehemaligen „Gastarbeiter" im fremden Deutschland und vergleichen Sie diese mit der Situation ihrer Nachfahren heute.

2.3   Die Integration der Zuwanderer

„Integration ist ein langfristig angelegter Prozess, der anstrengend, aber lohnend ist (...) Wir (sind) (...) darauf angewiesen, gemeinsam mit Menschen anderer Herkunft neue Problemlösungen, Denk- und Arbeitsweisen zu entwickeln."

„Unabhängige Kommission ‚Zuwanderung'"
Bericht 2000, S. 12

1. Interpretieren Sie die Karikatur.
2. Was verstehen Sie unter dem Schlagwort „Integration"?

Viele „Gastarbeiter" sind in Deutschland geblieben und haben ihre Familien nachgeholt. Sie haben die Kultur in Deutschland beeinflusst und sind umgekehrt beeinflusst worden. Heute sind sie und ihre Nachkommen wie andere Migranten zu einem selbstverständlichen Teil unserer Lebenswelt geworden. Ziel der **Zuwanderungspolitik** ist ihre vollständige **Integration**: Allen Migranten soll es möglich gemacht werden, als gleichrangige Bürger am gesellschaftlichen Leben in Deutschland teilzunehmen. Dies hängt wesentlich von der Offenheit der Aufnahmegesellschaft ab und ist deshalb eine Aufgabe aller Bevölkerungsteile. Nach heutiger Auffassung vollzieht sich der Prozess der Integration auf verschiedenen Ebenen:

Strukturelle Integration: Die Migranten besitzen einen Rechtsstatus mit festgelegten Rechten und Pflichten. Dieser regelt ihre Mitgliedschaft in wichtigen gesellschaftlichen Teilbereichen wie dem Arbeitsmarkt oder dem Bildungssystem (z. B. Arbeitserlaubnis, Schulpflicht, Sozialleistungen, Wahlrecht).

Kulturelle Integration: Die Migranten verfügen über die kulturelle Fähigkeit, die Werte, Normen und Einstellungen der deutschen Gesellschaft zu verinnerlichen (z. B. deutsche Sprachkenntnisse, Mediennutzung, Verfassung, Gemeinschaftswissen). Da sich durch den Einfluss der Migranten auch die Kultur des Aufnahmelandes ändert (z. B. Religion), müssen auch auf dieser Seite solche Kompetenzen vorhanden sein.

Soziale Integration: Zwischen einzelnen Migranten und deutschen Bürgern bestehen persönliche Bindungen (z. B. Nachbarschaft, Freundschaft) und durch beidseitige Mitgliedschaft in sozialen Organisationen dauerhafte Kontakte (z. B. Sportverein, Gewerkschaft).

Identifikatorische Integration: Die Migranten besitzen das subjektive Gefühl der Zugehörigkeit zum Aufnahmeland. Dies schließt Beziehungen zu eigenen ethnischen, nationalen oder auch lokalen Gemeinschaften ein (z. B. Empfindung von „Heimat" in Bezug auf das Herkunftsland der Eltern und der deutschen Gesellschaft).

1. Erläutern Sie die Ziele des Integrationsprozesses.
2. Zeigen Sie praktische Beispiele für eine gelungene Integration von Migranten auf.

„Sie sagt, dass sie in Deutschland lebt, aber dass es auch die Türkei sein könnte, wegen der vielen Türken im Frankfurter Bahnhofsviertel. Türkische Lebensmittelläden, türkische Ärzte, türkische Reisebüros, alles türkisch, alles gut. Und zu Hause türkisches Fernsehen. Am liebsten sieht sie die türkischen Liebesfilme; wer in Deutschland regiert, weiß sie nicht. Vahide Yesil kam vor 24 Jahren, sie kam aus Erzurum in Anatolien und hatte Angst vor Deutschland. Obwohl sie auch neugierig war (...)"

„Die Rückseite der Republik", in: Der Spiegel 10/2002, S. 36–56

Die Spuren der mangelnden Integration der ersten „Gastarbeiter" sind bis heute sichtbar. Viele Migranten sind unter sich geblieben. Wegen geringer Einkommen sind sie in Stadtviertel mit niedrigen Mieten und schlechter Wohnqualität gezogen. Dort prägen sie das Stadtbild wesentlich mit. Solche **„Magnete der Migration"** finden sich vor allem in den großen Industriestädten, wo ca. 80 % der Zuwanderer leben. Die räumliche Verdichtung von Migranten **(ethnische Segregation)** ist jedoch heute rückläufig. Viele haben es zu Wohlstand gebracht und sind in „bessere" Wohngegenden umgezogen oder das Wohnumfeld wurde verbessert und ist nun auch für Nichtmigranten attraktiv geworden.

Bei der Bewertung von Stadtvierteln, die durch eine bestimmte ethnische Gruppe geprägt sind, gehen die Meinungen auseinander. Die einen sehen darin eine Chance zur Integration. Ihre Begründung: Die Migranten leben in einem sozial

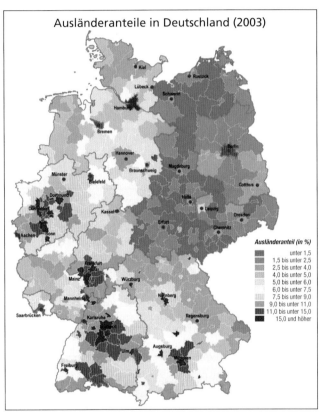

„Integration in Deutschland", http://www.isoplan.de, 29.08.2007

vertrauten Umfeld. Sie bewahren ihre kulturelle Identität und können so mit Selbstbewusstsein der Kultur des Zuwanderungslandes begegnen. Andere sehen darin eher einen Nachteil für die Integration. Ihr Argument: Die Migranten schotten sich von der Mehrheitsgesellschaft ab und laufen Gefahr, in einer **Parallelgesellschaft** zu leben, in der sie wenig von der Kultur der Mehrheitsgesellschaft erfahren.

1. Suchen Sie Motive, die Zuwanderer bewegen, in der Nähe ihrer ehemaligen Landsleute zu leben.
2. Diskutieren Sie die Chancen und Gefahren ethnisch geprägter Stadtteile für die Integration der Zuwanderer.

2.4 Die Notwendigkeit der Zuwanderung

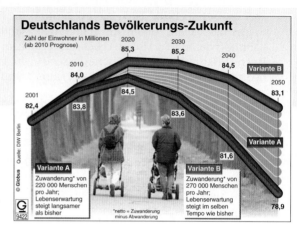

Deutschlands Bevölkerungs-Zukunft

1. Erläutern Sie die bis 2050 prognostizierten Zahlen der deutschen Bevölkerung.
2. Zu- und Abwanderung halten sich derzeit die Waage. Welche Auswirkung hat dieser Trend auf die Bevölkerungsentwicklung?

Gründe für Zuwanderung

Die Zahl und der Anteil jüngerer Menschen nehmen kontinuierlich ab, während für ältere Menschen das Gegenteil gilt. Dies wird erhebliche Konsequenzen für die gesamtwirtschaftliche Entwicklung und den Arbeitsmarkt haben und unseren umlagefinanzierten sozialen Sicherungssystemen Probleme bereiten. Denn diese beruhen darauf, dass immer eine ausreichende Zahl von Erwerbstätigen in beitragspflichtigen Arbeitsverhältnissen steht, um eine (kleinere) Zahl von Kindern, Jugendlichen und älteren Menschen zu versorgen. Diese demografische Entwicklung kann nicht durch kurzfristige Verhaltensänderungen verhindert werden (...) Im Konkurrenzkampf in der globalisierten Wirtschaft wird die Bedeutung der Innovationsfähigkeit einer Volkswirtschaft zunehmen (...) Doch selbst größte Anstrengungen zur nationalen Förderung von Forschung und Entwicklung sowie der beruflichen und räumlichen Mobilität werden nicht ausreichen, um den wirtschaftlichen und gesellschaftlichen Bedarf an Fachkräften zu decken. Wir werden auf den Import von Wissen und einen entsprechenden internationalen Austausch angewiesen sein.

„Unabhängige Kommission, Zuwanderung", Bericht 2000

Gesetzliche Regelung der Zuwanderung

Zuwanderung kann aus folgenden Zwecken erfolgen: Ausbildung, Erwerbstätigkeit, völkerrechtliche, humanitäre oder politische sowie familiäre Gründe. Es gibt zwei Rechtstitel: Aufenthaltserlaubnis (befristet) und Niederlassungserlaubnis (unbefristet). Beide beinhalten das Recht und die Pflicht auf einen Integrationskurs (z. B. Spracherwerb). Bei Sicherheitsgefahr kann eine sofortige Abschiebung erfolgen. Ein Aufenthaltstitel zum Zwecke der Erwerbstätigkeit darf nur erteilt werden, wenn ein konkretes Arbeitsplatzangebot vorliegt und keine Nachteile am Arbeitsmarkt entstehen. Geringqualifizierte unterliegen dem seit 1973 geltenden Anwerbestopp. Hochqualifizierte und ihre Familien erhalten eine Niederlassungserlaubnis. Selbstständige erhalten eine Aufenthaltserlaubnis, wenn sie mindestens eine Mio. EUR investieren und über neun Arbeitsplätze schaffen. Studenten können nach erfolgreichem Studienabschluss zur Arbeitsplatzsuche bis zu einem Jahr in Deutschland bleiben.

Autorentext

1. Weshalb wird eine weitere Zuwanderung gefordert?
2. Erläutern Sie die Bestimmungen zur Zuwanderung.

2.5 Konflikte durch Zuwanderung

Pro Kopftuch und gegen Kopftuchverbot

Das Grundgesetz schützt die Glaubensfreiheit: Niemand darf wegen seines Geschlechts, seines Glaubens, seiner politischen Überzeugung oder seiner Herkunft benachteiligt werden. Das Kopftuch ist ein religiöses Symbol und Ausdruck der religiösen Identität seiner Trägerin. Bei einem Verbot des Kopftuches müssen auch andere religiöse Symbole (Kreuz) aus der Schule verbannt werden. (…)
Wenn eine Lehrerin ein Kopftuch trägt, bestimmt sie damit ihr Äußeres selbst (zumindest ist davon bei einer erwachsenen gebildeten Akademikerin auszugehen) – durch ein Verbot würde ihr Selbstbestimmungsrecht verletzt.

Ein Verbot stärkt den Fundamentalismus. Durch das Verbot, mit dem Kopftuch zu unterrichten, werden Frauen für ihre religiöse Überzeugung bestraft. Es wird gegen sie ein Berufsverbot ausgesprochen.
Inwiefern verhindert das Kopftuch eine Integration? Heißt Integration denn Unkenntlichmachen von kulturellen Unterschieden? Die Integrationsdebatte darf nicht nur als Verbotsdebatte geführt werden. Und warum sind es die Frauen, die sich besonders „anpassen" müssen?
Eine kopftuchtragende Lehrerin mit emanzipierter Haltung und demokratischer Einstellung baut Vorurteile ab und fördert Integration. Toleranz wird zum greifbaren Thema. (…)

Kontra Kopftuch und für ein Kopftuchverbot

Das Kopftuch ist nicht nur „ein kleines Stückchen Stoff", das Ausdruck der Individualität der Trägerin ist. Lehrer/innen sind im Unterricht zu weltanschaulicher Neutralität verpflichtet. (…) Muslimische Mädchen und Frauen, die das Kopftuch ablehnen, werden durch ihre kopftuchtragende Lehrerin indoktriniert.
Das Kopftuch ist ein politisches Symbol für eine fundamentalistische islamische Haltung, die Politik und Religion nicht getrennt sehen will. Die angeblich „freie Entscheidung" der Frauen, ein Kopftuch zu tragen, ist auf diesem Hintergrund zu hinterfragen.
Das Kopftuch trennt nach dem Islam „ehrbare" von „nicht ehrbaren" Frauen (Koran Sure 33, Vers 59). Dadurch werden Frauen in zwei Klassen gespalten. Das Ver-

halten muslimischer Männer und Frauen gegenüber Frauen ohne Kopftuch wird durch diese Denkweise beeinflusst.
Das Kopftuch verhindert eine Integration der Muslime in die deutsche Gesellschaft.
Das Tragen eines Kopftuchs kann ein Protestsymbol gegen die Verwestlichung islamischer Staaten und Werte sein, wie z. B. heute in Palästina. Es kann auch Symbol für die zweitrangige Position der Frau in einer spezifischen (archaischen) Auslegungsart des Islam sein.
Da nicht nachweisbar ist, welche dieser Bedeutungen mit dem „Kopftuch" durch eine Lehrerin vermittelt wird, fordert die Neutralitätspflicht des Staates ein Verbot kopftuchtragender Lehrerinnen im Unterricht. (…)

Dorothee Wetzel, Vorstandsbereich Frauenpolitik, aus; b&w 12/03
Quelle: www.gew-bw.de/Pro_und_Contra_Kopftuchverbot.html – Zugriff am 08.08.2008

Anerkennung oder Toleranz?

(...) Toleranz ist ein einseitiger Prozess und begünstigt nicht den Zusammenhalt einer kulturell heterogenen und sozial ungleichen Gesellschaft. Die Alternative ist Anerkennung (...) Statt eines einseitigen Prozesses dominiert die Wechselseitigkeit. Anerkennung setzt die Auseinandersetzung mit dem anderen voraus, also Mehrheit mit Minderheiten und Minderheiten mit der Mehrheit. Diese Auseinandersetzungen sind zu organisieren und zu institutionalisieren. Toleranz basiert dagegen vielfach auf riskantem Desinteresse, Ignoranz und Gleichgültigkeit. Insofern ist diese Toleranz auch „billig" zu haben – und ist nichts wert (...) Anerkennung ist also „teuer", weil anstrengend und konflikthaft. Auseinandersetzungen haben aber auch viele Vorteile, weil man einerseits zur Perspektivenübernahme animiert wird, also:

Warum verhält sich der andere so und wie würde ich mich verhalten? Damit werden die Voraussetzungen für Empathie (= Einfühlungsvermögen) gelegt. Andererseits führen Auseinandersetzungen dazu, dass man sich seiner eigenen Position bewusst wird – und sie entweder verstärkt oder revidiert. Anerkennung ist also ein interaktiver und vor allem auf Gleichwertigkeit ausgerichteter Prozess (...) Anerkennung ist der Prozess, der auf „die gleiche Augenhöhe" zielt. Und dies muss hinzugefügt werden: Erst wenn Personen sich anerkannt fühlen, erkennen sie auch die basalen Normen wie Gleichheit, Gleichwertigkeit und die Integrität an. Dagegen ist der Anerkennungszerfall potenziell mit Desintegration und Gewalthaltigkeit verbunden. Das gilt für Angehörige sowohl von der Mehrheit als auch von Minderheiten.

Wilhelm Heitmeyer, Riskante Toleranz, Suhrkamp

1. Diskutieren Sie das Pro und Kontra eines Kopftuchverbots in der Schule.
2. Weshalb wendet sich Wilhelm Heitmeyer im Miteinander der Kulturen gegen die „Toleranz" und fordert stattdessen die „Anerkennung" als Verhaltensregel?

Zur Wiederholung

1. Erläutern Sie den Begriff „Kultur".
2. Erläutern Sie die Mechanismen, die die Kultur eines Landes verändern.
3. Stellen Sie die Geschichte der Zuwanderung nach dem Zweiten Weltkrieg dar.
4. Erläutern Sie die strukturelle Zusammensetzung der Ausländer in Deutschland.
5. Erläutern Sie die kulturellen Probleme von Zuwanderern.
6. Erläutern Sie die Ebenen und Ziele des Integrationsprozesses.
7. Erklären Sie den Begriff „ethnische Segregation" und stellen Sie dessen Chancen und Gefahren dar.
8. Beschreiben Sie die Bevölkerungsprognosen Deutschlands im Zusammenhang mit der Zuwanderung.
9. Welche Gefahren sind mit einer fortschreitenden Überalterung der Gesellschaft verbunden?
10. Stellen Sie die gesetzlichen Regelungen der Zuwanderung nach Deutschland dar.
11. Erläutern Sie die Bedeutung des Grundgesetzes im Zusammenhang mit der kulturellen Vielfalt in unserem Land.
12. Erläutern Sie die These, wonach nicht Toleranz, sondern Anerkennung eine kulturell heterogene Gesellschaft zusammenhält.

Handlungsimpulse

A **Interpretieren Sie die Karikatur.**

Hängepartie im Kopftuch

B **Rollenspiel zur interkulturellen Konfliktlösung**

Die Ausgangssituation:
In einer Kommune finden sich die islamischen Gemeinden nicht mehr mit den Auflagen ab, die dem Bau der Moscheen bisher gemacht worden sind. Genau wie die Kirchen ihre Glocken zum Gebet läuten, wollen auch die Muslime ihren Gebetsruf durchführen, da er aktiver Bestandteil der Religionsausübung ist. Der Ruf ist auf arabisch verfasst und preist dabei die Erhabenheit Allahs als Erschaffer dieser Welt an und die Verkündung durch Mohammed. Dafür soll neben die Moschee ein 30 m hohes Minarett gebaut werden, von dem aus der Muezzin (arabisch: mu'adhdhin) zum Gebet aufrufen soll. Gleich neben der Moschee befindet sich eine christliche Kirche, die täglich am Abend und zu den Gottesdiensten läutet. Die Muslime führen in der Diskussion um den Gebetsruf Art. 4 des Grundgesetzes an (Glaubens-, Gewissens- und Bekenntnisfreiheit) und verweisen auf ein Rechtsgutachten, das besagt, dass den muslimischen Gemeinden die gleiche Behandlung zuteil kommen muss wie den Großkirchen. Einschränkungen müssten lediglich durch die Begrenzung der Lautstärke hingenommen werden. Da der Islam in Deutschland eine noch relativ neue Religion darstellt, empfiehlt das Gutachten einen Dialog zwischen den unterschiedlichen Gruppen.

Rollen:
• Sprecher der islamischen Gruppen,
• Sprecher der benachbarten christlichen Gemeinde,
• Sprecher einer Bürgerinitiative, die nur das Minarett verhindern will,
• Sprecher einer Bürgerinitiative, die auch das Kirchengeläut unterbinden will,
• Moderation durch den Bürgermeister der Kommune, der einen Kompromiss anstrebt.

Arbeitsauftrag:
Bilden Sie für jeden Sprecher eine Gruppe. Sammeln Sie Argumente, die Ihr Anliegen untermauern. Legen Sie fest, wo für Sie die Grenzen eines Kompromisses liegen. Wählen Sie den Sprecher Ihrer Gruppe, der Sie in der zeitlich begrenzten Diskussion vertritt und dort für Sie einen Kompromiss aushandeln soll. Diskutieren Sie den Kompromiss in der Klasse und stimmen Sie über ihn ab.

3 Rollenwandel und Gleichberechtigung

3.1 Familie und Rolle der Frau

Berufsschulklasse beim Kochunterricht 1933

Junge Väter heute mit Nachwuchs

Die Bilder sind auch „Bilder des Rollenwandels" von Mann und Frau.
1. Welche Rolle wurde vor einem halben Jahrhundert der Frau zugesprochen?
2. Was war vor 50 Jahren die Rolle des Mannes?
3. Welche Rollenbilder herrschen heute vor?
4. Wie erklären Sie sich die Veränderungen?

Rollen- und Familienverständnis haben sich in den letzten Jahrzehnten nachhaltig verändert. Vor allem bessere Bildung, das damit gestärkte Selbstbewusstsein durch die Berufstätigkeit und finanzielle Selbstständigkeit haben die neue Rolle der Frau entstehen lassen. Viele berufstätige Frauen gehen bald nach der Geburt des Kindes wieder ins Berufsleben zurück. Dadurch stellt sich automatisch die Frage nach der Arbeitsaufteilung im Haushalt und der Betreuung der Kinder. Die Partner müssen diese Fragen gemeinsam beantworten. Auch die Rolle des Mannes hat sich nach und nach verändert.

Es ist 20:20 Uhr in Deutschland. Der Architekt Kristian Kreutz, 41, betritt seine Berliner Altbauwohnung, er stellt die Einkaufstüten in der Küche ab. Auf dem Abendbrottisch stehen schon Butter, ein großes rundes Brot, Wurst und Käse. Kreutz gibt seiner schwangeren Frau Monika einen Kuss, sagt den beiden Kindern „Hallo" und setzt sich dazu. Dann fragt er seine Frau: „Und wie war es heute bei der Arbeit?" Kristian und Monika Kreutz haben die Rollen getauscht: Er kümmert sich seit vier Jahren viel um die beiden Söhne – Laszlo ist 16, Matis fast 4 –, und er arbeitet nebenher freiberuflich als Architekt. Seit Matis in den Kindergarten geht, kann Kreutz sogar einen größeren Auftrag von zu Hause aus betreuen. Den Großteil des Geldes aber verdient Monika Kreutz mit ihrem Job bei einer Filmproduktionsfirma. Wenn in drei Monaten ihre Tochter geboren wird, geht es andersherum: Dann wird Kreutz wieder voll arbeiten, und seine Frau bleibt zu Hause. „Rollenbilder, Klischees", sagt Monika Kreutz, „sind für uns kein Thema."

Vieles habe sich in den vergangenen 50 Jahren verändert, findet Monika Kreutz. Einmal habe ihr Mann ein exzellentes Jobangebot in Norwegen gehabt, aber sie hätten beschlossen, in Deutschland zu bleiben, weil ihr zweites Kind unterwegs war und sie, Monika, noch nicht mit der Ausbildung fertig. „Das wäre doch früher bei unseren Eltern anders gewesen", sagt sie, „damals sind unsere Mütter unseren Vätern hinterhergezogen und haben sich dann einen Job in der Gegend gesucht." Es lassen sich ungezählte solcher Beispiele finden in deutschen Biografien – jedes einzelne mag privat, bescheiden und unspektakulär sein, zusammen aber ergeben sie das Bild einer dramatischen Veränderung.

Ulrike Demmer u. a.: Halbe Männer, ganze Frauen in: Der Spiegel 26/2008, S. 42 ff.

1. Wie definieren Kristian und Monika Kreutz ihre Rollen?
2. Welches Modell zur Arbeitsteilung in der Familie halten Sie persönlich für das beste? Diskutieren Sie.

Neue Lebensformen sind neben der traditionellen Kleinfamilie entstanden. Dennoch hat die Familie weiterhin eine wichtige Funktion in unserer Gesellschaft.

Deshalb steht sie auch unter dem ausdrücklichen Schutz des Grundgesetzes (Art. 6 GG).

SPIEGEL-Umfrage
Arbeitsteilung

„Welches Modell zur Arbeitsteilung in der Familie halten Sie für das beste?"

Mann und Frau teilen sich gleichberechtigt Erwerbsarbeit, Kindererziehung und Haushalt.

Frauen	44 %
Männer	54 %

Der Mann arbeitet Vollzeit, die Frau arbeitet in Teilzeit, und sie kümmert sich um Kinder und Haushalt.

Frauen	37 %
Männer	23 %

Der Mann arbeitet Vollzeit, die Frau ist nicht erwerbstätig und kümmert sich um Kinder und Haushalt.

Frauen	14 %
Männer	13 %

TNS Forschung für den SPIEGEL vom 5. und 6. Mai; rund 1000 Befragte; an 100 fehlende Prozent: „Die Frau arbeitet Vollzeit, der Mann führt den Haushalt"/keine Angabe

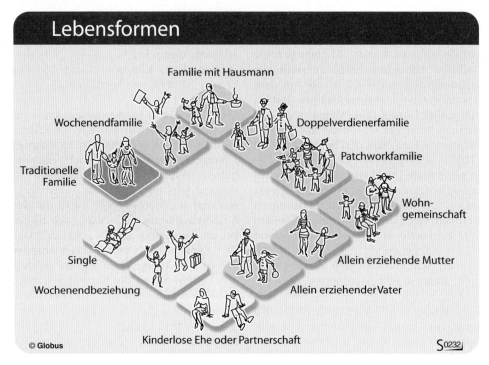

Mit dem Bundeselterngeld- und Elternzeitgesetz hat der Gesetzgeber auf die Veränderung reagiert, um Eltern einerseits bei der Erziehung ihrer Kinder zu unterstützen und andererseits Beruf und Familie besser zu vereinbaren.

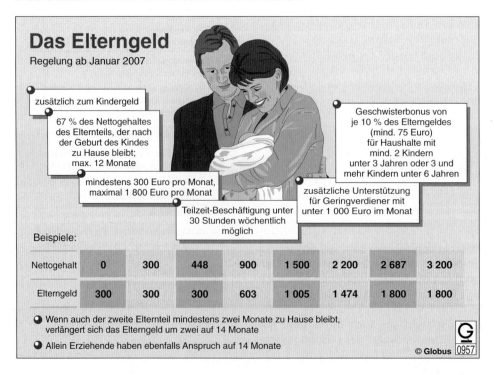

Die Braut als Schnäppchen

Von Necla Kelek | © DIE ZEIT 27.01.2005 Nr. 5

... Gelin, »die, die kommt«, so nennt man die Braut, die ins Haus kommt. Import-Gelin heißen die Bräute, die man nach Deutschland holt. Viele Frauen habe ich getroffen, die von ihren Familien nach Deutschland verkauft worden waren. Sie erzählten fast ausnahmslos verstörende Geschichten, von ihren Hochzeiten und den Tagen danach, von ihrem Eheleben und von ihrem Verhältnis zu ihren Männern.

Die typische Importbraut ist gerade eben 18 Jahre alt, stammt aus einem Dorf und hat notdürftig lesen und schreiben gelernt. Sie wird von ihren Eltern mit einem ihr unbekannten, vielleicht verwandten Mann türkischer Herkunft aus Deutschland verheiratet. Sie kommt nach der Hochzeit in eine deutsche Stadt, in eine türkische Familie. Sie lebt ausschließlich in der Familie, hat keinen Kontakt zu Menschen außerhalb der türkischen Gemeinde. Sie kennt weder die Stadt noch das Land, in dem sie lebt. Sie spricht kein Deutsch, kennt ihre Rechte nicht, noch weiß sie, an wen sie sich wenden könnte.

In den ersten Monaten ist sie total abhängig von der ihr fremden Familie, denn sie hat keine eigenen Aufenthaltsrechte. Sie wird tun müssen, was ihr Mann und ihre Schwiegermutter von ihr verlangen. Anderenfalls kann sie zurückgeschickt werden – das würde ihren sozialen und realen Tod bedeuten. Sie wird bald ein, zwei, drei Kinder bekommen. Ohne das gilt sie nichts und könnte wieder verstoßen werden. Damit ist sie auf Jahre an das Haus gebunden. Mit ihren Kindern wird sie türkisch sprechen und sie so erziehen, wie sie selbst erzogen wurde, nach islamischer Tradition. Sie wird in Deutschland leben, aber nie angekommen sein.

Quelle: Necla Kelek: http://www.zeit.de/2005/05t_9frk_Frauen?page=1; Zugriff am 23.08.2008

Der Weg der Frauen

Unterdrückt, sprachlos und verängstigt – so werden türkische Frauen in Deutschland oft gesehen. Eine neue Studie zeigt nun, dass eine Reduzierung auf Gewaltopfer unter Kopftuchzwang auf viele nicht zutrifft. Eine große Zahl lebt ihr eigenes Leben, wie die europäischen Frauen auch.
...
Die Fixierung auf die Themen Kopftuch, Familienehre und innerfamiliäre Gewalt macht es schwierig, positive Gegenbilder zu etablieren, die Anreiz für türkeistämmige Frauen sein können, sich in europäischen Gesellschaften zu integrieren und zu emanzipieren.

Eine neue Studie der Stiftung Zentrum für Türkeistudien ... korrigiert nun ebenfalls das in der europäischen Öffentlichkeit vorherrschende Bild türkeistämmiger Frauen.

Schon grundlegende soziodemografische Daten der Studie zeigen, dass das Bild der türkischen Frau als vornehmlich im familiären Kontext verwurzelt unzutreffend ist. In der jüngeren Altersgruppe in Deutschland zwischen 18 und 29 Jahren ist die Hälfte der Türkinnen unverheiratet. Auch in den höheren Altersgruppen steigt der Anteil der allein lebenden Frauen.

Das traditionelle Rollenbild der Frau als Hausfrau und Mutter ist unter den türkischen Frauen umstritten: Rund die Hälfte der türkeistämmigen Migrantinnen befürwortet die traditionelle Frauenrolle, ebenso viele lehnen sie aber ab. Eine Berufsausbildung für Frauen und Mädchen findet jedoch nahezu uneingeschränkt die Unterstützung der türkeistämmigen Frauen.

Gülay Kizliocak u. Martina Sauer: Zusammenfassung der ZfT-Studie zur Lebenssituation der türkischstämmigen Frauen
Quelle: Frankfurter Rundschau online, 14.2.2007, unter:
http://www.fr-online.de/in_und_ausland/politik/dokumentation/1074069_Der-Weg-der-Frauen.html

3.2 Auf dem Weg zur Gleichberechtigung

Art. 3 Abs. 2 des Grundgesetzes:

Männer und Frauen sind gleichberechtigt. Der Staat fördert die tatsächliche Durchsetzung der Gleichberechtigung von Frauen und Männern und wirkt auf die Beseitigung bestehender Nachteile hin.

1. Auf welchen Widerspruch weisen Satz 1 und Satz 2 des Grundgesetztextes hin?
2. Durch welche Maßnahmen wird und wurde die Gleichberechtigung vorangetrieben?

Der Gleichheitsgrundsatz von Mann und Frau wurde bereits 1949 im Grundgesetz der Bundesrepublik Deutschland verankert. Doch die Wirklichkeit sah anders aus. Dies zeigen auch Bestimmungen aus dem Bürgerlichen Gesetzbuch bis 1958:

§ 1354 BGB – Fassung bis 1958

(1) Dem Manne steht die Entscheidung in allen das gemeinschaftliche eheliche Leben betreffenden Angelegenheiten zu; er bestimmt insbesondere Wohnort und Wohnung.

§ 1356 BGB – Fassung bis 1958

(1) Die Frau ist ... berechtigt und verpflichtet, das gemeinschaftliche Hauswesen zu leiten.

Erst mit dem Gleichberechtigungsgesetz von 1958 wird das eheliche Letztentscheidungsrecht des Mannes (§ 1356 BGB) gestrichen, das ihm die Vorherrschaft im Haushalt gewährte. Die neue Fassung des § 1356 BGB sichert der Frau zwar das Recht auf Erwerbstätigkeit zu, allerdings nur „soweit dies mit den Pflichten in Ehe und Familie vereinbar ist." Das Leitbild des Gleichberechtigungsgesetzes von 1958 blieb also immer noch die Hausfrauenehe.

Erst mit der Neufassung des § 1356 BGB im Jahre 1977 wird die formale Gleichstellung der Frau in der Ehe festgeschrieben:

§ 1356 BGB – Fassung von 1977

(1) Die Ehegatten regeln die Haushaltsführung im eigenen Einvernehmen. Ist die Haushaltsführung einem der Ehegatten überlassen, so leitet dieser den Haushalt in eigener Verantwortung.
(2) Beide Ehegatten sind berechtigt, erwerbstätig zu sein. ...

Gleichberechtigung war und ist vor allem die Emanzipation der Frau. **Emanzipation** bezeichnet einen Prozess der Befreiung aus religiöser, gesetzlicher, wirtschaftlicher und sexueller Abhängigkeit und Unmündigkeit sowie der Verwirklichung der Selbstbestimmung.

Wichtige Wegmarken zur Emanzipation der Frau und der Gleichberechtigung von Mann und Frau sind:

1971

Im „Stern" bekennen 374 Frauen: „Wir haben ab-
getrieben". Mit dieser Aktion beginnt der Kampf
von Frauenrechtlerinnen gegen den Paragrafen 218
StGB, der Abtreibung unter Strafe stellt.

1972

In der DDR wird der Schwangerschaftsabbruch bis
zur zwölften Schwangerschaftswoche legalisiert.

1976

Der Paragraf 218 StGB wird geändert und die sogenannte Indikationsregelung eingeführt. Eine Abtreibung ist unter bestimmten Vorraussetzungen
(Indikationen) straffrei.

Mit dem neuen Namensrecht kann auch der Nachna-
me der Frau als Familienname festgelegt werden.

*Frauen demonstrieren für Gleich-
berechtigung und Abtreibung, 1971*

1977

Mir dem neuen Scheidungsrecht gilt das „Zerrüttungsprinzip" statt dem bisherigen
„Schuldprinzip".

1984

Erstmals machen in der Bundesrepublik Deutschland mehr Frauen als Männer Abitur.

1995

Der Paragraf 218 StGB wird wiederum geändert. Abtreibung ist jetzt bis zur zwölften
Schwangerschaftswoche straffrei; allerdings besteht eine Beratungspflicht.

1997

Vergewaltigung in der Ehe wird unter Strafe gestellt.

2001

Frauen dürfen bei der Bundeswehr auch Dienst an der Waffe leisten.

2006

Das allgemeine Gleichbehandlungsgesetz soll insbesondere am Arbeitsplatz und im
Erwerbsleben Diskriminierung abbauen und die Gleichberechtigung fördern.

Erstmals schließen mehr Frauen als Männer ihr Studium ab.

2009

Neues Scheidungsrecht. Kinder bekommen zuerst Unterhalt, die Geschiedenen sollen
mehr Eigenverantwortung übernehmen.

3.3   Gleichberechtigung im Beruf

Keine Gleichberechtigung im Job

Pünktlich zum Weltfrauentag hat die EU eine neue Studie zur „Gleichberechtigung von Mann und Frau" vorgelegt. Die zeigt, dass Frauen im Beruf nach wie vor benachteiligt werden: Trotz eines höheren Bildungsniveaus machen sie seltener Karriere und kriegen weniger Gehalt als ihre männlichen Kollegen.

Drei von vier neu geschaffenen Arbeitsplätzen in den Eu-Staaten werden mit Frauen besetzt und 59 Prozent der Hochschulabsolventen sind heutzutage weiblich. Das waren die guten Nachrichten, die EU-Kommissar Vladimir Spidla zu berichten hatte. Die schlechten Nachrichten: „Frauen sind weiterhin unterbezahlt – ihr Einkommen liegt im Durchschnitt 15 Prozent unter dem der Männer."

Außerdem sei die Frauenbeschäftigung vor allem in Berufen angestiegen, in denen ohnehin das weibliche Geschlecht vorherrscht, etwa in den Bereichen Bildung, Gesundheit und Soziales. Und gerade dort fallen die Löhne allgemein magerer aus als in typischen Männer-Jobs, etwa den Ingenieursberufen.

Besonders schlecht stehen die Frauen in Deutschland da. Weibliche Arbeitskräfte verdienen hier 22 Prozent weniger als die männlichen Kollegen, nur in Estland, Zypern und der Slowakei sind die Unterschiede noch größer. Auch in den deutschen Führungsetagen sind weibliche Gene offenbar ein Wettbewerbsnachteil: Nur 26 Prozent der leitenden Positionen sind von Frauen besetzt, damit liegt Deutschland im EU-Vergleich abgeschlagen auf Platz 21.

Für die EU-Kommissare ist klar: Mehr Gleichberechtigung im Job kann nur erreicht werden, wenn Familie und Beruf besser vereinbar sind.

Quelle: miro http://www.brigitte.de/job/karriere/eu-studie-2007/ Zugriff: 23.08.2008

1. Was sind die „guten Nachrichten" zur Gleichberechtigung von Mann und Frau im Arbeitsleben?
2. Was sind die „schlechten Nachrichten"?
3. Wie lassen sich Familie und Beruf besser vereinbaren?

Junge Frauen zieht es überwiegend ins Büro und in die Dienstleistungsberufe, junge Männer bevorzugen eine Ausbildung im technisch-gewerblichen Bereich. Zwar ist in den letzten Jahren der Frauenanteil in typischen „Männerberufen" gestiegen, bleibt aber dennoch auf niedrigem Niveau. Diese Konzentration der weiblichen Jugendlichen auf ein relativ enges Ausbildungs- und Berufsspektrum hat Folgen: Die Bezahlung ist vielfach schlechter, Aufstiegschancen sind geringer.

Dabei sind die Startchancen von Frauen besser als von Männern, denn mehr Frauen erzielen heute höhere Bildungsabschlüsse als Männer. Aber dennoch haben es Frauen schwerer, in Führungspositionen aufzusteigen und bei gleicher Tätigkeit auch die gleiche Bezahlung wie ihre männlichen Kollegen zu erhalten. Frauen sind häufiger von Arbeitslosigkeit und Altersarmut betroffen.

Ein wichtiger Schritt, der Diskriminierung von Frauen und anderen Beschäftigten entgegenzuwirken, ist mit dem Allgemeinen Gleichbehandlungsgesetz (AGG) erfolgt.

Das AGG im Arbeitsrecht

Verbot der Benachteiligung von Beschäftigten
aus Gründen der Rasse, wegen der ethnischen Herkunft, des Geschlechts, der Religion oder Weltanschauung, einer Behinderung, des Alters oder der sexuellen Identität

beim Zugang zu einem Arbeitsplatz
(z.B. in Stellenanzeigen, Vorstellungsgesprächen)

bei den Beschäftigungs- und Arbeitsbedingungen
(z.B. beim Lohn oder Gehalt, in Teilzeitregelungen, bei Festlegung von Altersgrenzen)

beim beruflichen Aufstieg
(z.B. bei Beförderungen, Leistungsbeurteilungen, Prämienzahlungen)

AGG: Allgemeines Gleichbehandlungsgesetz

*Unter bestimmten Bedingungen kann jedoch eine unterschiedliche Behandlung **erlaubt** sein: wegen wesentlicher beruflicher Anforderungen, wegen des Alters oder der Religion*

Rechte der Beschäftigten

Beschwerde wegen einer Benachteiligung

Verweigerung der Arbeitsleistung, wenn eine Belästigung oder sexuelle Belästigung am Arbeitsplatz nicht abgestellt wird

Wegen eines Verstoßes gegen das Benachteiligungsverbot kann innerhalb von 2 Monaten Anspruch auf eine Entschädigung bzw. auf Schadensersatz erhoben werden

Was der Arbeitgeber tun muss

! die Mitarbeiter informieren bzw. schulen

! Benachteiligungen unterbinden (Überprüfung der betrieblichen Abläufe und Strukturen, von Betriebsvereinbarungen, Arbeits- und Tarifverträgen, Stellenausschreibungen usw.)

! Mitarbeiter auch vor Benachteiligung durch Kollegen, Kunden, Lieferanten schützen

! eine Beschwerdestelle einrichten

⊕ ZAHLENBILDER

243 815

Die berufliche Karriere von Frauen scheitert auch an der Unvereinbarkeit von Beruf und Familie.

„Nach wie vor haben in erster Linie die Mütter das Problem der Vereinbarkeit von Beruf und Familie. Familien- und Gleichstellungspolitik muss deshalb bei der Lebenswirklichkeit von Familien ansetzten. Wir müssen qualitativ hochwertige Betreuungsmöglichkeiten für Kinder ausbauen und flexible Arbeitsbedingungen schaffen, die es nicht nur Müttern, sondern auch den Vätern ermöglichen, Familie, Beruf und berufliches Fortkommen zu vereinbaren."

Brigitte Zypries, Bundesministerin der Justiz, 50 Jahre Gleichberechtigungsgesetz, unter: http://www.bmj.bund.de/enid 334192896246e26d5c25e78dd733725f,305670706d635f6964092d0935323539093a095f7472636964092d0935323933/ Pressestelle/Pressemitteilungen_58.html, veröffentlicht am 1.7.2008

Mit der Einführung des Elterngeldes (s. S. 54) hat eine Trendwende eingesetzt: Fast 20 Prozent aller bewilligten Elterngeldanträge werden von Vätern gestellt. Allerdings stoßen die Väter im Berufsalltag auf Widerstände bei konservativen Arbeitgebern, für die die Vereinbarkeit von Familie und Beruf nach wie vor ausschließlich Thema von Frauen darstellt. Hier wird deutlich, dass die Gleichberechtigung nur dann erreicht werden kann, wenn die Balance zwischen Frauen und Männern in allen gesellschaftlichen Bereichen hergestellt ist und Frauen und Männer ihre Rollen neu definiert haben.

Zur Wiederholung

1. Skizzieren Sie, wie sich das Rollenbild von Mann und Frau in den letzten Jahrzehnten verändert hat.
2. Beschreiben Sie aktuelle Lebensformen neben der traditionellen Kleinfamilie.
3. Welchen finanziellen Anreiz haben junge Familien, dass beide Elternteile sich in der Elternzeit aktiv einbringen und zur Kinderbetreuung zu Hause bleiben?
4. Diskutieren Sie über die Rollenbilder in den Artikeln „Die Braut als Schnäppchen" und „Der Weg der Frauen" auf S. 55.
5. Welchen Stellwert hat die Gleichberechtigung in der Bundesrepublik Deutschland?
6. Was versteht man unter „Emanzipation"?
7. Weshalb war das Gleichberechtigungsgesetz von 1958 ein wichtiger Schritt zur Gleichberechtigung von Mann und Frau?
8. Skizzieren Sie die wichtigsten Wegmarken der Emanzipation der Frau.
9. Worin liegen die Ursachen für die anhaltende Ungleichbehandlung von Frauen und Männern im Berufsleben?
10. Welche Grundsätze sind nach dem Allgemeinen Gleichbehandlungsgesetz (AGG) vom Arbeitgeber zu beachten?
11. Welche Rechte haben die Arbeitnehmer nach dem AGG?
12. „Gleichberechtigung ist vor allem auch Familienpolitik." Zeigen Sie dies an verschiedenen politischen Maßnahmen.

Handlungsimpulse

A **Analysieren Sie die Karikatur auf S. 52 nach der Fünf-Schritt-Methode:**

1. Beschreibung der Karikatur
2. Thema und Problem der Karikatur
3. Deutung der Karikatur an Einzelheiten
4. Gesamtaussage der Karikatur (Meinung des Zeichners)
5. Eigene Meinung zum Problem

B **Foto-Collage**

Gestalten Sie eine Foto-Collage zum Thema „Typisch Frau" – „Typisch Mann".

C **Statistik erstellen**

Sammeln Sie aktuelle Informationen zur Zusammensetzung von Haushalten und Familien in der Bundesrepublik Deutschland. Führen Sie dazu eine Internet-Recherche u. a. auf folgenden Internetadressen durch:
• www.destatis.de
• www.eds-destatis.de

4   Informationsgesellschaft und Massenmedien

4.1   Die Medien als Informationsquelle

Olympia-Eröffnungsfeier manipuliert

Falsche Stimme, falsche Füße

Zeitungen hatten begeistert von einer „perfekten Show" geschrieben, weltweit staunten die Zuschauer am Fernseher über das Feuerwerk am Pekinger Nachthimmel. Doch die spektakuläre Olympia-Eröffnungsfeier war manipuliert – in doppelter Hinsicht. Beim Lied zum Einzug der chinesischen Nationalflagge sang nicht das neunjährige Kind, das weltweit zu sehen war. Die eigentliche Sängerin war einem Politbüro-Funktionär nicht hübsch genug, wie der Musikdirektor Chen Qigang im Staatsfernsehen CCTV beichtete.

Feuerwerk über dem Nationalstadion in Peking bei der feierlichen Eröffnung der XXIX. Olympischen Spiele am 8.8.2008.

Und das Olympia-Organisationskomitee bestätigte zudem, dass die TV-Aufnahmen der mit Feuerwerk erzeugten 29 „Fußstapfen" zum Teil per Computergrafik erzeugt wurden. [...]

Produziert wurden die digitalen Fußabdrücke von dem Pekinger Unternehmen Crystal Digital Technology. Ein Mitarbeiter hatte das Geheimnis am Wochenende enthüllt. „Aber die meisten Zuschauer dachten, es sei echt – damit hat unsere Arbeit ihren Zweck erfüllt", hatte Video-Spezialist Gao Xiaolong offenbart.

tagesschau.de, unter: http://www.tagesschau.de/schlusslicht/olympiaeroeffnung106.html, Stand: 12.8.2008

1. Welche Gefahr der Massenmedien wird hier deutlich?
2. Wie beurteilen Sie die Aussage des Video-Spezialisten?

Zu den sogenannten Massenmedien zählen die Printmedien (Zeitungen, Zeitschriften, Bücher usw.), die elektronischen Medien (Rundfunk, Fernsehen, Videos usw.) sowie das Internet. Massenmedien erreichen ein breites Publikum, also Massen. Dabei werden Informationen und Unterhaltung in Schrift, Bild und Ton verbreitet. Deshalb bezeichnet man unsere Gesellschaft auch als Informationsgesellschaft.

Mit der wachsenden Bedeutung der neuen Medien in Wirtschaft und Gesell-

Manipulieren

Menschen werden bewusst und gezielt beeinflusst oder gelenkt, um sie in ihrer Denkweise, ihren Gefühlen oder ihrem Verhalten zu bevormunden. Dazu werden verschiedene Mittel verwendet, wie z.B. Sprache und Wortwahl, Bildauswahl, Fotomontagen oder das gezielte Weglassen von Informationen.

Autorentext

schaft spricht man auch von der Mediengesellschaft. Die Massenmedien haben in vielen Bereichen eine Steuerungs-, Kontroll-, und Orientierungsfunktion übernommen.

Indem sie aus der Informationsflut eine Auswahl und Bewertung vornehmen, steuern und beeinflussen die Medien das Informationsangebot. Nur die Realitäten kommen beim Mediennutzer an, die auch übermittelt werden. Bei einem freien Zugang zum Internet ist dieser Filter nicht mehr wirksam. Dafür droht eine Informationsflut.

Um aus diesem Überangebot das Wesentliche und Richtige auszuwählen, sind sogenannte Medienkompetenzen gefragt:

- Medien auswählen und nutzen
- Mediengestaltung verstehen und bewerten
- Medien selbst gestalten und verbreiten
- Medieneinflüsse erkennen und aufarbeiten
- Produktionsbedingungen durchschauen und beurteilen

In unserer Demokratie haben die Massenmedien die wichtige Aufgabe, den Bürgern umfassende, sachgerechte und verständliche Informationen zu liefern, damit sich die Bürger eine politische Meinung bilden können. Nur durch diese Orientierungsfunktion ist eine angemessene Mitwirkung an politischen Entscheidungen möglich.

Die Massenmedien werden zuweilen auch als „vierte Gewalt" in der Demokratie bezeichnet. Damit ist gemeint, dass sie durch kritische Berichtserstattung oder Recherchen die politisch und wirtschaftlich Verantwortlichen kontrollieren (Kontrollfunktion). Voraussetzung dazu ist die im Grundgesetz verankerte Pressefreiheit.

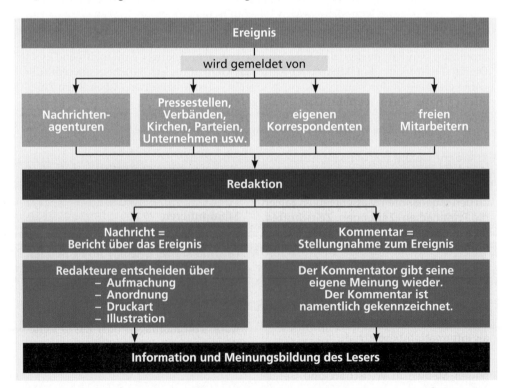

Art. 5 Grundgesetz

(1) Jeder hat das Recht, seine Meinung in Wort, Schrift und Bild frei zu äußern und zu verbreiten und sich aus allgemein zugänglichen Quellen ungehindert zu unterrichten. Die Pressefreiheit und die Freiheit der Berichterstattung durch Rundfunk und Film werden gewährleistet. Eine Zensur findet nicht statt.
(2) Diese Rechte finden ihre Schranken in den Vorschriften der allgemeinen Gesetze, den gesetzlichen Bestimmungen zum Schutze der Jugend und in dem Recht der persönlichen Ehre.

4.2 Gesellschaftlicher Wandel durch das Internet

1. Geben Sie die Informationen des Schaubildes mit eigenen Worten wieder.
2. Wozu nutzen Sie das Internet?
3. Inwiefern verändert das Internet Wirtschaft und Gesellschaft?

Nichts hat in den letzten Jahren das tägliche Leben so verändert wie das Internet. Es ist sogar möglich, fast sein ganzes Leben über das Internet zu organisieren, ohne dabei auch nur einen Fuß vor die Tür zu setzen. Das hat Vorteile, führt aber auch zu gesellschaftlichen Problemen, wie z. B. zur Vernachlässigung von sozialen Kontakten bis hin zur sozialen Isolation, zu Bewegungsarmut oder gar zur Online-Sucht.

Veränderungen betreffen auch die Wirtschaft und den Arbeitsmarkt. So sind neue Berufsbilder entstanden, wurde Telearbeit zu Hause möglich oder können Menschen global zusammen an einem Projekt arbeiten, und das rund um die Uhr. Der elektronische Datentransfer schafft Arbeitsplätze und Kooperationen unabhängig vom Standort. Gleichzeitig entsteht ein internationaler Wettbewerb um Arbeit und Arbeitsplätze, z.B. zwischen dem Programmierer in Indien und dem in Deutschland. Das Internet war und ist eine wichtige Grundlage für die Globalisierung.

Kenntnisse über den Nutzer und Umgang des Internets sind in den meisten Berufen unerlässlich.

Auch du bist drin

Das Internet entwickelt sich zum globalen Gedächtnis, das jeden kennt und alles weiß – viel mehr, als den meisten Menschen lieb ist.

Im weltweiten Internet wird der Mensch transparent: Immer mehr Daten sind schwer löschbar und im Datennetz permanent zugänglich.

Jochen mag Marihuana. Daran lässt er wenig Zweifel. Und das nicht etwa im Freundeskreis, sondern vor Millionen von Menschen: im Internet. Auf seiner Startseite bei StudiVZ posiert Jochen* (*Name von der Redaktion geändert) keck lächelnd vor dem Bild eines überdimensionalen Hanfblatts.

Er ist Gründer der Diskussionsgruppe „Zentralrat der umherschweifenden Haschrebellen", engagiert sich aber auch in Gruppen wie „Ich scheiß auf Konsum!!!" und „Wenn mein Kind mal Hilde heißt, zünde ich es an!". Seine politische Richtung bezeichnet Jochen als „grün", aus seinem Studienfach macht er kein Geheimnis, genauso wenig aus dem Namen seiner Uni und dem seiner ehemaligen Schule.

Jochen ist nicht allein. Etwa 3,3 Millionen Mitglieder zählt StudiVZ. 85 Prozent davon geben bereitwillig ihre privaten Daten in der Öffentlichkeit preis – ohne Bedenken und ohne zu zögern: Im modernen Mitmach-Web, das von den Ideen und Kontakten seiner Nutzer lebt, ist Intimsphäre kein Thema mehr. Wer kann, füttert das Netz mit persönlichen Daten.

In Weblogs werden politische Ansichten ausgebreitet, in Selbsthilfeforen medizinische Probleme thematisiert. Private Bilder und Videos finden ihren Weg in die Download-Portale. Und soziale Kontaktbörsen wie MySpace oder StudiVZ kennen eh kaum noch ein Tabu. Auf der Such nach Aufmerksamkeit wird fast alles veröffentlicht – von der Schuhgröße bis zur sexuellen Vorliebe.

An die Folgen denken die wenigsten. Dabei haben Datensammler, Arbeitgeber und schaulustige Surfer die neue Offenheit längst für sich entdeckt. „Das Netz vergisst nichts", sagt Peter Schaar, Bundesbeauftragter für Datenschutz in Bonn. Sobald Daten irgendwo im Netz auftauchen, ist die Wahrscheinlichkeit groß, dass irgendwer sie herunterlädt, dass irgendein Web-Archiv sie abspeichert, dass irgendeine Suchmaschine sie indiziert – ohne Chance, die Daten je wieder zu löschen. ... In 20 Jahren, wenn einer der heutigen StudiVZ-Nutzer eine Führungsposition anstrebt, könnten die alten Daten wieder hervorgekramt werden.

SZ Wissen 19/2007, unter: http://www.sueddeutsche.de/computer/artikel/920/137643, Zugriff am 05.08.2008 (Auszug)

1. Wie erklären Sie sich, dass viele Internet-Nutzer wie Jochen ihre persönlichen Daten veröffentlichen?
2. An welche Folgen denkt Jochen nicht?
3. Welche Weblogs und Plattformen nutzen Sie?

Zur Wiederholung

1. Was versteht man unter
   a) Informationsgesellschaft?
   b) Mediengesellschaft?
2. Welche Funktionen haben die Massenmedien in unserer Gesellschaft?
3. Weshalb sind Medienkompetenzen wichtig?
4. Erläutern Sie, weshalb die Medien auch als „vierte Gewalt" bezeichnet werden.
5. Im Grundgesetz Art. 5 steht: „Eine Zensur findet nicht statt." Was bedeutet dies?
6. Erläutern Sie, was unter „Manipulation" zu verstehen ist.
7. Wo liegen die Schwerpunkte der Internet-Nutzung?
8. Welche gesellschaftlichen Probleme sind mit dem Internet entstanden?
9. Wie hat sich das Internet auf die Wirtschaft und den Arbeitsmarkt ausgewirkt?
10. Weshalb sollte bei der Nutzung des Internets der Datenschutz groß geschrieben werden?

Handlungsimpulse

A Internetrecherche

Oft ist man sich nicht bewusst, wie leicht Bilder in den Massenmedien manipuliert werden können. Zur Bildmanipulation gibt es verschieden Techniken. Recherchieren Sie diese. Gehen Sie dazu auf folgende Internetseite:
www.rhetorik.ch/Bildmanipulation/Bildmanipulation.html

B Vergleich von TV-Nachrichtensendungen

In den Nachrichtensendungen der TV-Sender werden Nachrichten unterschiedlich präsentiert. Vergleichen Sie die Nachrichtensendungen eines Abends in Gruppenarbeit. Erstellen Sie dazu einen Beobachtungsbogen, in dem Sie die Nachrichtenfolge und Art der Präsentation protokollieren.
Vergleichen Sie Ihre Ergebnisse.

C Plakat erstellen

Erstellen Sie ein Plakat, auf dem Sie die wichtigsten Regeln zum Datenschutz und zur Datensicherheit im Internet zusammenstellen.

D Umfrage durchführen

Erstellen Sie analog zu dem Schaubild „Deutschland online" (S. 63) einen Fragebogen zu den Schwerpunkten zur Onlinenutzung.
Führen Sie die Umfrage in Ihrer Lerngruppe bzw. Schule durch.
Werten Sie die Ergebnisse aus und präsentieren Sie diese.

Arbeit und Beruf

1　Berufsausbildung als Investition

Sabine will im Sommer ihre Schulausbildung abschließen. Sie überlegt sich, was sie danach machen soll. In der Tageszeitung hat Sabine die folgenden Anzeigen entdeckt:

**Ausbildung bei
Breitbach-Lima AG**

– eine Investition in die Zukunft.

Eine qualifizierte Berufsausbildung ist heute wichtiger denn je. Wir haben darin Erfahrung. Auszubildende werden ständig in unserem Werk von erfahrenen Ausbildern betreut.

Zum 1. September suchen wie

Auszubildende

als　• **Industriemechaniker/-in**
　　　(Fachrichtung Betriebstechnik)

　　• **Elektroniker/-in für
　　　Betriebstechnik**

Bei mittlerer Reife oder gutem Hauptschulabschluss haben Sie die Möglichkeit, in unser lernzielorientiertes Ausbildungsprogramm einzusteigen. Modernste Hydraulik, Pneumatik und elektronische Steuerungstechnik erwarten Sie. Außerdem wird die Ausbildung durch Werksunterricht und zentrale Lehrgänge begleitet.

Moderne Fertigungsverfahren bieten später vielfältige Möglichkeiten der beruflichen Entfaltung und Weiterbildung zur produktionsorientierten Führungskraft. Das sind Ausbildungsmöglichkeiten und Sozialleistungen, die nur ein großes Unternehmen bieten kann. Bitte senden Sie Ihre Bewerbungsunterlagen mit Angabe Ihres Berufswunsches an uns.

Junger Mann/
junges Mädchen

bis 26 J. für verschiedene Tätigkeitsbereiche für sofort gesucht. Melden Sie sich bitte von 9–17 Uhr unter Tel. (03...) 1029+91

Lockerer JOB:

Wir suchen Hilfskräfte, Anlernlinge v. 18–26 J. zum sofortigen Arbeitsbeginn. Verdienstmöglichkeiten ca. 400,00 EUR wöchentlich, Steigerung möglich. FS kann evtl. gemacht werden. Tel. (03...) 25195. Tägl. v. 9–17 Uhr.

Mitarbeiter/-innen

zur Verteilung unserer Tiefkühlkostkataloge für sof. ges. Sie verdienen 2 000,00–4 000,00 mtl., regelmäßige Dauervollzeitbeschäft. Alter nicht entscheidend. Tel (03...) 7972 Firma Eisbär, Herr Glas, 9–15 Uhr

Wie Sabine steht jeder Jugendliche am Ende seiner Schulzeit vor der wichtigen Frage, ob er eine qualifizierte Berufsausbildung – und damit ein Ausbildungsverhältnis – beginnen soll. Für eine qualifizierte Berufsausbildung sprechen u. a. folgende Gründe:

- Die Berufsausbildung bietet eine sichere Grundlage (Schlüsselqualifikationen) für das gesamte Berufs- und Arbeitsleben.
- Berufliche Aufstiegsmöglichkeiten sind ohne Ausbildung kaum möglich.
- Die berufliche Mobilität, z. B. ein Arbeitsplatzwechsel, ist größer.
- Das Arbeitsplatzrisiko ist geringer, längerfristige Arbeitslosigkeit seltener.

Eine gute Ausbildung ist wichtig

Zu den Faktoren, die die Verdienstmöglichkeiten bestimmen, zählen allen voran die Ausbildung und der Beruf.

Diese Erkenntnis konnte das Statistische Amt Saarland anhand der Ergebnisse der Verdienststrukturerhebung 2006, einer Stichprobe, bei der knapp 1 000 saarländische Betriebe zu ihren Beschäftigten befragt wurden, aufs Neue belegen: Die meisten Beschäftigten – fast zwei Drittel – hatten einen Volks-, Haupt- oder Realschulabschluss sowie eine abgeschlossene Berufsausbildung aufzuweisen. Über einen Fachhochschul- oder Universitätsabschluss verfügte hingegen nicht einmal jeder zehnte (8,9 Prozent) Vollzeitbeschäftigte im Saarland. Auf der anderen Seite hatten 13,9 Prozent der Befragten keine Berufsausbildung und günstigstenfalls einen mittleren Bildungsabschluss. Dass sich Investitionen in Schule und Ausbildung lohnen, zeigt sich an den signifikanten Unterschieden in der Höhe der Verdienste zwischen den einzelnen Ausbildungsgruppen. Während Akademiker im Oktober 2006 mit 5 101 Euro brutto an der Spitze der Einkommensskala lagen, kamen Vollzeitbeschäftigte ohne Berufsausbildung und einem Schulabschluss unterhalb des Abiturs lediglich auf einen Durchschnittsbetrag von 2 313 Euro. In der größten Arbeitnehmergruppe der Personen mit einem Schulabschluss unterhalb des Abiturs und einer abgeschlossenen Berufsausbildung betrug das Durchschnittseinkommen 2 841 Euro.

Auch das Geschlecht zählt zu den verdienstrelevanten Faktoren. Frauen verdienten im Oktober 2006 im Durchschnitt 2 433 Euro und Männer 3 099 Euro. Der Unterschied ist unter anderem dadurch bedingt, dass junge Frauen sich nicht selten für Berufe entscheiden, die vergleichsweise schlecht bezahlt sind, beispielsweise Dienstleistungsberufe wie Verkäuferin, Anwaltsgehilfin oder Friseurin. Männer hingegen favorisieren weit häufiger technische Berufe, die bessere Verdienstchancen und Entwicklungsmöglichkeiten bieten. So kamen Maschinenbautechniker im Durchschnitt auf 3 963 Euro Monatsgehalt, wohingegen Sprechstundenhilfen mit 1 919 Euro weniger als die Hälfte davon verdienten. Ein wichtiger Grund für die Verdienstunterschiede zwischen Männern und Frauen sind aber auch die unterschiedlichen Erwerbsbiografien, die bei Frauen oftmals Unterbrechungen aufgrund von Erziehungszeiten aufweisen und somit einer kontinuierlichen Karriereentwicklung entgegenstehen.

Weitere Informationen unter: Landesamt für Zentrale Dienste, Statistisches Amt Saarland,
http://www.statistik.saarland.de

Ausbildung ist Zukunft – wir investieren in die Ausbildung

Mit 10 Auszubildenden stellt die Saarbrücker Zeitung zum 01.09.08 vergleichsweise vielen Jugendlichen einen hochwertigen Ausbildungsplatz zur Verfügung. Mit einer qualitativ erstklassigen Ausbildung stellen wir sicher, dass wir in Zukunft unseren Bedarf an Nahwuchskräften decken können.

Saarbrücker Zeitung, unter: http://www.saarbrueckerzeitung.de/medienhaus/karriere/ausbildung/art27291.2493903,
Zugriff am 06.09.2008

1. Inwiefern lohnt sich die Ausbildung?
2. Weshalb ist die Ausbildung auch für den Ausbildungsbetrieb eine Investition in die Zukunft?

2 Funktionen und Stellenwert von Arbeit und Beruf

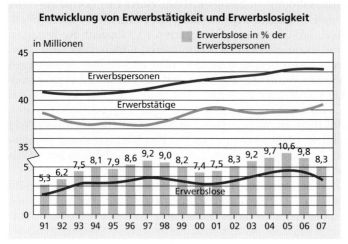

Erwerbstätigkeit spielt in unserer Gesellschaft eine wichtige Rolle. Mehr als 40 Millionen Menschen in der Bundesrepublik sind zur Zeit erwerbstätig. Ca. 3 Millionen Menschen sind ohne Arbeit.

© Statistisches Bundesamt Deutschland 2008, unter: http://www.destatis.de/
jetspeed/portal/cms/sites/destatis/internet/DE/Grafiken/Arbeitsmarkt/Diagramme/
ErwerbErwerbstlos,templateId=renderPrint.psml, Zugriff am 10.12.2008

Einschätzung der Erwerbsbevölkerung zum Stellenwert der Arbeit:
Die Befragten beschreiben ihre Arbeitssituation außerordentlich positiv. Zusammengefasst ...

- finden 81% der Männer und 8% der Frauen, dass ihre Arbeit sie fit hält
- finden 86% der Männer und 92% der Frauen, dass ihre Arbeit ihnen Anerkennung bringt
- halten 92% der Männer und 92% der Frauen ihre Arbeit für vielseitig und abwechslungsreich
- finden 59% der Männer und 66% der Frauen, dass der Stellenwert der Arbeit in ihrer Lebenssituation genau richtig ist
- sind 55% der Männer und 58% der Frauen der Ansicht, dass sich bei ihnen Arbeit, Familie, Partnerschaft, Sport und Freizeit in einem ausgewogenen Verhältnis befinden
- finden 77% der Männer und 78% der Frauen ihre Arbeit genau richtig, nämlich weder zu langweilig noch zu fordernd
- würden 71% der Männer und 74% der Frauen nicht den Beruf wechseln, wenn sie die Möglichkeit hätten
- würden 70% der Männer und 72% der Frauen nicht die Branche wechseln, wenn sie die Möglichkeit hätten
- würden 65% der Männer und 69% der Frauen nicht den Arbeitgeber wechseln, wenn sie die Möglichkeit hätten
- sehen 45% der Männer und 49% der Frauen in der Flexibilisierung der Arbeitszeit persönliche Vorteile
- finden 59% der Männer und 50% der Frauen, dass ihr Unternehmen sich um ihre Gesundheit kümmert

Quelle: Wolfgang Bödeker http://www.iga-info.de/fileadmin/texte/ipunkt_011.pdf, Zugriff am 06.09.2008

Der britische Soziologe Anthony Giddens nennt folgende Merkmale und Funktionen bezahlter Arbeit:

1. Geld
Für die meisten Menschen sind die Löhne und Gehälter die Haupteinkunftsquelle. Die Arbeit sichert das Einkommen und damit die Lebensgrundlage.

2. Aktivitätsniveau
Die individuellen Fertigkeiten und Fähigkeiten lassen sich im Beruf sinnvoll verwirklichen.

3. Abwechslung
Beschäftigung führt weg aus der häuslichen Umgebung und verschafft Befriedigung.

4. Zeitstruktur
Regelmäßige Arbeit strukturiert und rhythmisiert den Tag, so dass keine Langeweile aufkommt.

5. Sozialkontakte
Die Arbeit fördert die Kommunikation mit anderen. Am Arbeitsplatz ergeben sich Kontakte zu Kolleginnen und Kollegen, werden mitunter Bekanntschaften und Freundschaften geschlossen.

6. Persönliche Identität
Beschäftigung verleiht im allgemeinen ein Selbstwertgefühl, gebraucht zu werden. Dadurch steigt die Selbstachtung.

Autorentext

1. Diskutieren Sie über die einzelnen Funktionen.
2. Welche Funktion der Arbeit ist Ihnen besonders wichtig, welche weniger?
3. Formulieren Sie zu den einzelnen Punkten die Situation bei Arbeitslosigkeit.

Was ist bei Ihrer Arbeit – neben dem Geld verdienen – für Sie noch wichtig?

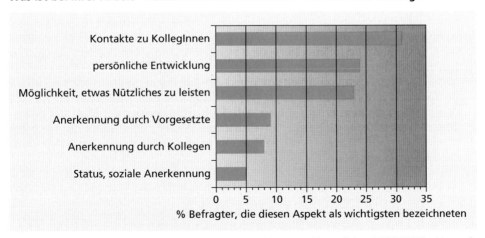

Ministerium für Arbeit, Gesundheit und Soziales des Landes Nordrhein-Westfalen: Arbeitswelt NRW 2008, zitiert nach: www.arbeitsschutz.nrw.de/bp/systems/statistik/nrw2000/stellenwert/index.html, Zugriff am 19.11.2008

Jugendliche ohne Ausbildung und Arbeit können auch langfristig zu einem gesellschaftlichen Problem werden: Jugendkriminalität, Drogen, Alkoholmissbrauch und Rechtsradikalismus sind auffällige Begleiterscheinungen.

Arbeitslosigkeit ist nicht nur ein gesellschaftliches, sondern auch ein individuelles Problem. Langfristig Arbeitslose leiden häufig unter finanziellen, psychischen und sozialen Belastungen.

Phasen der Arbeitslosigkeit

1 Arbeitslosigkeit wirkt immer wie ein Schock. Auch wenn schon Wochen vorher Gerüchte über Entlassungen im Betrieb kursieren. Der plötzlich Freigesetzte ist benommen und verunsichert. Ganz allmählich erst kommt er mit der neuen Situation zurecht, entdeckt seine Hobbys, nützt freie Zeit für die Familie.

2 Spätestens nach einem halben Jahr werden die finanziellen Sorgen drückend. Die Ersparnisse sind aufgebraucht, es werden Schulden gemacht, Zahlungsverpflichtungen können nicht eingehalten werden. Dem Sparzwang fällt zuerst die Urlaubsplanung zum Opfer. Dann folgt der Verzicht auf neue Möbel, ein neues Auto, Kleider und Haushaltsgeräte. Viele haben Schwierigkeiten, die Miete aufzubringen, geraten bei Versicherungsbeiträgen in Verzug. Zeitschriftenabos werden als Erstes gekündigt.

3 Mit den Geldsorgen beginnt eine Phase der Rebellion. Der Arbeitslose beginnt, stapelweise Bewerbungen zu verschicken, rennt auch der Agentur für Arbeit die Türen ein, gibt selbst Annoncen auf, verabredet Vorstellungstermine. Kontakte zu Kollegen und Freunden beginnen abzureißen. Auch wenn alle anfangs beteuern, man wolle sich nicht aus den Augen verlieren. Da ist das Gefühl, nicht mehr richtig mithalten zu können mit den Kollegen, die am Monatsanfang mehr auf dem Konto haben.

4 Selbstvorwürfe, ständig neue Niederlagen, das Gefühl, mit sich nichts anfangen zu können, lassen das Vertrauen in die eigene Kraft schwinden. Langeweile, Nichtstun, die Isoliertheit – jeder Zweite kommt sich überflüssig vor. Ein psychisches Dauertief – der Körper reagiert mit Schlafstörungen, Herzbeschwerden, Magengeschwüren. Psychologen sprechen von einer „Flucht" in die Krankheit. Nach einem Jahr Arbeitslosigkeit kann ein Betroffener körperlich weniger fit sein als zu der Zeit, als er noch täglich acht Stunden malochen musste.

5 Durch das Umsteigen von Arbeitslosengeld auf Arbeitslosengeld II verschärfen sich die finanziellen Sorgen. In der Regel ist nach einem Jahr der Anspruch auf Arbeitslosengeld ausgelaufen. Erneut fühlen sich die Betroffenen auf der Skala der öffentlichen Wertschätzung eine Stufe tiefer rutschen. Weiter unten wartet nur noch der Status des Sozialhilfeempfängers. Endstation ist die Resignation – „es hat ja doch alles keinen Zweck mehr".

PZ, Nr. 41, S. 1

1. Schlagen Sie Verhaltensmaßnahmen vor, die den sozialen und individuellen Abstieg aufhalten können.
2. Welche Stellen bieten Arbeitslosen Hilfe an?

3 Berufsausbildung im Wandel

3.1 Ausbildungsberufe gestern und heute

Zukunft der Arbeit – Berufe im Wandel: Was Sie morgen können müssen

Daniel Retting 25.08.2008

So wie die Arbeitswelt insgesamt wandeln sich künftig auch zahlreiche Berufe. Was Sie morgen können müssen – und wie Sie sich heute darauf vorbereiten.

Mediziner mit Taschenrechnern, Architekten mit grüner Brille, Manager mit Physik-Diplom – braucht keiner, denken Sie? Falsch gedacht.

Die Arbeitswelt befindet sich in einem gewaltigen Wandel: Der Arbeitnehmer von morgen wird flexibler arbeiten als heute, selbstständiger, aber auch selbstverantwortlicher. Er wird in wechselnden Teams, wechselnden Projekten und für wechselnde Arbeitgeber arbeiten.

Das Büro wird nicht mehr als das zweite Zuhause sein – sondern umgekehrt: Dank schnellem und günstigem Breitband-Internet und Mobilfunk wird das Zuhause zum Büro.

Parallel dazu verändern sich zugleich zahlreiche Berufsbilder. Derzeit gibt es in Deutschland 343 Ausbildungsberufe, allein in den vergangenen zwölf Jahren wurden 215 novelliert, 79 kamen neu hinzu.

Daniel Retting Wirtschaftswoche
http://www.wiwo.de/karriere/berufe-im-wandel-was-sie-morgen-koennen-muessen-304802, Stand: 25.8.2008

Modistin und Pinselmacher – Diese Berufe sterben aus

VON THORSTEN BREITKOPF UND KARINA WASCH

Düsseldorf (RP). Ihre Berufe haben sich häufig in den letzten hundert Jahren kaum verändert. Dafür werden immer weniger von ihnen gebraucht. Modistinnen, Hufschmiede, Bürsten- und Pinselmacher oder Bergleute haben Berufe, die vom Aussterben bedroht sind.

Wenn Michael Kopp morgens zur Schicht fährt, ist immer ein bisschen Wehmut dabei. Er ist Bergmann, arbeitet 1 200 Meter tief unter der Erde, und er ist einer der letzten seines Standes. „Mein Vater war Bergmann, meine Brüder haben Bergmann gelernt, heute bin ich der Einzige, der noch unter Tage fährt", meint der 41-Jährige. Er ist nicht bloß der letzte in seiner Familie. Sein ganzes Berufsbild ist ausgestorben.

1984 hat der Kumpel den Beruf des Bergmanns auf der Zeche Friedrich-Heinrich in Kamp-Lintfort erlernt. Das Berufsbild gibt es seit Ende der 90er Jahre nicht mehr. Selbst die, die heute noch im Bergwerk eine Ausbildung machen, sind Techniker oder Mechaniker. Echte Bergleute werden selten. Die Landesregierung will die Subventionierung des Steinkohlebergbaus einstellen.

Thorsten Breitkopf und Karina Wasch
http://www.rp-online.de/public/article/beruf/arbeitswelt/605587/Diese-Berufe-sterben-aus.html, Zugriff, 13.09.2008

1. Welche Anforderungen werden an den Arbeitnehmer von morgen gestellt?
2. Was bedeutet dies für die Berufsausbildung?
3. Weshalb sterben bestimmte Berufe aus?

Neue Technologien, sich verändernde Märkte und Arbeitsformen verändern auch die Anforderungen und Qualifikationen von Ausbildungsberufen. Wissen veraltet immer schneller. Nur wer in der Lage ist, sich ständig auf die beruflichen Neuerungen einzustellen, wird seine Erwerbstätigkeit absichern können. Solche Fähigkeiten werden als **Schlüsselqualifikationen** bezeichnet. Durch die Novellierung (Erneuerung) der Berufsbilder wird auf die zukünftigen Herausforderungen reagiert. Zudem muss der Arbeitnehmer nach der Ausbildung durch Fort- und Weiterbildungsmaßnahmen seine Kompetenzen sichern und ausbauen.

Ziel der Ausbildung ist der Erwerb der beruflichen **Handlungskompetenz**. Sie setzt sich aus den Bereichen Fachkompetenz, Methodenkompetenz und Sozialkompetenz zusammen.

Handlungskompetenz = Bereitschaft und Fähigkeit des Einzelnen, sich in beruflichen, gesellschaftlichen und privaten Situationen sachgerecht, durchdacht sowie individuell und sozial verantwortlich zu verhalten.

Fachkompetenz = Bereitschaft und Fähigkeit, die berufstypischen Aufgaben fachgerecht, selbstständig und eigenverantwortlich zu bewältigen. Dazu zählen fachliche Fertigkeiten und Kenntnisse, Erfahrung, das Verständnis für fachspezifische Fragestellungen und Zusammenhänge sowie die Fähigkeit, fachliche Probleme zielgerecht zu lösen.

Methodenkompetenz = Fähigkeit, sich Informationen zu beschaffen, zu strukturieren, zu bearbeiten, aufzubewahren und wieder zu verwenden. Fähigkeit, Ergebnisse richtig zu interpretieren und in geeigneter Form zu präsentieren. Fähigkeit zur Anwendung von Problemlösungstechniken und zur Gestaltung von Problemlösungsprozessen.

Sozialkompetenz = Fähigkeit zu kommunizieren und im Team zu arbeiten. Werte und Fähigkeiten wie Verantwortung, Wertschätzung, Toleranz, Fairness, Kritik- und Konfliktfähigkeit.

Humankompetenz = Bereitschaft und Fähigkeit, Entwicklungschancen und Zumutungen in Beruf, Familie und öffentlichem Leben zu durchdenken und zu beurteilen, eigene Begabungen zu entfalten und Lebenspläne fortzuentwickeln.

3.2   Fort- und Weiterbildung

Silvia ist Tischlerin im dritten Ausbildungsjahr. Der Beruf macht ihr Spaß. Sie hat neben der Ausbildung bereits zwei Fortbildungsveranstaltungen besucht: einen CNC-Maschinenkurs beim Berufsfortbildungswerk und einen EDV-Kurs bei der Handwerkskammer. Die Kurse haben Silvia mit den neuesten Entwicklungen und Techniken vertraut gemacht. Silvia will sich nach der Ausbildung weiterqualifizieren; ihr Ziel ist es, Meisterin im Tischlerhandwerk zu werden. Über die Möglichkeiten und Wege hat sie noch keine genauen Vorstellungen. Deshalb hat Silvia sich bei der Agentur für Arbeit über eine berufliche Weiterbildung informiert. Vom Berufsberater hat sie eine Broschüre erhalten, die einen Überblick über Weiterbildungswege gibt:

Meister/-in (Industrie oder Handwerk)	Staatlich geprüfte/-r Techniker/-in	Diplomingenieur/-in (Fachhochschule)
Vorbereitungslehrgang (Vollzeit-, Teilzeitunterricht)	Fachschule für Techniker a) Vollzeitschule vier Halbjahre*) oder b) Teilzeitschule ca. acht Halbjahre	Fachhochschule (Technik, Ingenieurwesen) 6–8 Semester Studium
praktische berufliche Tätigkeit (für Industriemeister auch ohne Berufsabschluss)	a) 2 Jahre Berufspraxis b) 1 Jahr Berufspraxis *) Je nach schulischer Vorbildung entweder Erwerb des mittleren Bildungsabschlusses oder der Fachhochschulreife möglich	1 Jahr Fachoberschule oder Berufsoberschule oder Berufskolleg oder Vorbereitungskurs zum Erwerb der Fachhochschulreife
		Mittlerer Bildungsabschluss

Berufliche Weiterbildung (beispielhafte Darstellung)

Anerkannter beruflicher Abschluss

1. Bei welchen Einrichtungen hat Silvia Fortbildungsmaßnahmen besucht?
2. Warum ist es sinnvoll, sich wie Silvia während und nach der Berufsausbildung fortzubilden?
3. Welchen Weg der beruflichen Weiterbildung muss Silvia einschlagen, um ihr Berufsziel zu erreichen?
4. Zeigen Sie die Wege auf, die Silvia gehen muss, wenn sie an der Fachhochschule Holztechnik studieren will.

Weiterbildung

Wer seine Berufsausbildung abgeschlossen hat, wird seine Kenntnisse und Fähigkeiten ständig erweitern und den neuen Anforderungen am Arbeitsplatz anpassen müssen. Die berufliche Weiterbildung hat deshalb in den letzen Jahren immer mehr an Bedeutung gewonnen. Sich beruflich auf dem Laufenden zu halten, setzt „lebenslanges Lernen" voraus.

Die **Beweggründe und Ziele beruflicher Weiterbildung** sind verschieden. Weiterbildungsmaßnahmen dienen vor allem dazu,

- mit dem technischen Fortschritt mitzuhalten,
- beruflich aufzusteigen,
- mehr Einkommen zu erzielen,
- eine größere Zufriedenheit im Beruf zu erreichen,
- den Arbeitsplatz zu sichern,
- auf dem Arbeitsmarkt mobil und flexibel zu bleiben.

Die Weiterbildung im gewerblich-technischen Bereich hat in der Form der Meisterprüfung eine lange Tradition. Heute stehen dem Arbeitnehmer auch andere Wege offen, sich zu qualifizieren. So bieten z. B. höhere Berufsfachschulen eine Assistentenausbildung, die Fachschulen den Abschluss zum staatlich geprüften Techniker oder die Fachhochschulen Bachelorabschlüsse an. Für viele berufliche Qualifizierungen sind auch höhere schulische Abschlüsse Voraussetzung.

Umschulung

Während Fort- und Weiterbildungsmaßnahmen auf der Grundlage des ausgeübten Berufes erfolgen, bedeutet Umschulung eine Qualifizierung für einen neuen Beruf. Für eine Umschulung gibt es Gründe, die entweder durch den Arbeitsmarkt bedingt sind oder beim Beschäftigten selbst liegen.

Arbeitsmarktbedingte Gründe könnten z. B. sein:
- Die bisherige Tätigkeit wird weitgehend durch technische Entwicklungen überflüssig (Teilzeichner/-in, Wagner).
- Der Betrieb wird geschlossen, Ersatzarbeitsplätze in der Region fehlen.
- Veränderte Verbrauchergewohnheiten erfordern betriebliche Änderungen (Tankwart, Selbstbedienung im Einzelhandel).

Persönliche Gründe für die Umschulung sind z. B.:
- Allergien oder berufsbedingte Krankheiten erfordern einen Berufswechsel.
- Wegen eines Unfalles wird im Rahmen einer beruflichen Rehabilitation eine Umschulung notwendig.
- Nach längerer Pause aus familiären Gründen (z. B. Kindererziehung) muss ein Beruf neu erlernt werden.

Über die Möglichkeiten zu Weiterbildung und Umschulung informieren die Agenturen für Arbeit sowie die Träger beruflicher Fort- und Weiterbildung.

Berufliche Weiterbildung kostet Geld. Im Rahmen der Förderung nach SGB III können von der Agentur für Arbeit Bildungsmaßnahmen gefördert werden, die der beruflichen Fortbildung oder Umschulung dienen. Gefördert werden Vollzeit-, Teilzeit-, berufsbegleitender oder Fernunterricht. Von Fall zu Fall gewährt die Agentur für Arbeit auch Zuschüsse u. a. für Lernmittel, Fahrtkosten und Lehrgangsgebühren. Teilnehmer an beruflichen Bildungsmaßnahmen mit ganztägigem Unterricht können zudem zur Sicherung ihres Lebensunterhaltes Unterhaltsgeld erhalten.

Um die finanziellen Hilfen nach dem Arbeitsförderungsgesetz (AFG) in Anspruch nehmen zu können, müssen bestimmte Voraussetzungen erfüllt sein. Deshalb ist es ratsam, sich zuerst bei der zuständigen Agentur für Arbeit zu informieren. Der Antrag auf Förderung nach dem AFG muss vor Beginn der Maßnahme schriftlich gestellt werden.

Für bestimmte Weiterbildungsmaßnahmen hilft der Staat durch finanzielle Förderung nach dem **Bundesausbildungsförderungsgesetz** (BAföG). Gefördert werden z. B. Bildungsgänge an höheren Berufsfachschulen, Fachoberschulen, Berufsoberschulen, Kollegs, Fachhochschulen, Universitäten sowie Meisterkurse. Informationen geben die Ämter für Ausbildungsförderung bei den Landkreisen und kreisfreien Städten sowie die Agentur für Arbeit.

1. Nennen Sie Gründe und Ziele für eine berufliche Weiterbildung.
2. Welche Möglichkeiten haben Sie, sich in Ihrem Beruf weiterzubilden?
3. Erklären Sie den Unterschied zwischen Weiterbildung und Umschulung.
4. In welchen Fällen ist eine Umschulung erforderlich?
5. Welche finanziellen Fördermaßnahmen können für eine berufliche Weiterbildung in Anspruch genommen werden?

4   System der sozialen Sicherung

4.1   Sozialversicherung

Michael, Auszubildender im Elektrohandwerk, fährt mit dem Motorrad auf dem direkten Weg zur Berufsschule. Unterwegs hält er kurz an, um in der Buchhandlung ein bestelltes Fachbuch abzuholen. Er benötigt das Buch heute für den Unterricht. Beim Verlassen der Buchhandlung stolpert Michael, kommt zu Fall und bricht sich das rechte Bein. Michael ist zunächst drei Wochen arbeitsunfähig. Es stellt sich heraus, dass eine weitere Nachbehandlung nötig ist. Michael ist für weitere vier Wochen arbeitsunfähig.

1. Wer trägt die Behandlungskosten?
2. Wer übernimmt die Ausbildungsvergütung?

Jeder kann krank werden, einen Unfall erleiden oder gar seinen Arbeitsplatz verlieren; und jeder wird einmal im Alter auf die Hilfe anderer angewiesen sein. Gegen all diese Risiken kann sich der Einzelne oft nicht alleine absichern. Und hier beginnt die Aufgabe der Sozialversicherung.

Mehr als 90 Prozent aller Bürgerinnen und Bürger sind Mitglied in der Sozialversicherung. Vor allem Arbeitnehmer sind gesetzlich verpflichtet, sich an der Versicherungsgemeinschaft zu beteiligen. Die Sozialversicherung ist nach dem Grundsatz der Selbstverwaltung aufgebaut, d. h. gewählte Vertreter der Versicherten und der Arbeitgeber wirken bei den Entscheidungen der Versicherungsträger mit. Der Staat bestimmt durch seine Sozialgesetzgebung die Rahmenbedingungen der Sozialversicherungsträger.

Prinzipien der Sozialversicherung sind:
- Solidarität,
- Subsidiarität,
- Umlageverfahren.

Nach dem **Solidaritätsprinzip** trägt nicht mehr der Einzelne das alleinige Risiko, sondern die Gemeinschaft der Versicherten. Der Grundsatz „Einer für alle, alle für einen" bedeutet, dass sich die Versicherten gegenseitig helfen.

Auch für soziale Absicherung gilt zunächst die Selbstverantwortung des Bürgers. Nur in bestimmten Situationen kann die Gemeinschaft dem Einzelnen Hilfe leisten. Die Selbstverantwortung und Nachrangigkeit der staatlichen Hilfe wird als **Subsidiaritätsprinzip** bezeichnet.

Die Beiträge werden nach dem **Umlageverfahren** sofort als Leistungen, z.B. in Form von Renten oder Krankengeld, ausgezahlt („umgelegt"). Finanziert werden die Sozialversicherungszweige aus Beiträgen der Arbeitnehmer, der Arbeitgeber sowie durch staatliche Zuschüsse.

Jeder Arbeitnehmer erhält einen Sozialversicherungsausweis, den er dem Arbeitgeber vorlegen muss.

Die einzelnen Zweige der **Sozialversicherung** sind:

- die **Krankenversicherung**,
- die **Arbeitslosenversicherung**,
- die **Rentenversicherung**,
- die **Pflegeversicherung** sowie
- die **Unfallversicherung**.

Die **gesetzliche Krankenversicherung** ist einer der wichtigsten Zweige der Sozialversicherung. Sie hat die Aufgabe, die Gesundheit des Arbeitnehmers und seiner mitversicherten Familienangehörigen zu erhalten, wiederherzustellen oder zu bessern. Träger der Krankenversicherung sind die Krankenkassen. Die Mittel für die Leistungen der Krankenversicherung werden durch die Beiträge der Versicherten und der Arbeitgeber je zur Hälfte aufgebracht. Für Krankengeld und Zahnersatz müssen die Arbeitnehmer einen Sonderbeitrag (0,9 %) zahlen. Die Beiträge der Arbeitnehmer und Arbeitgeber fließen in einen Gesundheitsfonds, der die Mittel verwaltet und verteilt. Der einheitliche Beitragssatz wird jährlich staatlich festgesetzt. Je nach Finanzlage erstatten die Krankenkassen Beiträge zurück oder erheben einen Zusatzbeitrag.

Leistungen der Krankenkassen

- Krankengeld
- Krankenhausbehandlung
- Schwangerschaft, Mutterschaft
- ärztliche Behandlung
- Behandlung durch Zahnärzte
- Zahnersatz
- Arzneien, Verband usw. aus Apotheken
- sonstige Heil- und Hilfsmittel
- sonstige Leistungen (u. a. Krankentransporte, Kuren, Pflege)

Das größte Problem der gesetzlichen Krankenversicherung ist die Explosion der Kosten im Gesundheitswesen. Für manche Leistungen muss der Versicherte deshalb einen Teil der Kosten selbst tragen, z. B. bei Rezepten, Zahnersatz oder Krankenhausaufenthalt. Dies soll zur Kostendämpfung beitragen und die Eigenverantwortung stärken.

Werden Arbeitnehmerinnen oder Arbeitnehmer arbeitslos, verlieren sie ihre Einkommensgrundlage. Deshalb sind alle Arbeiter, Angestellte und Auszubildende in der **Arbeitslosenversicherung** pflichtversichert. Die Bundesagentur für Arbeit und die Arbeitsagenturen als Träger der Arbeitslosenversicherung unterstützen die Arbeitslosen und deren Familien.

Die Aufgaben der Bundesagentur für Arbeit werden je zur Hälfte durch Beiträge der Arbeitnehmer, der Arbeitgeber sowie durch Bundesmittel finanziert. Die Leistungen der Arbeitslosenversicherung lassen sich in zwei Bereiche aufteilen: Leistungen, die der Erhaltung und Schaffung von Arbeitsplätzen dienen sowie Leistungen an Arbeitslose.

Anspruch auf Arbeitslosengeld hat, wer
- arbeitslos ist und die drohende Arbeitslosigkeit frühzeitig der Agentur für Arbeit angezeigt hat,
- dem Arbeitsmarkt zur Verfügung steht,
- innerhalb der letzten drei Jahre mindestens ein Jahr Beiträge gezahlt hat.

Die Höhe und Dauer des Arbeitslosengeldes beträgt
- 67 Prozent des letzten Nettolohnes für Arbeitnehmer mit Kind(ern)
- 60 Prozent für alle übrigen Arbeitnehmer
- zwölf Monate, für über 55-Jährige maximal 18 Monate

Bei längerer Arbeitslosigkeit wird eventuell Arbeitslosengeld II gezahlt. Das **Arbeitslosengeld II** ist (anders als das Arbeitslosengeld I) keine Versicherungsleistung, sondern eine aus Steuern finanzierte Fürsorgeleistung.

Leistungsberechtigte sind
- Personen zwischen 15 Jahren und dem gesetzlichen Renteneinstiegsalter, die
  - erwerbsfähig sind, d. h. mindestens drei Stunden pro Tag erwerbstätig sein können,
  - hilfebedürftig sind und
  - ihren gewöhnlichen Aufenthalt in der Bundesrepublik Deutschland haben.
- Personen, die mit erwerbsfähigen Hilfebedürftigen in einer Bedarfsgemeinschaft leben (z. B. Ehegatte, Kinder)

Bundesministerium für Arbeit und Soziales
http://www.bmas.de/coremedia/generator/22362/
infografik_leistungen_der_grundsicherung.html,
Zugriff: 13.09.2008

Die **Rentenversicherung** hat die Aufgabe, ihre Mitglieder und deren Familienangehörige bei langfristiger Erwerbsminderung, Alter und Tod abzusichern.

Die verschiedenen Träger (Deutsche Rentenversicherung Bund, Deutsche Rentenversicherung Knappschaft-Bahn-See) sind unter dem gemeinsamen Dach der **Deutschen Rentenversicherung** zusammengefasst.

Finanziert wird die Rentenversicherung je zur Hälfte aus Beiträgen von Arbeitnehmer und Arbeitgeber. Neben den Beiträgen muss der Staat Zuschüsse leisten.

Basis der Rentenversicherung ist der **Generationenvertrag.** Dies bedeutet, dass die heutige Generation für die Rente der Älteren aufkommt. Die Beitragszahler von heute erwarten dasselbe von der folgenden Generation.

Die Zahl der Beitragszahler wird im Verhältnis zur Zahl der Rentner immer kleiner. Dies wirft Probleme für den **Generationenvertrag** auf. Nach der bisherigen Entwicklung wird es in der Bundesrepublik im Jahr 2030 mehr Rentner als Beitragszahler geben. Dies würde dazu führen, dass die Beiträge zur Rentenversicherung mehr als verdoppelt werden müssten. Deshalb wird das Renteneintrittsalter schrittweise von 65 Jahren auf 67 Jahre erhöht. Zudem fallen die Rentenanpassungen durch den sogenannten „demografischen Faktor" geringer aus. Jüngere Arbeitnehmer sollten deshalb private Vorsorge treffen, z. B. durch den Abschluss einer **Riester-Rente.**

Der jüngste Zweig der Sozialversicherung ist die **Pflegeversicherung.** Sie wurde 1995 eingeführt. Arbeitgeber und Arbeitnehmer teilen sich die Beiträge. Kinderlose müssen einen um 0,25 Prozentpunkte höheren Beitrag zahlen. Vor allem ältere Menschen sind auf Pflege angewiesen. Pflegebedürftig sind Personen, die eine Betreuung rund um die Uhr benötigen oder eine nur zeitweise Hilfestellung. Auf Antrag des Versicherten lassen die Pflegekassen durch den Medizinischen Dienst der Krankenversicherung prüfen, ob die Voraussetzungen der Pflegebedürftigkeit erfüllt sind und welche der drei Stufen der Pflegebedürftigkeit vorliegt. Nach der Pflegestufe richten sich auch die Leistungen.

Die Pflege zu Hause hat Vorrang vor der Heimpflege. Dies hat sowohl finanzielle als auch menschliche Gründe. Die Pflegebedürftigen sollen möglichst lange in ihrer vertrauten Umgebung bleiben können.

Im Gegensatz zu den anderen Zweigen der Sozialversicherung finanziert sich die gesetzliche **Unfallversicherung** allein durch die Beiträge der Arbeitgeber an die Berufsgenossenschaften. Die Unfallversicherung deckt drei Risikobereiche ab: Arbeitsunfälle, Wegeunfälle und Berufskrankheiten.

Arbeits – Privatunfälle unterscheiden können

Ständig steigende Sozialversicherungsbeiträge erhöhen die Lohnnebenkosten und vermindern die internationale Wettbewerbsfähigkeit der Unternehmen. Um den Faktor Arbeit zu entlasten, sollen die Beitragssätze gesenkt werden. Dafür wird z. B. im Zuge einer ökologischen Steuerreform der Energieverbrauch stärker besteuert. Diese Ökosteuer wird für die Rentenversicherung verwendet. Außerdem müssen Leistungen der Sozialversicherung gekürzt werden, um die Ausgaben und Beiträge zu stabilisieren.

4.2 Sozialgerichtsbarkeit

Michaels Krankenkasse teilt ihm mit, dass sie die Kosten für den Unfall nicht überneh-
men will, da es sich ihrer Meinung nach um einen Wegeunfall handelt und verweist
Michael an die Berufsgenossenschaft. Diese lehnt jedoch ebenfalls die Übernahme der
Behandlungskosten ab; zuständig sei in diesem Falle die Krankenkasse.

1. Wer muss Ihrer Meinung nach die Behandlungskosten tragen?
2. Was muss Michael gegenüber den Sozialversicherungsträgern tun?
3. An welches Gericht kann sich Michael wenden, um die Zuständigkeit klären zu
   lassen?

Kommt es zwischen dem Versicherten und einem Träger der Sozialversicherung zu
Unstimmigkeiten, so sind diese zunächst zwischen den Betroffenen zu klären. Gegen
einen Bescheid kann der Versicherte schriftlich Widerspruch bei der Widerspruchsstelle
des Versicherungsträgers einreichen. Gegen den Widerspruchsbescheid kann innerhalb
eines Monats beim zuständigen Sozialgericht Klage erhoben werden. Das Verfahren ist
für den Versicherten grundsätzlich kostenfrei.

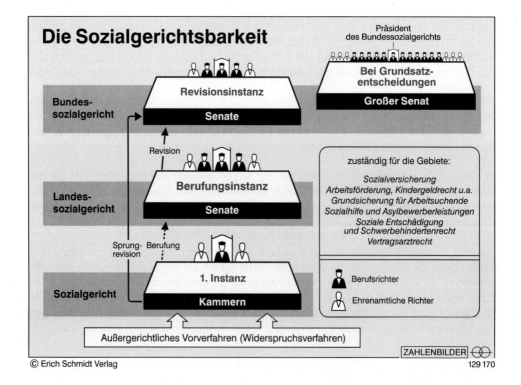

129 170

4.3 Individualversicherungen

Je ungewisser die Zukunft ist, desto mehr gehört private Vorsorge zur Familie

Wer Verantwortung für sich und die Seinen trägt, fragt sich: Was kann ich tun, um für die Zukunft individuell und wirksam vorzusorgen?

Mithilfe der Versicherungen können Sie Ihrem Lebensabend gelassen entgegensehen. Sie können jeden Tag in der Gewissheit leben, dass Sie bei Krankheit und Unfall vor finanziellen Überraschungen sicher sind, weil Sie die Versorgung Ihrer Familie nicht dem Zufall überlassen und auch nicht allein der Fürsorge von Vater Staat. Natürlich hat niemand sein Schicksal selbst in der Hand. Aber mithilfe der Versicherungen haben Sie zumindest den Zufall besser im Griff. Und das beruhigt.

Weil Sie jederzeit wissen, dass Sie für morgen eine Sicherheit in bar haben. Und heute nicht bar jeder Sicherheit sind.

Die Versicherungen

1. Warum ist eine individuelle und private Vorsorge sinnvoll?
2. Welche „Zufälle" und „Schicksale" lassen sich durch private Versicherungen besser in den Griff bekommen?

Zwar sind die häufigsten Risiken des Lebens durch die gesetzliche Sozialversicherung abgedeckt. Dennoch verbleibt eine Reihe von Gefahren im Alltag, gegen die sich der Einzelne nur privat absichern kann. Dabei gilt, dass anders als bei der Sozialversicherung unterschiedliches Risiko auch unterschiedliche Beiträge zur Folge hat. Deutlich wird dies z.B. bei der Kfz-Haftpflichtversicherung. Ein Anfänger muss höhere Beiträge zahlen als ein Autofahrer, der schon länger ohne Schaden fährt.

Die Individualversicherungen lassen sich in zwei Arten aufgliedern: in die Personen- und in die Sachversicherungen (Schadenversicherungen).

Die **Personenversicherungen** versichern Personen und deren Hinterbliebene. Zur Gruppe der Personenversicherungen gehört die Lebensversicherung. Lebensversicherungen werden meist als Zusatzversorgung (**Kapitallebensversicherung**) für das Alter abgeschlossen. Der Versicherte erhält dann die Versicherungssumme und Überschussanteile ausgezahlt. Bei Tod des Versicherten vor Ablauf der Versicherung erhalten die Angehörigen die Versicherungssumme. Eine andere Form ist die **Risikolebensversicherung**. Durch sie können Hinterbliebene von Zahlungsverpflichtungen, z.B. von Hypothekenschulden, befreit werden. Die meisten Lebensversicherungen sind auf den „Todes- und Erlebensfall" abgeschlossen.

Zu den Personenversicherungen gehören auch die private Renten-, Unfall- und Krankenversicherung. Die **private Krankenversicherung** bietet all denen einen Versicherungsschutz, die nicht gesetzlich krankenversicherungspflichtig sind. Die gesetzliche Unfallversicherung sichert die Arbeitnehmer nur bei Berufsunfällen ab. Die meisten Unfälle passieren jedoch in der Freizeit, z.B. im Urlaub, beim Sport oder Hobby. Hier kann eine **private Unfallversicherung** zusätzlichen Schutz bieten. Ähnliches gilt für den Fall der Berufsunfähigkeit. Da die staatlichen Rentenleistungen für junge Arbeitnehmer/-innen unzureichend sind, ist eine private Absicherung durch eine **Berufsunfähigkeitsversicherung** zu überlegen.

Sachversicherungen bieten Schutz bei Sachschäden, die z.B. durch Feuer, Sturm, Diebstahl oder Wasser verursacht werden. Diese Schäden können durch eine Hausratversicherung abgesichert werden. Auch bei einem Verkehrsunfall bietet die Sachversicherung Versicherungsschutz. Die wichtigste Versicherung ist die Kfz-Haftpflichtversicherung, die jeder Autohalter abschließen muss. Sie garantiert, dass die Schäden des Unfallopfers reguliert werden. Nicht abgedeckt sind Schäden am Fahrzeug des Unfallverursachers. Durch eine Fahrzeugversicherung lassen sich auch Schäden am eigenen Auto teilweise (Teilkasko) oder ganz (Vollkasko), durch eine Insassen-Unfallversicherung grundsätzlich auch alle Mitfahrer absichern.

Schäden, die einem anderen ohne Vorsatz zugefügt werden, übernimmt eine private Haftpflichtversicherung. Hierzu zählen z.B. Privathaftpflicht, Hausbesitzerhaftpflicht und Tierhalterhaftpflicht.

In der Bundesrepublik Deutschland gibt es mehr als 400 Millionen Versicherungsverträge.

Das Schaubild zeigt, wie sicherheitsbewusst die Menschen geworden sind. Etliche Haushalte sind jedoch auch überversichert.

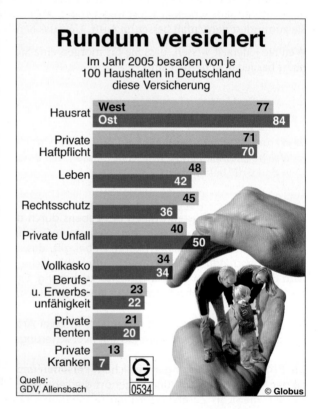

Rundum versichert

Im Jahr 2005 besaßen von je
100 Haushalten in Deutschland
diese Versicherung

Versicherung	West	Ost
Hausrat	77	84
Private Haftpflicht	71	70
Leben	48	42
Rechtsschutz	45	36
Private Unfall	40	50
Vollkasko	34	34
Berufs- u. Erwerbsunfähigkeit	23	22
Private Renten	21	20
Private Kranken	13	7

Quelle: GDV, Allensbach

0534

© Globus

Zur Wiederholung

1. „Berufsausbildung ist eine Investition für die Zukunft." Erläutern Sie diese Aussage.
2. „Arbeit ist mehr als Geld verdienen." Erläutern Sie diese Aussage.
3. Welche Probleme sind mit der Jugendarbeitslosigkeit verbunden?
4. Skizzieren Sie die Phasen der Arbeitslosigkeit.
5. Erläutern Sie, was unter der beruflichen Handlungskompetenz zu verstehen ist.
6. Weshalb ist „lebenslanges Lernen" für die Berufs- und Arbeitswelt von immer größerer Bedeutung?
7. Welche fünf Zweige der gesetzlichen Sozialversicherung lassen sich unterscheiden?
8. Wer sind die jeweiligen Träger der einzelnen Versicherungszweige?
9. Wer zahlt die Beiträge?
10. Wie hoch sind die aktuellen Beitragssätze?
11. Erläutern Sie folgende Begriffe:
    a) Solidarität
    b) Subsidiarität
    c) Generationenvertrag
12. a) Ordnen Sie die nachfolgenden Individualversicherungen nach Personen- und Sachversicherungen: Hausratversicherung, Privathaftpflicht. Lebensversicherung, Rechtsschutz, Kfz-Versicherung, Berufs- und Erwerbsunfähigkeitsversicherung.
    b) Welches Risiko decken die Versicherungen jeweils ab?

Handlungsimpulse

A Vergleich „früher und heute"

Stellen Sie den Anforderungen an einen Facharbeiter von „früher" die heutigen Anforderungen gegenüber.

- starre Arbeitszeiten
- detaillierte vorgegebene Arbeitspläne
- Aufgabenverteilung durch den Meister
- Störfallentscheidung durch den Meister
- Material- und Werkzeugkompetenz beim Meister
- Qualitätsverantwortung bei speziellen Kontrolleuren
- Terminkontrolle durch Terminverfolgung
- Kostenverantwortung beim Meister
- Ausführung vorgegebener Planungen nach Anweisung

R. Zedler: Ein neues Bild vom Facharbeiter, hrsg. von der Arbeitsgemeinschaft Schule und Wirtschaft, Köln 1995, S. 6

B   **Szenario „Mein Beruf 2025"**

Entwerfen Sie ein Szenario, in dem Sie wahrscheinliche oder mögliche Entwicklungen
in Ihrem Berufsfeld entwerfen. Gehen Sie dabei wie folgt vor:
- Formulieren von Thema und Fragestellung,
- Brainwriting über die Einflussfaktoren,
- Vernetzen der Einflussfaktoren,
- „Malen" eines Zukunftsbildes.

C   **Berechnung der Sozialabgaben**

Michael Müller hat gerade seine Ausbildung abgeschlossen. Er erhält als Facharbeiter
einen Bruttolohn von 2 300 EUR. Errechnen Sie die Sozialabgaben nach den aktuellen
Beitragssätzen.

Lebensbereich Betrieb

1 Der Betrieb als soziales System

1.1 Der Betrieb als soziale Organisation

Frau Veit, Abteilungsleiterin
Frau Jung, der Auftrag für die Firma Knoll muss heute unbedingt abgeschlossen werden. Ich möchte Sie bitten, heute etwas länger zu arbeiten.

Herr Simmendinger, Sachbearbeiter
Am kommenden Donnerstag möchte ich mit den Kolleginnen und Kollegen meinen Geburtstag feiern. Ich möchte Sie dazu auch herzlich einladen.

Michael, Freund
Du Michael, ich muss heute etwas länger arbeiten. Ich kann leider nicht zur Party mitkommen.

Firma Knoll, Kunde
Schon gestern sollte die Ware bei uns eintreffen. Wir benötigen die Lieferung unbedingt.

Yildiz, Sachbearbeiterin Abteilung Finanzbuchhaltung
Hallo Lina, können wir uns in der Mittagspause in der Kantine treffen? Ich muss unbedingt mit dir reden.

1. Welche Rollen spielt die Sachbearbeiterin Lina Jung in den verschiedenen Gesprächen?
2. Welche Erwartungen werden an die jeweilige Rolle geknüpft?
3. Wo sehen Sie Konflikte zwischen verschiedenen Rollenerwartungen?

In Betrieben werden Güter und Dienstleistungen hergestellt. Zu diesem Zweck ist jeder Betrieb nach sachlichen Gesichtspunkten strukturiert und organisiert. Für eine optimale Organisation müssen die Aufgaben eines Betriebes erfasst und beschrieben werden. Die Einzelaufgaben werden arbeitsteilig und verantwortlich verschiedenen Stellen,

Gruppen, Abteilungen und Bereichen zugeordnet. Die Betriebsstruktur weist jeder Mitarbeiterin und jedem Mitarbeiter verschiedene Positionen und Aufgaben zu: Betriebsleiter/-in, Abteilungsleiter/-in, Sachbearbeiter/-in, Auszubildende/Auszubildender, …

Im Betrieb arbeiten Menschen zusammen, die Gespräche führen, Kontakte und Freundschaften pflegen, Probleme erörtern und Konflikte austragen. Der Betrieb ist deshalb nicht nur ein wirtschaftliches und rechtliches System, sondern auch ein **soziales System**, in dem die Menschen unterschiedliche Rollen wahrnehmen, z. B. Vorgesetzte/Vorgesetzter, Kollegin/Kollege, Betriebsratsmitglied, Gewerkschaftsmitglied, Datenschutzbeauftragte/Datenschutzbeauftragter oder Ausbilder/-in.

Auch Rollen, die außerhalb des Betriebes gespielt werden, können sich im Betrieb auswirken und umgekehrt. So kann Lina wegen anfallender Überstunden ihren Freund Michael nicht zur Party begleiten. Wenn von verschiedenen Seiten unterschiedliche Erwartungen an einen Rollenträger gestellt werden, kann es zu einem **Rollenkonflikt** kommen. Lina muss z. B. zwischen den Erwartungen ihrer Abteilungsleiterin und ihres Freundes abwägen und eine Entscheidung treffen.

Rolle = soziale, ein zentraler Grundbegriff der Soziologie, der allgemein die Summe der Erwartungen und Ansprüche von Handlungspartnern, einer Gruppe, umfassenderer sozialer Beziehungsbereiche oder der gesamten Gesellschaft an das Verhalten und das äußere Erscheinungsbild des Inhabers einer sozialen Position bezeichnet.

Status = sozialer (lat. = Zustand, Lage), Position einer Person, die sie im Hinblick auf bestimmte sozial relevante Merkmale im Verhältnis zu anderen Personen einer Gesellschaft einnimmt. Der Status ist insbesondere Ausdruck der sozialen Wertschätzung bzw. des Ranges oder des Prestiges, die einer Person aufgrund der von ihr innegehabten Positionen in einem sozialen System zugeordnet werden. Diese Wertschätzung wird wiederum durch die mit den entsprechenden Positionen oder sozialen Rollen verbundenen Privilegien, Rechte und Pflichten, Fähigkeiten und Autoritätsbefugnisse bestimmt.

Beide Texte aus: Karl-Heinz Hillmann: Wörterbuch der Soziologie, Kröner, Stuttgart 2007

1. Zeigen Sie auf, welche Konflikte zwischen den betrieblichen Erwartungen und Ihren Erwartungen entstehen können.
2. Erstellen Sie eine Rangfolge für den Status der folgenden Berufe: Kfz-Mechatroniker/-in – Maurer/-in – Tischler/-in – Makler/-in – Friseur/-in – Bürokaufmann/-frau – Versicherungskaufmann/-frau – Tierpfleger/-in – Informatiker/-in.
Begründen Sie Ihre Entscheidung.
3. Häufig wird der Status eines Menschen an materiellen Werten gemessen. Nennen Sie verschiedene Statussymbole und diskutieren Sie über deren wirkliche Aussagekraft.

1.2 Soziale Beziehungen am Arbeitsplatz

Wie verabredet treffen sich die Sachbearbeiterinnen Lina Jung und Yildiz Bosch während der Mittagspause in der Betriebskantine.

Lina

Yildiz

Lina Also, heute Morgen war bei uns in der Abteilung wieder dicke Luft. Jürgen hat eine Bestellung nicht weitergeleitet. Der Kunde hat sich bereits beschwert. Ich fand es prima, dass die Abteilungsleiterin ihn gegenüber dem Chef in Schutz genommen hat. Schließlich hat Jürgen in den letzten Wochen mehrere Überstunden gemacht, nur um den großen Auftrag aus Köln zu erledigen.

Yildiz Da habt ihr aber Glück mit eurer Abteilungsleiterin. Unser Abteilungsleiter, Herr Lüdenscheid, führt sich auf wie der Chef persönlich. Und immer nur Kritik, nie ein Wort des Lobes. Deshalb wollen viele aus der Abteilung in andere Bereiche wechseln. Wenn nicht die Frau Körbel oder du wären, wüsste ich gar nicht, mit wem ich mal reden sollte.

Lina Bei uns in der Verkaufsabteilung würde es dir sicher besser gefallen. Wir haben ein gutes Betriebsklima. Wir helfen uns gegenseitig und reden auch mal über private Dinge, wenn Zeit dazu bleibt. Heute hat mich Herr Simmendinger angerufen. Er hat alle Kolleginnen und Kollegen zu seinem Geburtstag eingeladen.

Wenn ein Betrieb etwas herstellen will, dann muss der Arbeitsablauf organisiert werden. Die Mitarbeiter sind in verschiedenen Abteilungen und Arbeitsgruppen tätig, und es besteht ein Gefüge von Über- und Unterordnung. Die betriebliche Organisation führt zu den **formellen Beziehungen**.

Im Zusammenhang mit der gemeinsamen Arbeit entwickeln die Gruppenmitglieder Gefühle der Zu- und Abneigung füreinander. Es kommt zu gegenseitigen Hilfeleistungen, aber auch zu Streitigkeiten. Aus den formellen Beziehungen entstehen informelle Beziehungen. Starke informelle Beziehungen positiver Art in der Arbeitsgruppe befriedigen **informelle Bedürfnisse** nach Anerkennung, Wertschätzung und Geborgenheit.

Yildiz Mir macht die Arbeit zurzeit überhaupt keinen Spaß. Am liebsten würde ich die Abteilung wechseln. Stell dir vor, Herr Lüdenscheid besteht darauf, dass ich ihm jede Abrechnung persönlich vorlege. Er kontrolliert mich auf Schritt und Tritt. Das Ergebnis ist, dass ich nur noch unsicherer werde und Fehler mache.

Lina Macht er das bei den anderen Kollegen auch so?

Yildiz Ich weiß es nicht. Aber das ist noch nicht alles. Heute habe ich in einer Abrechnung zwei Fehler gemacht, worauf Herr Lüdenscheid mich angebrüllt hat: „Ihnen muss man alles hundertmal sagen! Sie lernen das nie!" Dabei erhält man bei uns keine Informationen über neue Kostenschlüssel. Es ist niemand in der Abteilung da, der mir hilft und mir erklärt, was sich verändert hat.

Lina Was ist mit Herrn Schwarm? Hilft der dir nicht?

Yildiz Herr Schwarm macht nur stur seine Arbeit, ist aber sonst nicht sehr hilfsbereit, redet mit niemandem über persönliche Dinge. Frau Körbel ist sehr nett, aber nicht immer da, weil sie nur halbtags beschäftigt ist. Und mit Frau Zoll rede ich nicht mehr, seit sie mich beim Abteilungsleiter angeschwärzt hat. Ich weiß mir keinen Rat mehr. Was soll ich bloß machen?

Die informellen Beziehungen reichen über die formellen Arbeitsgruppen hinaus und führen zur Bildung informeller Gruppen im Betrieb. Grundlagen dafür sind u. a. die gleiche Stellung im Betrieb (z. B. alle Auszubildenden) und gleiche Freizeitinteressen (z. B. aktive Mitarbeit in einem Verein oder in einer politischen Partei).

Von den informellen Beziehungen gehen wesentliche Einflüsse auf das Betriebsklima und das betriebliche Geschehen aus. Positive Einflussfaktoren für das Betriebsklima sind:
- gute Zusammenarbeit,
- gegenseitige Hilfe,
- Wohlfühlen im Kollegenkreis,
- privates Zusammentreffen.

Dagegen stehen die negativen Einflussfaktoren:
- gegenseitige Konkurrenz,
- hohe Arbeitsbelastung,
- geringe Kontaktmöglichkeiten,
- mangelhafte gegenseitige Information,
- fehlende kollegiale Ratschläge.

1. Welche Beziehungen bestehen zwischen Lina und Yildiz?
2. a) Beurteilen Sie das Betriebsklima in den Abteilungen von Lina und Yildiz.
   b) Welche Auswirkungen hat dies?
3. Erläutern Sie das soziale Verhalten von Herrn Schwarm und zeigen Sie mögliche Folgen auf.
4. „Was soll ich bloß machen?"
   Machen Sie Vorschläge, wie Yildiz vorgehen soll, um die Beziehungen zu verbessern.

Sensationelles Mobbing-Urteil

Musterentscheidung des Landesarbeitsgerichts Thüringen

Erstmals hat sich ein deutsches Berufungsgericht in einer Musterentscheidung ausführlich mit dem Thema Mobbing auseinandergesetzt. Es hat dabei nicht nur einen konkreten Fall rechtskräftig entschieden, sondern allgemeine rechtsverbindliche Grundsätze aufgestellt. Auf 50 Seiten setzt sich das Landesarbeitsgericht Thüringen mit dem Begriff Mobbing und seiner Abwehr auseinander. Darüber hinaus stellt es allgemeine Grundsätze eines fairen Verfahrens beim „Mobbing-Rechtsstreit" auf.

Durch diese bahnbrechende Entscheidung wurde der Weg geebnet, endlich gegen Mobbing-Angriffe wirkungsvoll vorzugehen.

Bislang scheiterten Mobbing-Klagen vor den Arbeitsgerichten häufig daran, dass die betroffenen Mobbing-Opfer keine konkrete Rechtsvorschrift benennen konnten, die Mobbing-Angriffe verbietet. Darüber hinaus waren die Mobbing-Opfer oft nicht in der Lage, ihre Beschuldigungen vor Gericht zu beweisen. Die Folge war, dass die meisten Klagen von den Arbeitsgerichten abgewiesen wurden.

Das Landesarbeitsgericht Thüringen stellt aber nun für alle anderen Arbeitsgerichte grundsätzlich verbindlich fest, dass jeder Arbeitgeber verpflichtet ist, die bei ihm beschäftigten Arbeitnehmer vor Eingriffen in die Persönlichkeits- und Freiheitssphäre zu schützen. Dabei sei es unerheblich, ob die Angriffe von anderen Mitarbeitern oder Dritten oder dem Arbeitgeber selbst kämen. Das Grundgesetz schütze in Art. 1 und 2 GG das Recht auf Achtung der Würde und die freie Entfaltung der Persönlichkeit eines jeden einzelnen Bürgers. Dies gelte auch für den beruflichen Bereich. Der Schutz des allgemeinen Persönlichkeitsrechts sei im Rahmen eines Arbeitsverhältnisses eine Nebenpflicht aus dem Arbeitsvertrag. Deshalb verstoße ein Arbeitgeber gegen seine arbeitsvertraglichen Pflichten, wenn er innerhalb des Arbeitsverhältnisses das Persönlichkeitsrecht eines Arbeitnehmers verletze (...)

Das allgemeine Persönlichkeitsrecht könne im Arbeitsverhältnis Unterlassungs- und Handlungspflichten auslösen. Zur Einhaltung dieser Pflicht könne der Arbeitgeber als Störer nicht nur dann in Anspruch genommen werden, wenn er selbst den Eingriff begeht oder steuert, sondern auch dann, wenn er es unterlässt, Maßnahmen zu ergreifen oder seinen Betrieb so zu organisieren, dass eine Verletzung des Persönlichkeitsrechts ausgeschlossen wird (...)

Das Landesarbeitsgericht Thüringen setzt sich auch eingehend mit dem Begriff „Mobbing" auseinander.

Die Zahl der Mobbing-Opfer werde in Deutschland auf 1,5 Mio. geschätzt. 10 % der Selbstmorde sollen auf Mobbing zurückzuführen sein. Der durch Mobbing entstehende Produktionsausfall soll in Deutschland bei etwa 12,8 Milliarden EUR liegen. Bei „Mobbing" handele es sich nicht um einen juristischen Tatbestand, sondern um einen Sammelbegriff für Verhaltensweisen, die je nach Sachlage für die Betroffenen rechtliche, gesundheitliche und wirtschaftliche Auswirkungen haben könnten. Aus arbeitsrechtlicher Sicht sei Mobbing „das systematische Anfeinden, Schikanieren und Diskriminieren von Arbeitnehmern untereinander oder durch Vorgesetzte". In der Regel gehe es um die Verletzungen des allgemeinen Persönlichkeitsrechts, der Ehre oder der Gesundheit des Betroffenen und die darauf gestützten Abwehr-, Schadenersatz- und ggf. Schmerzensgeldansprüche (...)

Vielfach seien die Betroffenen vor Gericht in Beweisnot, weil die Mobbing-Angriffe in der Regel ohne Zeugen erfolgten. Diese Beweisnot sei nach den Grundsätzen eines fairen und auf Waffengleichheit achtenden Verfahrens auszugleichen. Das Gericht dürfe sich bei der zur Wahrheitsfindung nach § 286 Abs. 1 ZPO notwendigen Überzeugungsbildung nicht mit einer bloßen Wahrscheinlichkeit begnügen, sondern müsse sich persönliche Gewissheit verschaffen. Dabei sei auch die im Zweifel erforderliche Anhörung einer Partei von Amts wegen nach § 141 Abs. 1 ZPO zu berücksichtigen. Dieser könne sogar größere Bedeutung für die Erlangung der erforderlichen Gewissheit des Gerichts zukommen als eine Zeugenaussage. Bedeutung erlange die Parteianhörung vor allem in den Fällen, in denen Tatsachen zu würdigen seien, die Gegenstand eines Vier-Augen-Gesprächs oder eines Telefongesprächs seien und in denen der von der Gegenpartei präsentierte Zeuge aus deren Lager komme oder eine sonstige Interessenverflechtung zu befürchten sei und der anderen Partei ein Zeuge nicht zur Verfügung stehe.

In dem vom LAG Thüringen entschiedenen Fall hatte der Arbeitgeber einen direkt unterhalb der Vorstandsebene angesiedelten Arbeitnehmer einer Bank mit z.T. sinnlosen und unlösbaren Aufgaben beschäftigt, ihm eine Reihe von Abmahnungen zukommen lassen, ihn suspendiert und schließlich auf eine sechs Gehaltsstufen niedriger bewertete Stelle versetzt. Das Gericht sah es als erwiesen an, dass der Arbeitgeber die nervliche und damit gesundheitliche Zermürbung des Mitarbeiters gezielt beabsichtigt hatte, um diesen zur Selbstaufgabe seines Arbeitsplatzes zu bewegen (...)

Hans Georg Rumke, http://www.webwave-media.de/sites/rarumke/artikel_content.php3?select=74, 24.01.2005

(gekürzt und leicht geändert)

1. Was ist unter Mobbing zu verstehen?
2. Welche Ursachen kann Mobbing haben?
3. Welche Folgen hat Mobbing für die Betroffenen?
4. Welche Möglichkeiten gibt es, sich gegen Mobbing zur Wehr zu setzen?

Die Arbeitsatmosphäre und das Betriebsklima werden gerade in Zeiten wirtschaftlicher Unsicherheit durch hinterhältige Machenschaften, Neid oder Missgunst vergiftet. Das geht zuweilen bis zur Verletzung der Würde des Einzelnen.

Hierzu gehören insbesondere rassistische Diskriminierungen sowie das bewusste, gezielte und fahrlässige Herabwürdigen (Mobbing) bis hin zur sexuellen Belästigung, wie beispielsweise unerwünschter Körperkontakt, anzügliche Bemerkungen, Kommentare und Witze zur Person, -Zeigen sexistischer und pornografischer Darstellungen (z. B. Pin-up-Kalender), Aufforderung zu sexuellen Handlungen, Andeutungen, dass sexuelles Entgegenkommen berufliche Vorteile bringen könnte.

Für die Betroffenen ist es oft schwierig, sich zur Wehr zu setzen. Unternehmen, die verstärkt auf ein positives Arbeitsklima Wert legen, haben deshalb Betriebsvereinbarungen mit dem Betriebsrat abgeschlossen (vgl. Auszug aus VW-Betriebsvereinbarung, S. 91).

Schlechtes Betriebsklima – warum?
Das meinen Berufsanfänger ...

Mehrfachnennungen in %

Intrigen	56
Anschwärzen beim Chef	47
missgelaunter Chef/Ausbilder	37
Neid der Kollegen	35
Angst um Arbeitsplatz	31
Hektik	30
faule Kollegen	27
fehlende Anerkennung durch Chef/Ausbilder	26
Konkurrenzkampf	23
Karrierestreben von Kollegen	13

Quellen: BKK, infas   98 06 136 ©imu

Betriebsvereinbarungen sind vor allem in sozialen Angelegenheiten sinnvoll. Hierzu zählen z. B. auch Vereinbarungen über die Gestaltung des Arbeitsplatzes, die Betriebsordnung oder die Urlaubs- und Pausenregelung. Betriebsvereinbarungen müssen schriftlich festgehalten, von der Geschäftsleitung und dem Betriebsrat unterschrieben und im Betrieb ausgehängt werden. Eine besondere Betriebsvereinbarung ist der Sozialplan. Bei Massenentlassungen oder Stilllegungen werden nach sozialen Gesichtspunkten u. a. Abfindungen und Ruhestandsregelungen vereinbart.

Gesetze	Tarifverträge	Betriebs-vereinbarung	Einzel-arbeitsvertrag
Staat	Gewerkschaften und Arbeitgeber-verbände	Betriebsrat und Geschäftsleitung	Arbeitnehmer und Arbeitgeber

nur Verbesserungen, keine Verschlechterungen

Betriebsvereinbarungen dürfen den Tarifverträgen nicht zuwiderlaufen, sondern ergänzen diese und passen sie an die betriebliche Situation an. Es gilt:

VW – Betriebsvereinbarung:
Partnerschaftliches Verhalten am Arbeitsplatz (Auszug)

Präambel

Eine Unternehmenskultur, die sich durch ein partnerschaftliches Verhalten am Arbeitsplatz auszeichnet, bildet die Basis für ein positives innerbetriebliches Arbeitsklima und ist damit eine wichtige Voraussetzung für den wirtschaftlichen Erfolg eines Unternehmens.
Sexuelle Belästigung, die sich meist gegen Frauen richtet, und Mobbing gegen Einzelne sowie Diskriminierung nach Herkunft und Hautfarbe und der Religion stellen am Arbeitsplatz eine schwerwiegende Störung des Arbeitsfriedens dar. Sie gelten als Verstoß gegen die Menschenwürde sowie als eine Verletzung des Persönlichkeitsrechts. Solche Verhaltensweisen sind unvereinbar mit den Bestimmungen der Arbeitsordnung. Sie schaffen im Unternehmen ein eingeengtes, stressbelastetes und entwürdigtes Arbeits- und Lernumfeld und begründen nicht zuletzt gesundheitliche Störungen.
Das Unternehmen verpflichtet sich, sexuelle Belästigung, Mobbing und Diskriminierung zu unterbinden und ein partnerschaftliches Klima zu fördern und aufrechtzuerhalten. Dies gilt auch für die Werbung und Darstellung in der Öffentlichkeit.

Beschwerderecht

Wenn eine persönliche Zurechtweisung durch die belästigte Person im Einzelfall erfolglos ist oder unangebracht erscheint, können sich die betroffenen Werksangehörigen an die nachfolgenden Stellen wenden:
• den/die betriebliche(n) Vorgesetzte(n),
• den Betriebsrat,
• die Frauenbeauftragte,
• das Personalwesen, das Gesundheitswesen.

Diese haben die Aufgabe, unverzüglich, spätestens innerhalb einer Woche nach Kenntnis des Vorfalls:
• die Betroffenen zu beraten und zu unterstützen,
• in getrennten oder gemeinsamen Gesprächen mit den Belästigenden und den belästigten Personen den Sachverhalt festzustellen und zu dokumentieren,
• die belästigende Person über die tatsächlichen und arbeitsrechtlichen Zusammenhänge und Folgen einer Belästigung im vorgenannten Sinne am Arbeitsplatz aufzuklären,
• den zuständigen Gremien Gegenmaßnahmen und ggf. arbeitsrechtliche Konsequenzen im Rahmen der bestehenden Verfahren vorzuschlagen (...)

Maßnahmen

Das Unternehmen hat die dem Einzelfall angemessenen betrieblichen Maßnahmen gemäß § 32 der Arbeitsordnung, wie z. B. Belehrung, Verwarnung, Verweis, Geldbuße, oder arbeitsrechtlichen Maßnahmen, wie z. B. Versetzung, Abmahnung oder Kündigung, zu ergreifen. Die Durchführung erfolgt in Abstimmung mit dem Betriebsrat.

VOLKSWAGEN AG   **Gesamtbetriebsrat**   **Unternehmensleitung**

1.3 Spannungen und Konflikte

Bedürfnisse des Mitarbeiters			
Grundbedürfnis	Sicherheits-bedürfnis	Selbst-verwirklichung	Soziales Bedürfnis
• Lebensunterhalt verdienen	• sicherer Arbeits-platz • Sicherheit bei Unfall, Krank-heit, Arbeits-losigkeit	• sinnvolle Arbeit • Anerkennung der Leistung • Verantwortung tragen • Selbstachtung stärken	• Kontakt zu anderen Menschen, z. B. Arbeitskollegen

Yildiz ist unzufrieden mit ihrer Arbeitsstelle.

1. Erläutern Sie, welche Bedürfnisse nicht befriedigt werden.
2. Unterbreiten Sie Vorschläge, wie die Spannungen beseitigt werden können, um Yildiz wieder neu zu motivieren.

Die Bedürfnisse der Mitarbeiter und die Erwartungen des Betriebes lassen sich nicht immer in Einklang bringen. So entstehen Spannungen und Konflikte. Hierfür können persönliche oder organisatorische Gründe verantwortlich sein. Der Betrieb muss ein besonderes Interesse an zufriedenen Mitarbeitern haben, da Arbeitszufriedenheit die Leistungsmotivation fördert. Positiv auf die Leistungsbereitschaft wirken sich z. B. Er-folgserlebnisse, Anerkennung der Leistung, Aufstiegsmöglichkeiten, interessante Tä-tigkeiten und selbstständiges Arbeiten aus.

Die Art und Weise, wie Vorgesetzte ihre Mitarbeiter führen, wirkt sich direkt auf das Betriebsklima aus und kann damit auch Ursache für Spannungen und Konflikte sein. Wer verantwortungsbewusste und selbstständig handelnde Mitarbeiter braucht, kann sie durch einen autoritären Führungsstil nicht einengen. Hier wäre ein kooperativer Führungsstil angemessen. Zwischen einem autoritären und kooperativen Führungsstil gibt es viele Varianten.

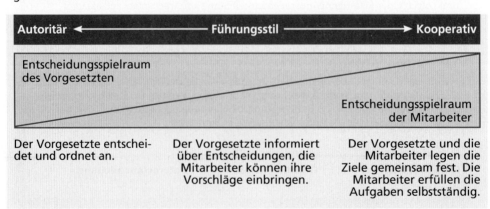

Autoritär ←	Führungsstil	→ Kooperativ
Entscheidungsspielraum des Vorgesetzten		Entscheidungsspielraum der Mitarbeiter
Der Vorgesetzte entschei-det und ordnet an.	Der Vorgesetzte informiert über Entscheidungen, die Mitarbeiter können ihre Vorschläge einbringen.	Der Vorgesetzte und die Mitarbeiter legen die Ziele gemeinsam fest. Die Mitarbeiter erfüllen die Aufgaben selbstständig.

Konflikte müssen ausgetragen werden, zur Lösung müssen alle Seiten beitragen. Dazu muss ein grundsätzliches Interesse an der Konfliktlösung vorhanden sein. Zur Lösung von Problemen im Betrieb können verschiedene Wege eingeschlagen werden: innerbetrieblich durch Gespräche zwischen allen Betroffenen, durch das Einschalten des Betriebsrates und außerbetrieblich durch das Arbeitsgericht.

Handlungsimpulse

Rollenspiel Mitarbeiterbesprechung

Auf Anraten von ihrer Freundin und Arbeitskollegin Lina sucht Yildiz das Gespräch mit dem Abteilungsleiter, Herrn Lüdenscheid. Lüdenscheid ist daran interessiert, dass die Spannungen in seiner Abteilung abgebaut werden. Er lädt alle Mitarbeiterinnen und Mitarbeiter zu einer Mitarbeiterbesprechung ein.

Spielen Sie mithilfe der Rollenkarten und der Informationen des Kantinengespräches (S. 87 f.) die Mitarbeiterbesprechung nach. Ziel der Besprechung soll es sein, Spannungen in der Abteilung abzubauen und das Betriebsklima zu verbessern.

Das Lösen von Problemen und Konflikten erfordert einen stufenweisen Prozess, der schließlich zu einer Lösung des Konfliktes führt. Für die Mitarbeiterbesprechung sollten Sie sich an dem vorgeschlagenen methodischen Vorgehen orientieren. Als Medium sind Pinnwände sinnvoll.

Methodisches Vorgehen

1. Möglichst genaue und offene Beschreibung des Problems
   - In Kurzsätzen an der Pinnwand festhalten.

2. Sammlung möglicher Lösungen
   - Jeder schreibt spontan (Brainstorming) seine Vorschläge auf,
   - an der Pinnwand die Vorschläge sammeln.

3. Bewertung der Lösungsvorschläge
   - Vorschläge ordnen (clustern),
   - Vorschläge streichen, die eine negative Bewertung erhalten.

4. Entscheidung für die beste Lösung
   - Lösungsvorschläge nochmals gemeinsam bewerten,
   - möglichst sich im Konsens für eine Lösung entscheiden.

5. Festlegung konkreter Schritte und Maßnahmen
   - Vereinbarungen treffen,
   - Reihenfolge festlegen,
   - Zeit- und Aufgabenplan erstellen.

6. Erfolgskontrolle

Rollenkarte Yildiz Bosch

Es ist nicht das erste Mal, dass Herr Lüdenscheid sie beschimpft hat. Yildiz ist der Meinung, dass persönliche Antipathie eine Rolle spielt, zumal sie in ihrem letzten Arbeitszeugnis (noch aus der Abteilung Einkauf) mit der Note „mit vollster Zufriedenheit" beurteilt wurde. Das Verhalten von Herrn Lüdenscheid empfindet Yildiz schon als Mobbing.

Rollenkarte Hilde Zoll

Als langjährige Mitarbeiterin findet sie, dass Fehler beim Namen genannt werden müssen. Sie fühlt sich deshalb verpflichtet, den Abteilungsleiter auf das Fehlverhalten aufmerksam zu machen. Dies will sie auf keinen Fall als „anschwärzen" verstehen. Sie versteht nicht, dass Frau Bosch bei Problemen nicht zu ihr kommt und sie um Rat fragt.

Rollenkarte Bernd Schwarm

Herr Schwarm versteht gar nicht, weshalb dieses Gespräch notwendig ist. Jeder solle seine Arbeit erledigen. Herr Schwarm ist der Meinung, dass jeder sich über Änderungen selbst informieren und weiterbilden muss. Er mache dies ja schließlich auch.

Spielregeln

- den anderen ausreden lassen
- zuhören
- sich gegenseitig respektieren
- die Lösung des Konfliktes im Auge behalten

Rollenkarte Jens Lüdenscheid

Herr Lüdenscheid stuft seine Äußerungen als bedauerlichen Ausrutscher ein, zumal er in den letzten Tagen viel Stress gehabt hat. Auf der anderen Seite sei es eine Tatsache, dass Frau Bosch in den letzten Wochen viele Fehler macht. Er betont, dass er immer ein offenes Ohr für die Belange seiner Mitarbeiter habe. Er wünscht sich auch, dass das Klima in der Abteilung besser wird. An ihm solle es nicht liegen, er sei für alle Vorschläge dankbar. Allerdings dürfe die Arbeit darunter nicht leiden.

Rollenkarte Ruth Körbel

Frau Körbel findet, dass das Klima in der Abteilung schlecht ist. Obwohl sie nur halbtags beschäftigt ist, merke sie die Spannungen. Frau Körbel vermisst Kollegialität, Offenheit, Teamgeist. Sie ist der Meinung, dass Kolleginnen und Kollegen nicht nur über betriebliche Belange miteinander reden sollten. Sie hat das Gefühl, dass sich alle aus dem Weg gehen.

1.4 Arbeitsgerichtsbarkeit

Bundesarbeitsgericht bestätigt Kündigung

Spielbankbesuch kostet Banklehre

ERFURT – Der Besuch einer Spielbank hat einen jungen Mann aus Berlin den Ausbildungsplatz als Bankkaufmann gekostet. Das Bundesarbeitsgericht wies entgegen allen Vorinstanzen seine Klage gegen die Bank ab.

Das Geldinstitut hielt den Mann wegen eines Spielbankbesuchs für ungeeignet und kündigte den einige Monate vorher abgeschlossenen Ausbildungsvertrag, bevor der Berliner seine Lehrzeit überhaupt angetreten hatte.

Der Mann hatte vor Beginn seines vertraglich vereinbarten Ausbildungsverhältnisses bereits als Aushilfskraft bei der Bank gearbeitet und dabei anderen Mitarbeitern erzählt, dass er zusammen mit seinem älteren Bruder eine Spielbank besucht hat. Kollegen hinterbrachten dies dann der Direktion des Geldinstituts.

Das Arbeitsgericht und das Landesarbeitsgericht in Berlin sahen in dem Spielbankbesuch keinen Kündigungsgrund. Sie verurteilten die Bank übereinstimmend dazu, den Mann trotzdem als Bankkaufmann auszubilden und den Berufsausbildungsvertrag zu erfüllen.

Gegen diese Urteile legte die Bank beim höchstinstanzlichen Bundesarbeitsgericht in Kassel Revision ein und hatte nun Erfolg. Der junge Mann muss jetzt auch die gesamten Prozesskosten bezahlen.

Autorentext nach einer AP-Meldung

1. Halten Sie das Gerichtsurteil für gerecht? Begründen Sie Ihre Meinung.
2. Zeigen Sie den Weg durch die Instanzen der Arbeitsgerichtsbarkeit auf.

Die meisten Konflikte zwischen Arbeitgeber und Arbeitnehmer oder Betriebsrat können innerbetrieblich in Gesprächen oder Verhandlungen gelöst werden. Ist dies jedoch nicht möglich, bleibt nur der Weg zum Arbeitsgericht. Das Arbeitsgericht ist zuständig für Streitigkeiten im Bereich des Arbeitsrechtes. Dazu gehören z. B. Arbeits- und Tarifverträge, Mitbestimmungs- und Betriebsverfassungsgesetz, Kündigungs- und Jugendarbeitsschutzgesetz.

Vor der eigentlichen Verhandlung muss der Vorsitzende des Arbeitsgerichtes versuchen, die Parteien zu einer **gütlichen Einigung** zu bringen.

Berufung und Revision müssen im Urteil ausdrücklich zugelassen sein. Die Berufung ist ein Rechtsmittel zur Nachprüfung eines Urteiles vor der nächsthöheren Instanz, dem Landesarbeitsgericht. Revision vor dem Bundesarbeitsgericht bedeutet eine Überprüfung des Urteiles in letzter Instanz; dabei dürfen – anders als bei der Berufung – keine neuen Tatsachen vorgebracht werden.

Die Klage vor dem Arbeitsgericht muss schriftlich eingereicht oder vor dem Gericht mündlich zu Protokoll gegeben werden. Die Klageschrift wird dem Beklagten zugestellt. Bei den Gerichtsverhandlungen können beide Seiten entweder persönlich oder durch einen Verbandsvertreter ihre Interessen wahrnehmen. Über die Zulassung von Anwälten entscheidet der Vorsitzende des Amtsgerichtes. Beim Landes- und Bundesarbeitsgericht besteht Anwaltzwang.

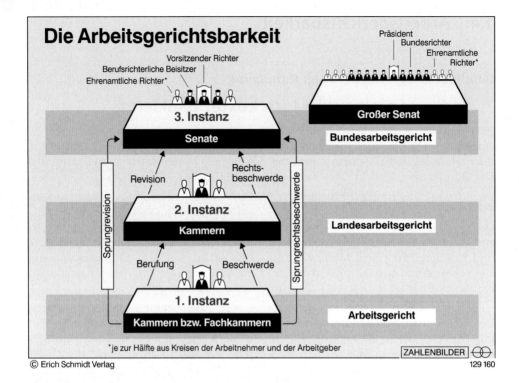

Die Arbeitsgerichtsbarkeit

© Erich Schmidt Verlag

ZAHLENBILDER

129 160

1. Für welche Fälle sind die Arbeitsgerichte zuständig?
2. Wie kann der Gang zum Arbeitsgericht vermieden werden?
3. Welchen Zweck verfolgt die gütliche Einigung?
4. Warum sind Arbeitgeber- und Arbeitnehmervertreter als ehrenamtliche Laienrichter an den Arbeitsgerichten vertreten?
5. Michael (19, Mitglied der IG Metall) hat vor dem Arbeitsgericht wegen Nichterfüllung des Arbeitsvertrages Klage eingereicht. Welche Möglichkeiten hat Michael, seine Interessen vor Gericht zu vertreten?
6. Erklären Sie den Unterschied zwischen Berufung und Revision.
7. Rollenspiel „Fichte gegen Brummig":
   Der Energieelektroniker M. Fichte (Mitglied der IG Metall) klagt gegen seinen Arbeitgeber Brummig auf Zahlung von 500,00 EUR Weihnachtsgratifikation. Er begründet die Klage damit, dass ihm laut Betriebsvereinbarung eine Gratifikation von 1 000,00 EUR zustehe, Brummig aber nur 500,00 EUR bezahlt habe. Brummig erklärt in seiner Klagebeantwortung, laut Tarifvertrag habe Fichte nur einen Anspruch auf 500,00 EUR.
   a) Sammeln Sie in Gruppenarbeit Argumente für den Kläger Fichte und den Beklagten Brummig.
   b) Spielen Sie in Rollen die Verhandlung vor dem Arbeitsgericht, indem Sie die Plädoyers halten und ein mögliches Urteil begründen.
8. Eine Gerichtsverhandlung besuchen:
   a) Besuchen Sie mit Ihrer Lerngruppe eine Verhandlung beim Arbeitsgericht.
   b) Bereiten Sie dazu den Besuch vor, indem Sie sich vorab über den Streitfall informieren. Protokollieren Sie die Verhandlung stichwortartig und diskutieren Sie über das Urteil.

Mensch und Umwelt

Meldungen innerhalb weniger Monate ......

19.11.2007
Klima: Alarmstufe Rot für die Erde

25.01.2008
Urwald stirbt schneller

22.03.2008
Sauberes Wasser ist knapp

16.05.2008
Menschen führen Dritten Weltkrieg gegen Natur

23.05.2008
Ölzeitalter neigt sich dem Ende zu

10.06.2008
Mehr Treibhausgase in der Atmosphäre

1. Erläutern Sie mit eigenen Worten, welche Umweltprobleme sich hinter diesen Schlagzeilen verbergen.
2. Welches der genannten Umweltprobleme erscheint Ihnen am bedrohlichsten? Begründen Sie Ihre Meinung.

Solche Meldungen begegnen uns fast täglich. Längst haben wir uns an Negativmeldungen bei der Umweltberichterstattung gewöhnt. Persönliche Betroffenheit stellt sich zumeist nur dann ein, wenn wir die Folgen schädlicher Umwelteingriffe direkt zu spüren bekommen.

Wer nicht überrascht werden will, muss Hintergründe und Zusammenhänge der gegenwärtigen Umweltproblematik aufdecken. Die dazu notwendigen Überlegungen und Fakten lassen sich unter dem Stichwort **Ökologie** zusammenfassen. Die Ökologie untersucht die Wechselbeziehungen zwischen Lebewesen und ihrer Umwelt. Von der ökologischen Forschung erhalten wir Informationen über den gegenwärtigen Zustand der Umwelt.

1 Ökologische Problemfelder

Morgens aufwachen mit einem Dach über dem Kopf. Sich waschen. Frühstück: zwei Scheiben Brot, frisches Obst, Honig, Käse, Kaffee, Radio hören. Ins Auto steigen, zur Arbeit. Rechner an. Das ganze jetzt multipliziert mit 600 Millionen – und das ist nur Europa: täglich Hunderte von Millionen Tassen Kaffee, Brotscheiben, rollende Autos, aktivierte Computer. Und am Ende der Kette: Müll. Viel Müll. Die Menschen in den armen Ländern leben weitaus bescheidener, aber ihre Grundbedürfnisse sind zunächst die gleichen: Essen, Trinken, Energie; eine Wohnung, etwas zum Anziehen; Information, Bildung. Demnächst bewohnen sieben, in ein paar Jahrzehnten neun Milliarden Menschen die Erde. Sie alle wollen arbeiten und medizinisch versorgt werden, sie wollen in Frieden und Sicherheit leben, sich frei bewegen können und kommunizieren. Also überzieht ein Netz von Güter- und Dienstleistungsströmen den Globus, um uns zu versorgen.

„Die Erde als Globus." So zu denken, führt aber möglicherweise in die Irre. Es klingt nach einer glatten, passiven Kugel, die zwar Ort des Geschehens ist, die Oberfläche für alle die Versorgungswege; die aber sonst nicht weiter einbezogen ist. Was falsch ist: Denn die Erde liefert die Rohstoffe, das Substrat [Grundlage], von dem wir uns bedienen und ernähren.

Wäre die Erde ein Lebewesen, würde man sagen, sie zeige Symptome [Anzeichen] von krankheitsbedingtem Stress. Ein beschleunigter Stoffwechsel, eine erhöhte Temperatur; auch auf ihrer Haut bilden sich zunehmend trockene, rissige Stellen, die sich ausweiten. Der verantwortliche Parasit [Schmarotzer] heißt *Homo sapiens* [der Mensch]. Er vermehrt sich und zehrt an diesem Planeten und braucht immer mehr.

Die Menschheit hat eine globale Logistik entwickelt, die uns täglich mit allem versorgt, was wir brauchen und vielem darüber hinaus.

Doch so wie wir den Planeten zurzeit bewirtschaften, wird er auf Dauer nicht für alle reichen. Nun ist der Schutz von Umwelt und Klima längst als Leitwert in der Politik angekommen. Die Frage ist, ob mit dem richtigen Ergebnis. ...

Paál, Gábor: Südwestrundfunk, Radio Akademie Plan Erde – Die Versorgung der Welt (1), Sendung am 3.5.2008,
SWR 2 (Auszug)

1. Wodurch entstehen Umweltprobleme?
2. Äußern Sie Ihre Meinung zu diesem Bericht.

Die Beziehungen, die uns in die Umwelt einbinden, sind vielfältig und werden oftmals gar nicht bemerkt. Gerade deshalb lohnt es sich, unser alltägliches Handeln hinsichtlich möglicher Umwelteinwirkungen etwas genauer zu betrachten: Eben mal zum Bäcker fahren – unerheblich für die Umwelt? Duschen oder ein Wannenbad – nur eine Sache des Wohlfühlens? Öfter mal etwas Neues kaufen – was hat das schon mit Umwelt zu tun? In globaler, d.h. weltweiter, Sicht verbergen sich hinter diesen Fragen drei große ökologische Problembereiche: Luft und Klima, Wasser und natürliche Ressourcen.

1.1 Luft und Klima

Die Luftverschmutzung ist eines der bedrohlichsten globalen Umweltprobleme. Luftverschmutzung macht vor nationalen Grenzen nicht halt. Strömungen in der Atmosphäre können verschmutzte Luft über Kontinente hinweg transportieren.

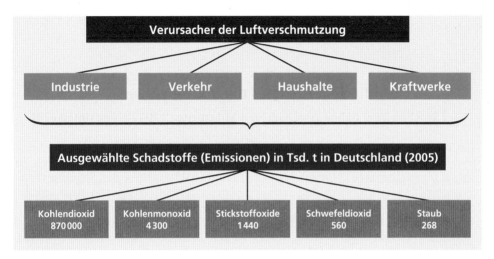

Umweltbundesamt, unter: www.umweltbundesamt-umwelt-deutschland.de/umweltdaten, Zugriff: 1.7.2008

Während in Deutschland und der Europäischen Union massive Anstrengungen unternommen werden, um die Luftverschmutzung einzudämmen, ist in Ländern der Dritten Welt, in Russland, in China und in so genannten Schwellenländern (Länder auf dem Weg zum Industriestaat) die örtliche Luftverschmutzung noch ein erhebliches Problem. Insbesondere die Städte mit mehreren Millionen Einwohnern, so genannte Megastädte, leiden unter diesem Zustand. Allgemein fehlen dort auch die finanziellen Mittel, um durch geeignete technische Hilfen die Situation zu verbessern. Andererseits herrscht ein Ungleichgewicht zwischen Industriestaaten und anderen Teilen der Welt. So erzeugen die USA bei einem Anteil an der Weltbevölkerung von nur 5 Prozent 22 Prozent der Kohlendioxid-(CO_2)-Emissionen.

Die Schadstoffe werden in die Luft geblasen und wirken sich negativ auf das Klima sowie auf die Gesundheit von Lebewesen aus. Sie sind die Ursache für die Entstehung von **saurem Regen** und die **globale Erwärmung**. Außerdem bauen sie in der Atmosphäre die **Ozonschicht** ab, die die Erde vor zu viel UV-Strahlung schützt.

1. Inwiefern handelt es sich bei der Luftverschmutzung um ein globales Problem?
2. Womit könnte es zusammenhängen, dass in aufstrebenden Industriestaaten das Abgasproblem nicht so wichtig genommen wird wie in Europa?

Fahrzeuge und Kraftwerke erzeugen bei Verbrennungsvorgängen Schwefeldioxid- und Stickoxidemissionen. Dadurch werden chemische Reaktionen (ph-Wert sinkt) bei den Niederschlägen ausgelöst, die den **sauren Regen** entstehen lassen. Diese belasteten Niederschläge gelten als die Hauptverursacher des **Waldsterbens**. Dem Waldboden gehen wichtige Nährstoffe verloren, die Bäume können dementsprechend nicht mehr ausreichend versorgt werden. Kommen noch andere Negativfaktoren, wie z. B. Trockenheit, hinzu so führt das zum Waldsterben. Der alle vier Jahre veröffentlichte Waldschadensbericht der Bundesregierung listet die Waldbeeinträchtigungen oder -verluste genau auf.

Mit dem Fernglas die Blätter zählen

Vier Wochen lang haben zwei Saarforst-Mitarbeiter 2 300 Bäume untersucht

Saarbrücken. „Der hat 25 Prozent, so auf den ersten Eindruck". Den Blick ins Laubdach gerichtet steht Norbert Maurer bei Quierschied vor einem nummerierten Baum. „Ist vielleicht ein bisschen viel", überlegt Waldplaner Thomas Sinnwell. „20?", fragt Maurer nach. „20, da gehe ich mit." Gespräche wie dieses haben die beiden Mitarbeiter des Saarforstes fast vier Wochen lang von früh bis spät geführt. So lange haben die beiden den hiesigen Waldbestand abgeschätzt.

Tendenziell ist es nicht schlechter als im vergangenen Jahr", urteilte Maurer an-

fangs noch. Im Jahr 2005 zeigten 77 Prozent des Waldes sichtbare Schäden. Als Hauptursache galten die Spätfolgen des extrem trockenen Sommers 2003 und die andauernde Übersäuerung der Waldböden durch Luftschadstoffe, insbesondere durch Pkw- und Lkw-Verkehr. Doch die Situation hat sich weiter verschlechtert: „Bei allen erfassten Baumarten sind es in diesem Jahr noch einmal zehn Prozent weniger Belaubung als 2005." Das gelte für alle Landschaftsteile im Saarland, so das Urteil der Blätterzähler. Dieser Trend sei nicht mehr wegzudiskutieren, der Wald weise sichtbare Schäden auf. ...

Franz, Gerhard: Mit dem Fernglas die Blätter zählen, in: Saarbrücker Zeitung, 22.08.2006 (Auszug)

Luftverschmutzungen sind auch die – mittlerweile unbestrittene – Ursache für die globale Erwärmung infolge des **Treibhauseffekts**. Kohlendioxid (CO_2) und andere Treibhausgase (Methan, Stickstoffoxide, FCKW u. a.) lassen wie das Glas eines Treibhauses das direkte kurzwellige Sonnenlicht zwar ungehindert passieren, bewirken aber, dass die von der Erdoberfläche abgestrahlte langwellige Wärmestrahlung zu einem Gutteil nicht in die Atmosphäre entweicht, sondern auf die Erde reflektiert wird. Dabei handelt es sich zunächst um einen ganz natürlichen Vorgang, der aber durch die massive Verbrennung von fossilen Stoffen (Kohle, Gas, Öl) durch Kraftwerke, Industrie, Verkehr und Haushalte zunehmend aus dem Gleichgewicht gerät. Daneben verursacht der rasant wachsende **Luftverkehr** im steigenden Maße CO_2-Emissionen (Ausstoß), zumal die in großen Höhen ausgestoßenen Schadstoffe zwei- bis viermal schädlicher für das Klima sind als entsprechende Emissionen am Boden. Nach Schätzungen von Fachleuten sind etwa 10 Prozent der globalen Erwärmung dem Luftverkehr zuzuschreiben. Wenn auch der Kraftstoffverbrauch bei neueren Flugzeugen pro Passagier und Kilometer unter dem von Autos liegt, so wird dieser Vorteil durch die erheblich weiteren Strecken wieder aufgehoben. Beispielsweise sind bei einem Flug nach New York die CO_2-Emissionen genau so hoch wie bei einem Mittelklasse-Pkw mit einer jährlichen Fahrleistung von 12 000 km.

Gelingt es nicht, die Emissionen von Treibhausgasen zu verringern, werden die Durchschnittstemperaturen weltweit bis zum Jahre 2050 zwischen 1 und 3 ^{0}C ansteigen. Und das mit massiven Folgen für die Umwelt!

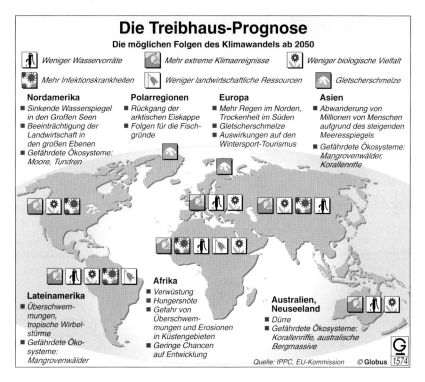

1. Wie wirkt sich der Rückgang der arktischen Eiskappen auf den Meeresspiegel aus?
2. Unterscheiden Sie zwischen direkten Folgen und den sich daraus ergebenden sozialen und wirtschaftlichen Konsequenzen.

Erst kürzlich haben Wissenschaftler herausgefunden, dass der Treibhauseffekt auch den Abbau der **Ozonschicht** in der Stratosphäre (15–50 km über der Erde) beschleunigt. Als „Ozonkiller" hat bislang vor allem der Fluor-Chlor-Kohlenwasserstoff (FCKW) gegolten, wie er früher z. B. in Kühlschränken, Klimaanlagen und Spraydosen verwendet worden ist. Diesbezügliche Einschränkungen und Verbote in den Industrieländern haben jedoch noch nicht den erwünschten Besserungseffekt gebracht. Im Oktober 2006 ist das **Ozonloch** über dem Südpol mit einer Größe von 29 Millionen Quadratkilometer so groß wie die gesamte Fläche Nordamerikas und Russland.

Die Ozonschicht filtert die UV-Strahlung der Sonne auf die Erde. Fällt diese Filterfunktion aus, so führt die erhöhte UV-Strahlung bei ungenügendem Schutz zu Verbrennungen, Hautkrebs und grauem Star (Augenerkrankung). Auf der südlichen Halbkugel haben demzufolge die Hautkrebserkrankungen und die Augenleiden aufgrund des Ozonlochs bereits dramatisch zugenommen. Außerdem töten die UV-Strahlen die Bodenbakterien ab, so dass der Boden unfruchtbar wird und die Ernteerträge abnehmen.

1.2 Wasser

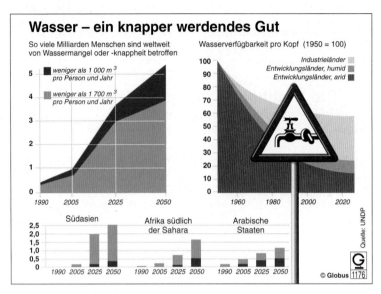

Wasser – ein knapper werdendes Gut

So viele Milliarden Menschen sind weltweit
von Wassermangel oder -knappheit betroffen

- weniger als 1 000 m³ pro Person und Jahr
- weniger als 1 700 m³ pro Person und Jahr

Wasserverfügbarkeit pro Kopf (1950 = 100)

Industrieländer
Entwicklungsländer, humid
Entwicklungsländer, arid

Südasien   Afrika südlich der Sahara   Arabische Staaten

Quelle: UNDP

© Globus 1176

Worterklärung: Humid: niederschlagsreich; arid: trocken

1. Inwiefern ist Wasser ein „knapper werdendes Gut"?
2. Welche Unterschiede gibt es bei der globalen Wasserversorgung?

Hinsichtlich der Wasserversorgung befindet sich Deutschland in einer günstigen Ausgangssituation. Mehr als 160 Milliarden m³ zugängliche Wasserreserven stehen zur Verfügung. Demgegenüber werden jährlich nur etwa 50 Mrd. m³ gebraucht. Dennoch herrschen auch in Deutschland keine idealen Verhältnisse. Die Grundwasserreserve wird durch Bodenversiegelung infolge Siedlungs- und Straßenbau sowie durch Schadstoffbelastungen beeinträchtigt. Der Bedarf an sauberem und unbelastetem Wasser wird nur zu einem ganz geringen Teil direkt aus der Natur gedeckt. Wasserwerke, die fast die ganze Bevölkerung mit Trinkwasser versorgen, müssen zur Sicherung der Wasserqualität immer höhere Kosten veranschlagen.

Anders als in Deutschland sind durch die fortschreitende Verschmutzung der trinkbaren Süßwasserreserven und **Wasserknappheit** infolge des **Klimawandels** immer mehr Menschen von Krankheit und Tod bedroht. Derzeit haben 1,2 Milliarden Menschen – hauptsächlich in Asien und in Afrika – keinen Zugang zu sauberem Trinkwasser. 2,4 Milliarden Menschen fehlen saubere sanitäre Anlagen. Das führt täglich zum Tod von 34 000 Menschen. Bis zum Jahr 2025 könnten zwei Drittel der Weltbevölkerung von mittlerer bis schwerer Wasserknappheit betroffen sein. Der Wassermangel hängt wesentlich von der Bevölkerungsgröße in den wasserarmen Ländern ab. Nach Vorhersagen der Vereinten Nationen wird die Weltbevölkerung bis 2025 voraussichtlich von heute 6,5 auf rund 8 Milliarden Menschen anwachsen. Für die Mitte des Jahrhunderts sollen es sogar 9,3 Milliarden sein. Das **Bevölkerungswachstum** findet hauptsächlich in Ländern Afrikas und Asien statt, die heute schon unter Wasserknappheit leiden.

Angesichts der überragenden Bedeutung des Wassers für das Leben wird seit der Umweltkonferenz von Rio de Janeiro (1992) der 22. März eines jeden Jahres zum **„Tag des**

Wassers" erklärt. Die Themen der Weltwassertage zeigen an, welche Wasserprobleme jeweils am dringlichsten empfunden werden. Im Jahre 2007 lautet das Motto „Zeit zum Handeln – Wasserknappheit und Dürre". Es ist ein Aufruf, nach neuen technischen Möglichkeiten für eine effiziente Wassernutzung zu suchen und sorgsam mit dem kostbaren Gut umzugehen.

Tatsächlich gibt es heute bereits wirksame Techniken für die Wasseraufbereitung. Die Kosten hierfür sind für wohlhabende Industrieländer durchaus erschwinglich, in den Entwicklungsländern fehlen jedoch die notwendigen finanziellen Mittel. Zudem stehen dort zumeist keine ausreichenden Leitungsnetze zur Verfügung, sodass das Wasser mit Tankwagen zugeteilt werden muss. Der Wasserpreis steigt dadurch um das fünf- bis zehnfache, was wieder die ärmsten Bevölkerungsschichten trifft.

Das meiste Wasser wird für die **Nahrungsproduktion** benötigt. Für 1 Kilo Brot werden etwa 1 000 Liter Wasser gebraucht, ein Kilo Orangen erfordert 3 000 l und ein Kilo Rindersteak 20 000 l. Angesichts der schnell wachsenden Weltbevölkerung muss in den nächsten 25 Jahren die globale Nahrungsproduktion um ca. 40 Prozent steigen. Das erscheint bei den derzeitigen Wasserverbrauchsmengen nahezu unmöglich zu sein; es bleibt kein Ausweg: Die Landwirtschaft muss bei steigender Produktion den Wasserverbrauch um 10 bis 20 Prozent verringern. Der Konkurrenzkampf um das Wasser wird härter werden. Der soziale Frieden ist gefährdet! Hieran wird deutlich, wie stark einzelne Problembereiche miteinander vernetzt sind. Die zukünftige Wasserversorgung ist nicht nur ein ökologisches Problem, sondern auch ein Problem der Friedenssicherung (S. 307).

Es ist allerdings kurzsichtig, allein das starke Bevölkerungswachstum für das Wasserproblem verantwortlich zu machen. Schuld an der Notsituation ist auch ein falsches **Wassermanagement,** wenn etwa in Asien, USA und Lateinamerika ganze Felder geflutet und offen bewässert werden oder Trinkwasser in maroden Leitungssystemen versickert. Oftmals werden auch die feinen Wechselbeziehungen zwischen Wasser, Boden und Vegetation nicht genügend beachtet. Die stark fortschreitende Wüstenbildung in den Trockenzonen der Erde ist ein Beispiel dafür, wie die Übernutzung des Grundwassers durch den Einsatz stärkerer und tief greifender Pumpen die Böden und die Vegetation langfristig negativ beeinflusst.

Das Wasser wird knapp, die Wüsten wachsen

Wasser und Böden sind wie zwei ungleiche Geschwister, deren Schicksal eng verflochten ist. Ohne Wasser keine Landwirtschaft, keine Nahrung, kein Einkommen für Millionen. Umgekehrt wirkt der Boden als Filter, um verschmutztes Wasser zu reinigen, als Speicher, aus dem sich Quellen und Flüsse speisen und als Schutz gegen rasche Verdunstung.

Bei schlechtem Wassermanagement versumpfen oder versalzen Böden, Abholzung oder falsche Anbaumethoden lassen Regen zum Feind des Bodens werden, der ihn fortschwemmt, auslaugt und unfruchtbar macht. Erodierte [ausgewaschene] Böden funktionieren nicht mehr als Wasserspeicher und Schmutzfilter, Bäche trocknen aus, Wasserspiegel sinken.

Uwe Hoering, in: Frankfurter Rundschau, 23.07.2002, S. 28 (gekürzt)

1. Worauf will der „Tag des Wassers" aufmerksam machen?
2. Inwiefern gibt es bei der Trinkwasserversorgung einen Zusammenhang zwischen Wasser und Boden?

1.3 Natürliche Ressourcen

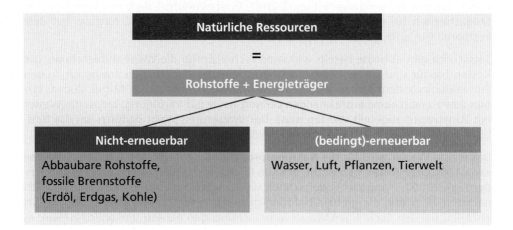

1. Nennen Sie Beispiele für abbaubare Rohstoffe.
2. Unter welchen Umständen sind Ressourcen, die grundsätzlich als erneuerbar gelten, für immer verloren?

Angesichts der ungeheuren und attraktiv angebotenen Produktflut verschwindet das Bewusstsein, dass hierfür aus der Natur Materialien bereitgestellt werden müssen, die nicht in jedem Fall unbegrenzt zur Verfügung stehen. Diese Materialien in Form von Rohstoffen und Energie sind **Umweltgüter** (natürliche Ressourcen) für die heute und zukünftig lebenden Menschen. Bedenkenloser Verbrauch der vorhandenen Ressourcen heißt, dass nachfolgenden Generationen das Leben erschwert, wenn nicht sogar unmöglich gemacht wird.

Einem Endprodukt, das zum einmaligen Gebrauch bestimmt ist, sieht man nicht an, wie viel „Umwelt" in ihm steckt. Mit dem Begriff **„ökologischer Rucksack"** soll verdeutlicht werden, wie viel unsichtbare Umweltgüter in einem Produkt verborgen sind. Zugleich macht dieser Begriff auch auf den teilweise nutzlosen Verbrauch von Umweltgütern aufmerksam. Streng mathematisch betrachtet steht der ökologische Rucksack für die Summe aller in und aus der Natur bewegten Massen in Tonnen (Kilogramm oder Gramm) bis zum verkaufsfertigen Produkt in Tonnen (Kilogramm oder Gramm). Davon ist das Eigengewicht des Produkts abzuziehen. Die Rechnung erfasst alle Vorgänge von der Entstehung bis zum fertigen Produkt. Demgemäß sind auch die Massen der beanspruchten Energieträger eingeschlossen. Je „leichter" der ökologische Rucksack eines Produkts ist, desto umweltverträglicher ist es und umso besser ist die **Ressourceneffizienz**.

Aus ökologischer Sicht betrachtet ist der Kaufpreis eines Produkts nicht unbedingt sein wahrer Preis. Am Beispiel eines Mittelklassewagens sieht die Rechnung folgendermaßen aus:

Kaufpreis: 31 000 EUR

Leergewicht: 1 300 kg

Ökologischer Preis: 40 300 kg Natur (nicht-erneuerbare Ressourcen)

Mirjas gewichtiger Morgen

Mirja wacht auf und legt die 12,5 kg schwere Armbanduhr um ihr Gelenk, sie schlüpft in ihre 30 kg schweren Jeans, macht sich Kaffee mit ihrer 52 kg schweren Maschine und trinkt aus ihrem 1,5 kg schweren Becher die gewohnte Erfrischung. Nachdem sie ihre 3,5 kg schweren Joggingtreter angezogen hat, radelt sie mit ihrem 400 kg schweren Fahrrad zum Büro. Dort angekommen, schaltet sie ihren tonnenschweren Computer ein und führt ihr erstes Gespräch mit ihrem 25 kg wiegenden Telefon. Der Tag von Mirja hat begonnen – wie jeder Tag. Dieses Mal aber mit ökologischen Rucksäcken.

Schmidt-Bleek, Friedrich: Nutzen wir die Erde richtig? 3. Auflage, Frankfurt am Main, S. Fischer Verlag, 2007, S.74

Der erreichte Wohlstand in den Industrieländern ist durch hohen Ressourcenverbrauch erkauft. Es ist durchaus verständlich, dass im Zeichen der **Globalisierung** die Menschen in den Ländern der Dritten Welt auch an diesem Wohlstand teilhaben möchten und dem Lebensstil in den wohlhabenden Ländern nacheifern. Um in Zukunft ernsthafte Konflikte zwischen Arm und Reich zu vermeiden, muss der Globalisierungsprozess allen Menschen zugute kommen. Wenn dies aber mit solch hohem Ressourcenverbrauch wie bisher geschieht, ist die Umwelt überfordert. Es muss deshalb das Bestreben vor allem der Industriestaaten sein, den bisher erreichten Wohlstand mit geringerem Ressourceneinsatz zu sichern.

Schon heute wird deutlich, dass der **Energiehunger** aufstrebender Länder wie China, Indien und Brasilien (Schwellenländer) die Nachfrage für Rohstoffe und die Energieträger Erdöl und Erdgas massiv verstärkt. Die Reserven bisher genutzter Lagerstätten sind nicht unerschöpflich und neue Abbaugebiete größeren Umfangs sind nicht in Sicht oder nur mit hohem finanziellen Aufwand erschließbar. Die internationale Gemeinschaft ist vor eine fast unlösbare Aufgabe gestellt.

Die Weltbevölkerung scheint in den nächsten zwei Jahrzehnten schneller zu wachsen, als der Energieverbrauch steigen wird. Ursache dafür ist, dass der Bevölkerungszuwachs in den Entwicklungsländern stattfindet, die ein niedrigeres Pro-Kopf-Einkommen haben und dadurch begründet einen niedrigeren Energieverbrauch. Die langfristig zunehmende Nachfrage nach Energie durch die Bevölkerungsentwicklung bewirkt aber, dass längerfristig zusätzliche Ressourcen erschlossen werden müssen, die nur zu höheren Energiepreisen gewinnbar sind. [...] Der Weltenergieverbrauch wird absolut steigen, jedoch der Zunahme der Weltbevölkerung hinterherhinken. Ein Beitrag zur Linderung dieser Problematik besteht in der Erhöhung der Energieeffizienz und der Förderung der Energieeinsparung in den Industrieländern. Könnte dort die Marge von 20 % Einsparung pro Kopf in den nächsten zwei Jahrzehnten erreicht werden, würde dies zu einer Verlangsamung des Weltenergieverbrauchsanstiegs beitragen [...] Der Nachholbedarf der Entwicklungsländer ließe sich besser decken.

Wagner, Hermann-Josef: Was sind die Energien des 21. Jahrhunderts? Originalausgabe, Frankfurt am Main, Fischer Taschenbuch Verlag, 2007, S. 88

Der problematische Ressourcenverbrauch betrifft auch den Bereich der **erneuerbaren Ressourcen**. Grundsätzlich gelten Pflanzen und somit die Waldbestände als erneuerbar, wenn sie nicht übernutzt oder vernichtet werden. Negative Beispiele hierfür sind die Ausbeutung der **Regenwälder** und der **Ozeane**.

Alle zwei Sekunden verschwindet ein Stück Regenwald in der Größe eines Fußballfeldes. Gemessen an Fußballfeldern gehen allein im Amazonasgebiet zwischen Januar und März 2008 nahezu 21 500 Einheiten verloren. Auf Borneo sind zwischen 1985 und 2001 etwa 56 Prozent aller Bäume verschwunden, ebenso hoch liegt die Quote für Nigeria zwischen 2000 und 2005. Das Basisjahr 1950 zugrunde gelegt, ist inzwischen mehr als die Hälfte des weltweiten Regenwaldes zerstört worden. Und das Tempo der Zerstörung nimmt zu. Was ist die Ursache?

Beispiel Brasilien:

Brasilia/Bonn. ... Hauptverantwortlich für die Zerstörung war zuletzt die Gier nach Fleisch. 50 Millionen Hektar werden in der Amazonasregion als Weideflächen allein für Rinder verwendet, schätzt der Agrarkoordinator der Umweltschutzorganisation WWF Brasil. [...] Die Nahrungskrise könne die Situation für den Regenwald verschlimmern: „Der Anstieg der Preise und die Lebensmittelknappheit hat die Tendenz der vergangenen zwei oder drei Jahre, als die Zerstörung zurückging, in nur sechs Monaten umgedreht". Zwischen den „Haupttätern" besteht zudem ein Zusammenhang. „Die Sojapflanzer kaufen abgegrastes Weideland, das illegal

Statt grünem Regenwald eine karge Graslandschaft, auf der magere Rinder grasen.

abgeholzt wurde, und treiben die Viehzüchter weiter in den Urwald hinein."

Rappold, Emilio (dpa): Regenwald leidet unter Nahrungskrise, in: Rhein-Zeitung, 15.05.2008, S. 5 (Auszug)

Ähnlich stark wie dem Regenwald setzen die Menschen den Fischbeständen in den **Ozeanen** zu. Etwa 80 Prozent der wichtigsten gehandelten Fischarten sind überfischt oder kurz davor, überfischt zu sein. Um die rückläufigen Fangergebnisse auszugleichen, fischen die Trawler in immer tieferen Meeresschichten. Dabei legen die modern ausgestatteten Fangschiffe der Industrienationen immer längere Wege zurück und beinträchtigen die regionale Fischerei der Menschen in den Ländern der Dritten Welt.

1. Welche Auswirkungen hat Ihrer Meinung nach die Vernichtung der Regenwälder auf das Weltklima?
2. Was müsste geschehen, um die Ressourcen Regenwald und Ozean zu schützen?

Zur Wiederholung

1. Nehmen Sie Stellung zu folgender Behauptung: „Umweltprobleme sind unvermeidlich!"
2. Nennen Sie die Ursachen der Luftverschmutzung.
3. Worin besteht der Zusammenhang zwischen Waldschadensbericht und Luftverschmutzung?
4. Erklären Sie, wie der Treibhauseffekt zustande kommt.
5. Definieren Sie die Begriffe Ozonschicht, Ozonkiller und Ozonloch.
6. Lässt sich sagen, dass es in Deutschland kein Trinkwasserproblem gibt?
7. Stellen Sie zwischen den Begriffen Wasserknappheit, Bevölkerungswachstum und Wassermanagement einen Zusammenhang her.
8. Unterscheiden Sie zwischen erneuerbaren und nicht-erneuerbaren Ressourcen.
9. Was soll mit der Bezeichnung „ökologischer Rucksack" verdeutlicht werden?
10. Inwiefern gefährdet die Nahrungskrise den Bestand der Regenwälder?

Handlungsimpulse

A Fordern Sie zu den Themen „Wasser/Abfall/Boden" und „Klima/Energie" Materialien vom Bundesumweltministerium an und werten Sie diese aus.

Bundesministerium für Umwelt, Naturschutz und Reaktorsicherheit, Referat Öffentlichkeitsarbeit, Postfach 12 06 29, 53048 Bonn (http://www.bmu.de)

B Stellen sie fest, welche Wassermenge in einer Stunde durch einen tropfenden Wasserhahn (Richtwert 60 Tropfen pro Minute) verloren geht. (Arbeitshilfe: Fangen sie die Menge in einem Eimer mit Maßeinheiten auf. Das Wasser sollten Sie anschließend sinnvoll verwenden.)

C Untersuchen Sie die Ihnen zugänglichen Wasserarmaturen der Schule hinsichtlich Funktionstüchtigkeit (z.B. Dichtung in Ordnung?) und Wasserdurchlauf.
Entwickeln Sie gegebenenfalls ein Sparkonzept und unterbreiten Sie es der Schulleitung.

D Schreiben Sie Handlungsweisen auf, mit denen Sie zum Wassersparen und zur Reinhaltung des Wassers beitragen können (z.B. Duschen statt Baden; Autos nur in Waschanlagen oder an ausgewiesenen Waschplätzen reinigen).

E Ermitteln Sie über eine Suchmaschine des Internets (z.B. google.de) Zusatzinformationen zum aktuellen „Tag des Wassers".

2 Hilfen für die Umwelt

1. Auf welche ökologischen Probleme deuten die Karikaturen hin?
2. Was könnte/sollte getan werden, um diese Probleme zu lösen?
3. Wer könnte zur Lösung dieser Probleme beitragen?

In den letzten Jahren hat sich das Umweltbewusstsein deutlich verbessert. Die sichtbaren und spürbaren Folgen des bedenkenlosen Natureingriffs machen sich bemerkbar. Luft- und Wasserverschmutzung, auffällige klimatische Veränderungen und Energieverteuerung sind Beispiele dafür. Sobald das eigene Wohlbefinden leidet und für die Leistungen der Umwelt – die natürlichen Ressourcen – höhere Preise entstehen, werden Maßnahmen gefordert, um die persönlichen Belastungen erträglich zu machen. Die Gesamtheit aller Bestrebungen und Maßnahmen der gesetzgebenden und ausführenden Organe – also alle politischen Entscheidungen und Handlungen – werden als **Umweltpolitik** bezeichnet. Eine wichtige Hilfe für die Umweltpolitik sind technologische Fortschritte (Beispiel: Katalysatoren in Autos). Nicht alle umweltpolitischen Entscheidungen stoßen auf Gegenliebe bei den Bürgerinnen und Bürgern. Manchmal wird übersehen, dass Umweltpolitik nicht nur gegenwärtige Ziele, sondern auch zukünftige Ziele im Auge haben muss (rechte Karikatur).

Längst hat Umweltpolitik den nationalen Rahmen übersprungen. Umweltpolitik ist heute ein internationales, globales Anliegen geworden. Eine zentrale Aufgabe für die **globale Umweltpolitik** ist die Begrenzung der CO_2-Emissionen (linke Karikatur) im Rahmen der **Klimapolitik.**

Umweltpolitik kann nicht alles regeln. Das eigene verantwortungsbewusste und umweltverträgliche Handeln ist auch dort wichtig, wo es keine Vorschriften gibt.

2.1 Möglichkeiten der Umweltpolitik

Die Umweltpolitik ist ein vielfältiger Politikbereich. Vorrangig geht es um den Ressourceneinsatz, die Abfallbewältigung und die Verringerung des Schadstoffausstoßes (Emission). Die Umweltpolitik richtet sich sowohl an den einzelnen Verbraucher als auch an die Wirtschaft. Es ist eine politische Aufgabe, durch gezielte Anordnungen, Entscheidungen und Maßnahmen ökologischen Erfordernissen gerecht zu werden. Andere Politikbereiche, wie z.B. die Steuer-, Wirtschafts- und Verkehrspolitik sind an umweltpolitischen Aktivitäten beteiligt, wenn dies die spezielle Aufgabenstellung erforderlich macht. So wird seit 1997 die Höhe der Kfz-Steuer für Pkw nach dem Schadstoffausstoß bemessen, um dadurch einen Anreiz für den Kauf abgasarmer Autos zu schaffen.

Verbraucher und Wirtschaft greifen ökologische Maßnahmen besonders dann auf, wenn dadurch Kostenvorteile erzielt werden. Wenn für ein schadstoffarmes Auto keine oder nur eine geringe Kfz-Steuer zu entrichten ist, kauft der Autokunde gerne einen entsprechenden Neuwagen. Im Regelfalle verbraucht das neue Auto auch weniger Treibstoff. Auf diese Weise wird durch die Steuererleichterung ein doppelter Umwelteffekt erzielt: geringerer Schadstoffausstoß und weniger Ressourcenverbrauch.

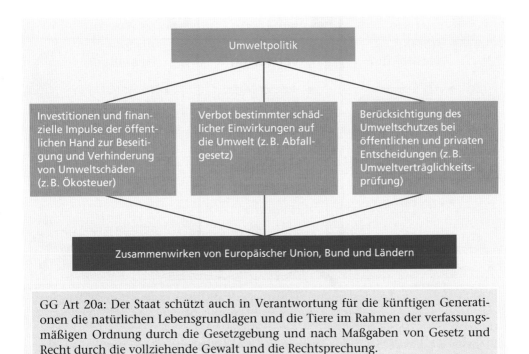

GG Art 20a: Der Staat schützt auch in Verantwortung für die künftigen Generationen die natürlichen Lebensgrundlagen und die Tiere im Rahmen der verfassungsmäßigen Ordnung durch die Gesetzgebung und nach Maßgaben von Gesetz und Recht durch die vollziehende Gewalt und die Rechtsprechung.

1. Worin bestehen die Aufgaben der Umweltpolitik?
2. Art GG 20a wurde nachträglich in das Grundgesetz aufgenommen. Gibt es dafür eine denkbare Erklärung?

Die moderne Umweltpolitik hat sich geändert – Beispiel Abfallpolitik

Bis in die 1990er-Jahre hinein ist Umweltpolitik geprägt von der Absicht, bereits aufgetretene Schäden zu heilen oder deren Ausbreitung zu vermeiden. Umweltpolitische Aktivitäten werden ergriffen, nachdem Umweltschäden entstanden und die damit verbundenen Umweltprobleme den meisten Menschen bewusst geworden sind. Diese Umweltpolitik lässt sich als **nachsorgende Umweltpolitik** bezeichnen.

Mit dem seit 1996 geltenden Kreislaufwirtschafts- und Abfallgesetz ändert sich die Zielrichtung der Umweltpolitik. War es bis dahin das Hauptanliegen gewesen, die wachsende Abfallflut in geordnete Bahnen zu lenken und möglichst schadlos zu beseitigen, werden mit diesem Gesetz neue Maßstäbe gesetzt. Jetzt ist es das Ziel, die natürlichen Ressourcen zu schonen, indem schon möglichst früh bei der Entstehung von Abfällen eingegriffen wird. Hier wird Umweltpolitik als **vorsorgende Umweltpolitik** praktiziert.

Auf dem Weg in die Kreislaufwirtschaft

Rangfolge der Pflichten im Umgang mit Abfällen nach dem Kreislaufwirtschafts- und Abfallgesetz*

1

Oberstes Gebot:

Abfälle vermeiden

▶ im Produktionsverfahren: durch Kreislaufführung der eingesetzten Stoffe

▶ durch abfallarme Produktgestaltung (materialsparende Konstruktion, langlebige Produkte, sparsamere Verpackung usw.)

▶ durch verändertes Verhalten der Konsumenten

2

Nicht vermeidbare

Abfälle verwerten

▶ stoffliche Verwertung (Recycling)
oder

▶ energetische Verwertung (Nutzung des Abfalls als Ersatzbrennstoff zur Energiegewinnung)

je nachdem, welche Art der Verwertung umweltverträglicher ist

3

Nicht verwertbare

Abfälle beseitigen

▶ Behandlung der Abfälle um deren Menge und Schädlichkeit zu vermindern (z.B. durch Müllverbrennung)

▶ Ablagern auf Deponien

▶ Die Abfallbeseitigung muss im Inland erfolgen; sie darf das Wohl der Allgemeinheit nicht beeinträchtigen

* in Kraft ab 7.10.1996

ZAHLENBILDER

© Erich Schmidt Verlag

126 595

1. Fassen Sie die drei Stufen des Umgangs mit Abfällen mit eigenen Worten zusammen.
2. Nennen Sie Beispiele, wie Sie durch Ihr Verhalten zur Abfallvermeidung beitragen können.

Ein Beispiel dafür, wie die **Europäische Union** auf die nationale Umweltpolitik einwirkt, ist die Feinstaub-Verordnung von 2007. Die Maßnahme setzt eine EU-Richtlinie (Feinstaubrichtlinie) von 2005 um. Danach darf die Konzentration von Feinstäuben – hauptsächlich durch den Straßenverkehr verursacht – an nicht mehr als 35 Tagen im Jahr höher als 50 Mikrogramm liegen. Bei mehr als 35 Tagen Belastung sind Schutzmaßnahmen nötig. 2006 ist dieser Grenzwert an über 100 Orten in der Bundesrepublik überschritten worden. Nach einer EU-Studie sterben europaweit jährlich rund 310 000 Menschen an den Folgen von Feinstaub, davon 65 000 in Deutschland.

Feinstaub-Verordnung in Kraft

Saarbrücken. Seit 1. März ist die so genannte Feinstaub-Verordnung in Kraft. Sie ermöglicht es den Kommunen, Umweltzonen einzurichten. In diesen Bereichen können bei starker Feinstaubbelastung Fahrverbote für Fahrzeuge mit hohem Schadstoffausstoß verhängt werden. Einfahren dürfen hingegen Fahrzeuge mit geringem Schadstoffausstoß. Über die Umweltverträglichkeit eines Wagens sollen grüne, gelbe und rote Plaketten Auskunft geben, die bei Kfz-Prüforganisationen wie TÜV und DEKRA erworben werden können und an die Windschutzscheibe geklebt werden müssen. Bei zu hohem Schadstoffausstoß gibt es jedoch keine Plakette. ...

Saarbrücker Zeitung, 03.03.2007, (online-Archiv), 14.06.2008

Wie im Falle der Feinstaub-Verordnung legen die meisten EU-Umweltgesetze Mindestanforderungen fest. Es bleibt anschließend den Mitgliedstaaten überlassen, wie sie diese Anforderungen erreichen wollen. Andererseits bemühen sich die Mitgliedstaaten darum, bei eigenen Umweltschutz-Aktivitäten entsprechende Maßnahmen auf EU-Ebene anzustoßen. Diese Tendenz nimmt zu. Die einzelnen Regierungen der EU-Nationen werden die eigentlichen Impulsgeber für die **EU-Umweltpolitik.** Auf diesem Wege haben schließlich alle Bürgerinnen und Bürger der 27 EU-Staaten einen Nutzen von sinnvollen Umweltgesetzen.

1. Welche Bedeutung haben die verschiedenfarbigen Umwelt-Plaketten bei Kraftfahrzeugen?
2. Wie hängen nationale Umweltgesetze und EU-Umweltpolitik zusammen?

2.2 Globale Umweltpolitik – Klimapolitik

1. Drei Begriffe der globalen Umweltpolitik – was bedeuten sie?
2. Was stellen Sie sich unter „globaler Umweltpolitik" vor?

Der „Erdgipfel" von Rio de Janeiro – die offizielle Bezeichnung lautet: **Konferenz der Vereinten Nationen zu Umwelt und Entwicklung"** – fand im Juni 1992 statt. Die Vertretungen von 178 Staaten erörterten alle wesentlichen Punkte der Umweltpolitik. Sie verfassten zwei Konventionen – **Klima-Konvention** und Konvention zur Erhaltung der biologischen Vielfalt – beschlossen die Errichtung einer Kommission für **nachhaltige Entwicklung** und schufen die Grundlagen für eine neue weltweite Zusammenarbeit in der Umweltpolitik.

Der Begriff **nachhaltige Entwicklung** (engl. = sustainable development) steht für eine prinzipielle Neuorientierung des Wirtschaftens mit Naturgütern. Ökologie und Ökonomie sollen in Übereinstimmung gebracht werden. Das **Nachhaltigkeitsprinzip** stammt ursprünglich aus der Forstwirtschaft und bedeutet dort, dass der jährliche Holzeinschlag nicht größer sein soll als die nachwachsende Holzmenge. Im übertragenen Sinne verlangt dieses Prinzip einen umsichtigen und sparsamen Umgang mit Ressourcen in Verbindung mit möglichst geringer Schadstoffbelastung. Ziel der nachhaltigen Entwicklung ist die Sicherung der Lebensgrundlage für Gegenwart und Zukunft. So einleuchtend das Prinzip auch klingt, so schwer ist es offenbar in der Praxis umzusetzen, weil von allen Beteiligten ein hohes Maß von Einsicht und Kompromissfähigkeit abverlangt wird. Es gibt zwar inzwischen bemerkenswerte Positivbeispiele, aber auch interessensbedingten Widerstand. Am schnellsten findet das Nachhaltigkeitsprinzip dort Beachtung, wo durch umweltschonende Einspareffekte auch die Produktionskosten sinken. Deshalb haben viele Wirtschaftsbetriebe mittlerweile die Bedeutung des betrieblichen Umweltmanagements voll erkannt. Der **betriebliche Umweltschutz** unterscheidet zwischen Ressourcenzielen und Emissionszielen. Im ersten Fall geht es um den Erhalt und die Schonung knapper Ressourcen, im zweiten Fall um die Vermeidung oder zumindest Verringerung von Emissionen und Abfällen.

Der betriebliche Umweltschutz ist somit ein wesentlicher Teil der **nationalen Nachhaltigkeitsstrategie**, die ihrerseits an die Vereinbarungen von Rio de Janeiro gebunden ist.

Die Grundzüge der nationalen Nachhaltigkeitsstrategie im Rahmen einer globalen Umweltpolitik sind bekannt. Die konkreten politischen Ausformungen müssen jedoch noch vorgenommen werden.

Die Nationale Nachhaltigkeitsstrategie

Nachhaltigkeit bedeutet: Nur so viel Holz schlagen, wie auch nachwachsen kann. Vom Ertrag – und nicht von der Substanz leben. Mit Blick auf die Gesellschaft bedeutet dies: Jede Generation muss ihre Aufgaben lösen und darf sie nicht den nachkommenden Generationen aufbürden.

Über Nachhaltigkeit entscheidet, wer investiert, produziert und konsumiert. Dabei geht es jedoch nicht um eine Ethik des Verzichts. Vielmehr sind Phantasie, Kreativität und technisches Know-how gefragt, um umweltverträgliche und ressourcensparende Produktions- und Konsummuster voranzutreiben. Hierfür müssen alle, Beschäftigte und Unternehmen, Gewerkschaften und Wirtschaftsverbände, Hochschulen und Forschungseinrichtungen, die offensive Gestaltung des Strukturwandels zu ihrer eigenen Sache machen.

Nachhaltigkeit – ein Auftrag an die Staatengemeinschaft

1992 haben sich die Vereinten Nationen zum Leitbild der nachhaltigen Entwicklung bekannt. In Rio de Janeiro verabschiedeten sie ein globales Aktionsprogramm. [...] Auch Deutschland hat unterzeichnet. [...]

Nachhaltigkeit – ein Programm für unsere Zukunft

Nachhaltige Entwicklung heißt, mit Visionen, Phantasie und Kreativität die Zukunft zu gestalten und dabei auch Neues zu wagen und unbekannte Wege zu erkunden. Es geht um einen schöpferischen Dialog darüber, wie wir in Zukunft leben wollen. Wie wir auf die Herausforderungen der globalisierten Welt in Wirtschaft und Gesellschaft antworten wollen.

Entsprechend ist die Strategie inhaltlich umfassend und nicht abschließend angelegt. Sie ist Grundlage für politische Reformen wie auch für ein verändertes Verhalten von Unternehmen und Verbrauchern.

Weit über die ökologische Herausforderung hinaus dient das Konzept als Handlungsanleitung für eine umfassende zukunftsfähige Politik. Es geht um übergreifende Verantwortung für eine ökonomisch, ökologisch und sozial tragfähige Entwicklung für alle Generationen.

Presse- und Informationsamt der Bundesregierung, unter: http://www.bundesregierung.de/Content/DE/Statische Seiten/ Breg/ThemenAZ/nachhaltigkeit-2006-07-27-die-nationale-Nachhaltigkeitsstrategie.html, Zugriff am 15.06.2008

1. Wer ist an der nationalen Nachhaltigkeitsstrategie beteiligt?
2. Wem kommt die nationale Nachhaltigkeitsstrategie zugute?

Im Zusammenhang mit dem „Erdgipfel" in Rio findet 1997 in der japanischen Stadt Kyoto eine Klimakonferenz statt. Ziel ist es, die Erderwärmung zu begrenzen. In dem **Kyoto-Protokoll** verpflichten sich die meisten Industriestaaten, den CO_2-Ausstoß bis 2012 um durchschnittlich 5 Prozent unter das Niveau von 1990 zu senken. Die USA, Australien, China, Indien und Brasilien unterzeichnen das Protokoll jedoch nicht. Dagegen will die **EU** die Kyoto-Ziele noch übertreffen.

Im Frühjahr 2007 einigen sich die EU-Länder darauf, die CO_2-Emissionen bis 2020 um 20 Prozent unter den Stand von 1990 zu reduzieren. Kurz danach erklären die Vertreter der acht wichtigsten Industriestaaten der Welt (G8-Gipfel) bei einer Konferenz in Norddeutschland im Sinne der EU-Ziele eine Halbierung der gegenwärtigen Emissionen bis 2050 „ernsthaft in Betracht zu ziehen". Zudem erklären die Regierungschefs ihre Bereitschaft, bis 2009 ein Nachfolgeprogramm für das Kyoto-Protokoll auszuhandeln.

Inwieweit diese Ziele tatsächlich erreicht werden können, hängt von zwei Voraussetzungen ab. Zuerst müssen die erklärten Ziele von den beteiligten Ländern konsequent umgesetzt werden. Sodann hängt der Erfolg wesentlich von der Bereitschaft der USA und den **Schwellenländern** China, Indien und Brasilien ab, sich künftig an dem Einsparungsprozess zu beteiligen.

Gegenwärtige CO_2-Emissionen

Land	Einwohnerzahl Mio. (gerundet)	Mio. t/Jahr (gerundet)	Pro Kopf in t/Jahr
USA	294	5 800	19,7
China	1 303	4 800	3,7
Indien	1 080	1 100	1,0
Brasilien	184	320	1,7
Zum Vergleich: Deutschland	83	850	10,3

Quelle: Frankfurter Rundschau, 06./07.06.2007, S. 2f.

Welche Auswirkungen auf das Weltklima hätte die Anpassung der Pro-Kopf-Emissionen in den Schwellenländern an die derzeitigen Werte in USA und Deutschland?

Um Anreize für wirkungsvolle Klimaschutzmaßnahmen zu schaffen, ist der weltweite Handel mit CO_2-**Emissionsrechten** eingerichtet worden. Danach können z.B. Länder, die aufgrund ihres großen Waldbestandes zur Stabilisierung des Weltklimas beitragen, CO_2-Emissionsrechte wie Gutscheine an Länder mit hohem CO_2-Ausstoß verkaufen. Auch zwischen Betrieben findet dieser Handel statt. Alten Betrieben mit hohem Schadstoffausstoß entstehen beträchtliche Kosten, weil sie mehr Berechtigungsscheine kaufen müssen als moderne Betriebe mit geringen Emissionen. Die Modernisierung von Anlagen zahlt sich deshalb aus.

2.3   Möglichkeiten des eigenen ökologischen Beitrags

1. Um welches Umweltproblem geht es?
2. Interpretieren Sie die Karikatur.

Die Beziehungen zu unserer Umwelt sind vielfältig und werden oftmals gar nicht bemerkt. Gerade deshalb lohnt es sich, unser alltägliches Handeln hinsichtlich möglicher Umwelteinwirkungen etwas genauer zu betrachten. Es geht darum, unser scheinbar unerhebliches Handeln in größeren Zusammenhängen zu sehen. Das Protokoll eines Tagesablaufes kann dies verdeutlichen.

6:30 Uhr – Guten Morgen! Zum Frühstück einen Tee? Aber nicht mehr Wasser heiß machen, als tatsächlich für den Becher oder die Kanne nötig ist – so lassen sich nach EU-Berechnungen pro Person nämlich bis zu 25 Kilogramm CO_2 im Jahr einsparen. Wasserkocher benötigen weniger Energie als die Herdplatte, um Wasser zu erhitzen. Wer damit zweimal täglich Wasser kocht, spart jährlich fast 10 Euro und 30 Kilogramm CO_2. Erfrischen und trotzdem sparen – mit Durchlaufbegrenzern wird beim Duschen weniger Wasser verbraucht. [...] Die Raumtemperatur vom Aufstehen bis zum Schlafengehen um nur ein Grad zu senken, reduziert übrigens auch den Klimagas-Ausstoß beträchtlich: Das kann die CO_2-Emissionen pro Jahr und Haushalt um bis zu 300 Kilogramm verringern.

7:30 Uhr – Fix zur Arbeit! Am besten natürlich zu Fuß oder mit dem Rad: Wer an 200 Tagen im Jahr sechs Kilometer radelt, statt mit dem Auto zu fahren, kann seinen CO_2-Ausstoß um 240 Kilo senken. Ist der Druck der Autoreifen nur um 0,5 bar zu niedrig, steigt der Kraftstoffverbrauch – den CO_2–Ausstoß kann das um bis zu 140 Kilo im Jahr erhöhen.

12:30 Uhr – endlich Mittagspause! Wohin mit der leeren Limo-Dose oder der Plastik-packung von belegten Brötchen und Obstsalat? Recyceln. Die Wiederverwertung einer Aludose spart 80 Prozent der Energie ein, die zu einer neuen nötig ist. Pro Kilogramm Alu reduziert das den CO_2-Ausstoß pro Jahr um neun Kilo. Bei einem Kilo recycelter Kunststoffe – Joghurtbecher zum Beispiel – sind es immerhin noch 1,5 Kilogramm CO_2 weniger.

14:30 Uhr – ab zur Besprechung! Vorher gründlich überlegen, wie viele E-Mails und Dokumente man dafür tatsächlich ausdrucken muss. Die EU-Bürger verbrauchen bis zu 20 Kilo Papier im Monat – wer diese Menge um nur ein Prozent reduziert, kann seinen jährlichen CO_2-Ausstoß um bis zu sieben Kilo drücken.

18 Uhr – Feierabend! Beim schnellen Einkauf im Supermarkt mitgebrachte Taschen statt Einwegtüten benutzen! Das spart CO_2 ein, das sonst für die Herstellung der Plas-tiktüten anfiele: Rund 200 Plastiktüten weniger im Jahr bedeuten nach EU-Berech-nungen bis zu acht Kilo CO_2 weniger.

19 Uhr – Abendessen! Kochen mit Deckel kostet viermal weniger Energie als ohne, da sich die Garzeit verringert. [...] Wer die übrig gebliebene Suppe nicht heiß in den Kühlschrank stellt, sondern erst mal auf Raumtemperatur abkühlen lässt, produziert je nach Kühlschranktemperatur jährlich bis zu sechs Kilo CO_2 weniger. Der Kühlschrank braucht deutlich weniger Energie zum Kühlen. Spülmaschinen sollten voll beladen werden und mit einem Sparprogramm laufen. Dies verbraucht weniger Wasser als das Spülen per Hand. Das spart fast 110 Euro oder rund 390 Kilogramm CO_2 im Jahr.

20 Uhr – Entspannung total! Überflüssige Lampen ausknipsen: So wird es daheim nicht nur gemütlicher, sondern es hilft auch beim Energiesparen und Klimaschutz. Ein EU-Rechenexempel: Fünf herkömmliche 60-Watt-Glühbirnen, die an jedem Tag des Jahres vier Stunden weniger brennen, reduzieren den CO_2-Ausstoß um bis zu 270 Kilogramm. Energiesparlampen senken natürlich die CO_2-Menge noch wesentlich weiter. Elektro-geräte wie Fernseher oder Stereoanlagen sollten ganz vom Netz genommen werden, statt sie im Stand-by-Modus zu lassen. [...]

23 Uhr – Gute Nacht! Süße Träume vom nächsten Urlaub? Aufgepasst: Eine Flugreise nach New York und wieder zurück schlüge beispielsweise gleich mit bis zu vier Tonnen CO_2-Emissionen zu Buche. Dann doch lieber eine Traumreise per Zug an den Nord- oder Ostseestrand. So lässt sich gleich tonnenweise Klimagas einsparen und das quasi im Schlaf.

Betzl, Doris: Kleine Tricks mit großer Wirkung, in: Rhein-Zeitung 03.11.2007, S. 12 (gekürzt)

1. **Überprüfen Sie Ihren eigenen Tagesablauf. Was machen Sie richtig, was könnten Sie ändern?**
2. **Fallen Ihnen bei diesem Bericht noch weitere umweltschonende Verhaltensweisen ein?**

Am Beispiel Auto lässt sich die Problematik des eigenen ökologischen Handelns verdeutlichen.

In unserer Gesellschaft steht das Auto nach wie vor für Unabhängigkeit, Freiheit, Wohlstand, Spaß und Lebensqualität. Gleichzeitig stellt Autofahren diese Lebensqualität – z. B. durch massive Mitwirkung am Treibhauseffekt – in Frage. Wird Autofahren deshalb zur Gewissensfrage?

In einem Land mit **freiheitlicher Grundordnung** darf die Bewegungsfreiheit der Bürgerinnen und Bürger nicht ohne weiteres reglementiert werden, abgesehen davon, dass für viele Menschen tägliches Autofahren wegen fehlender Ersatzmöglichkeiten unumgänglich ist. Autofahren hat also etwas mit Grundfreiheiten zu tun. Andererseits lässt sich aus dieser Grundfreiheit auch eine Grundpflicht zum verantwortungsbewussten Gebrauch automobiler Freiheit im Hinblick auf die globalen Folgen des individuellen Handelns ableiten. Natürlich wird sich jede Autofahrerin und jeder Autofahrer dagegen wehren, dass gerade sie oder er etwas mit dem Treibhauseffekt zu tun haben soll. Wie lächerlich gering ist doch die durch das eigene Auto ausgelöste Umweltschädigung! Doch diese Überlegung wiederholt sich millionenfach, und in der Summe sind die Einzelentscheidungen dann keineswegs mehr unerheblich.

Zu bedenken ist auch, dass die Menschen außerhalb der Industrieländer mit gleichem Recht wie wir die Freiheit des Autofahrens beanspruchen. Nur die im Gegensatz zu den Industrieländern geringere Fahrzeugdichte lässt das damit verbundene Problem noch nicht deutlich werden.

Die tatsächlichen gesellschaftlichen Gegebenheiten entsprechen diesen Bedenken in keiner Weise. Ganz im Gegenteil: Das Auto ist mit Abstand das am häufigsten benutzte Verkehrsmittel. Auf allen zurückgelegten Wegstrecken entfallen derzeit auf das Auto über 60 Prozent. Zum Vergleich: per Fuß 23 Prozent, Fahrrad neun Prozent und Bus/Bahn acht Prozent. Dabei lässt sich feststellen, dass die Hälfte aller Pkw-Fahrten auf Distanzen entfällt, die auch zu Fuß oder mit dem Fahrrad erledigt werden könnten.

Aufgrund einer repräsentativen Erhebung zum Verkehrsverhalten ergeben sich vier zentrale Trends:

• Immer mehr Haushalte verfügen über mindestens ein Auto.

• Das Auto wird immer häufiger benutzt, dagegen stagniert die Benutzung öffentlicher Verkehrsmittel.

• Das Auto wird zunehmend für Freizeitzwecke eingesetzt (31 Prozent). Es folgen Fahrten zur Arbeit (20 Prozent), zum Einkauf (19 Prozent) und für Bring- und Holdienste (z. B. Mütter fahren Kinder zur Schule, 19 Prozent).

• Der Anspruch auf Mobilität kostet immer mehr Zeit (durchschnittlich 90 Minuten pro Tag und Bürger).

Es sieht also so aus, als säßen wir in der Autofalle und seien einer Situation ausgeliefert, die alle eigenen Anstrengungen von vornherein sinn- und nutzlos erscheinen lassen. Gibt es dennoch Lösungsmöglichkeiten?

Benzin, ein ganz besonderer Saft – Sparen Sie beim Fahren

Fahren Sie niedertourig. Halten Sie den Motor in einem Drehzahlbereich von maximal 2 000 Umdrehungen pro Minute, indem Sie frühzeitig in den nächsthöheren Gang schalten: gleich nach den ersten Metern in den zweiten Gang, bei 25 bis 30 Stundenkilometern in den dritten Gang, bei 35 bis 45 Stundenkilometern in den vierten und bei 50 bis 55 Stundenkilometern in den fünften Gang. Dies rentiert sich für Kleinwagen ebenso wie für Limousinen.

Fahren Sie vorausschauend. Streben Sie einen gleichmäßigen Fahrfluss an, gleiten Sie beispielsweise auf eine rote Ampel im Leerlauf zu.

Verbannen Sie Ballast und Dachaufbauten. Für je 100 Kilogramm „Übergewicht" verbrauchen Sie 0,5 Liter Benzin zusätzlich auf 100 Kilometer.

Fest installierte Skiständer machen alle Bemühungen um geringen Luftwiderstand zunichte und steigern den Verbrauch um bis zu 15 Prozent. Vermeiden Sie möglichst Kurzstrecken. Gleich nach dem Start zieht der Motor umgerechnet 30 bis 40 Liter pro 100 Kilometer, nach dem ersten Kilometer sind es immer noch 20 Liter. Erst nach vier Kilometern erreicht ein Motor seinen Durchschnittsverbrauch.

Bei Fahrpausen, z.B. an Bahnübergängen, lohnt es sich ab 30 Sekunden Wartezeit, den Motor abzuschalten.

Schlumberger, Andreas: 50 einfache Dinge, die Sie tun können, um die Welt zu retten, und wie Sie dabei Geld sparen, 2. Auflage, Frankfurt/Main, Westend Verlag, 2005, S. 99

Spätestens mit der Rio-Konferenz 1992 ist der Begriff der **nachhaltigen Entwicklung** zum zentralen Leitbild der Umweltpolitik geworden. In diesem Zusammenhang wird auch die Forderung nach einem **nachhaltigen Konsum** erhoben. Nachhaltiger Konsum auf Verbraucherseite ergänzt also die Ressourceneinsparungen gemäß des Nachhaltigkeitsprinzips auf der Produktionsseite.

Auf das Auto bezogen heißt das: Die Entwicklung sparsamer und abgasarmer Fahrzeuge (nachhaltige Entwicklung) wird ergänzt durch nachhaltigen Konsum der Autokäufer und -nutzer.

Hinsichtlich des Autos würde nachhaltiger Konsum heißen: Neue Autos länger fahren, Autos gemeinschaftlich nutzen („carsharing") und Autos effizienter nutzen (z.B. Mitfahrgemeinschaften).

Zur Wiederholung

1. Begründen Sie, dass Umweltpolitik notwendig ist.
2. Beschreiben Sie den Umfang der Umweltpolitik.
3. Wodurch kommt bei der Kreislaufwirtschaft das Nachhaltigkeitsprinzip zur Geltung?
4. Nennen Sie die Gründe für die Feinstaub-Verordnung von 2007.
5. Was besagt das Nachhaltigkeitsprinzip?
6. Erklären Sie den Zusammenhang zwischen globaler Umweltpolitik, nationaler Nachhaltigkeitsstrategie und betrieblichem Umweltschutz.
7. Führen Sie aus, welche Bedeutung das Kyoto-Protokoll für das Weltklima hat.
8. Welchen Sinn hat der Handel mit CO_2-Emissionsrechten?
9. Zählen Sie einige Möglichkeiten auf, wie Sie durch Ihr persönliches Verhalten die Umwelt entlasten können.
10. Welcher Zusammenhang besteht zwischen Ihrer persönlichen Autonutzung und der Umwelt?
11. Welche Möglichkeiten gibt es, um beim Autofahren den Treibstoffverbrauch zu vermindern?
12. Nennen Sie die Forderungen, die hinsichtlich des Nachhaltigkeitsprinzips an Autohersteller und Autonutzer gestellt werden.

Handlungsimpulse

A Geben Sie die Suchwörter *Auto & Ökologie* in eine Suchmaschine (z.B. www.google.de) ein und stellen Sie fest, welche weiteren Aspekte zu diesem Thema derzeit diskutiert werden.

Vorschläge für Fragen, nach denen Sie diese Informationen auswerten könnten:
• Welche Interessen stehen hinter den Informationsquellen (z.B. Autoindustrie, Verbraucherschützer, Umweltverbände, Umweltbundesamt usw.)?
• Welche Informationen sind mir bereits bekannt?
• Welche Informationen ergänzen mein bisheriges Wissen?
• Welche Informationen könnten mein Verhalten beeinflussen?
• ...

Tauschen Sie Ihre Ergebnisse mit Ihren Mitschülerinnen und Mitschülern aus und erstellen Sie in der Gruppe einen zusammenhängenden Bericht.

B Erfassen Sie in einer Liste eine Woche lang alle Wegstrecken, die Sie mit eigenem Kraftfahrzeug zurücklegen und entscheiden Sie jeweils, ob es dafür Ersatzmöglichkeiten gegeben hätte. Entwerfen sie dafür eine geeignete Erfassungsliste.

Die Weimarer Republik

„Der Kaiser hat abgedankt!"

Aufruf zur Nationalversammlung

1. Was fällt Ihnen zu den Abbildungen ein?
2. Äußern Sie sich zu den Abbildungen nachdem Sie das Kapitel bearbeitet haben.

Außenminister Frankreichs und Deutschlands: Aristide Briand und Gustav Stresemann

Arbeitslose während der Weltwirtschaftskrise

1 Anfang und Ende des wilhelminischen Kaiserreichs

Nach der Niederlage Frankreichs im Krieg der verbündeten deutschen Staaten gegen Frankreich wird 1871 der preußische König Wilhelm I. im Spiegelsaal des Schlosses Versailles zum Deutschen Kaiser ausgerufen.

Der Krieg ist aus!

Berlin 1918. „O Tannenbaum, o Tannenbaum. Der Kaiser hat in' Sack gehau'n", das singt die Berliner Jugend Weihnachten 1918.

Der Kaiser (59) verließ Berlin am 29. Oktober. Er fuhr ins große Hauptquartier in Spa. Dort windet er sich, er will nicht abtreten, will vielleicht auf die Kaiserkrone verzichten, aber König von Preußen bleiben.

Schließlich, am 9. November, dankt der Kaiser ab, und mittags ruft Minister Philipp Scheidemann (53) in Berlin aus einem Fenster des Reichstages die Republik aus.

Reichskanzler Prinz Max von Baden (55) übergab am 9. November sein Amt dem SPD-Vorsitzenden Fritz Ebert (47), und am 11. November wird in Frankreich im Wald von Compiêne in einem Eisenbahnwagen der Waffenstillstand unterzeichnet.

Lynder, Frank: Kinder, wie die Zeit vergeht, Erweiterte Neuauflage der Jubiläumsschrift (1977) der BZ, Berlin, Ullstein Verlag, 1986, ohne Seitenzahl

1. Wodurch werden beide Ereignisse ausgelöst?
2. Wo liegt der Unterschied zwischen den beiden Ereignissen?

1.1 Die gesellschaftliche und politische Entwicklung

Im Zeitraum von 1871 bis 1914 entwickelt sich Deutschland zum Industriestaat. Die Industrie gewinnt für die Volkswirtschaft immer mehr Bedeutung und beeinflusst die wirtschaftlichen und gesellschaftlichen Verhältnisse entscheidend.

Durch die Kriegsentschädigung, die Frankreich zu leisten hat, gelangt sehr viel Geld in Umlauf. Die dadurch ausgelöste Wirtschaftstätigkeit stellt sich jedoch bald als Scheinblüte heraus. Den fast schon hektischen „Gründerjahren" folgt eine massive Wirtschaftskrise, die auf industrielle Überproduktion zurückzuführen ist. Die Folge sind Konkurse, Arbeitslosigkeit, Lohnkürzungen und Preisverfall. Der Gründerkrise folgen Jahre zunehmenden wirtschaftlichen Wachstums. Einen deutlichen Entwicklungsschub bewirkt die Elektrizität. Die vielfältigen und immer neu entdeckten technischen Anwendungsmöglichkeiten werden begierig aufgegriffen und gezielt verwertet. Allein in den Fabrikationshallen der Berliner Allgemeinen Electricitäts-Gesellschaft (AEG) sind 1912 knapp 46 000 Menschen beschäftigt. Ähnlich wie in den Jahrzehnten zuvor der Eisenbahnbau, löst der **Elektroboom** eine neue Industrialisierungswelle aus. Nutznießer sind vor allem die Schwer- und Produktionsgüterindustrie, in abgeschwächter Form auch die Leicht- und Konsumgüterindustrie.

Insgesamt schlägt sich die Industrialisierung Deutschlands auch bei der Einkommensentwicklung nieder. Dadurch bessert sich die materielle Versorgung der Arbeiterfamilien allmählich. Dennoch bleiben die Arbeits- und Lebensbedingungen der Arbeiterschaft unzureichend. Besonders in den Industriestädten ist die Wohnungssituation erschreckend.

Die Wohnungszählungen von 1900 und 1905 bringen Zustände zutage, die den sozialdemokratischen Abgeordneten Albert Südekum zu dem Schluss kommen lassen: „Man kann einen Menschen mit einer Wohnung geradeso gut töten wie mit einer Axt."
Um 1895 leben in Berlin 43,7 Prozent der Bevölkerung in Wohnungen mit nur einem beheizbaren Zimmer, das in der Regel gleichzeitig als Küche, Wohn- und Schlafstube dient. Die Gemeinschaftstoilette auf dem Treppenpodest oder im Hof wird manchmal von mehr als 40 Personen benutzt. Licht und Luft kommen oft allein über Lichtschächte – wenn die Wohnung nicht gleich im lichtlosen Keller liegt. Drangvolle Enge herrscht überall. Kinder, Kranke, zwischendrin viel zu schnell gealterte Frauen, die als Heimarbeiterinnen etwas dazuverdienen versuchen. ...
Berlin hat Fabriken in allen Größen und einen nahezu unstillbaren Arbeitskräftebedarf. 321 800 Arbeiter, mehr als die Hälfte der Berufstätigen, sind 1907 in fast 17 000 Fabriken und Betrieben beschäftigt. Die „neuen" Werktätigen sind auf Teilearbeiten spezialisiert, arbeiten als Bohrer, Fräser und Dreher. Akkord und Stempeluhr bestimmen häufig den Rhythmus. Die Fabriken werden wie Kasernen geführt. Nur wenige Konzerne wie Siemens oder AEG gewähren nach mehrjähriger Betriebszugehörigkeit und als besondere „Vergünstigung" drei bis sechs Tage Urlaub.

Moser, Ulrike: Gesichter der Großstadt, in: Geo Epoche, Nr. 12, 2004, S. 165f.

Obwohl sich Deutschland bis zum Beginn des 20. Jahrhunderts zum Industriestaat gewandelt hat, bestimmen vielfach die Adelsfamilien das Geschehen. Die höhere Staatsverwaltung ist zumeist Aufgabe des Adels. Auch in der Armee werden viele Führungspositionen von Adeligen besetzt. Das Militär genießt hohes Ansehen; Offiziere geben den gesellschaftlichen Ton an. In der Rangordnung am kaiserlichen Hof steht der General 35 Stufen höher als der Universitätsrektor. Ist der Gehweg für einen Zivilisten und einen Soldaten zu schmal, dann muss der Zivilist ausweichen.

Deutschland ist zu dieser Zeit ein **Obrigkeitsstaat**. An der Spitze des Staates steht der Kaiser; die Bürger sind Untertanen und haben zu gehorchen. Allerdings gibt es gültige Gesetze und Regeln. Die kaiserliche Herrschaft ist keine Willkürherrschaft. Die Bürger sind mit dem System im Allgemeinen einverstanden, solange Ruhe und Ordnung hergestellt ist und der Besitz nicht angetastet wird. Tatsächlich steht die Staatsmacht immer auf der Seite der Besitzenden, wenn gelegentlich Arbeiterproteste aufflammen. Soldaten treiben dann die Streikenden auseinander.

Bei den Wahlen zum preußischen Landtag gilt bis 1918 das **Dreiklassenwahlrecht**. Danach wird der Wahlberechtigte gemäß seines Steueraufkommens einer der insgesamt drei Klassen zugeteilt.

Bei den Wahlen zum Reichstag gilt jedoch das allgemeine Wahlrecht für Männer. Frauen sind von der Wahl ausgeschlossen. Die Rechte der Volksvertretung – der **Reichstag** – sind allerdings begrenzt.

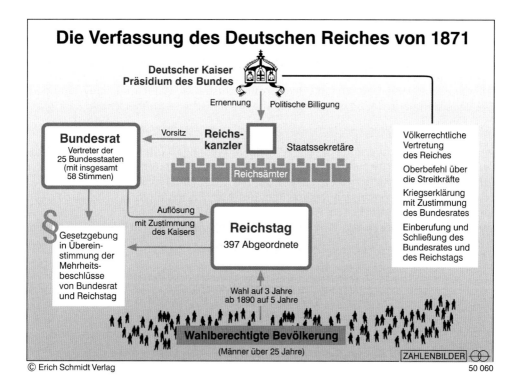

1. Welchen Einfluss hat der Reichstag auf die Ernennung und Abberufung des Reichskanzlers?
2. Wie stark ist Ihrer Einschätzung nach die Stellung des Kaisers?

1.2 Die Außenpolitik im Deutschen Reich

Im Gegensatz zu anderen europäischen Mächten wie Großbritannien und Frankreich hält sich das Deutsche Reich in dem Weltlauf um Kolonien zurück und vermeidet dadurch internationale Konflikte. Dennoch will **Reichskanzler Bismarck**, der das volle Vertrauen des Kaisers genießt, für alle Fälle vorsorgen. Um Deutschland vor einem möglichen Zweifrontenkrieg gegen Frankreich und Russland zu bewahren schließt er mit Russland einen **„Rückversicherungsvertrag"** ab. Danach verspricht Russland Neutralität, sofern es zu einem deutsch-französischen Krieg kommen sollte.

Als der Kaiser Wilhelm I. im Jahre 1888 stirbt, verliert Bismarck die kaiserliche Unterstützung. Der Nachfolger, Wilhelm II., hält nichts von dem Sicherheitsdenken Bismarcks. Er ist ehrgeizig, machthungrig, für alles Militärische begeistert und in seinen Entscheidungen unberechenbar. Bismarck kommt mit ihm nicht zurecht und tritt zurück. Ab diesem Zeitpunkt nimmt die Außenpolitik einen anderen Verlauf. Sie verliert an Klarheit. Das deutsche Großmachtstreben verärgert die anderen europäischen Mächte und führt zum Bündnis zwischen Frankreich und Russland („Zweibund" 1894), das Bismarck unter allen Umständen verhindern wollte. Als dann noch Frankreich und England ein Bündnis schließen („Entente cordiale" 1904) ist die Einkreisung Deutschlands vollendet. Dem Deutschen Reich bleibt als Bündnispartner nur noch die österreichische Donaumonarchie. So stehen sich zum Beginn des 20. Jahrhunderts zwei hochgerüstete Militärblöcke gegenüber. Das Attentat auf den österreichischen Thronfolger 1914 in Sarajewo ist nur der Funke ins Pulverfass. Der **Erste Weltkrieg** nimmt seinen verhängnisvollen Verlauf.

Allerdings sind viele Deutsche mit dem Großmachtstreben Wilhelms II. einverstanden. Die Begeisterung in der Bevölkerung für alles Militärische ist unübersehbar.

Feste Siegeszuversicht erfüllte das ganze Volk, und freudige Kampfeslust begeisterte unsere Jünglinge. Groß war die Zahl der Kriegsfreiwilligen. Die meisten jungen Leute über 20 Jahre, die noch nicht gedient hatten, warteten ihre Einberufung nicht ab, sondern eilten freiwillig vorher zu den Regimenten, die ihrerseits gar nicht so viele aufnehmen konnten, wie sich anmeldeten. Aber auch die noch nicht heerespflichtige Jugend eilte freudig und freiwillig zu den Waffen, sogar 15-Jährige versuchten ins Heer zu kommen, teilweise mit Erfolg.

Limburger Schulchronik, Volksschule I, 1914, S. 16, in: Maibach, Heinz: Dokumente zur Limburger Stadt- und Kreisgeschichte 1870–1945, hrsg. vom Magistrat der Kreisstadt Limburg, 1992, S. 50

1. Weshalb will Reichskanzler Bismarck ein französisch-russisches Bündnis vermeiden?
2. Das Attentat von Sarajewo wird als Auslöser des Ersten Weltkrieges gesehen. War es auch die Ursache des Ersten Weltkrieges?

2 Die Weimarer Republik – ein demokratischer Versuch

Das Ende vor einem neuen Anfang ...

Das tragische Ende 1918

... Der Abmarsch der deutschen Truppen aus dem Kampfgelände der Westfront hatte eingesetzt. Die zentrale Lage von Koblenz sowohl als Aufmarsch wie als Abmarschgebiet der Fronttruppen verursachte in jenen Tagen einen bis dahin nie geahnten Riesenverkehr. Unaufhörlich, Tag für Tag und Nacht für Nacht wälzten sich endlose Kolonnen vom Moseltal her durch die Straßen der Stadt. ... Aber es waren nicht mehr die früher festgeschlossenen machtvollen Formationen, nicht mehr die kriegsstarke Zahl, es waren die Reste eines ehemals gewaltigen Heeres, die aus tausend schweren Kämpfen und Stürmen übrig blieben.

Wenz, Jakob. Elf Jahre in Fesseln, Verlag Koblenzer General Anzeiger, 1929, S. 5

1. Beschreiben Sie die Stimmung, die aus diesem Bericht spricht.
2. Vergleichen Sie diesen Bericht mit dem Bericht auf S. 124.

Das Ende des Krieges kommt für die deutsche Bevölkerung überraschend. Zwar ist die anfängliche Kriegsbegeisterung längst gewichen und angesichts der schlechten Versorgungslage sehnen sich die Menschen nach Frieden, aber die militärische Führung lässt bis kurz vor dem Ende nichts von der desolaten Lage an der Front verlauten. Durch den Kriegseintritt der USA wächst die militärische Überlegenheit der Gegner. Eine letzte Großoffensive scheitert, bei der Gegenoffensive wird die deutsche Front durchbrochen. Die Heeresleitung muss einsehen, dass der Krieg nicht mehr zu gewinnen ist und fordert daraufhin die politische Führung auf, ein Waffenstillstandsgesuch zu stellen.

Der amerikanische Präsident Wilson stellt als wichtigste Vorbedingungen für Waffenstillstandsverhandlungen die Ablösung der „militärischen Beherrscher und monarchischen Autokraten Deutschlands". In Wilhelmshaven und Kiel meutern die Matrosen, bilden Soldatenräte und inhaftieren ihre Offiziere. Die Revolte greift schnell auf das gesamte Reichsgebiet über. Überall bilden sich Arbeiter- und Soldatenräte, deren Hauptforderungen auf einen schnellen Waffenstillstand und die Abdankung des Kaisers hinauslaufen. Widerwillig beugt sich der Kaiser dieser Forderung.

Nach Abdankung des Kaisers und der Ausrufung der Republik bilden Sozialdemokraten und Unabhängige Sozialisten im November 1918 eine paritätisch besetzte Revolutionsregierung, den **„Rat der Volksbeauftragten"** unter der Leitung des Sozialdemokraten **Friedrich Ebert**. Die vordringlichen Aufgaben dieser Übergangsregierung bestehen darin, den Frieden herzustellen, die Versorgung der Bevölkerung zu sichern und für Ruhe und Ordnung zu sorgen.

2.1 Die Entstehung der Weimarer Republik

Am 19. Januar 1919 finden in Deutschland die ersten demokratischen Wahlen zu einer Verfassungsgebenden Nationalversammlung in Weimar statt. Am 14. August tritt die Verfassung der Weimarer Republik in Kraft.

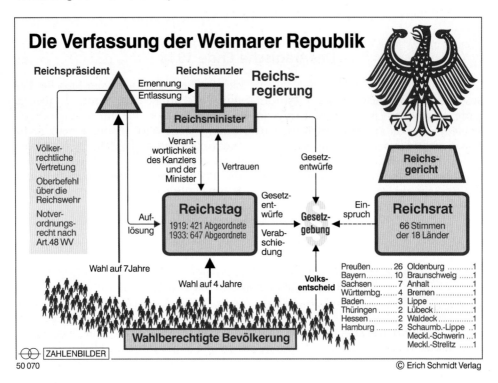

Die Verfassung der Weimarer Republik

50 070

© Erich Schmidt Verlag

Nach der Verfassung beschließt das vom Volk gewählte Parlament – der **Reichstag** – die Gesetze. Zudem sollen Volksbegehren und Volksentscheide die direkte Einflussnahme des Volkes verstärken. Die Regierung – **Reichskanzler** und Minister – sind dem Reichstag gegenüber verantwortlich. Das Staatsoberhaupt – der **Reichspräsident** – wird direkt vom Volk gewählt. Er hat wesentliche Machtbefugnisse:

- Ernennung und Entlassung des Reichskanzlers,
- Auflösung des Reichstages,
- Erlass von Notverordnungen, die für eine Übergangszeit gesetzliche Regelungen ersetzen oder ergänzen.

Die beiden letzten Rechte erweisen sich als eine Schwachstelle der Weimarer Verfassung. Es ist vorgesehen, dass **Notverordnungen** nach einer bestimmten Zeit dem Reichstag vorgelegt werden müssen. Verweigert der Reichstag die Zustimmung, so müssten die Notverordnungen ungültig werden. Sofern der Reichspräsident aber dann den Reichstag auflöst, bleiben die Notverordnungen bestehen und es kann ohne parlamentarische Kontrolle weiterregiert werden. Gegen Ende der Weimarer Republik wendet der Reichspräsident **von Hindenburg** dieses Verfahren immer häufiger an und schwächt damit die demokratische Ordnung.

Zu den Stärken der Verfassung gehören die in ihr genannten Grundrechte. Allerdings dürfen die Artikel 114, 118, 123 und 124 im Zusammenhang mit Notverordnungen vorübergehend ganz oder teilweise außer Kraft gesetzt werden.

Artikel 109
Alle Deutschen sind vor dem Gesetz gleich. Männer und Frauen haben grundsätzlich dieselben staatsbürgerlichen Rechte und Pflichten.

Artikel 114
Die Freiheit der Person ist unverletzlich.

Artikel 118
Jeder Deutsche hat das Recht, innerhalb der Schranken der allgemeinen Gesetze seine Meinung durch Wort, Schrift, Druck, Bild oder in sonstiger Weise frei zu äußern. Eine Zensur findet nicht statt.

Artikel 123
Alle Deutschen haben das Recht, sich ohne Anmeldung oder besondere Erlaubnis friedlich und unbewaffnet zu versammeln.

Artikel 124
Alle Deutschen haben das Recht, Vereine oder Gesellschaften zu bilden.

Artikel 135
Alle Bewohner des Reiches genießen volle Glaubens- und Gewissensfreiheit.

Erstmalig werden auch **soziale Rechte** in der Verfassung verankert. Das bereits früher eingeführte Sozialversicherungswesen wird garantiert und der Staat erhält den Auftrag, Vorsorge für Zeiten der Arbeitslosigkeit zu treffen. Der Achtstundentag gilt als Regelarbeitszeit. Gewerkschaften und Unternehmerverbände dürfen Tarifverträge zukünftig frei aushandeln.

Den Gegnern des parlamentarischen Systems bedeuten die Grundrechte und sozialen Verbesserungen jedoch nichts. **Rechtsradikale** sehen darin eher schwächliche Zugeständnisse des Staates gegenüber seinen Bürgerinnen und Bürgern. Viel lieber hätten sie an der Spitze des Staates eine machtvolle, „strenge und gerechte" Führungsperson. **Linksradikale** fordern statt Grundrechten verbriefte Gruppenrechte für die – ihrer Meinung nach – ausgebeuteten Arbeiter. Rechte und linke Gruppen bekämpfen die Republik und schrecken auch vor Gewalttaten nicht zurück. Bedenklich ist vor allem, dass die Justiz gegenüber rechtsradikalen Tätern sehr milde urteilt, bei linksradikalen Tätern jedoch hohe Gefängnisstrafen verhängt.

1. Mitunter wurde der Reichspräsident als „Ersatzkaiser" bezeichnet. Worauf ist Ihrer Meinung nach diese Bezeichnung zurückzuführen?
2. Stellen Sie anhand einer GG-Ausgabe fest, wie die entsprechenden Grundrechtsartikel im Grundgesetz lauten und an welcher Stelle sie stehen.

2.2 Krisen und Erfolge

Die harten Bedingungen des **Friedensvertrages von Versailles** und Wirtschaftskrisen schwächen die demokratischen und stärken die radikalen Kräfte. Nach den Bedingungen des Friedensvertrages verliert Deutschland 17 % seines Staatsgebietes, 75 % der Eisenerz- und 28 % der Steinkohlevorkommen. Das **Saarland** soll 15 Jahre vom Völkerbund unter französischer Besatzung verwaltet werden. Zudem müssen hohe Geld- und Sachleistungen erbracht werden. Um einer Besetzung durch fremde Truppen zuvorzukommen, stimmt der Reichstag notgedrungen zu. Aber die rechtsradikalen Parteien sind nicht bereit, sich der Mehrheitsentscheidung zu beugen. Sie nutzen die Stimmung aus, die in der Bevölkerung gegen die Friedensbedingungen herrscht, und beschimpfen die politischen Entscheidungsträger als „Erfüllungspolitiker" und als „Landesverräter".

© Erich Schmidt Verlag

Schon während des Ersten Weltkrieges beginnt der Zerfall der Reichsmark. Um die Kriegskosten zu decken, druckt der Staat immer mehr Geld, ohne dass ein entsprechender Warenwert vorhanden ist. Die hohen **Reparationen** (Wiedergutmachungszahlungen und -lieferungen) belasten die Wirtschaft zusätzlich und beschleunigen die **Inflation** (Geldentwertung). 1923 besetzen Franzosen und Belgier wegen rückständiger Reparationsleistungen das Ruhrgebiet. Der passive Widerstand der Bevölkerung verschärft die Schwierigkeiten. Viele Menschen machen die Republik für die wirtschaftlichen Probleme verantwortlich und verlieren das Vertrauen in Staat und Regierung.

Preis für (in RM)	1914	1918	1922	August 1923	November 1923
1 Ei	0,08	0,25	180,–	5 000,–	80 000 000,–
1 kg Fleisch	1,80	4,–	2 400,–	180 000,–	6 400 000 000,–
1 kg Butter	2,80	6,–	4 800,–	300 000,–	12 000 000 000,–
1 kg Kartoffeln	0,08	0,24	160,–	4 000,–	100 000 000,–

Zwischen 1924 und 1929 erlebt die Weimarer Republik eine relativ stabile Phase. Außenpolitische Erfolge und wirtschaftliche Fortschritte lassen das Land etwas zur Ruhe kommen, aber die Feindschaft der extremen Rechten und der extremen Linken gegen den Staat bleibt auch in diesem Zeitabschnitt wirksam. Am Ende erweist es sich, dass die Demokratie keineswegs gefestigt ist.

Außenpolitisch erzielt die Regierung Erfolge. Da sich auch bei den Siegermächten die Ansicht durchsetzt, dass nur ein wirtschaftlich leistungsfähiges Deutschland zur Zahlung von Reparationen fähig ist, werden die Belastungen neu geregelt. Gemäß dieses Planes („Dawes-Plan") endet im Herbst 1924 auch die Besetzung des Ruhrgebietes. Daran anknüpfend einigt sich Deutschland in den **Verträgen von Locarno** (1925) mit Frankreich und Belgien, dass zukünftig Konflikte mit diesen Nachbarländern nur noch auf friedlichem Wege gelöst werden sollen. Diese Friedensinitiative geht entscheidend von den Außenministern Deutschlands und Frankreichs, Gustav Stresemann und Aristide Briand, aus. Beide erhalten dafür den Friedensnobelpreis. Ergänzend zu den Locarno-Verträgen trifft Deutschland 1926 mit der Sowjetunion ein Abkommen, wonach der Sowjetunion für den Fall eines Krieges mit dritten Staaten Neutralität zugesichert wird. Noch im selben Jahr wird Deutschland Vollmitglied im **Völkerbund,** einer Staatenvereinigung zur Sicherung des Weltfriedens und zur wirtschaftlichen Zusammenarbeit.

1. Wie wirkt sich eine Inflation auf Sparguthaben aus?
2. In der Zeit zwischen 1924 und 1929 steigen die deutschen Warenexporte. Sehen Sie einen Zusammenhang mit der politischen Entwicklung?

2.3   Das Scheitern der Weimarer Republik

1929 beginnt in den USA eine schwere **Wirtschaftskrise**. Als die Aktienkurse sinken, kommt es zu Panikverkäufen und zum großen Börsenkrach. Die Krise weitet sich aus zur Weltwirtschaftskrise. Deutschland erlebt die größte Arbeitslosigkeit seiner Geschichte. Im Winter 1931/32 sind schließlich über 6 Millionen Menschen, das sind 30 % der Arbeitnehmer, ohne Arbeit. Die amtierende Regierung scheitert 1930 an dem Problem der Arbeitslosenunterstützung.

Bei den darauf folgenden Reichstagswahlen gelingt der rechtsradikalen Hitler-Partei NSDAP (Nationalsozialistische Deutsche Arbeiterpartei) ein sensationeller Wahlerfolg; sie erhöht ihre Abgeordnetenzahl von 12 auf 107. An der antidemokratischen Einstellung der nationalsozialistischen Bewegung gibt es keinen Zweifel.

Damit ist die Bewegung aber antiparlamentarisch, und selbst die Beteiligung an einer parlamentarischen Institution kann nur den Sinn einer Tätigkeit zu deren Zertrümmerung besitzen, zur Beseitigung einer Einrichtung, in der wir eine der schwersten Verfallserscheinungen der Menschheit zu erblicken haben.

Adolf Hitler: Mein Kampf, München, 2. Auflage, 1930, S. 379

Auch die linksradikale KPD (Kommunistische Partei Deutschlands) gewinnt 23 Sitze hinzu. Das Wahlergebnis bedeutet das Ende der parlamentarischen Demokratie, denn der neue Reichskanzler hat keine Mehrheit im Reichstag und kann nur noch mit Hilfe von Notverordnungen des Reichspräsidenten regieren. In ihrer Not klammern sich viele Bürger an die Versprechungen der radikalen Parteien. Sie glauben, dass eine Besserung der Wirtschaftslage nur durch eine grundlegende Änderung der Politik zu erreichen sei.

KPD	77
SPD/Zentrum/DDP/DVP insgesamt	280
NSDAP und andere Rechtsparteien	220
Abgeordnete zusammen	577

Der Versuch, mit Hilfe von Notverordnungen zu regieren, scheitert. Der Reichspräsident **Paul von Hindenburg** löst den Reichstag auf und schreibt Neuwahlen aus. Im Wahlkampf fällt die Sturmabteilung (SA) der NSDAP durch besondere Brutalität auf. Angesichts des überwältigenden Wahlsiegs der NSDAP (37,4 %) fordert Hitler für sich das Amt des Reichskanzlers. Noch zögert der Reichspräsident, doch einflussreiche Berater in seiner Umgebung zerstreuen seine Bedenken. Am 30. Januar 1933 wird Hitler zum Reichskanzler ernannt.

1. In welcher Situation befinden sich nach der Reichstagswahl 1930 die demokratischen Parteien SPD, Zentrum, DDP (Deutsche Demokratische Partei) und DVP (Deutsche Volkspartei)?
2. Wodurch unterscheidet sich die NSDAP von einer demokratischen Partei?

Zur Wiederholung

1. Was ist mit dem Begriff „Gründerjahre" gemeint?
2. Erklären Sie die Aussage: „Das wilhelminische Kaiserreich war ein Obrigkeitsstaat, aber kein Unrechtsstaat."
3. Welchen Einfluss hatte der Reichstag auf die Ernennung und Abberufung des
   Reichskanzlers?
4. Nennen Sie die Vorgänge, die zum Ausbruch des 1. Weltkrieges führten.
5. Vergleichen Sie die Bedeutung des Reichstags in der Weimarer Republik mit
   der Funktion des Reichstags im wilhelminischen Kaiserreich.
6. Zählen Sie die Gebietsabtrennungen auf, die durch den Versailler Friedensvertrag erfolgen mussten.
7. Nennen Sie Stärken und Schwächen der Weimarer Verfassung.
8. Welche Gefahren gingen vom Notverordnungsrecht für die demokratische Ordnung und die Einhaltung der Grundrechte aus?
9. Begründen Sie, weshalb der Zeitraum zwischen 1924 und 1929 gelegentlich als
   „Die guten Jahre der Weimarer Republik" bezeichnet wird.
10. Beschreiben Sie die wirtschaftlichen und politischen Auswirkungen der Welt-
    wirtschaftskrise auf die innenpolitischen Verhältnisse in der Weimarer Repu-
    blik.

Handlungsimpulse

A Erstellen Sie eine Zeitleiste für den Zeitraum von 1871 bis 1933. Kennzeichnen Sie
anhand des Lehrbuchtextes die wichtigsten politischen Ereignisse.

B Entwickeln Sie eine „Entwicklungskurve der Demokratie" für die Zeit von 1871
bis 1933 nach eigener Einschätzung und vergleichen Sie Ihre Kurve mit der Ihrer Mitschülerinnen und Mitschüler.

(Arbeitshinweis: Zeichnen Sie eine Vertikale in der Länge von 10 cm. Der Nullpunkt
kennzeichnet den Zustand *keine Demokratie;* Punkt 10 bedeutet *Höchstmaß an Demokratie.*

Zeichnen Sie sodann von dem Nullpunkt ausgehend eine Horizontale in der Länge von
12,6 cm. Jeweils 2 cm stehen für ein Jahrzehnt, beginnend ab 1870 bis 1933.
Tragen Sie dann Ihre Schätzkurve ein.)

Der Nationalsozialismus

Saarbrücken – Einmarsch der SA, 1935

Nach dem Luftangriff auf Saarbrücken, 1942

Hitlerjugend in der Jugendherberge
in Berchtesgarden

Inserat, Saarbrücker Zeitung 1935

1. Welchen Eindruck vermitteln die einzelnen Abbildungen?
2. Was wissen Sie bereits über die Zeit des Nationalsozialismus in Deutschland?

1   Die Errichtung der Diktatur

Hitler, um freundliche Wirkung bemüht, an der Seite von Reichspräsident Hindenburg auf der Fahrt zur Mai-Kundgebung der Jugend im Lustgarten, Berlin, 01.05.1933

Welche Wirkung hat das Bild auf Sie?

1.1   Die Sicherung der nationalsozialistischen Herrschaft

Nachdem Hitler zum Reichskanzler ernannt ist, beginnt er zielstrebig, die Weimarer Republik in eine Diktatur umzuwandeln. Er redet den Menschen ein, Deutschland stehe am Rande des Abgrunds und könne nur durch hartes Durchgreifen der Regierung mit Hilfe von Sondervollmachten gerettet werden.

1.2.1933   Auf Wunsch Hitlers löst Hindenburg den Reichstag auf. Neuwahlen werden auf den 5. März festgelegt. Der Wahlkampf steht ganz im Zeichen des Terrors. Die Mitglieder der SA werden zu Hilfspolizisten ernannt, die rücksichtslos gegen Andersdenkende vorgehen. In Kellern kommt es zu grausamen Folterungen (S. 142) und Morden, deren erste Opfer vor allem Angehörige der KPD sind.

27.2.1339 In Berlin brennt der Reichstag. Die Hintergründe der Brandstiftung sind nie ganz geklärt worden. Der Regierung dient der Brand als Anlass für eine groß angelegte Verhaftungswelle von Kommunisten und Sozialdemokraten.

28.2.1933 Auf Betreiben Hitlers erlässt Hindenburg die „Notverordnung zum Schutz von Volk und Staat". Das bedeutet die Aufhebung zahlreicher demokratischer Grundrechte der Weimarer Verfassung wie Freiheit der Person, Meinungs-, Presse-, Vereins- und Versammlungsfreiheit, Post und Fernmeldegeheimnis, Unverletzlichkeit von Eigentum und Wohnung. Hitler ist damit die Möglichkeit gegeben, willkürlich gegen seine innenpolitischen Gegner vorzugehen.

5.3.1933 Die NSDAP verfehlt bei der Reichstagswahl die absolute Mehrheit und erhält nur 43,9 % der Stimmen. Die Vollmachten der „Brandverordnung" reichen Hitler nun nicht mehr aus, um sein System zu festigen.

21.3.1933 „Tag von Potsdam": Mit einem feierlichen Staatsakt, bei dem Hitler sehr bescheiden auftritt, soll dem In- und Ausland die Traditionsverbundenheit der nationalsozialistischen Regierung gezeigt werden.

24.3.1933 Hitler fordert vom Reichstag – angeblich um die allgemeine Notlage der Bevölkerung beheben zu können – das Recht, alleine Gesetze erlassen zu dürfen. Zur Billigung dieses so genannten Ermächtigungsgesetzes muss der Reichstag mit Zweidrittelmehrheit zustimmen. Deshalb lässt Hitler die 81 Mandate der KPD kurzerhand für nichtig erklären. Die meisten KPD-Abgeordneten befinden sich bereits in Gefängnissen. Nur die 94 anwesenden Abgeordneten der SPD – die übrigen 26 sind in „Schutzhaft" oder untergetaucht – stimmen gegen das Gesetz. Mit dem Ermächtigungsgesetz hat Hitler freie Hand, um seine unmenschliche Politik ungezügelt zu verwirklichen. Von diesem Zeitpunkt an hat der Reichstag nur noch die Aufgabe, als Propagandainstrument der NSDAP die Beschlüsse der Regierung zu bestätigen.

1. Wie verändert sich durch das Ermächtigungsgesetz das Verhältnis zwischen Legislative (Gesetzgebung) und Exekutive (Regierung)?
2. Gegen welches Recht der Abgeordneten verstößt deren Verhaftung?

Die Auswirkungen des **Ermächtigungsgesetzes** lassen nicht lange auf sich warten. Am 2. Mai werden die Gewerkschaftshäuser besetzt und die Gewerkschaften verboten. Im Juni folgt das Verbot der Sozialdemokratischen Partei. Die übrigen Parteien entgehen diesem Schicksal durch Selbstauflösung. Ab Juli 1933 ist durch „Gesetz" jede Neubildung einer Partei untersagt. Die NSDAP bleibt als einzige zugelassene Partei übrig. Der Reichstag ist als Gesetzgebungsorgan überflüssig geworden.

Im November 1933 lässt Hitler „Wahlen" zum Reichstag abhalten. Bei einer Wahlbeteiligung von 95,1 Prozent entfallen 92,2 Prozent auf die Einheitsliste der NSDAP. Die „Wahl" ist verbunden mit einer Volksabstimmung über Deutschlands Mitgliedschaft im Völkerbund. 95,1 Prozent bejahen den Austritt aus dem Völkerbund, der von Hitler bereits zuvor erklärt worden ist.

Innerhalb eines knappen Jahres ist jede **Opposition** in Deutschland mundtot gemacht worden. Da die Länder bereits seit März 1933 „gleichgeschaltet" sind, also ebenfalls unter nationalsozialistischer Herrschaft stehen, ist auch über das Verfassungsorgan **Reichsrat** kein Einspruch mehr zu erwarten. Lediglich die Reichswehr und das Amt des Reichspräsidenten stehen noch außerhalb Hitlers Machtbereich.

1.2   Die Umwandlung in einen totalitären Staat

Am Ende des ersten Regierungsjahres erlässt Hitler das „Gesetz über den Neuaufbau des Reiches". Die zentrale nationalsozialistische Regierung übernimmt alle bisherigen Hoheitsrechte der Länder, die Landesparlamente werden aufgelöst.

Im Hinblick auf seine langfristigen Expansionsziele braucht Hitler noch die Gefolgschaft der **Reichswehr**. Dazu muss er jene Kräfte in der NSDAP ausschalten, die eine Umgestaltung der Reichswehr nach dem Muster der SA („Sturmabteilung") wollen. Die Reichswehrführung hat ohnehin gegenüber der als brutal und rüpelhaft eingestuften SA eine tiefe Abneigung. Der SA-Führer Ernst Röhm ist mit Hitler eng befreundet; dennoch gibt Hitler den Befehl zu seiner Ermordung (30. Juni 1934). Der Öffentlichkeit wird danach vorgetäuscht, Röhm habe gegen Hitler putschen wollen („Röhm-Putsch"). Hitler rechtfertigt die Morde mit „Staatsnotwehr" und bezeichnet sich in diesem Zusammenhang als „des deutschen Volkes oberster Gerichtsherr".

Der greise und kranke Reichspräsident Hindenburg kann die Errichtung der Diktatur offenbar nicht mehr verstehen. Nach seinem Tod (01.08.1934) übernimmt Hitler auch das Amt des Reichspräsidenten. Er bezeichnet sich als „Führer und Reichskanzler". Die Reichswehr wird auf Hitler als Oberbefehlshaber vereidigt. Damit besitzt er konkurrenzlos die gesamte Macht im Staat. Deutschland ist in den folgenden

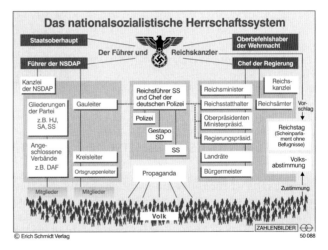

Jahren ein straff durchorganisiertes Staatsgebilde, das in allen Bereichen von der nationalsozialistischen Partei durchsetzt ist.

Alle diese Ereignisse betreffen das **Saarland** nur indirekt. Doch nach der im Januar 1935 erfolgten Volksabstimmung, bei der sich die saarländische Bevölkerung zu 90,7 % für die Rückkehr in das Deutsche Reich entscheidet, kommt auch im Saarland die NS-Herrschaft voll zur Auswirkung.

1. Warum bevorzugt Hitler die Reichswehr gegenüber der SA?
2. Über welche Staatsgewalten verfügt Hitler nach dem „Röhm-Putsch"?

2 Nationalsozialistische Propaganda und Erziehung

HER
ZU
UNS!

Hinein in die Hitler-Jugend

1. Welche Verbindung besteht Ihrer Meinung nach zwischen der Überschrift und den beiden Bildern?
2. Klären Sie den Begriff Propaganda.

2.1 Nationalsozialistische Propaganda

Propaganda ist für Hitler ein wichtiges Mittel der Massenbeeinflussung. Darauf weist er bereits in seiner Programmschrift „Mein Kampf" hin. Propaganda soll keine Informationen für eigene Meinungen liefern, sondern das Gefühl ansprechen und „zum Herzen der breiten Masse finden". Dazu werden die Propagandabotschaften auf wenige Punkte begrenzt und in einfacher Sprache ausgedrückt. Dauernde Wiederholungen verstärken die Propagandawirkung. Die Aussagen sind sehr allgemein gehalten, konkrete Festlegungen werden vermieden. Jeder soll sich angesprochen fühlen.

Schon vor dem Machtantritt 1933 bedient sich die NS-Propaganda dieser einfachen Rezepte. In den Wahlkämpfen der Weimarer Republik spricht die Parteiführung immer wieder von der „nationalen Schmach" des Versailler Vertrages und weckt so die Ängste und den Hass der Zuhörer. Die Schuld für die unbefriedigenden politischen und wirtschaftlichen Zustände wird Demokraten, Kommunisten und Juden zugeschoben.

Hitler misst der Wirkung des gesprochenen Wortes größte Bedeutung zu. Im Wahlkampf 1932 nutzt er das Flugzeug, um an einem Tag bei mehreren Wahlkampfveranstaltungen auftreten zu können. Die NS-Propaganda nimmt das zum Anlass, um den Begriff „Hitler über Deutschland" zu prägen. Hitler erscheint als ein schwungvoller, moderner Politiker, der stets zugegen ist und über die Probleme der Menschen Bescheid weiß.

Nach der Machtübernahme wird **Propaganda** systematisch betrieben. Hitler ernennt seinen engen Vertrauten Joseph Goebbels zum Minister und überträgt ihm „Das Reichsministerium für Volksaufklärung und Propaganda". Der Begriff „Volksaufklärung" verschleiert, um was es eigentlich geht. Nicht Aufklärung, sondern Ausrichtung auf eine einheitliche Volksmeinung ist das Ziel. Dazu nutzt das Ministerium hauptsächlich drei Wege.

Goebbels gibt den Chefredakteuren unumwunden zu verstehen, dass die Presse kritiklos die Regierungsmeinung zu verbreiten habe. Täglich gibt es Anweisungen von der „Reichspressekonferenz", was und wie zu schreiben ist. Die Anweisungen steigen von Jahr zu Jahr an. 1933 sind es noch 330 Vorgaben, im Jahre 1936 bereits 2500. Die Zeitungen sollen vor allem zum Ausdruck bringen, wie fest die **„Volksgemeinschaft"** hinter dem „Führer" steht.

Noch mehr Einfluss als die Presse erlangt das neue Medium **Rundfunk**. Auf der Berliner Funkausstellung 1933 wird der „Volksempfänger" präsentiert. Der Anschaffungspreis liegt so günstig, dass Millionen Haushalte sich mit dem Gerät ausstatten können. Es eignet sich in idealer Weise für Propagandazwecke, denn damit ist jedes Gebiet Deutschlands zu erreichen. Andererseits reicht die Empfangsqualität der Geräte nicht aus, um ausländische Sender zu hören.

Eine Familie vor dem Volksempfänger

Im Volksmund werden die „Volksempfänger" bald „Goebbels Schnauze" genannt.

1. Worauf zielt die NS-Propaganda?
2. Weshalb eignet sich der Volksempfänger besonders gut für Propagandazwecke?

Hitler und Goebbels erkennen zielsicher die Bedeutung des damals noch jungen Mediums **Film** für propagandistische Zwecke. Bereits vor der Machtübernahme schleust die NSDAP Werbespots in die Kinoprogramme ein. 1933 wird dann die Reichsfilmkammer gegründet, der alle Drehbuchautoren, Regisseure, Schauspieler und Kinobesitzer beitreten müssen. Ohne die Genehmigung der Kammer ist keine Produktion und Vorführung von Filmen möglich. Während der NS-Herrschaft werden rund 1200 Spielfilme produziert. Nicht alle dienen der direkten Propaganda wie z.B. Spielfilme, die das Führerprinzip oder die Parteitage der NSDAP verherrlichen. Auch Filmkomödien erfüllen eine bestimmte Funktion im NS-Staat, indem sie die Menschen – insbesondere im Krieg – von aktuellen Sorgen und Problemen ablenken sollen. Jedem Spielfilm, gleich welcher Art, ist stets ein „Kulturfilm" vorgeschaltet. Diesen Vorfilm benutzt das Regime u.a. um die nationalsozialistische Rassenlehre und die Hetze gegen Juden zu verbreiten. Mobile Filmtrupps sorgen dafür, dass auch in Regionen ohne Kino die Propagandafilme zu sehen sind.

Neben diesen Hauptkanälen der Propaganda sichert sich Goebbels auch den Zugriff auf die **Literatur**, die **Musik** und die **darstellende Kunst**. Nichts kann ohne Genehmigung des Propagandaministeriums entstehen. Schriftsteller, Komponisten, Maler und Bildhauer, die sich dieser Gängelung nicht unterstellen wollen, erhalten ein Berufsverbot.

Verstärkt wird die Propaganda in Wort, Bild und Ton durch gut einstudierte **Massenveranstaltungen**. Dadurch sollen Emotionen geweckt und die Sinne betäubt werden. Der einzelne soll sich als Teil der großen „Volksgemeinschaft" begreifen. Uniformen, Fackelzüge, Fahnenappelle und Feierstunden bilden hierfür den geeigneten Rahmen.

Massenveranstaltung anlässlich des Auftritts des „Führers"

2.2 Erziehung im Nationalsozialismus

Das NS-System hat es darauf abgesehen, die Kinder so früh wie möglich zur „Volksgemeinschaft" zu erziehen. Zudem soll das Bewusstsein herangebildet werden, einer ausgewählten „Rasse" (S. 144) anzugehören. In „Mein Kampf" fordert Hitler, dass die gesamte Erziehungsarbeit auf die „Heranzüchtung kerngesunder Körper" gerichtet sein müsse. Wissensvermittlung und Geistesbildung sind nach seiner Ansicht weniger wichtig.

Dementsprechend ist den Nationalsozialisten die „Ertüchtigung" der Kinder und Jugendlichen im Rahmen des mehrstündigen Sportunterrichts besonders wichtig. Große Bedeutung im Stundenplan hat auch die „Rassenkunde", nicht nur im Rahmen des Biologieunterrichts. Auch in anderen Fächern soll Rassenkunde vermittelt werden. Kranke und schwache Menschen passen nach nationalsozialistischer Meinung nicht zu einer starken und gesunden „Rasse".

Nationalsozialistische Mathematik

Aufgabe 95: Der Bau einer Irrenanstalt erfordert 6 Millionen Reichsmark (RM). Wie viele Siedlungen zu je 15 000 Reichsmark hätte man dafür bauen können?
Aufgabe 97: Ein Geisteskranker kostet täglich etwa 4 RM, ein Krüppel 5,50 RM, ein Verbrecher 3,50 RM. Nach vorsichtigen Schätzungen sind in Deutschland 300 000 Personen in Anstaltspflege. Wie viel Ehestandsdarlehen zu 1 000 RM könnten von diesem Geld jährlich ausgegeben werden?

Zentner, Kurt: Illustrierte Geschichte des Dritten Reiches, Südwest Verlag, München 1965, S. 348

Die Fächer Deutsch, Erdkunde und Geschichte bilden die „deutschkundlichen Fächer". In den Lesebüchern wird germanisches Heldentum dargestellt. Modernere Texte verherrlichen das Soldatentum und den Krieg, im Fach Erdkunde wird das Schlagwort vom „Volk ohne Raum" propagiert und der Geschichtsunterricht fördert Rachegedanken zum Versailler Vertrag.

Die Erziehungsziele sind geschlechtsbezogen ausgerichtet. Jungen sollen letztlich auf ihre Rolle als folgsame Soldaten, Mädchen auf ihre Mutterrolle vorbereitet werden.

Im Sinne dieser Erziehungsziele wirkt zudem die **„Hitler-Jugend"** (HJ) auf die Kinder und Jugendlichen ein. „Eure Kinder bekommen wir", kündigt Hitler im Jahre 1933 an. Alle vorhandenen Jugendorganisationen werden bis 1937 gleichgeschaltet. In der HJ als Staatsjugend sind 1939 knapp 8 Millionen Jugendliche organisiert. Die Hitlerjugend umfasst die eigentliche HJ für die 14–18-jährigen Jungen und das „Deutsche Jungvolk" für die 10–14-jährigen. Für Mädchen und junge Frauen gibt es entsprechend den „Jungmädelbund" und den BDM (Bund Deutscher Mädel). Nach 1939 ist die HJ-Mitgliedschaft Pflicht für alle Kinder und Jugendlichen.

1. Worauf ist die Erziehung im Nationalsozialismus ausgerichtet?
2. Wodurch unterscheidet sich die Erziehung von Jungen und Mädchen?

Auch der 1935 einge-
führte **Arbeitsdienst** für
alle Jugendlichen zwi-
schen 18 und 25 Jahren
verfolgt erzieherische
Ziele. Durch den halb-
jährigen Arbeitsdienst
sollen die jungen Men-
schen durch gemeinnüt-
zige Arbeit in die „Volksgemeinschaft" integriert
und gute „Volksgenos-
sen" werden. Während
der Arbeitsdienstzeit
wird die Beeinflussung
mit dem nationalsozia-
listischen Gedankengut

BDM-Zug beim HJ-Treffen am Dom in Köln

fortgesetzt. Außerdem finden regelmäßig vormilitärische Übungen statt. Der Exerzier-
spaten ist das Symbol des künftigen Soldaten.

Dem Arbeitsdienst schließt sich der zweijährige Wehrdienst an. In einigen Reden bezeichnet Hitler die Wehrmacht als „Schule der Nation". Wird der Soldat entlassen, so
bestehen bereits nationalsozialistisch geprägte Zivil- oder Berufsorganisationen, um
die gleichförmige Ausrichtung auf den NS-Staat fortzuführen. Somit werden die Menschen von der Kindheit bis ins Alter in das NS-Herrschaftssystem eingebunden.

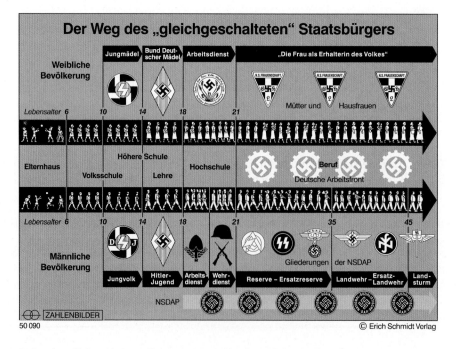

1. Wodurch soll das Ziel „Volksgemeinschaft" erreicht werden?
2. Welche Bedeutung hat das Militär im Nationalsozialismus?

Zur Wiederholung

1. In welcher Weise nutzt Hitler den Reichstagsbrand für seine Zwecke?
2. Beschreiben Sie Hitlers Vorgehensweise bei der Beseitigung demokratischer Einrichtungen und Kontrollen.
3. Erläutern Sie die eigentliche Absicht, die sich hinter dem Ermächtigungsgesetz verbirgt.
4. Was sollte mit der Bezeichnung „Röhm-Putsch" verschleiert werden?
5. Begründen Sie, weshalb Hitler spätestens ab Ende 1934 als Diktator bezeichnet werden muss.
6. Erklären Sie den Unterschied zwischen objektiver Information und Propaganda.
7. Worauf ist der mögliche Erfolg von Propaganda zurückzuführen?
8. Beschreiben Sie die Mittel und Wege der Propaganda.
9. Nennen Sie die wichtigsten Erziehungsziele der Nationalsozialisten.
10. Inwiefern sind die Menschen im nationalsozialistischen Staat dauernd der Beeinflussung ausgesetzt?

Handlungsimpulse

Eine Definition für Propaganda lautet: „Als Propaganda kann man massive und fortgesetzte politische Manipulation bezeichnen, die sich gleichgeschalteter Medien bedient". (Rolf Sonderkamp, http://www.publishin1.de/off_-arb.htm)

Wesentliche Elemente politischer Manipulation sind:

Unlautere Motive, verwerfliche Ziele, unwahre Inhalte (Falschinformation), Umgehung des Bewusstseins, Aktivierung „niedriger" Instinkte, Ausübung von Zwang.

Stellen sie fest, wo diese Elemente in den Ereignissen, Einrichtungen und offiziellen Äußerungen während der nationalsozialistischen Herrschaft deutlich werden (z. B. „Notverordnungen zum Schutz von Volk und Staat", „Ermächtigungsgesetz", „Staatsnotwehr", Erziehungsziele).

Überprüfen Sie auch den folgenden Text:

Während die Kapellen spielten, marschierten die Turner ein. Die Jungen in schwarzem Turnzeug stellten sich in der Arena in Form eines riesigen Hakenkreuzes auf, dann formierten sich die Mädchen in weißem Zeug in einem Kreis um das Hakenkreuz. Danach begannen die Turner ihre Übungen, begleitet von passender Musik, die aus den verschiedenen Lautsprechern tönte, und während der ganzen Zeit blieben sie in der Formation eines riesigen schwarzen Hakenkreuzes innerhalb eines weißen Kreises.

Mosse, George L.: Der nationalsozialistische Alltag. So lebte man unter Hitler, 2. Auflage, Königstein im Taunus, Athenäum Verlag, 1979, S. 297

3 Der Unrechtsstaat

Ein ehemaliger Häftling des Gestapolagers „Neue Bremm" in Saarbrücken berichtet:

... Wir wurden von dem empfangen, der der Chef des Lagers zu sein schien. Seinen richtigen Namen erfuhr ich nie, aber er besaß einen Rufnamen: „der Panther".

Er besaß nur noch einen Arm, den rechten oder linken, daran erinnere ich mich nicht. Dieser Arm – oder vielmehr der ehemalige, jetzt invalide – war eine Prothese. Damit sah ich ihn Häftlinge schlagen, vor allem ins Gesicht. Er war eine Bestie, die willkürlich drauflos prügelte. Man musste sich hüten, ihm zu nahe zu kommen. Eines Tages, morgens, hatte man einen deutschen Juden gebracht. Der „Panther" stieß ihn, nachdem er ihn reichlich mit dem „Goumi" geprügelt hatte, ins Wasserbecken. Nach diesem Schauspiel im „Schwimmbad" zog man ihn heraus, schlug ihn wieder und steckte ihn dann in den Desinfektionsofen, ja in den Desinfektionsofen. Er verließ ihn in einem sehr traurigen Zustand, natürlich übersät mit Brandwunden, aber nur so weit, dass das Ganze ohne Pause bis in die Mitte des Nachmittags wiederholt werden konnte. Der arme Jude konnte sich nicht mehr auf den Beinen halten, war überall verbrannt und ertrank, nachdem man ihn ein weiteres Mal ins Becken geworfen hatte. Die Stangen in der Nähe des Bassins hatten zum Ertränken gedient und beigetragen. Dazu musste man nicht mehr viel tun, denn es war eine arme Jammergestalt, die da unter Schlägen versuchte, den Kopf über Wasser zu halten. Innerhalb von fünf Stunden hat man diesen Mann mit ziemlich robuster Konstitution vom Leben zum Tode befördert. Der „Panther" wurde von einigen andern Wächtern unterstützt. An zwei von ihnen werden sich die ehemaligen Insassen des Lagers „Neue Bremm" immer erinnern. Ich meine „Molotov" und „Drokur". Diese beiden Monster ließen uns von morgens bis abends pausenlos um das Becken laufen. Auf das Kommando von Pfiffen oder Schreien mussten wir im Schritt, im Lauf, auf allen Vieren, im Entengang gehen, in der Hocke hüpfen und uns schließlich flach auf den Bauch werfen. Sie, diese Bestien, wählten für diese letzte Übung stets die Stelle aus, an der es am meisten Schlamm oder Pfützen gab. Diese Gymnastik vollzog sich unter Schlägen mit dem „Goumi" und bedroht durch einen Hund, den einer dieser Terroristen an der Leine hielt. Einige Male ließen sie den Hund auf Nachzöglinge in der Kolonne los. Das bedeutete dann eine Bisswunde in der Wade oder im Arm oder das Verschwinden eines Jacken- oder Hosenstückes auf Nimmerwiedersehen. Da es März war, waren die Nächte sehr kalt und der Boden gefroren und morgens ließ man uns Strohhalme und Papierstückchen, die auf den Boden gefallen waren, aufheben. Mit „Molotov", einem großen, mageren Teufel, war ich gemeinsam mit zwei anderen Häftlingen vor einen Pflug gespannt, mit dem wir ein Feld pflügen mussten. ....

Renger, Dietmar: Das KZ „Neue Bremm" in Saarbrücken, in: Stadtverband Saarbrücken (Hrsg.)
Zehn statt Tausend Jahre, 2. korrigierte Auflage, Ausstellungskatalog, 1988, S. 229f. (Auszug)

Was sagt der Text über die Achtung der Menschenwürde in der nationalsozialistischen Diktatur aus?

3.1 Terror und Überwachung

Jeder, der sich kritisch gegenüber dem neuen System äußert, wird entweder ins Gefängnis oder in eines der ab 1933 überall in Deutschland entstehenden Konzentrationslager gebracht. Dort werden die Häftlinge brutal misshandelt und müssen hart arbeiten, sodass viele an Überanstrengung, Unterernährung oder den Folgen der Folterung sterben.

Hauptstützen des nationalsozialistischen Terrorsystems sind SS („Schutzstaffel"), **Gestapo** (Geheime Staatspolizei) und SD (Sicherheitsdienst). Die Angst vor Verhaftung und Terror macht die Menschen stumm. Keiner weiß, ob er seinem Nachbarn, seinem Freund, seinem Kollegen im Betrieb noch trauen kann. Denunziationen (Meldungen bei Polizei oder Partei) sind an der Tagesordnung und helfen mit, das Regime zu festigen.

Die Gestapo hatte den Ruf, allwissend und vollständig erbarmungslos zu sein, und dieser Ruf wurde kräftig gefördert, denn es dient jeder Diktatur, wenn der Name ihrer Polizei alleine schon eine Gänsehaut hervorruft!

Die Gestapo brauchte kein Strafgesetzbuch für ihre Arbeit, denn sie bestimmte ihren Staatsfeind selber: „Kommunismus, Judentum, politisierende Kirchen, Freimaurerei, politische Meckerer, nationale Opposition, Reaktion, Wirtschaftssaboteure, Gewohnheitsverbrecher, auch Abtreiber und Homosexuelle (vom bevölkerungspolitischen Standpunkt Schädiger der ‚Volks- und Wehrkraft'), Hoch- und Landesverräter". Denn all diese vergingen sich „gegen die geistige und rassische Substanz des Deutschen Volkes". Im Gestapo-Hauptamt in Berlin beschäftigte sich eine eigene Abteilung nur mit der Verhängung von „Schutzhaft" und die Einweisung ins KZ. Die Justiz lief leer, denn die Gestapo durfte nicht zur Verantwortung gezogen werden. Was nützte ein Freispruch vor Gericht, wenn man trotzdem hinter dem Stacheldraht eines Lagers verschwinden konnte?

br.: Kampf den Volksschädlingen, in: Geschichte mit Pfiff, 1/83, S. 21

1. Welchen Eindruck vermittelt das obige Foto?
2. Inwiefern handelte die Gestapo im rechtsfreien Raum?

3.2   Antisemitismus und Rassenwahn

Würde man die Menschheit in drei Arten einteilen: in Kulturbegründer, Kulturträger und Kulturzerstörer, dann käme als Vertreter der ersten wohl nur der Arier in Frage. ...

Den gewaltigsten Gegensatz zum Arier bildet der Jude. ....

Der Jude ist und bleibt der typische Parasit, ein Schmarotzer, der wie ein schädlicher Bazillus sich immer mehr ausbreitet, sowie nur ein günstiger Nährboden dazu einlädt. Die Wirkung seines Daseins aber gleicht ebenfalls der von Schmarotzern, wo er auftritt, stirbt das Wirtsvolk nach kürzerer oder längerer Zeit ab. ...

So ist der Jude heute der große Hetzer zur restlosen Zerstörung Deutschlands. Wo immer wir in der Welt Angriffe gegen Deutschland lesen, sind Juden ihre Fabrikanten. ...

alle Zitate aus: Adolf Hitler: Mein Kampf, 2. Auflage, München 1930, S. 318, 329, 334, 702

1. Welches Menschenbild wird in Hitlers Ausführungen deutlich?
2. Inwiefern kündigt sich bereits in Hitlers „Mein Kampf" die spätere Judenverfolgung an?

Die nationalsozialistische **Rassenlehre** missbraucht die Veröffentlichungen des englischen Biologen Charles Darwin (1809–1882). Nach seinen Erkenntnissen sind die verschiedenen Tierarten durch natürliche Auslese entstanden, wobei sich die Starken immer gegen die Schwachen durchgesetzt hätten. Überträgt man diese Vorstellung in unzulässiger Weise auf die Menschen, so kann damit die Unterdrückung schwacher und benachteiligter Völker und sozialer Schichten als natürlich begründet werden (Sozialdarwinismus).

Die Rassenlehre der Nationalsozialisten dient in den Jahren 1933 bis 1945 als Rechtfertigung für die Verfolgung aller „minderwertigen" Menschen, insbesondere der Juden. Sie dient außerdem dazu, den Deutschen das Gefühl zu geben, besser zu sein als die Angehörigen anderer Völker und damit die Überlegenheit und Herrschaft über andere Nationen zu begründen. Auch in schlechten Zeiten soll jeder Deutsche sich als Teil der großen Volksgemeinschaft empfinden. Die Juden dagegen werden als „Sündenböcke" abgestempelt und für alles Unheil und Unrecht verantwortlich gemacht.

Der Rassenwahn der Nationalsozialisten richtet sich auch gegen körperlich und geistig Behinderte und Menschen mit Erbkrankheiten. Sie werden aus „rassehygienischen" Gründen in Heilanstalten eingeliefert und umgebracht. Das Programm zur „Vernichtung unwerten Lebens" zeigt, wie wenig Achtung Hitler und seine Anhänger vor dem Leben und der Würde des Menschen gehabt haben.

Leider gibt es Beispiele dafür, dass die Judenfeindlichkeit der Nationalsozialisten eilfertig übernommen worden ist.

Beschluss eines Gemeinderates im Kreis Bernkastel vom 13. August 1935

Das Judentum, das unser deutsches Vaterland so tief ins Unglück geführt hat, erhebt heute wieder frecher denn je sein Haupt. In Verkennung unserer Anständigkeit beginnen diese Parasiten am deutschen Volkskörper sich in dem ihnen so verhassten nationalsozialistischen Deutschland wieder wohnlich einzurichten und ihre jüdischen Frechheiten und Gemeinheiten auf die deutschen Volksgenossen auszuschütten. In Erkenntnis dieser Tatsachen wird beschlossen:

1. An den Ausgängen der Gemeinde B werden Tafeln mit folgender Inschrift angebracht: „Juden sind hier nicht gewünscht."

2. Der in der Mitte des Ortes zur Aufstellung gelangte Zeitungskasten „Der Stürmer" wird allen Volksgenossen zur Beachtung empfohlen.

3. Kein Handwerker, kein Geschäftsmann oder sonst ein Volksgenosse erhält eine Gemeindearbeit und das Gemeindenutzungsrecht wird ihm sofort entzogen, wenn er oder seine Familienangehörigen noch mit Juden Verkehr pflegen bzw. diese in ihrem Handeln unterstützen.

4. Das Kaufen bei Juden, die Inanspruchnahme jüdischer Ärzte oder Rechtsanwälte bedeutet Verrat am Volke und der Nation.

5. Da die Rassenfrage der Schlüssel unserer Freiheit ist, soll derjenige verachtet und geächtet sein, der diese Grundsätze durchbricht.

Heyen, Franz Josef (Hrsg.): Nationalsozialismus im Alltag, 1967. Unveränderter Nachdruck 1985. Selbstverlag der Landesarchivverwaltung Rheinland-Pfalz. Landeshauptarchiv Koblenz, Bestand 655, 175 IV: 423, S. 136

Beurteilen Sie das Verhalten des Gemeinderates.

Zu der gesellschaftlichen Ausgrenzung der jüdischen Mitbürger kommt der Entzug der wirtschaftlichen Lebensbasis hinzu. Bereits im April 1933 ruft die NS-Regierung zum Boykott jüdischer Geschäfte auf. Durch das „Reichsbürgergesetz" werden Juden von der Ausübung freier Berufe ausgeschlossen. Jüdische Ärzte dürfen nur noch Juden behandeln. Von 100 000 jüdischen Betrieben verschiedener Größenordnung im Jahre 1933 gibt es im April 1938 nur noch 39 500. Arbeitslose jüdische Arbeitnehmer haben keinerlei Beschäftigungschance mehr. Wer über die nötigen Mittel verfügt, verlässt Deutschland. Ende April 1938 ergeht an alle Juden die Aufforderung, Vermögensverzeichnisse anzulegen. Sie erhalten eigens gekennzeichnete Ausweise und werden gezwungen, den zusätzlichen Vornamen Sarah bzw. Israel anzunehmen. Jüdischen Kindern wird der Besuch staatlicher Schulen untersagt.

Am 7. November 1938 erschießt der siebzehnjährige Herzel Grynszpan einen deutschen Botschaftsangestellten in Paris. In ohnmächtiger Wut will er sich damit an den deutschen Behörden rächen für die menschenunwürdige Behandlung seiner jüdischen Eltern. Die nationalsozialistische Führung nimmt das Attentat zum Vorwand, um in der Nacht vom 9./10. November 1938 im gesamten Reichsgebiet eine Welle der Gewalt gegen jüdische Familien, ihren Besitz, kulturelle Einrichtungen und Synagogen zu entfachen. Die Propaganda spricht vom „spontanen Volkszorn". Tatsächlich ist es die Nacht der SA, die – seit der Entmachtung ihres Führers Röhm – ins Abseits geraten ist. Die **„Reichsprogromnacht"** bietet der „Sturm-Abteilung" endlich die Möglichkeit, sich effektvoll zurückzumelden.

Boykott gegen jüdische Geschäfte im April 1933

Zerstörte Synagoge in München nach der Reichspogromnacht

Nach 1938 verschärft der NS-Staat die Zwangsmaßnahmen gegen die jüdische Bevölkerung. Zunächst müssen die jüdischen Gemeinschaften eine „Sühneleistung" in Höhe von einer Milliarde Reichsmark erbringen. Für die Schäden haben die Betroffenen selbst aufzukommen, etwaige Versicherungsleistungen werden beschlagnahmt. Ab 1939 erfolgen Wohnungskündigungen. Die Familien müssen in „Judenhäusern" zusammenziehen. Eine nochmalige Verschlechterung der Lebenssituation bedeutet der Ausbruch des Zweiten Weltkrieges; die Flucht aus Deutschland ist nicht mehr möglich, ab 1941 wird das Tragen eines Judensterns zur Pflicht. Im gleichen Jahr beginnen die „Evakuierungen" zur „Aussiedlung im Osten". Das systematische Morden in den Vernichtungslagern beginnt.

Nicht nur der jüdische Bevölkerungsteil ist Diskriminierung, Verfolgung und Tötung ausgesetzt. Ebenso müssen Sinti und Roma unter dem staatlichen Terror leiden.

Die systematisch organisierte Vernichtung der Juden durch die Nationalsozialisten ist einmalig in der Geschichte der Menschheit. Nach dem Krieg ist häufig die Frage gestellt worden, wie es möglich gewesen ist, dass Menschen solche Gräueltaten begehen konnten. In den NS-Prozessen, die vor deutschen Gerichten stattgefunden haben, ist von den Angeklagten zur Rechtfertigung ihres Verhaltens oft gesagt worden, sie hätten nur die Befehle ihrer Vorgesetzten ausgeführt.

Zur Wiederholung

1. Zu welchen Verstößen gegen die Menschenrechte kommt es nach Hitlers Machtübernahme?
2. Beschreiben Sie Verhaltensweisen der Bevölkerung, die das NS-Regime gestützt haben.
3. Erklären Sie die Funktionen der Gestapo, der SS und des SD im nationalsozialistischen Terrorsystem.
4. Worauf gründet die nationalsozialistische Rassenlehre?
5. Wie stellt Hitler die Juden dar?
6. Welche Konsequenzen hat die nationalsozialistische Rassenlehre für Juden sowie für körperlich und geistig benachteiligte Menschen?
7. Auf welche Weise wurde den jüdischen Mitbürgerinnen und Mitbürgern die Existenzgrundlage entzogen?
8. Beurteilen Sie das Ausmaß der „Reichspogromnacht" im Zusammenhang mit dem Attentat auf einen deutschen Botschaftsangehörigen in Paris.
9. Inwiefern verschlechtert der Beginn des 2. Weltkrieges die Situation von Juden, Sinti und Roma?

Handlungsimpulse

Rufen Sie die Webseite www.jugendserver-saar.de auf. Beschaffen Sie sich folgende Informationen:

A **Geben Sie den Suchbegriff „Neue Bremm" ein.**

Informieren Sie sich über das ehemalige Gestapolager.
Fassen Sie Ihre Informationen in einem Bericht zusammen.
Besuchen Sie die Gedenkstätte „Gestapo-Lager Neue Bremm."

B **Geben Sie den Suchbegriff „Nationalsozialismus" ein.**

Stellen Sie fest, welche Gedenkstätten in Ihrer Umgebung genannt werden.
Fassen Sie die Informationen über die Gedenkstätte zusammen.
Besuchen Sie die Gedenkstätte.

C **Geben Sie den Suchbegriff „Alternativer Stadtführer Saarbrücken" ein.**

Stellen Sie fest, welche Gebäude, Straßen und Plätze eine Verbindung zur NS-Vergangenheit haben.
Fassen Sie die Informationen in einem Bericht zusammen.
Unternehmen Sie eine Stadtbesichtigung anhand des „Alternativen Stadtführers."

4 Widerstand gegen die Diktatur

Aus einem deutsch- und englischsprachigen Berliner Flugblatt der illegalen Deutschen Volksfront an die „Olympia-Gäste" (August 1936):

Die Anwesenheit vieler tausender Gäste aus dem Auslande gelegentlich der Olympiade gibt uns heute Veranlassung, einige Worte an Sie zu richten: Was sehen die Sportler und Gäste der ganzen Welt in Deutschland?

Ein von Adolf Hitler gewünschtes Prachtstadion, die herrlichsten Sportanlagen, das olympische Dorf, Prachtbauten und Prachtstraßen in und um Berlin, kurz gesagt, eine Umgebung, die bei dem flüchtigen Beobachter den Eindruck erwecken muss, dass Deutschland das Land des Wohlstandes, das Land des inneren und äußeren Friedens und der Freiheit sei.

Was sollen die Sportler und Gäste der ganzen Welt hier nicht sehen? Sie sollen nicht das armselige Dasein der werktätigen Massen in Deutschland kennenlernen. [...]

Es gibt in Deutschland: Keine Pressefreiheit. Keine Organisationsfreiheit. Keine Meinungsfreiheit!

Wer wagen sollte, sich offen gegen irgendeine Maßnahme der faschistisch-reaktionären Hitler-Regierung auszusprechen, ist bedroht mit Konzentrationslager, Zuchthaus und Tod. [...] Der Sport wird in Deutschland besonders zur Militarisierung der Jugend verwendet, und die Sportvereine stehen unter Aufsicht der Regierung oder der des Reichssportführers. [...]

Gewiss hat die Arbeitslosigkeit abgenommen, aber das war nur möglich durch eine fieberhafte Aufrüstung, wie sie die Welt noch nie sah. Diese Aufrüstung bedroht den Frieden Europas und der Welt.

Schneider, Wolfgang (Hrsg.), Alltag unter Hitler, 1. Auflage, Berlin, Rowohlt – Berlin Verlag, 2000, S. 112f.

Welche politischen Vorgänge stützen die Behauptungen der Verfasser des Flugblattes?

Nicht alle Deutschen sind mit dem Geschehen seit dem 30. Januar 1933 einverstanden. Aber es entwickelt sich keine einheitliche Widerstandsbewegung. Die Aktionen gegen die nationalsozialistische Herrschaft finden vereinzelt statt und sind sehr unterschiedlich. Die Verhaltensweisen reichen von Unmutsäußerungen im Alltag, über schriftliche Aufklärungsversuche bis hin zu Attentatsversuchen. Immerhin: Die von der Propaganda stets behauptete Einheit von „Führer" und „Volksgemeinschaft" hat Lücken.

4.1 Widerstand im Alltag

Die nationalsozialistische Herrschaft ist auf Zustimmung, Verführung und Gewalt aufgebaut. Propaganda und ein gewaltiger Hitler-Kult sollen das Zusammengehörigkeitsgefühl in einer „Volksgemeinschaft" stärken. Wer nicht mitmacht, wird gezwungen. Dafür sind viele Strafen unterschiedlicher Stärke vorgesehen. Mit Hilfe des dehnbaren „Heimtückegesetzes" vom Dezember 1934 („Gesetz gegen heimtückische Angriffe auf Partei und Staat und zum Schutz der Parteiuniform") werden Menschen abgeurteilt, die das System als „Meckerer" und „Miesmacher" einstuft. Die Handlungsmöglichkeiten gegen das Regime sind deshalb sehr eingeschränkt. Umso erstaunlicher ist es, dass mutige Menschen immer wieder Möglichkeiten finden, Anordnungen nicht zu befolgen, an politischen oder religiösen Überzeugungen festzuhalten oder sich offen zur Wehr zu setzen. So hören während des Krieges etwa zwei Millionen Deutsche häufig „Feindsender", obwohl die „Verordnung über außerordentliche Rundfunkmaßnahmen" das Hören ausländischer Radiosender unter hohe Strafen stellt. In katholischen Gegenden begrüßen sich gläubige Menschen immer noch mit „Grüß Gott" statt mit dem vorgeschriebenen Gruß „Heil Hitler". Es gibt Eltern, die versuchen, ihre Kinder dem Einfluss der HJ zu entziehen, Soldaten, die verbrecherische Befehle nicht ausführen und Gefängnisbeamte, die zugunsten eines politischen Häftlings Akten „verlegen". Und manche machen ihrem Unmut Luft, indem sie Witze über das System und die Machthaber weitererzählen.

Familienleben

„Mein Vater ist SA-Mann, mein älterer Bruder in der SS, mein kleiner Bruder in der HJ, die Mutter in der NS-Frauenschaft und ich im BDM." – „Ja, seht ihr euch denn bei dem vielen Dienst auch einmal?" – „O ja, wir treffen uns jedes Jahr auf dem Parteitag in Nürnberg!"

Zwei Ärzte für Geisteskrankheiten begegnen einander. Der eine grüßt: „Heil Hitler!" Darauf der andere: „Heil du ihn!"

In: Kurt Zentner, Illustrierte Geschichte des Widerstandes in Deutschland und Europa 1933–45, Südwest Verlag, München 1966, S. 150

Eine weitaus gefährlichere Form des Widerstandes zeigt sich in direkten Hilfen für Verfolgte durch Bereitstellung von Verstecken, Beschaffung neuer Papiere oder Eröffnung von Fluchtmöglichkeiten ins Ausland. Etwa 10 000 jüdische Mitbürgerinnen und Mitbürger entgehen dadurch der Deportation in die Vernichtungslager. Eine ebenso gefährliche Form des Widerstandes besteht darin, durch menschliche Zuwendung das Schicksal von Zwangsarbeitern und Kriegsgefangenen zu erleichtern. Eine andere Form des Widerstandes, die als Hochverrat gilt, zielt auf die Behinderung der Rüstungsproduktion durch Arbeitsverlangsamung oder absichtliche Fehlleistungen. Die Helferinnen und Helfer schweben stets in der Gefahr, von Nachbarn oder Arbeitskollegen denunziert zu werden.

Ein überaus großes Risiko geht der schwäbische Schreinergeselle Georg Elser ein. Er ist ein Einzelgänger mit ausgeprägtem Sinn für Recht und Gerechtigkeit. 1938 fasst er den Entschluss, Hitler zu töten. Er installiert vor der Rede des Diktators im Münchner Bürgerbräukeller eine Bombe. Hitler verlässt jedoch den Saal zehn Minuten vor der Explosion. Elser wird gefasst und hingerichtet.

4.2 Widerstandsgruppen

In den ersten Jahren nach Hitlers Machtübernahme sind es vor allem kleine Gruppen der verbotenen sozialdemokratischen und kommunistischen Partei sowie der Gewerkschaften, die sich dem System widersetzen. Saarländische Aktivisten organisieren den Widerstand zum Teil auch von Frankreich aus. Mit Flugblättern, einfachen Zeitungen und Wandbeschriftungen machen sie auf die Lügen und Unrechtshandlungen der Nationalsozialisten aufmerksam. Die einzelnen Gruppen bilden Netzwerke, um sich gegenseitig zu stützen. Dennoch kommt es zu keinen gemeinsamen Aktionen. Spitzel, Denunzianten und eine nahezu perfekte Organisation helfen der Gestapo immer wieder, die Widerstandsgruppen zu zerstören.

Auch in kirchlichen Kreisen regt sich Opposition und Widerstand. In der „Bekennenden Kirche" schließen sich evangelische Christen zusammen. Sie wenden sich insbesondere gegen den Rassismus der Nationalsozialisten. Dietrich Bonhoeffer, ein Wortführer der Bewegung, wird kurz vor Kriegsende hingerichtet. Der katholische Bischof in Münster, Graf von Galen, verurteilt in seinen Predigten die Rassenlehre und das Euthanasieprogramm (Tötung geistesgestörter Menschen) der Nationalsozialisten. Im Saarland setzen sich mehrere Priester und Ordensleute Verhören, Verwarnungen und Bestrafungen des NS-Regimes aus, weil sie sich u. a. in Predigten kritisch äußern. Ein seltener Fall offenen Volkswiderstandes ereignet sich in Frankenholz (Saarpfalz-Kreis), als Eltern offen gegen die Entfernung von Kreuzen in der Schule protestieren.

Drei Gruppen kennzeichnen die jugendliche Opposition gegen die nationalsozialistische Diktatur: Edelweißpiraten, Swingjugend und **Weiße Rose**. Die Edelweißpiraten und die Swingjugend widersetzen sich dem durchorganisierten, militarisierten Alltag im Nationalsozialismus. Sie unterscheiden sich von anderen Jugendlichen durch auffällige Kleidung, eigene Grußformeln, besondere Abzeichen (Edelweiß)

Mitglieder der Münchener Widerstandsgruppe „Weiße Rose"

und bestimmte Vorlieben (Swing, Jazz). Politische Aufklärung betreiben sie nicht. Darauf kommt es jedoch den Mitgliedern der Weißen Rose an. Es ist ein Münchner Kreis von jungen Studierenden um die Geschwister Hans und Sophie Scholl. Zu diesem Kreis stößt auch der Saarländer **Willi Graf**, heutiger Ehrenbürger von Saarbrücken.

Die Mitglieder der „Weißen Rose" sind furchtlos und mutig.

Am 13. Januar 1943, zur 470-Jahr-Feier der Universität München, hielt der Gauleiter Giesler eine Rede vor den Studenten, in der er die Studentinnen aufforderte, „lieber dem Führer ein Kind zu schenken", als sich an der Universität herumzudrücken. Die Empörung über diese Unflätigkeit solidarisierte die gesamte Studentenschaft. Es kam zu tätlichen Auseinandersetzungen mit SS und Polizei. Obwohl Giesler sich entschuldigte, hielt die Unruhe in der Studentenschaft über das Monatsende hinaus an. In diese emotional aufgeladene Atmosphäre schlug am 3. Februar die Meldung, dass Stalingrad gefallen sei. Nicht nur die Freunde standen unter dem Eindruck, dass damit die große Wende gekommen sei, aber sie nahmen offenbar an, der Zusammenbruch stehe kurz bevor. Anders als aus einer allzu zuversichtlichen Stimmung ist es nicht zu verstehen, dass Scholl und andere es wagten in den Nächten des 3., 8. und 15. Februar in den Straßen rund um die Universität, die kaum Deckung boten, und an der Universität selbst mit weißer Ölfarbe etwa zwanzig mal die Parolen „Freiheit" und „Nieder mit Hitler" anzubringen.
In der Zeit zwischen diesen Aktionen entwarf Scholl mit Freunden ein Flugblatt, in dem sie auf die Vorgänge in München und auf Stalingrad eingingen und daraus den Schluss zogen, „der Tag der Abrechnung ist gekommen" und zur „Brechung des nationalsozialistischen Terrors aus der Macht des Geistes" aufriefen. Von diesem Flugblatt stellten sie Mitte Februar insgesamt 3000 Exemplare in zwei Auflagen her: …
Wie bisher arbeiteten Scholl und Freunde beim Adressenschreiben und Fertigmachen der Briefsendungen zusammen und gaben sie an verschiedenen Postämtern auf – aber dann taten Hans und Sophie Scholl etwas, was immer ein Rätsel bleiben wird: Am Morgen des 18. Februar gingen sie mit einem Koffer voll Flugblättern in die Universität, verteilten sie ohne jede Vorsichtsmaßnahme vor den Hörsälen, auf Fenstersimsen und Treppen und leerten den Rest von der Galerie in den weiten Lichthof. Ohne jeden Versuch der Flucht ließen sie sich von dem Hausdiener, der sie dabei sah, festhalten bis die Gestapo kam, ohne jede Beschönigung oder Ausflucht bekannten sie sich zu ihrem Tun, heiter und furchtlos, wie von verschiedenen Zeugen beteuert wird, gingen sie in den Tod.

Hermann Simon: Der deutsche Widerstand 1933–1945, Informationen zur politischen Bildung Nr. 160,
Bonn 1974, S. 20

Die allgemeine Begeisterung über die schnellen Siege der deutschen Wehrmacht zum Beginn des 2. Weltkrieges stärkte die Stellung Hitlers. Vereinzelte Widerstandsgruppen in der Arbeiterschaft, in bürgerlich-konservativen Kreisen und beim Militär sehen keine Chancen, eine Änderung herbeizuführen. Erst nachdem sich die militärischen Niederlagen häufen, werden die Widerstandsgruppen mutiger und nehmen gegenseitig Kontakt auf.

Hieraus entsteht der Plan für ein Attentat auf Hitler. Überstürzt wird der Plan ausgeführt. Am 20. Juli 1944 deponiert **Oberst Graf von Stauffenberg** eine Bombe in dem Lagebesprechungsraum von Hitlers Hauptquartier „Wolfsschanze" in Ostpreußen. Durch einen Zufall überlebt Hitler die Detonation, der Umsturzplan scheitert. Viele Widerstandskämpfer werden verhaftet, sofort erschossen – darunter auch Stauffenberg – oder in entwürdigenden Verhandlungen vor dem so genannten Volksgerichtshof zum Tode verurteilt. Die Nationalsozialisten starten einen Rachefeldzug, dem nicht nur die meisten der Widerstandkämpfer, sondern auch viele ihrer unbeteiligten Familienangehörigen zum Opfer fallen. Hitler sieht in seinem Überleben ein „Zeichen der Vorsehung" und lässt den „totalen Krieg" mit allen Mitteln fortsetzen. Am Ende steht im Mai 1945 nur noch die bedingungslose Kapitulation.

Zur Wiederholung

1. Zeigen Sie an Beispielen, wie sich einzelne Menschen der Vereinnahmung durch das nationalsozialistische System widersetzten.
2. Womit gelingt es dem NS-Regime, Kritik und Widerstände als strafbare Handlungen zu verfolgen?
3. Welche Funktion haben Witze in der Zeit des Nationalsozialismus?
4. Worin bestand die Besonderheit des Vorhabens von Georg Elser?
5. Gibt es Gründe dafür, dass es zu keinem einheitlichen Widerstand gegen das NS-Regime kam?
6. Worin bestand der Unterschied zwischen den Gruppen Edelweißpiraten, Swingjugend und Weiße Rose?
7. Inwiefern verändert der Kriegsverlauf die Widerstandsbereitschaft gegen das NS-System?
8. Beschreiben Sie die Vorgänge am 20. Juli 1944.

Handlungsimpulse

Arbeitsteilige Gruppenarbeit

- Beschaffen Sie sich die Veröffentlichung des Historischen Museums Saarbrücken „Zehn statt tausend Jahre" – Die Zeit des Nationalsozialismus an der Saar 1935–1945". Möglicherweise ist das Buch – ein Ausstellungskatalog – bereits in Ihrer Schulbibliothek vorhanden. Wenn nicht, kann es von der Schulleitung beim Historischen Museum bestellt werden (Preis 12,50 EUR). Historisches Museum Saar, Schlossplatz 15, 66119 Saarbrücken
  E-mail: hms@hismus.de Internet: www.historisches-museum.org
- Schlagen Sie in dem Ausstellungskatalog das Kapitel WIDERSTAND auf.
- Jede der fünf Gruppen wählt sich ein Unterkapitel aus.
- Die Informationen des Unterkapitels werden in einem eigenen Wortbeitrag zusammengefasst und vorgetragen.
- Zur Ergänzung des Wortbeitrags können Folien und/oder Plakate dienen.

Die Unterkapitel:

- Zwischen Staatstreue und Resistenz. Die Kirchen und das NS-System an der Saar
- Verweigerung und Protest in der „Volksgemeinschaft". Der Frankenholzer Schulstreik 1937
- „Manchmal glaube ich es sicher; manchmal zweifle ich daran." Der Weg Willi Grafs in den Widerstand
- „Lieber republikanisch sterben als faschistisch verderben." Zum Widerstand saarländischer Sozialdemokraten
- Der antifaschistische Kampf der KPD im Saargebiet

5 Rechtsextremismus und Neonazis

Zwei häufig gebrauchte Begriffe ... Doch was steckt dahinter?

Rechtsextremismus = bezeichnet Strömungen und Bestrebungen, die – häufig unter Androhung und/oder Anwendung von Gewalt – demokratische Grundrechte einschränken oder ganz abschaffen wollen.

Neonazis = sind jene Rechtsextremisten, die sich offen auf den Nationalsozialismus berufen. Neonazis sind besonders radikale und brutale Rechtsextremisten.

5.1 Die Grundlagen des Rechtsextremismus

1. Was soll die Karikatur zum Ausdruck bringen?
2. Wie bewerten Sie das Verhalten beider Personen?

Ende 2006 gibt es in Deutschland 182 rechtsextremistische Organisationen, Parteien und sonstige Personenzusammenschlüsse mit knapp 40 000 Mitgliedern (Saarland: 470 Personen). Darunter befinden sind auch 2 500 Neonazis (Saarland ca. 170). Die Vielzahl der Organisationen weist darauf hin, dass der Rechtsextremismus kein einheitliches Gebilde ist. Dennoch gibt es gemeinsame **ideologische Grundlagen**, die das Weltbild formen.

Rechtsextremisten (frühere Bezeichnung: Rechtsradikale) leugnen die fundamentale Gleichheit aller Menschen und lehnen Minderheiten- und Oppositionsrechte ebenso ab wie das Prinzip der Gewaltenteilung. Aber auch andere demokratische Prinzipien wie die Achtung der Grundrechte, die Verantwortlichkeit der Regierung gegenüber der Volksvertretung, die Gesetzmäßigkeit der Verwaltung, die Unabhängigkeit der Gerichte und das Mehrparteiensystem werden grundsätzlich in Frage gestellt. Rassismus, extremer Nationalismus, Führerprinzip, die Diffamierung (Verächtlichmachung) anderer Meinungen und/oder die Akzeptanz gewaltsamer „Problemlösungen" kommen als Merkmale hinzu. Um einem Verbot zu entgehen, tarnen sich **rechtsextremistische Organisationen und Parteien** (NPD, DVU u. a.) mit scheinbar demokratischen Satzungen. Bei den rechtsextremistischen Parteien nimmt die NPD („Nationaldemokratische Partei Deutschlands") mit ca. 7 200 Mitgliedern gegenüber der DVU („Deutsche Volksunion", ca. 7 000 Mitglieder) und den „Republikanern" (ca. 6 000 Mitglieder) die Führungsrolle ein.

Die Neonazis (etwa 100 Gruppen mit 4 400 Mitgliedern) wollen einen totalitären Staat auf der Grundlage des nationalsozialistischen Führerprinzips.

Der historische Nationalismus bildet die ideologische Grundlage für die Neonazis, die sich dabei häufig am 25-Punkte-Programm der NSDAP von 1920 orientieren. Den Wert und die Rechte eines Menschen bestimmen demnach Merkmale wie Abstammung oder Hautfarbe. Wesentliche Zielvorstellung der Neonazi-Szene ist die Errichtung eines „Vierten Reiches", das auf einer rassistisch geprägten „Volksgemeinschaft" fußt, in der sich der einzelne bedingungslos dem angeblichen Willen des Volkes unterzuordnen hat. Die NS-Parole „Du bist nichts – dein Volk ist alles!" spiegelt sich hier wider. Dieser „Volkswille" soll nach der Vorstellung der meisten Neonazis entsprechend dem historischen Nationalsozialismus durch einen … nicht abwählbaren „Führer" verwirklicht werden.

Bundesamt für Verfassungsschutz, Verfassungsschutzbericht 2006, S. 58

Neonazis vertreten ihre nationalsozialistische Überzeugung nur selten in der Öffentlichkeit. Sie verhalten sich geschickt, indem sie bei Demonstrationen Themen aufweisen, die auf allgemeines Interesse stoßen, wie z. B. die nachteiligen Folgen der **Globalisierung**. Auffällige Formen der Ausländerkriminalität greifen sie sofort auf, um – verallgemeinernd – die in Deutschland lebenden Migranten zu kriminalisieren.

Das rechtsextremistische Weltbild übt auf Jugendliche eine besondere Faszination aus. Erste Anlaufstationen sind u. a. die neonazistisch ausgerichteten **„Kameradschaften"**. Rechtsextremisten geben vor, eine Heimat bieten zu können; nicht nur gedanklich, sondern auch gefühlsmäßig. Sie greifen die Ängste der Menschen auf, z. B. – ihre Furcht vor Arbeitslosigkeit und Kriminalität. Sie werben mit Parolen, die alles versprechen, aber – bei genauer Betrachtung – keine konkreten Aussagen machen, gerne aber Menschen mit anderen Überzeugungen oder anderer Herkunft zu „Sündenböcken" stempeln. Dadurch wird auch die Bereitschaft zur Gewaltanwendung gefördert.

Im Saarland ist – wie in Deutschland insgesamt – im Jahre 2006 die Zahl rechtsextremistischer Straftaten stark gestiegen. Das zuständige Ministerium für Inneres meldet 120 Delikte (Vorjahr 91), davon 8 Gewalttaten. Gewaltbereite Rechtsextremisten finden sich insbesondere bei den Skinheads. Ihre regionalen Schwerpunkte liegen in den Räumen Saarlouis, Köllertal, Saarbrücken und Sulzbachtal. In mehreren öffentlichen Veranstaltungen sind Kameradschaften, Skinheads und NPD gemeinsam aufgetreten.

5.2 Erscheinungsformen des Rechtsextremismus

Ein verbindendes Element der rechtsextremistischen Szene ist die Musik von einschlägigen Bands. **Skinhead-Musik** mit harten und aggressiven Rhythmen des Hard Rock oder Heavy Metal mit Texten vor allem gegen „Fremde", „Ausländer", „Juden" prägen lange Zeit die Szene. Dann erweitert sich der Bereich. Darbietungen im Hatecore- oder Black Metal-Stil finden Anklang. Einige Bands übernehmen auch Stücke in Bal-

Ein Skinhead-Konzert

ladenform von den Szene-Liedmachern. Die deutschen Bands – im Gegensatz zu den im Ausland gepressten CDs – fassen ihre Texte so, dass sie knapp unterhalb der Strafbarkeitsgrenze bleiben. Viele Texte transportieren rechtsextremistisches Gedankengut rassistischer, antisemitischer und demokratiefeindlicher Art nur unterschwellig und sprechen damit Jugendliche an, die noch außerhalb der Szene stehen.

Braune Silberlinge – Hassrock dient Neonazis als Einstiegsdroge in eine extreme dumpfdeutsche Welt

106 Skinhead-Bands zählte das Bundesamt für Verfassungsschutz noch im Jahr 2004. Zwei Jahre später waren es bereits 152. „Jedes Wochenende'", so die Behörde, „finden in Deutschland mehrere rechtsextremistische Skinhead-Konzerte statt." Und Schmusesongs sind dort eher eine Seltenheit. Die Botschaften, die die Gruppen im Viervierteltakt in die Köpfe hämmern, klingen eher so: „Schwarz-Rot-Gold wird abgeschafft und das Hakenkreuz wird wieder wehen." Oder so: „Die Juden werden brennen, werden um ihr Leben rennen."

Vor drei Jahren schien den Neonazis die Zeit reif, auch ganz junge Leute mit derlei Liedgut zu rekrutieren. Also ließen sie rund 50 000 CDs pressen, gaben ihnen den Titel „Anpassung ist Feigheit – Lieder aus dem Untergrund" und begannen, sie auf Schulhöfen zu verteilen. Eine Idee, die die NPD im August 2005 kopierte. Zwar liegt inzwischen ein bundesweiter Beschlagnahmebeschluss vor – gleichwohl tauchen sie immer mal wieder an verschiedenen Orten auf. ...

Jörg Schindler, in: Frankfurter Rundschau, 10.11.2007, S. 2 (gekürzt)

1. Was wollen Skinhead-Bands bei den jugendlichen Zuhörern erreichen?
2. Weshalb werden CDs mit rechtsextremistischen Botschaften im Ausland produziert?

Musiktitel mit drastischen Inhalten aus dem Ausland werden vor allem über das **Internet** verbreitet. Die Szene geht dabei sehr geschickt vor, indem Bandnamen gewechselt und Verschlüsselungen vorgenommen werden. Einschreitende Maßnahmen laufen dadurch oft ins Leere. Aber nicht nur Musiktitel wandern durch das Internet, sondern das gesamte Manipulationsmaterial des Rechtsextremismus.

Rechtsextremismus im Internet: Multimedial, schnell, grenzenlos

Die Vielfalt des Rechtsextremismus spiegelt sich auch im Internet wider. Auf nahezu 2 000 Websites (Tendenz steigend) verbreiten Rechtsextremisten (Parteien, neonazistische Kameradschaften/Gruppen und Einzelaktivisten) ihre antidemokratischen und menschenverachtenden Botschaften. Schnell, grenzenlos und nicht immer auf den ersten Blick erkennbar, sprechen Sie gezielt – vornehmlich – junge Menschen an. [...] Hasspropaganda, Geschichtsfälschung, Antisemitismus und Fremdenfeindlichkeit werden in großem Umfang online verbreitet.

... Rechtsextremisten sind nicht immer eindeutig erkennbar. Parteien und Gruppierungen lassen sich noch leicht zuordnen. Dies gilt allerdings nicht für viele anonyme Online-Foren.

Hier agieren nicht nur ideologisch Gefestigte, sondern auch Sympathisanten, die den direkten, offenen Kontakt scheuen. [...] Rassismus und Diskriminierung werden mehr oder minder offen dargestellt oder in aktuelle, brisante und politische Themen (z. B. Arbeitslosigkeit, Hartz IV, Bundeswehreinsatz im Ausland) verpackt. Die „Lösungen" sind einfach, die „Antworten" populistisch. Sie stellen letztendlich den demokratischen Staat und den Parlamentarismus grundsätzlich in Frage.

Die Neugier und die Spielleidenschaft jugendlicher Fans von Kriegs- und Gewaltspielen werden genutzt. Der Reiz des Verbotenen und die vermeintliche Anonymität der User tun ein Übriges. Online-Games, bei denen rechte Schläger gegen Polizisten antreten oder Häuserkampf bestritten wird, verleiten zum Einstieg in die rechte Szene.

Saarland – Ministerium für Inneres, Familie, Frauen und Sport: Rechtsextremismus im Internet, o. J., Faltblatt (gekürzt)

Die Demokratie ist den rechtsextremistischen Bestrebungen nicht hilflos ausgeliefert. Der Ruf nach Verboten ist verständlich; in der Praxis sind Verbote jedoch nur schwer umzusetzen. Eine Internet-Expertin sagt z. B. in Bezug auf ein beliebtes Videoportal, das zahlreiche Nazi-Clips anbietet: „Ein Video wird entfernt, eine Seite wird geschlossen, schon taucht irgendwo eine neue auf". Auch staatliche Organisations- und Parteienverbote stoßen auf Schwierigkeiten, weil die Betroffenen alle Möglichkeiten des Rechtsstaates ausnutzen, den sie im Grunde bekämpfen. Der Rechtsextremismus, und hier insbesondere die Neonazis, haben keine Chance, wenn alle demokratisch gesinnten Jugendlichen mutig auftreten und sich nicht manipulieren lassen. Hierzu sind gemeinsame Aktionen am wirkungsvollsten. So bietet u. a. die Initiative **Courage** – Netzwerk für Demokratie und Courage – wie in anderen Bundesländern auch im Saarland eine geeignete Plattform, um dem Rechtsextremismus wirkungsvoll entgegenzutreten.

Zur Wiederholung

1. Unterscheiden Sie die Begriffe *Rechtsextremismus* und *Neonazis*.
2. Nennen Sie die Merkmale rechtsextremistischer Organisationen und Parteien.
3. Worin sehen Sie die Nähe von nationalsozialistischem und rechtsextremistischem Gedankengut?
4. Womit versuchen rechtsextremistische Organisationen und Parteien insbesondere junge Menschen anzulocken?
5. Inwiefern nutzen rechtsextremistische Organisationen die Möglichkeiten des Internets?
6. Wo sehen Sie Möglichkeiten, um dem Rechtsextremismus wirkungsvoll entgegenzutreten?

Handlungsimpulse

A Netzwerk für Demokratie und Courage

Netzwerk für Demokratie und Courage Saar e.V.
Fritz-Dobisch-Straße 5
66111 Saarbrücken, Tel: 0681/40 00 1-19, E-Mail: buero@ndc-saar.org

– Suchen Sie folgende Webseite auf: http://netzwerk-courage.de.
– Informieren Sie sich über die Zielsetzung des Netzwerkes.
– Suchen Sie einen Link zum Netzwerk Saar.
– Informieren Sie sich über Informationsangebote und Beteiligungsmöglichkeiten.
– Berichten Sie über Ihre Recherche.

B Toleranz Netzwerk Saar

Adolf-Bender-Zentrum e.V.
Gymnasialstr. 5
66606 St. Wendel, Tel: 06851/81802, E-Mail: info@adolf-bender.de

– Suchen Sie folgende Webseite auf: www.toleranz-netzwerk-saar.de.
– Informieren Sie sich über die Zielsetzung des Netzwerkes.
– Informieren Sie sich über Informationsangebote und Beteiligungsmöglichkeiten.
– Berichten Sie über Ihre Recherche.

Politik und Geschichte im Land an der Saar

1   Das 19. Jahrhundert

Die Saargegend hat eine wechselvolle Geschichte. Vor der Französischen Revolution (1789) gehört sie zu unterschiedlichen Herrschaftsgebieten. Die vier größten symbolisiert das heutige Landeswappen: das Fürstentum Nassau-Saarbrücken (A), das Kurfürstentum Trier (B), das Herzogtum Lothringen (C) und das Herzogtum Pfalz-Zweibrücken (D).

Landeswappen von 1956

Von 1806 bis 1811 lässt Kaiser Napoleon eine große Heerstraße bauen: Sie führt von Paris nach Mainz und heißt heute noch auf vielen Streckenabschnitten **Kaiserstraße** (heute Bundesstraße 40).

Der Wiener Kongress (1814/15) und der Zweite Pariser Frieden (20.11.1815) führen auch in der Saargegend zu einer territorialen Neuordnung: Der größte Teil der westlichen und der mittleren Landesteile kommt zu Preußen, die östlichen kommen zu Bayern. Der kleinste Teil (das St. Wendeler Land) geht an Oldenburg und Sachsen-Coburg.

In den folgenden Jahrzehnten tritt neben die bisher vorwiegend **landwirtschaftliche Prägung** der Saargegend der Einfluss der Industrialisierung: Es entsteht ein **Montan-Revier**.

Die **Saargruben** setzten die neueste Erfindung der damaligen Zeit ein: die Dampfmaschine. Der Schachtbau löste den veralteten Stollenbau ab und der Bedarf an Arbeitskräften stieg … Denn durch den Wegfall der Zollgrenzen zwischen Bayern und Preußen öffnete sich für die Saarkohle ein neuer und wichtiger Markt: Süddeutschland. Auch die **Saarhütten** arbeiteten mit der Dampfmaschine. Dadurch wurden sie unabhängig von der Wasserkraft und konnten ihre Standorte frei wählen. Statt Holzkohle benutzten sie Koks – hergestellt aus Saarkohle.
Die technischen Voraussetzungen waren gut, die Verkehrsverbindungen jedoch schlecht. Eine Lösung dieses Problems schaffte erst die „Dampfmaschine auf Rädern": **die Eisenbahn.**

1849 war die pfälzische Ludwigsbahn bis zur bayrischen Grenze bei Bexbach vollendet, **1851** die von Paris über Metz nach Forbach und Stieringen führende Ostbahn, **1852** schloss sich die Lücke über Saarbrücken durch das Sulzbachtal.

Nahe der Eisenbahnstrecke entstanden neue Gruben und Glashütten – mit direktem Bahnanschluss. Auch die 1856 gegründete Burbacher Hütte konnte nicht nur die Saar, sondern auch die Eisenbahn für ihre Transporte benutzen. Und als zehn Jahre später die Saar kanalisiert war, hatte das Saar-Revier sogar einen Anschluss an das französische Kanalnetz.

Hans-Walter Hermann: Kurzer Abriss der Geschichte des Saarlandes, in: Saarland. Der Chef der Staatskanzlei (Hg.), Wie das Saarland entstanden ist. Saarbrücken o. J.

1. Untersuchen Sie die Entwicklung a) des Bergbaus, b) der Stahlindustrie.
2. Welche unterschiedlichen Faktoren haben im Laufe der Zeit eine Rolle gespielt?

Der **Deutsch-Französische Krieg 1870/71** belastet das Grenzland an der Saar besonders stark. An die **Schlacht auf den Spicherer Höhen** (6. August 1870) erinnern heute noch Denkmäler für die Gefallenen beider Seiten. Frankreich unterliegt und muss die Annexion Elsass-Lothringens hinnehmen.

1814/15	**Wiener Kongress**
20. November 1815	**Zweiter Pariser Frieden:** Der größte Teil des späteren Saarlandes kommt zu Preußen, die saarpfälzischen Gebiete gehen an Bayern
1852	**Saarbrücker Eisenbahn** zwischen Bexbach und Forbach (1860 Saarbrücken–Trier–Luxemburg, 1870 Saarbrücken–Saargemünd mit Anschluss nach Straßburg)
1865	**Saarkanalisierung** Saargemünd–Luisenthal (1879 bis Ensdorf)
1866	**Lothringischer Saarkohlekanal**
1870/71	**Deutsch-Französischer Krieg;** Frieden von Versailles; Angliederung Elsass-Lothringens an das Deutsche Reich: Entstehung eines größeren Wirtschaftsraums
1889–1893	**Streiks der saarländischen Bergleute**
1. April 1909	Vereinigung von **Saarbrücken, St. Johann** und **Malstatt-Burbach** zur Großstadt Saarbrücken, die während des Ersten Weltkriegs zu einer wichtigen **Etappen- und Lazarettstadt** wird
Ende November 1918	**Besetzung** des Saarreviers **durch französische Truppen**
28. Juli 1919	Unterzeichnung des Versailler Friedensvertrages: **Abtrennung des Saargebietes vom Deutschen Reich**
27. Februar 1920	**Regierungskommission des Saargebietes** (durch den **Völkerbundrat** ernannt) übernimmt die Verwaltung
1922	**Erste Landesratswahlen**
1933/34	Bildung der **Einheitsfront** (KPD, SPD) **gegen den Anschluss an Hitler-Deutschland** und der **Deutschen Front** (NSDAP, Großteil des Zentrums, Deutsch-Saarländische Volkspartei) **für einen Anschluss**
13. Januar 1935	**Saarabstimmung:** Rückgliederung an Deutschland 90,8 %, Status quo 8,8 %, Angliederung an Frankreich 0,4 %
1. März 1935	**Übergabe des Saargebietes** an das Deutsche Reich
1938	Beginn der Arbeiten im **Saarabschnitt des Westwalls**
1939 und 1944	**Evakuierung** von großen Teilen der Bevölkerung
21. März 1945	Amerikanische Armee-Einheiten besetzen Saarbrücken
10. Juli 1945	Ablösung der US-Verbände durch französische Truppen
Januar 1946	Wiederzulassung der politischen Parteien
5. Oktober 1947	**Erste Landtagswahl**
17. Dezember 1947	Die Verfassung tritt in Kraft: autonomes Saarland, Wirtschafts- und Währungsunion mit Frankreich
23. Oktober 1955	Referendum über das Europäische Saarstatut
1. Januar 1957	**Politische Angliederung des Saarlandes an die Bundesrepublik**
6. Juli 1959	**Wirtschaftliche Angliederung (Tag X)**

2   Die Entstehung des Saarlands

Während des Ersten Weltkrieges sind vor allem die Industrieanlagen Ziel der alliierten Fliegerangriffe. Am 22.11.1918 besetzen französische Truppen Saarbrücken und richten eine eigene Verwaltung ein.

Das Saargebiet 1920 bis 1935 – Die Saarlösung von Versailles

Artikel 45
Als Ersatz für die Zerstörung der Kohlengruben in Nordfrankreich und als Anzahlung auf die von Deutschland geschuldete völlige Wiedergutmachung der Kriegsschäden tritt Deutschland das völlig schulden- und lastenfreie Eigentum an den Kohlengruben im Saarbecken, wie es in Artikel 48 abgegrenzt ist, mit dem ausschließlichen Ausbeutungsrecht an Frankreich ab.

Artikel 49
Deutschland verzichtet zugunsten des Völkerbundes, der insoweit als Treuhänder gilt, auf die Regierung des oben bezeichneten Gebietes.
Nach Ablauf einer Frist von fünfzehn Jahren nach In-Kraft-Treten des gegenwärtigen Vertrages wird die Bevölkerung dieses Gebietes zu einer Äußerung darüber berufen, unter welche Souveränität sie zu treten wünscht.

Vertrag von Versailles vom 28. Juni 1919, Teil III.: Politische Bestimmungen über Europa, Abschnitt IV: Saarbecken

1. Nennen Sie die wirtschaftliche Konsequenz für das Saarbeckengebiet.
2. Welche politischen Folgen treten ein?

2.1   Verwaltung durch den Völkerbund

Am 27.2.1920 übernimmt eine fünfköpfige internationale Regierungskommission (ReKo) im Namen des Völkerbundes die Verwaltung des Saargebiets für fünfzehn Jahre. Nach dieser Frist soll die Bevölkerung über drei Alternativen abstimmen:
– **Beibehaltung der gegenwärtigen Rechtsordnung (= Status quo)**
– **Vereinigung mit Frankreich**
– **Vereinigung mit Deutschland**

Eine echte Volksvertretung bestand in der Zeit der Völkerbundsverwaltung nicht. Der 1922 erstmals aus direkten, geheimen Wahlen hervorgegangene Landesrat des Saargebietes hatte keine legislativen, sondern nur beratende Befugnisse.
Die Abtrennung des Saargebietes vom Deutschen Reich und die Wiedervereinigung Lothringens mit Frankreich hatten schwere Folgen für die Saarwirtschaft. Sie musste sich auf neue Absatzmärkte orientieren. Im Verhältnis zu Lothringen trat der Wettbewerb anstelle der bisherigen Zusammenarbeit. Die geringe Neigung der deutschen und französischen Anteilseigner an saarländischen Unternehmen zu Investitionen verhinderte die notwendige Modernisierung und schwächte die Wettbewerbsfähigkeit. Stufenweise wurde der französische Franc eingeführt, ab 1.6.1923 war er alleiniges Zahlungsmittel ...

Hans-Walter Herrmann: Kurzer Abriss der Geschichte des Saarlandes, in: Saarland. Der Chef der Staatskanzlei (Hg.), wie das Saarland entstanden ist. Saarbrücken o. J., S. 4

So wie in Deutschland überwiegend der Vertrag von Versailles mit all seinen Festlegungen und Bestimmungen als Unrecht empfunden wird, empfindet man an der Saar die Loslösung vom Deutschen Reich als Unrecht.

Die ablehnende Haltung der Bevölkerung geht u. a. darauf zurück, dass das Saargebiet **außenpolitisch durch Frankreich vertreten** wird und im Lande selbst **vorwiegend Franzosen in leitende Positionen** berufen werden.

Die Opposition gegen die Regierungskommission (und damit gegen Frankreich, gegen die Völkerbundsverwaltung) wird von Parteien, Gewerkschaften, Verbänden und der freien Presse getragen.

Nach den **Regeln des Saarstatuts** müssen bei Gesetzesänderungen und in Steuerfragen die gewählten **Vertreter der Bevölkerung** gehört werden. Die Regierungskommission unter ihrem französischen Präsidenten Victor Rault ignoriert aber diese Bestimmung und schließt die Bevölkerung weitgehend von politischer Mitwirkung aus.

Die Verordnung über die Errichtung des Landesrates (24. März 1922) verweigert ... den Volksvertretern das Recht zu Initiativanträgen, Anfragen und Interpellationen, die Immunität, die Wahl eines eigenen Präsidenten und die Festlegung der Tagesordnung. Die Mitglieder der Regierungskommission erscheinen nicht selbst vor dem Landesrat, sondern lassen sich durch einen Staatskommissar vertreten.

Hans-Walter Herrmann und Georg Wilhelm Sante: Geschichte des Saarlandes, Würzburg 1972, S. 34

Der Völkerbund unternimmt zunächst nichts gegen die starre Haltung des Präsidenten Rault, kritische Diskussionen im britischen Parlament zeigen keine Wirkung, Vorschläge und Initiativen des Deutschen Reiches bleiben bis zur Aufnahme Deutschlands in den Völkerbund (1926) erfolglos.

Vertreter von Politik und Wirtschaft an der Saar wenden sich immer wieder an das Sekretariat des Völkerbundes in Genf. Zunächst als Tarifauseinandersetzung, immer mehr aber als politischer Protest gegen die französische Besetzung des Ruhrgebietes entwickelt sich ab dem **5. Februar 1923 ein Bergarbeiterstreik** (der 100 Tage dauert). Die Regierungskommission reagiert mit **Notverordnung** und **Antistreikverordnung**, die französische Grubenverwaltung mit **Entlassungen und Wohnungskündigungen**. Die Solidarität der Arbeiter setzt sich durch, Verhandlungen zur Beendigung des Streiks bringen ihnen Erfolge.

Die Regierungskommission des Saargebietes im Jahr 1926. Rechts sitzend das saarländische Kommissionsmitglied Bartholomäus Koßmann.

Insgesamt werden in der Folgezeit Positionen von Land und Leuten an der Saar deutlicher vertreten und stärker berücksichtigt.

Der Völkerbund entscheidet sich 1924 für personelle Änderungen in der Regierungskommission. Der Saarländer Bartholomäus Koßmann vertritt bis 1935 energisch die Interessen des Saargebietes. Victor Rault verlässt 1926 die Kommission; bis 1935 stellen Kanadier bzw. Briten den Präsidenten.

Da ... der Völkerbund sich mehrmals für ein möglichst demokratisches Regierungssystem an der Saar ausspricht und einige Fragen der saarländischen Gesetzgebung erörtert, gewinnt die Stellungnahme der Parteien innerhalb und außerhalb des Landesrates an Gewicht. Eine bessere Zusammenarbeit zwischen Regierungskommission und Landesrat zum Wohl der Saarbevölkerung bahnt sich an.

Hans-Walter Herrmann und Georg Wilhelm Sante: Geschichte des Saarlandes, Würzburg 1972, S. 35

1. Nennen Sie die wesentlichen Elemente der Verwaltung durch den Völkerbund.
2. Welche Probleme und Schwierigkeiten traten auf?
3. Werten Sie aus heutiger Sicht die damalige Situation.

2.2 Der Abstimmungskampf 1933–1935

Während der „Völkerbundzeit" sind die stärksten Parteien an der Saar das **katholische Zentrum**, die **SPD**, die **KPD** und die **DSVP** (Deutsch-Saarländische Volkspartei). Die **NSDAP des Saargebietes** kandidiert 1932 zum ersten Mal landesweit und erreicht 6,7 % der Stimmen. Bis zur Übertragung der Macht in Deutschland an Hitler und die Nationalsozialisten (30. Januar 1933) ist die Mehrheit (Bevölkerung, Politik, Organisationen und Verbände) an der Saar für einen Wiederanschluss an das Deutsche Reich. Nach der Machtübernahme gibt es immer mehr Menschen, die diesen Schritt erst gehen wollen, wenn **„Deutschland frei von Hitler"** ist.

Plakat der Status-quo-Bewegung

| | Wahlergebnisse | |
	1928	1932
Zentrum	46,4 %	43,2 %
SPD	15,6 %	9,9 %
KPD	16,7 %	23,2 %
DSVP	9,4 %	6,7 %
DNVP	3,8 %	1,6 %
NSDAP	– %	6,7 %

1934 stehen sich gegenüber: die **Einheitsfront** (vor allem SPD und KPD) für die Beibehaltung des **Status quo**, solange Hitler und die Nationalsozialisten an der Macht sind, sowie die **Deutsche Front** (NSDAP, der Großteil des Zentrums, Deutsch-Saarländische Volkspartei, Deutschnationale Volkspartei) für einen sofortigen Anschluss an **Hitler-Deutschland**.

„Deutsche Mutter – heim zu Dir"

Eine wichtige Rolle in der **Saarpolitik Hitler-Deutschlands** spielt der NSDAP-Gauleiter der Pfalz: Joseph Bürckel in Neustadt. Im August 1934 löst er Vizekanzler von Papen als Saarbevollmächtigten der Reichsregierung ab. Die „Deutsche Front" versucht mit allen Mitteln – auch durch Druck, Bestechung und Terror – die Politik des Anschlusses durchzusetzen.

Die Überbetonung des **Nationalen**, der Heimat, des Wir-Gefühls soll – sofern vorhanden – Vorbehalte überdecken, kritische Fragen und Bedenken verdrängen. Das Deutsche Reich versucht immer stärker, seinen Einfluss auf die saarländische Presse auszubauen; im Jahr 1934 erhält das **Reichspropagandaministerium** ein eigenes **Saar-Referat**.

Auch an der Saar setzt man auf das moderne Massenkommunikationsmittel **Rundfunk**. Der „Westdeutsche Gemeinschaftsdienst" koordiniert Aktivitäten der Sender Köln, Frankfurt und

Plakat der „Deutschen Front"

Stuttgart, die die Saar betreffen: 50 große Reichssendungen und über 500 Einzelprogramme werden ausgestrahlt.

1. Beschreiben Sie das nebenstehende Plakat der „Deutschen Front" (achten Sie auf alle Details).
2. Interpretieren Sie die einzelnen Elemente.
3. Vergleichen Sie dieses Plakat mit den „Status-quo"-Plakaten auf den Seiten 162 und 164.

Neben Propaganda und Schulung spielte die vom Reich aus organisierte Betreuung der saarländischen Bevölkerung eine gewichtige Rolle. Die schon 1933 übliche Unterstützung der ... Bergleute wurde weitergeführt und ging großenteils im Saargebiet in die Hände der NSDAP über ...
Tausenden von Saarländern bot das Saar-Urlaubswerk einen Urlaub im Reichsgebiet. An der Spitze derartiger Betreuungsaktionen stand ... die Kinderlandverschickung ins Reich und die Rekrutierung saarländischer Arbeitsdienstfreiwilliger.

Fritz Jacoby: Völkerbundszeit und Abstimmungskampf, in: Zehn statt tausend Jahre. Die Zeit des Nationalsozialismus an der Saar, Saarbrücken 1988, S. 24

In den Zwanzigerjahren ist eine Reihe von sogenannten Saarliedern entstanden. Eines der bekanntesten wird nach der Melodie eines alten Steigerliedes gesungen:

Deutsch ist die Saar, deutsch immerdar! Und deutsch ist unsres
Flusses Strand und ewig deutsch mein Heimatland.
Deutsch bis zum Grab, Mägdelein und Knab …

Der Lehrer Hanns Maria Lux hat die fünf Strophen des Liedes 1920 verfasst.

Das Lied von der „Deutschen Saar" dröhnte massenwirksam in schneidigem Marsch-liedton … während des Abstimmungskampfes … aus dem Lautsprecher der Deutschen Front … 1933 vom Reichsinnenminister Frick durch einen Sondererlass zum „Gemein-gut des Deutschen Volkes" erhoben, wurde es fortan zum zentralen Bekenntnislied.

Jürgen Hannig: „Deutsch ist die Saar", in: K. M. Mallmann u. a. (Hg.), Richtig daheim waren wir nie: Entdeckungsreisen ins Saarrevier 1815–1955, 2. Auflage, Dietz, Berlin 1988, S. 118

Die Betonung des Nationalen nimmt zu. Auch in der Kirche findet der Nationalsozi-alismus Unterstützung. Der Trierer Bischof Bornewasser fordert, aus christlicher Sicht müsse man dem Vaterland die Treue halten. Die Zustimmung zum NS-Regime und der Wunsch nach Zugehörigkeit zum Dritten Reich verfestigen sich.

„Wir halten die Saar, bis Deutschland frei ist!" – Die Status-quo-Bewegung

Die **Einheitsfront** aus KPD und SPD erhält im Laufe des Jahres 1934 Unterstützung durch **kritische Katholiken**. Ein wichtiger Sprecher ist Johannes Hoffmann. Wegen einer den Nationalsozialisten missliebigen Veröffentlichung entlässt man ihn als Chef-redakteur der Saarbrücker Landeszeitung; daraufhin gründet er die „Neue Saar-Post". Auf dem Gebiet der Propaganda haben die Befürworter des Status quo der Deutschen Front und deren Unterstützung durch den NS-Staat wenig entgegenzusetzen.

Der 13. Januar

Von der Maas bis an die Memel
Da läuft ein Stacheldraht
Dahinter kämpft und blutet jetzt
Das Proletariat.
    Haltet die Saar, Genossen
    Genossen, haltet die Saar.
    Dann werden das Blatt wir wenden
    Ab 13. Januar.

Die uns das große Deutschland
Zerfleischten ganz und gar
Jetzt strecken sie die Hände aus
Nach unserer kleinen Saar.
    Haltet die Saar, Genossen …

Da werden sie sich rennen
An der Saar die Köpfe ein
Das Deutschland, das wir wollen, muss
Ein anderes Deutschland sein
    Haltet die Saar, Genossen …

Bertolt Brecht: Saarlied. 1., 4. und 5. Strophe. Zitiert nach Günter Scholdt und Dirk Walter, Saarländische Autoren – Saarländische Themen. Heft 24 der Schriftenreihen des LPM, Saarbrü-cken 1995, S. 77

1. Lesen Sie laut die beiden Lieder. Vergleichen Sie.
2. Wie wurden Ihrer Meinung nach die Lieder jeweils aufgenommen?

Viele Vertreter der Parteien, die im Deutschen Reich inzwischen verboten worden sind, kommen an die Saar, um dabei zu helfen, einen Anschluss an Hitlerdeutschland zu verhindern. Auch Schriftsteller und Künstler werben für den Status quo. Die Nationalsozialisten laden die Saar-Bevölkerung zu einer Großkundgebung ein: Koblenz, Ehrenbreitstein, 26. August 1934. Sonderzüge bringen Zehntausende zu der Veranstaltung mit Adolf Hitler. Die Status-quo-Bewegung ruft für denselben Tag zu einer „großen Heerschau der gesamten antifaschistischen Front des Saargebietes in Sulzbach".

Zur Kundgebung in Sulzbach kommen zwischen 60 000 und 100 000 Menschen. Es sprechen die Vorsitzenden von KPD (Fritz Pford) und SPD (Max Braun), aber auch Pater Hugolinus Dörr, ein katholischer Geistlicher: „Ich stehe hier nur als Lückenbüßer. Hier ist eine Lücke! Hier müssten heute die besten Vertreter meines Standes stehen." Er erklärt das Hitlerregime für verbrecherisch und gottlos und bezeichnet es als sittliche Pflicht, für den Status quo zu stimmen.

Die Nationalsozialisten nutzten den 50. Jahrestag des Niederwald-Denkmals für ihre Zwecke, u. a. für eine Saarkundgebung.

Die Veranstaltung erreicht einen weiteren Höhepunkt – alle Anwesenden sprechen den **Schwur von Sulzbach**:

Wir schwören! – Wir Saarländer aus allen Gauen und Orten der Saar, ohne Unterschied der Parteien und Konfessionen, einig im Kampf gegen den Todfeind des Volkes, schwören:

Nie wird die Saar an Hitler fallen! Nie wird die braune Pest unsere Heimat verwüsten! Nie sollen Hunger, Knechtschaft, Mord und Krieg, nie Mord und Barbarei das Saarvolk geißeln! Wir wollen frei sein! Frei! Frei! Frei!

Darum ein Wille, ein Kampf, ein Ziel:
Am 13. Januar stimmt die Mehrheit des Saarvolkes gegen Hitler! Gegen den Anschluss ans „Dritte Reich"! Für das kommende befreite Deutschland! Unser Sieg ist ein Sieg des deutschen Volkes! Unsere Freiheit wird seine Freiheit werden! Unser Triumph wird der Anfang vom Ende des „Dritten Reiches" sein!

Darum auf, Freiheitskämpfer der Saar, auf in die Schlacht!

Mit uns das Volk, mit uns der Sieg!

Vgl. Joachim Heinz: Die größte antifaschistische Kundgebung an der Saar. 26. August 1934: Der Sulzbacher Freiheitstag, in: Arbeitnehmer. Zeitschrift der Arbeitskammer des Saarlandes, Heft 9/1994, S. 343f.

Der 13. Januar 1935

In der letzten Phase des Abstimmungskampfes bleibt es nicht bei Reden und Plakataktionen. Die **Deutsche Front** versucht, die politischen Gegner einzuschüchtern, und scheut auch vor offenem Terror nicht zurück. Antisemitische Hetzreden sind an der Tagesordnung, Ausschreitungen gegen jüdische Bürger ebenso.

Die Regierungskommission sieht sich schließlich gezwungen (auch aus Angst vor einem nationalsozialistischen Putsch), den Völkerbundsrat um die Entsendung von Truppen zu bitten, um eine ordnungsgemäße Durchführung der Abstimmung zu sichern. Der Bitte wird am 5. Dezember 1934 entsprochen und einige Tage später rücken 3 500 Soldaten (Briten, Niederländer, Schweden und Italiener) ins Saargebiet ein.

Die Abstimmung am 13. Januar 1935 verläuft formal korrekt und ohne besondere Zwischenfälle.

Das Ergebnis ist mehr als eindeutig: 90,73 % für die Rückgliederung an Deutschland, für die „Beibehaltung der gegenwärtigen Rechtsordnung – Status quo" 8,8 % und für den Anschluss an Frankreich 0,4 %.

Die Befürworter der Rückgliederung in das Deutsche Reich stehen nicht alle zum Regime des Nationalsozialismus. Aber es gibt auch viele, die den angeblichen „Aufbruch des neuen Deutschlands" nicht verpassen wollen.

Abstimmung im Saargebiet am 13. Januar 1935

Der Völkerbundrat beschließt den Anschluss des Saargebiets an das Deutsche Reich zum 1. März 1935. Zum gleichen Datum erwirbt das Deutsche Reich für eine Kaufsumme von 900 Millionen Francs das Eigentum an den Saargruben zurück. Mit der Rückgliederung des Saargebietes hat Adolf Hitler seinen ersten großen außenpolitischen Erfolg.

Als Dank für das überwältigende Abstimmungsergebnis vom 13. Januar 1935 hat Adolf Hitler dem Saarland ein Theater „geschenkt". Ideen und Pläne für ein Theater in Saarbrücken gibt es schon seit Beginn des Jahrhunderts.

Die Gesamtkosten (Grundstück, Erschließung, Bau) werden auf 3,5 Millionen Reichsmark (RM) veranschlagt.

Die Reichsregierung bewilligt 2 Millionen RM; ein zunächst zugesagter jährlicher Zuschuss wird später verweigert. Die Stadt Saarbrücken muss die fehlenden Summen ebenso finanzieren wie den zweimaligen Wiederaufbau nach Bombenangriffen (1942–1944 und nach Kriegsende).

2.3 „Zehn statt tausend Jahre" – Das Saarland im Nationalsozialismus

Die Vertreter des Völkerbundes übergeben am 1. März 1935 um 9:30 Uhr im Saarbrücker Kreisständehaus das Saargebiet an das Deutsche Reich, das von Innenminister Frick vertreten wird. Hitler kommt noch am gleichen Tag nach Saarbrücken.

Durch Gesetz vom 30. Januar 1935 wird das Saargebiet unter der **Bezeichnung Saarland** einem Reichskommissar unterstellt. Das Amt übernimmt der pfälzische NS-Gauleiter Bürckel.

Gleichschaltung

1. März 1935	Gesetze über die **Einziehung** „kommunistischen **Vermögens**, volks- und staatsfeindlichen Vermögens" treten in Kraft.
14. Januar 1936	Die **Bündische Jugend** wird im Saarland verboten.
17. November 1936	**Polizeiverordnung** gegen die konfessionellen Jugendverbände, später **Verbote** und **Auflösung**.

Ansätze des Widerstands: Der Frankenholzer Schulstreik

Es gibt mehrere Beispiele für die weiter bestehende Opposition von Teilen der Bevölkerung und der Kirche. In dem Bergmannsdorf Frankenholz (1 000 Einwohner; Bezirk Homburg) ordnet der neue Schulleiter, der gleichzeitig Leiter der noch kleinen NSDAP-Ortsgruppe ist, am Montag, den 25. Januar 1937, an, in den Klassensälen die **Kreuze** an der Stirnwand **gegen Hitlerbilder** auszutauschen. Die Anordnung wird ausgeführt, nur eine Lehrerin ist dagegen. Die Kreuze werden über den Eingangstüren aufgehängt.

Eltern und Pfarrer sind empört, in manchen Klassen hängen Schüler das Hitlerbild ab oder wenden sich beim Morgengebet demonstrativ dem Kruzifix zu. Am darauf folgenden Montag wird eine **Abordnung zum Reichskommissar** nach Saarbrücken geschickt, zur gleichen Zeit reagieren die Eltern mit einem **Streik**, indem sie ihre Kinder nicht in die Schule schicken. Am Mittwoch werden für Frankenholz vorzeitige Schulferien angeordnet, eine Untersuchung durch die **Gestapo** wird eingeleitet. Die streikenden Eltern sollen eine Kollektivstrafe von 2 000 Mark zahlen; die Lehrerin, die sich gegen die Bilderaktion ausgesprochen hat, wird versetzt.

Die Bergarbeiter der Frankenholzer Grube protestieren spontan, indem sie die Kohleförderung um mehr als die Hälfte senken. Am nächsten Tag werden 14 Bergleute fristlos gekündigt, fünf Frankenholzer Bürger werden verhaftet und in das Saarbrücker Polizeigefängnis eingeliefert.

Am Samstag, den 20. Februar geben die Eltern nach und beenden den Widerstand. Sie richten folgende Erklärung an Gauleiter Bürckel:

„Wir katholischen Eltern von Frankenholz bekunden durch Unterschrift vor Gott und der Welt, dass wir am 8. und 9. Februar 1937 unsere Kinder nur deshalb nicht in die Schule geschickt haben, weil die Kreuze von ihrem Ehrenplatz entfernt waren und wir darin einen Angriff auf das Kreuz sehen mussten. Politische Beweggründe lagen uns vollkommen fern. Wir haben heute, am 20. Februar 1937, auf die öffentliche Aufforderung hin, unsere Kinder wieder in die Schule geschickt, weil wir zum Herrn Gauleiter, bei dem … die Entscheidung liegt, das zuversichtliche Vertrauen haben, dass er die Kreuzangelegenheit zu unserer vollen Zufriedenheit baldigst regeln werde."

Klaus-Michael Mallmann u. a. (Hg.): Richtig daheim waren wir nie, 2. Auflage, Dietz, Berlin/Bonn 1988, S. 185

Am 19. März erklärt Gauleiter Bürckel:
– die Frankenholzer Eltern brauchen keine Geldstrafe zu zahlen;
– die Verhafteten werden freigelassen;
– kein Kreuz wird in Zukunft „auch nur mehr einen Zentimeter verhängt werden".

Er gibt bekannt, dass am folgenden Tag (20. März) eine Abstimmung stattfinden soll: Beibehaltung der konfessionellen Schulen oder Einführung der NS-Gemeinschaftsschule. Für die **NS-Gemeinschaftsschule** stimmen **97 %** der saarländischen und pfälzischen Eltern.

Bis zum Jahre 1938 verlassen mehr als 6 000 Saarländer ihre Heimat, weil sie sich von Faschismus und Rassismus bedroht sehen. Einige engagieren sich z. B. im französischen Widerstand oder in Spanien. Dort kämpfen seit 1936 die **Internationalen Brigaden** auf Seiten der spanischen Republik gegen die Faschisten unter General Franco. In den „Interbrigaden" finden sich überzeugte Demokraten aus allen Völkern, auch viele Künstler und Intellektuelle. Neben **Ernest Hemingway** findet man seinen deutschen Schriftstellerkollegen **Gustav Regler** aus **Merzig**.

1935 emigrieren vier- bis fünfhundert Sozialdemokraten – der SPD-Vorsitzende **Max Braun** richtet in Forbach eine „Beratungsstelle für Saarflüchtlinge" ein. Johanna Kirchner gehört zu den emigrierten Parteimitgliedern, die ihn unterstützen. Sie wird später in Südfrankreich verhaftet, der Gestapo überstellt und 1944 in Berlin-Plötzensee hingerichtet. Max Braun emigriert nach England und stirbt dort 1945.

In Deutschland selbst leistet z. B. der Saarländer **Willi Graf** Widerstand:

Willi Graf wird am 2. Januar 1918 in Kuchenheim bei Euskirchen geboren. Als er vier Jahre ist, siedelt die Familie nach Saarbrücken über, denn der Vater, Leiter der örtlichen Molkerei, hat in Saarbrücken eine leitende Position in einer Aktiengesellschaft für Weingroßhandel und Saalvermietung (Johannishof AG, Mainzer Straße 30) angenommen. Dort verlebt Willi Graf seine Jugend mit seinen beiden Schwestern Mathilde und Anneliese. Die Kinder schildern später ihr Elternhaus, besonders die Mutter, als tief religiös und im Katholizismus verwurzelt.
Willi Graf besucht die Grundschule in Saarbrücken und wechselt dann auf das humanistische Ludwigsgymnasium über.

Jürgen Hannig: Erinnern für die Zukunft. Heft 2 der Saarländischen Beiträge zur pädagogischen Praxis,
Landesinstitut für Pädagogik und Medien, Saarbrücken 1989, S. 33

Als Schüler ist Willi Graf Mitglied in verschiedenen Jugendorganisationen: nacheinander im katholischen Schülerbund „Neu-Deutschland", in der „Deutschmeister-Jungenschaft" und ab 1934 im „Grauen Orden". Während mehrerer Fahrten ins Ausland lernt er gleich gesinnte Jugendliche aus ganz Deutschland kennen. Am Staatlichen Ludwigsgymnasium in Saarbrücken macht er **1937 Abitur**.

Im Wintersemester 1937/38 beginnt Willi Graf in Bonn Medizin zu studieren. Vom Januar 1940 bis zum April 1942 erlebt er als wehrpflichtiger Sanitätssoldat den **Krieg**: Belgien, Frankreich, Jugoslawien, Polen und schließlich Russland. Von vielen quälenden Erlebnissen berichten seine Tagebucheintragungen: Ermordungen von Juden, Terror gegenüber der Zivilbevölkerung, unfassbares Leid und Elend.

Willi Graf

Im April 1942 wird er für das Sommersemester einer Studentenkompanie in München zugeteilt – Ärzte werden dringend benötigt. Nach einigen Wochen lernt er Hans und Sophie Scholl, Alexander Schmorell, Christoph Probst und Professor Kurt Huber kennen. Deckname: die Weiße Rose. Es sind Gleichgesinnte und es werden Freunde. Schon im Juli 1942 wird Willi Graf (zusammen mit Hans Scholl und Alexander Schmorell) wieder an die russische Front abkommandiert. Zum Wintersemester 1942/43 können die Freunde dann ihr Studium in München fortsetzen.

„Willi hasste alles, was in seinen Augen ‚gut-bürgerlich‘ und schablonenhaft war, und betonte in dieser Ablehnung seine Eigenständigkeit. Das zeigte sich in der jugendbewegten Kleidung, in Wortwahl, Geschmack und Stil. In seinen Briefen und Tagebüchern ist zuweilen so etwas wie Mitleid, vielleicht auch Distanz gegenüber jenen spürbar, die aus der Umzäunung des Herkömmlichen nicht ausbrechen konnten oder mochten."

Erinnerungen der jüngeren Schwester Annelie. Zitiert nach: Gaby Riedschy: „Manchmal glaube ich es sicher; manchmal zweifle ich daran." Der Weg Willi Grafs in den Widerstand, in: Stadtverband Saarbrücken, Regionalgeschichtliches Museum, Gerhard Ames (Hrsg.): Zehn statt tausend Jahre: die Zeit des Nationalsozialismus an der Saar (1935–1945), Katalog zur Ausstellung des Regionalgeschichtlichen Museums im Saarbrücker Schloss, Saarbrücken 1988, S. 159

Am Morgen des **18. Februar 1943** verteilen die Geschwister Scholl Flugblätter an der Münchner Universität. Sie werden vom Hausmeister beobachtet, der die **Gestapo** benachrichtigt. Diese verhaften **Hans** und **Sophie Scholl**, **Christoph Probst** (alle drei werden fünf Tage später hingerichtet), **Willi Graf** und seine Schwester **Anneliese**. In Saarbrücken werden die **Eltern Graf** verhaftet und verhört. Beide sind 58 Jahre alt und werden erst Mitte April wieder aus dem Gefängnis entlassen. Anneliese Graf bleibt bis zum Juni in Untersuchungshaft, man glaubt ihr schließlich, dass sie von den Aktivitäten der Weißen Rose nichts gewusst hat.

Am 19. April 1943 werden **Alexander Schmorell, Kurt Huber** und **Willi Graf** vom Volksgerichtshof zum Tode verurteilt. Willi Graf wird den ganzen Sommer über in Einzelhaft gehalten und immer wieder verhört. Die Protokolle belegen, dass er für die Gestapo keinerlei Hilfe ist, sie erfährt von ihm weder Namen noch sonstige Informationen.

Das **Todesurteil** wird am **12. Oktober 1943** durch das Fallbeil vollstreckt. Willi Grafs Grab ist heute ebenso wie ein Gedenkstein auf dem alten Friedhof St. Johann in Saarbrücken.

1. Stellen Sie die wichtigsten Beweggründe Willi Grafs dar, sich den Nationalsozialisten zu widersetzen.
2. Welche Beispiele für Widerstand außerhalb der Weißen Rose können Sie nennen?

Tipp: **Weitere Informationen zum Thema** bieten die drei ständigen Ausstellungen des Historischen Museums Saar in Saarbrücken (Anmeldung/Führung: Tel. 0681 506–4501). Das Gleiche gilt für die Alternative Stadtrundfahrt der VHS Saarbrücken (Tel. 0681 416–20463) und die Angebote des Adolf-Bender-Zentrums St. Wendel (Tel. 06851 81802).

Die saarländische Kriegsschmiede

Die nationalsozialistische Rüstungsindustrie wird durch die Rückgliederung des Saargebietes gestärkt: Sie verfügt jetzt zusätzlich über fünf Saarhütten mit ihren Nebenbetrieben und über die saarländischen Kohlegruben.

Hermann Röchling, Chef der Röchlinger Eisen- und Stahlwerke GmbH Völklingen, ist der bedeutendste saarländische Schwerindustrielle, was die Beziehung zu und die Zusammenarbeit mit den Nationalsozialisten angeht. Während der Zeit der Völkerbundsverwaltung vertritt er die Deutsch-Saarländische Volkspartei (DSVP) im Landesrat, seit 1933 hat er persönlich Kontakt zu Hitler und wirbt fortan für den Anschluss des Saarlandes an Nazi-Deutschland. Nach dem Anschluss wird er Mitglied der NSDAP. Seine Abneigung Frankreich und der Sowjetunion gegenüber hindert ihn nicht, mit beiden Ländern Geschäfte zu machen: „Röchling-Ingenieure bauten Walzwerke bei Moskau und Stalingrad; sowjetische Fachkräfte reisten nach Völklingen, um sich vom Konzernchef persönlich über die ... zukunftsreichsten Verfahren der Eisen- und Stahlproduktion informieren zu lassen."

Hermann Röchling ist Mitglied in wichtigen NS-Wirtschaftsorganisationen, in einigen auch Vorsitzender; 1939 wird er zum „Wehrwirtschaftsführer" ernannt. Während des Krieges unterstützt er die Verschleppung der Zivilbevölkerung besiegter Länder zur Zwangsarbeit in der deutschen Rüstungsindustrie ebenso wie den (nach der Genfer Konvention verbotenen) Einsatz von Kriegsgefangenen im selben Bereich.
Am 25. Januar 1949 wird **Hermann Röchling** von einem französischen Militärgericht in Rastatt zu **zehn Jahren Gefängnis verurteilt**, sein Vermögen wird eingezogen, die bürgerlichen Ehrenrechte werden ihm aberkannt.

Evakuierung 1939/40 und 1944/45

Der Saargegend kommt durch die Grenznähe besondere militärische und strategische Bedeutung zu. Der Bau des Westwalls, der große Teile des Landes durchzieht, kann als Kriegsvorbereitung nicht übersehen werden. Am **23. August 1939** wird der Hitler-Stalin-Pakt bekannt, am 26. August erfolgt die Mobilmachung, einen Tag später beginnt die Rationierung von Lebensmitteln und anderen Verbrauchsgütern sowie die Vorbereitung der Evakuierung. Davon betroffen ist vor allem die **Rote Zone**, das an die französische Grenze anschließende Gebiet in einer Breite zwischen acht und zehn Kilometern.

In mehreren Phasen – beginnend mit dem 30. August – werden die Menschen abtransportiert, oft unter chaotischen Bedingungen. Bis Sommer 1940 bleibt die Rote Zone „geräumt" – die meisten Betriebe und Produktionsanlagen sind für fast ein Jahr stillgelegt. Für viele Menschen bewirkt diese erste Evakuierung eine **starke Identifikation** mit ihrer Heimat, mit Freunden, Verwandten und Bekannten aus dem Land an der Saar. In den „Gastgebieten" erlebt man stärker die Zusammengehörigkeit, erfahren die Saarländerinnen und Saarländer oft genug Ablehnung und Ausgrenzung; die heimischen Gewohnheiten, die für die eigene Identität so wichtig bleiben, werden abschätzig betrachtet; für viele „Reichsdeutsche" handelt es sich um „Saarfranzosen".

Im **Herbst 1944** wird die Bevölkerung in der **Roten Zone** ein zweites Mal evakuiert. Die Nationalsozialisten wollen auch dieses Mal beweisen, dass sie die Organisation fest im Griff haben und versuchen – zum Teil mit Gewalt – die Bevölkerung zum Aufgeben ihrer Wohnungen und Häuser, zum Verlassen ihrer Äcker und ihres Viehs zu veranlassen. Immer häufiger regt sich Widerstand. Nach allen bisherigen Erfahrungen will man das – von niemand mehr ernsthaft zu leugnende – Herannahen des Kriegsendes zu Hause abwarten.

Als in Ensdorf … der Befehl kommt, der Ort sei zu evakuieren, sagen ein paar von den Leuten: gern, aber nicht auf die Landstraße, nicht in die Fremde; dicht hinter dem Ort befinde sich ja der alte Stollen, der sich unter dem Berg hindurchziehe bis hinüber nach Schwalbach, in diesem Stollen hätte die ganze Bevölkerung Platz … Aber die Vertreter von Partei und Behörden haben andere Absichten, … hier die Nazis, da der alte Pfarrer des Ortes und eine … Frau, die nie zuvor in irgendeiner Weise hervorgetreten war … Wichtig ist, dass die Nazis den Präzedenzfall fürchteten, eine ganze Ortschaft, die sich erfolgreich widersetzt, und dass sie alles taten, um die Bevölkerung von Ensdorf, die geschlossen in den Stollen zog und dort ausharrte, aus diesem Stollen wieder herauszulocken: durch Versprechungen zunächst … und als das nichts fruchtet … durch Drohungen. … Schließlich wird ein Trupp Pioniere herbeibeordert mit dem Auftrag, den Ensdorfer wie den Schwalbacher Eingang des Stollens durch Sprengung zu schließen … Dem Oberleutnant, der die Pioniere befehligt … hatte man nichts von den Menschen im Stollen gesagt; als ihm klar wird, was er da tun soll, lässt er sich … vierundzwanzig Stunden abhandeln: Wenn er innerhalb dieser Frist ein bindendes Versprechen der Amerikaner erhielte, dass diese den Stollen nicht zu benutzen gedächten, dann hätte er … einen Grund, die Sprengung zu unterlassen.
Das weiße Messgewand des Pfarrers als Parlamentärsfahne schwingend erreicht die Frau aus Ensdorf die amerikanischen Vorposten … bis hin nach Luxemburg, zu dem Sergeanten S.H. … er muss … dafür sorgen, dass die Gute noch rechtzeitig zurückgelangt nach Ensdorf … Und da er weiß, wie deutsche Offiziere reagieren, veranlasst er, dass sie es schriftlich mitbekommt: Die Armee der Vereinigten Staaten verpflichtet sich hiermit, den zwischen Ensdorf und Schwalbach verlaufenden stillgelegten Bergwerkstollen für keinerlei militärische Zwecke zu benutzen.

Stefan Heym: Nachruf, Fischer Taschenbuch Verlag, Frankfurt am Main 1990, S. 324f.

1. Welche Rolle spielt die Stahlproduktion allgemein während der NS-Zeit?
2. Welche Rolle spielt die saarländische Stahlindustrie?
3. Informieren Sie sich in Ihrem Bekanntenkreis, in Ihrem Wohnort bei Seniorinnen und Senioren, die eine der beiden Evakuierungen erlebt haben. Stellen Sie die Berichte Ihrer Klasse vor.

3   Das Saarland 1945–1955

Im **März 1945** besetzen amerikanische Streitkräfte das Saarland. Sie werden im Juli von französischen Truppen abgelöst.

3.1   Erneute Trennung von Deutschland – Das autonome Saarland

Frankreich verfolgt seine ursprünglichen Pläne zur Annexion des Saarlandes nicht lange, sondern erklärt, das Saarland aus der französischen Besatzungszone herauszulösen und ihm einen eigenen Status zu geben. Durch Militärerlass wird das Saarland zur **selbstständigen** verfassungs- und verwaltungsrechtlichen **Einheit** erklärt, ein **unabhängiges Regierungspräsidium Saar** wird gebildet (31.7.1945), die **Saargruben** werden **französischer Verwaltung unterstellt** (Januar 1946). Die französische Regierung beschränkt die Autonomie des Saarlandes allerdings und teilt den anderen Alliierten mit, sie werde das **Saarland wirtschafts- und währungspolitisch mit Frankreich vereinigen**, der **Zuständigkeit des Alliierten Kontrollrates** entziehen und eine französische **Zollkontrolle** einführen. Ab dem 22. Dezember 1946 ist der freie Personen-, Waren- und Geldverkehr mit dem Saarland unterbunden.

Vor dem Fußball-WM-Qualifikationsspiel zwischen dem Saarland und Norwegen überreicht der saarländische Ministerpräsident Johannes Hoffmann dem Kapitän der norwegischen Mannschaft eine Grubenlampe.

1. Kommunalwahlen	September 1946
CVP	52,4 %
SPS	25,5 %
KP	9,1 %
Freie Wählergruppen	13,0 %

Wahlen vom	5. Oktober 1947
CVP	51,2 %
SPS	32,8 %
DPS	7,6 %
KP	8,4 %

Artikel 60 der Verfassung des Saarlandes von 1947

Das Saarland ist ein autonom, -demokratisch und sozial geordnetes Land und wirtschaftlich an Frankreich angeschlossen.

Januar/Februar 1946:	**Zulassung von Parteien:** Christliche Volkspartei **(CVP)**, Sozialdemokratische Partei Saar **(SPS)**, Demokratische Partei Saar **(DPS)** und Kommunistische Partei **(KP)**; später auch **Freie Wähler-gruppen**
12. September 1946:	**Gemeinderatswahlen**
5. Oktober 1947:	**Wahl der „Gesetzgebenden Versammlung"** zur Beratung und Verabschiedung der Verfassung. Sie konstituiert sich am 15. Dezember 1947 als **erster Landtag des Saarlandes**
20. November 1947:	**Einführung des französischen Franc als Währung**
17. Dezember 1947:	Die **erste saarländische Verfassung** tritt in Kraft
18. Dezember 1947:	Bildung der **ersten saarländischen Regierung** (Koalition aus CVP und SPS) unter Johannes Hoffmann (CVP)

Die Verfassung bestimmt:
- wirtschaftlicher und währungspolitischer **Anschluss des Saarlandes an Frankreich**
- politische **Unabhängigkeit vom Deutschen Reich**
- **Landesverteidigung** und **Vertretung** der saarländischen Interessen **im Ausland** durch Frankreich

Wappen des autonomen Saarlandes

Am 1. Januar 1948 tritt an die Stelle der französischen Militärregierung der **Hohe Kommissar Gilbert Grandval** (bisher Militärgouverneur), ausgestattet mit einem Verordnungsrecht für alle Bereiche der Wirtschafts- und Währungsunion.

Die Bestimmung der Verfassung führt zusammen mit der **Zollunion** zwischen Frankreich und dem Saarland vom **1. April 1948** vom einen auf den anderen Tag – früher als im übrigen Deutschland – zu einer außerordentlichen Steigerung des Angebots an Konsumgütern.

Ab 1950 wird das Verhältnis zwischen dem autonomen Saarland und Frankreich durch eine Reihe von **Konventionen** geregelt. Auf der einen Seite stehen die französischen Bestrebungen, möglichst großen politischen, wirtschaftlichen und kulturellen Einfluss an der Saar geltend zu machen, auf der anderen Seite die Wünsche der saarländischen Bevölkerung – trotz aller Kooperationsbereitschaft – so viel wie möglich saarländische und deutsche Interessen zu berücksichtigen.

Gilbert Grandval (zweiter von links) beim Eintrag ins goldene Buch der Stadt Saarbrücken.

3.2 Kritik und Opposition – Der Weg zur Abstimmung von 1955

Im Saarland werden (in der organisierten Politik wie in der Bevölkerung) die Stimmen lauter, die ein stärkeres Mitspracherecht sowie Gleichberechtigung und sogar den Anschluss an die Bundesrepublik Deutschland fordern.

Anfang Februar 1950 werden dazu erste Gespräche im französischen Außenministerium geführt. Das Saarland wird am **30. März 1950 assoziiertes Mitglied des Europarates** und ist ab 1951 – vertreten durch Frankreich – **Mitglied der Montanunion**. Ab Ende Januar 1952 führt Gilbert Grandval nicht mehr den Titel Hoher Kommissar, er ist jetzt **Botschafter** Frankreichs.

Der Deutsche Bundestag definiert am 2. Juli 1953 das Land an der Saar als **Teil Deutschlands** und verbindet damit die Forderung nach einem Selbstbestimmungsrecht der Bevölkerung.

Frankreich versucht, die anstehenden Probleme mit der Frage der deutschen Wiederbewaffnung zu verbinden (**EVG**, Europäische Verteidigungsgemeinschaft). Nachdem der EVG-Vertrag im französischen Parlament gescheitert ist, wird am 23. Oktober 1954 zwischen Frankreich und der Bundesrepublik Deutschland das **Abkommen über das Statut der Saar** unterzeichnet; es wird auch **Europäisches Saarstatut** genannt: Beibehaltung der Wirtschafts- und Währungsunion mit Frankreich sowie Verbesserung der wirtschaftlichen Beziehungen zwischen dem Saarland und der Bundesrepublik Deutschland. In einem Referendum soll sich die saarländische Bevölkerung für oder gegen das Statut entscheiden.

Der Wahlkampf wird in hohem Maße emotional geführt, nationalistische Argumente stehen im Vordergrund. Zum zweiten Mal gehen die Fronten quer durch Familien und Freundeskreise.

Am **23. Oktober 1955** lehnt die saarländische Bevölkerung mit 67,7 % das Statut ab. Wenige Tage später wird unter dem parteilosen Ministerpräsidenten Welsch ein Übergangskabinett gebildet; Neuwahlen für den saarländischen Landtag werden ausgeschrieben.

Die Statutgegner (CDU, DPS, SPD) erhalten die Mehrheit und bilden unter Hubert Ney (CDU) die neue Regierung.

Dr. Hubert Ney, Ministerpräsident des Saarlandes 1956/57, Justizminister 1957–59, links, beim Staatsakt mit Bundespräsident Heuß anlässlich der Eingliederung des Saarlandes in die Bundesrepublik am 26. Januar 1957 im Stadttheater Saarbrücken.

1. Vergleichen Sie die Abstimmung 1955 mit der von 1935 (Seite 166): Welches sind Gemeinsamkeiten, wo liegen die Unterschiede?
2. Befragen Sie Zeitzeugen zu beiden Abstimmungen und stellen Sie die Ergebnisse Ihrer Klasse vor.

4   Ein neuer Anfang

Im Dezember 1956 erklärt der saarländische Landtag den **Beitritt des Saarlandes zur Bundesrepublik Deutschland gemäß Artikel 23 des Grundgesetzes** (1990 gehen die „neuen" Länder im Osten den gleichen Weg). Zusammen mit der notwendigen Verfassungsänderung, dem deutsch-französischen Vertrag zur Regelung der Saarfrage (Luxemburg, 27.10.1956) und dem Bundesgesetz über die Eingliederung des Saarlandes (23.12.1956) sind alle notwendigen Voraussetzungen erfüllt:

Am 1. Januar 1957 wird das Saarland jüngstes deutsches Bundesland (politischer Anschluss); am 6. Juli 1959 wird es wirtschaftlich der BRD angegliedert („Tag X").

4.1   SaarLorLux

Übersichtskarte Großregion SaarLorLux

Karte: Saarland, Staatskanzlei

1. Welche Regionen gehören zur SaarLor-Lux-Großregion?
2. Welche Ziele werden mit der Zusammenarbeit in der Großregion verfolgt?
3. Welche Vorteile bietet die Zusammenarbeit für die Bürgerinnen und Bürger?
4. In dem unten abgedruckten Text wird ein „Zukunftsbild 2020" der Großregion SaarLorLux entworfen. Was sind die wichtigsten „Visionen"?

Die Großregion im Jahre 2020

Wir sind im Jahr 2020. Die Großregion bildet einen gemeinsamen Raum im Herzen Europas. 11 Millionen Menschen leben in diesem Raum. Sie fühlen sich der Großregion zugehörig und empfinden sich als Gemeinschaft. Dennoch sind sie Wallonen, Luxemburger, Lothringer, Rheinland-Pfälzer und Saarländer geblieben. Das ist ihr besonderes Merkmal, das man bislang nirgendwo sonst in Europa findet. Aus diesem Grund spricht man in ganz Europa von einer europäischen Modellregion.

Die politischen Akteure in der Großregion arbeiten eng zusammen. Obwohl sie innerhalb ihrer Region und innerhalb ihres jeweiligen nationalstaatlichen Gefüges ganz unterschiedliche Rechtsstellungen einnehmen, funktioniert diese Kooperation ohne Reibungsverluste. Der Wille zur Gemeinsamkeit und der Stolz auf das Erreichte überdeckt alle Hürden, die noch zwanzig Jahre zuvor unüberwindbar schienen.

In der Tat kann sich das Erreichte sehen lassen: Die Großregion bietet eine vielfältige Kulturlandschaft, in der sich die regionalen Besonderheiten zu einem kreativen Gesamtpanorama zusammenfügen. Die Bewohner finden hierin nicht nur einen wesentlichen Teil ihrer Lebensqualität. Gerade die Kultur verbindet ihre spezifisch regionale mit einer neuen gemeinsamen Identität. Nach außen gilt diese Kulturlandschaft als touristischer Anziehungspunkt, so dass die Zahl der Besucher jährlich wächst.

Bewundert wird die Mehrsprachigkeit vor allem der jüngeren Generation, die perfekt in Französisch, Deutsch und Englisch kommuniziert. Neue grenzüberschreitende Schultypen wie auch Aus- und Weiterbildungsmöglichkeiten sorgen für ein einzigartiges, europaweit nachgefragtes Qualitätsniveau der Absolventen. Die Hochschulen, Forschungsstätten und Science Parks sind eng miteinander vernetzt, komplementär aufeinander abgestimmt und bilden einen gemeinsamen Verbund mit regem Austausch von Wissen und Personal. Die Großregion gilt als europäisches Kompetenzzentrum sowohl in den Zukunftstechnologien wie auch in Europafragen.

Der permanent fließende Wissenstransfer von der Forschung zur Wirtschaft der Großregion garantiert einen steten Gründungsimpuls, der den Innovationsanforderungen einer globalisierten Wirtschaft bestens gerecht wird. Das hohe Ausbildungsniveau, die Mehrsprachigkeit, der gemeinsame Arbeitsmarkt ebenso wie der grenzüberschreitende Austausch von Know-how, von Angebots-Nachfrage-Beziehungen wie auch von Menschen sorgt für eine ökonomische Dynamik, deren Hauptproblem heute der Arbeitskräftemangel darstellt. Grenzüberschreitende soziale Sicherungssysteme und solidarische Netzwerke bieten dabei den Benachteiligten eine angemessene Teilhabe am gesellschaftlichen Leben der Großregion.

Gestärkt wird die wirtschaftliche Dynamik durch eine gut ausgebaute überörtliche Verkehrsanbindung, die die Region zum Knotenpunkt der europäischen Zentralachsen gemacht hat. Ein leistungsstarkes gemeinsames ÖPNV-System unterstützt diese Zentralität im Nahbereich.

All das zwingt auch die Städte im Rahmen des grenzüberschreitenden Städtenetzes „MultiPole" zu partnerschaftlicher Kooperation und enger Abstimmung in Fragen der Raumentwicklung. Alles beherrschende Agglomerationen werden dadurch ebenso verhindert wie schieflastige Stadt-Land-Beziehungen. Und: Den gestiegenen Anforderungen im Bereich von Umwelt- und Naturschutz wird die Großregion durch grenzüberschreitende Abwasser- und Abfallzweckverbände gerecht wie auch durch ein gemeinsames Umweltinformationssystem, das die Basis bildet für einen konzertierten nachhaltigen Schutz unserer natürlichen Ressourcen.

Alles in allem: Die Großregion ist im Jahr 2020 weder ein einheitliches politisches Gebilde noch eine neue Gebietskörperschaft eigenen Rechts. Vielmehr vereinigt sie wie keine andere Region in Europa Vielfalt in Gemeinsamkeit. Und das macht sie zur europäischen Modellregion.

Quelle: Chef der Staatskanzlei Saarland u. Europabeauftragter des Saarlandes (Hrsg.), Saarbrücken Juli 2003, S. 1f.
http://www.saarland.de/12535.htm, Zugriff: 14.09.2008

4.2 Strukturwandel

Außerordentliche Betriebsversammlung der RAG am 26.2.2008

Gegner des Steinkohlebergbaus demonstrieren am 24.2.2008 in Saarwillingen.

Nach den starken Erderschütterungen durch den Bergbau vom 23. Februar 2008 hat die RAG beschlossen, im Juni 2008 das Bergwerk Saar zum 31. Juli 2012 zu schließen. Damit geht eine wirtschaftliche Ära zu Ende, hat doch neben der Stahlindustrie der Kohlebergbau die Wirtschaft und das Gesicht an der Saar mehr als 150 Jahre geprägt.

Die Frage ist, wie der Kohleausstieg verkraftet werden kann. Das Bewusstsein hat sich durchgesetzt, dass die Schätze des Landes nicht mehr tief in der Erde, sondern in den Köpfen der Menschen liegen. So ist neben der Stahlindustrie die Automobilindustrie zum größten Industriesektor im SaarLorLux-Raum geworden. Ein Drittel der Industriearbeitsplätze sind direkt oder indirekt mit der Automobilbranche verbunden.

Neu angesiedelte Unternehmen der Informations- und Kommunikationsbranche, die Nano- und Biotechnologie sowie die Medizin- und Fertigungstechnik sind zu wichtigen Säulen des Strukturwandels an der Saar geworden.

Zur Wiederholung

1. Nennen Sie die vier Herrschaftsgebiete, die im saarländischen Landeswappen symbolisch dargestellt sind.
2. Welche wirtschaftlichen Konsequenzen hat das Ende des Ersten Weltkrieges für das Saarland?
3. Stellen Sie kurz die Verwaltung durch den Völkerbund dar.
4. Wie reagieren die Menschen an der Saar auf die Verwaltung durch den Völkerbund?
5. Über welche Alternativen soll die saarländische Bevölkerung nach 15 Jahren Verwaltung durch den Völkerbund abstimmen?
6. Welche beiden Gruppierungen stehen sich vor der Abstimmung vom 13. Januar 1935 gegenüber? Beschreiben Sie die unterschiedlichen Positionen.
7. Wie ist das Ergebnis der Abstimmung?
8. Wie lässt sich dieses Ergebnis erklären?
9. Nennen Sie die ersten Maßnahmen der Nationalsozialisten nach dem Anschluss.
10. Erläutern Sie Beispiele für den Widerstand.
11. Beschreiben Sie die beiden Evakuierungen 1939 und 1944.
12. Was versteht man unter dem autonomen Saarland?
13. Erklären Sie die Abstimmung von 1955.
14. Was versteht man unter dem „Tag X"?
15. Welche Regionen arbeiten in der SaarLorLux-Großregion zusammen?
16. „Das Bewusstsein hat sich durchgesetzt, das die Schätze des Landes nicht mehr tief in der Erde, sondern in den Köpfen der Menschen liegen." Erläutern Sie anhand dieser Aussage den Strukturwandel im Saarland.

Handlungsimpulse

A Ausstellungsbesuch

Besuchen Sie mit Ihrer Lerngruppe die ständigen Ausstellungen des Historischen Museums im Saarbrücker Schloss:
• Zehn statt tausende Jahre
  Die Zeit des Nationalsozialismus an der Saar
• Das Saarland 1945–1959

B Alternative Stadtrundfahrt

Organisieren Sie mit Ihrer Lerngruppe eine alternative Stadtrundfahrt (Tel. 0681 41620463). Die alternative Stadtrundfahrt Saarbrücken führt an Orte, die für den Widerstand gegen Hitler und gegen den Faschismus von Bedeutung waren. An wichtigen Stationen in der Stadt Saarbrücken werden Spuren der Verbrechen der Nazis gezeigt.

C Internet-Recherche

Recherchieren Sie mithilfe der Internetseiten www.saarland.de und www.statistik.saarland.de die aktuelle Entwicklung in Politik und Wirtschaft. Präsentieren Sie Ihre Ergebnisse.

Vom geteilten Deutschland zur Vereinigung

1 Die deutsche Teilung

Zeitgeschichte: Vom Zusammenbruch des Nationalsozialismus über die Besatzungspolitik der Alliierten bis zum Neubeginn des politischen Lebens nach 1945

Kapitulation	Am 8. Mai 1945 unterzeichnet die militärische Führung Deutschlands die bedingungslose Kapitulation. Damit ist der Zweite Weltkrieg in Europa zu Ende.
Viermächte-Abkommen	Am 5. Juni 1945 proklamieren die vier Siegermächte die Übernahme der Herrschaftsgewalt im ehemaligen Deutschen Reich.
Konferenz von Potsdam	Am 2. August 1945 werden von den USA, Großbritannien und der Sowjetunion (Frankreich kommt erst später dazu) weitere wichtige Entscheidungen für das zukünftige Deutschland beschlossen.

1. Demobilisierung   (völlige Abrüstung und Entmilitarisierung Deutschlands)

2. Denazifizierung   (Vernichtung der nationalsozialistischen Partei und ihrer Gliederungen)

3. Demokratisierung   (lokale Selbstverwaltung nach demokratischen Grundsätzen)

4. Dezentralisierung (Verwaltung und Wirtschaftsleben)

Nürnberger Prozess/ Entnazifizierung	Im November 1945 beginnt in Nürnberg vor einem internationalen Militärgerichtshof der Prozess gegen Hauptverantwortliche des Dritten Reiches mit dem Ziel, Kriegsverbrecher zu bestrafen und aktive Nationalsozialisten aus ihren Stellungen in Wirtschaft, Verwaltung und Erziehung zu entfernen.
Parteien in Ost und West	1945–1946 werden Parteien neu gegründet oder wieder zugelassen. In der sowjetischen Besatzungszone findet die Zwangvereinigung von SPD und KPD zur SED statt, die so zur stärksten Partei in der Sowjetzone wird. In der Westzone sind die CDU (CSU in Bayern) und SPD die führenden politischen Parteien. Nur die FDP erreichte neben den großen Parteien einen längerfristigen Einfluss auf die Politik.
Wahlen	1946–1947 finden die ersten Wahlen auf Gemeinde-, Kreis- und Landesebene statt.

1. Beschreiben Sie die politische und wirtschaftliche Gestaltung Deutschlands, die sich auf der Grundlage der Konferenz von Potsdam ergibt.
2. Diskutieren Sie das unterschiedliche Vorgehen der Amerikaner und der Sowjets bei der Demokratisierung Deutschlands.

2 Die Entstehung der beiden deutschen Staaten als Folge des Ost-West-Konfliktes

Als sich die Gegensätze zwischen den Westmächten und der Sowjetunion weiter verschärfen und eine Einigung über die Zukunft Deutschlands immer unwahrscheinlicher wird, ändern die Westmächte ihre Deutschlandpolitik.

Deutschland kommt als Nahtstelle im Ost-West-Konflikt eine besondere politische Bedeutung zu.

Als im harten Winter 1946/47 die Versorgungs- und Wirtschaftslage in Deutschland einen absoluten Tiefstand erreicht, ergreifen die USA und Großbritannien die Initiative.

Schritt für Schritt vollzieht sich die Teilung Deutschlands

- **1. Januar 1947:** Die amerikanische und britische Zone schließen sich zur **Bizone** zusammen. Die Sowjetunion und zunächst auch Frankreich lehnen eine Mitarbeit ab. Erst im April 1949 tritt die französische Zone bei, es entsteht die **Trizone**. Sie bildet die Vorstufe der späteren Bundesrepublik Deutschland.

- **5. Juni 1947:** Der amerikanische Wirtschaftsminister **Marshall** kündigt ein wirtschaftliches **Aufbauprogramm** für ganz Europa an. Die Sowjetunion und die osteuropäischen Staaten lehnen eine Beteiligung ab. Ziel des Programms ist die Beschleunigung des wirtschaftlichen Aufbaus und die Erschließung neuer Absatzmärkte für die amerikanische Wirtschaft.

- **20. März 1948:** Nachdem alle Außenministerkonferenzen der Siegermächte ergebnislos verlaufen sind, treffen sich die Westmächte und die Benelux-Staaten in London zu einer **Sechsmächtekonferenz**, um über die Zukunft Deutschlands zu beraten. Aus Protest verlässt die Sowjetunion den Alliierten-Kontrollrat. Die Spannungen verschärfen sich, es beginnt die Zeit des „Kalten Krieges".

- **20. Juni 1948:** Um den wirtschaftlichen Wiederaufbau vorantreiben zu können, ist eine Neuordnung des Geldwesens notwendig. Nach Scheitern einer gemeinsamen **Währungsreform** wird im Alleingang der Westmächte das neue Geld ausgegeben. Jeder Deutsche erhält zunächst 40 Mark Kopfgeld, später weitere 20 Mark. Allmählich bessert sich die wirtschaftliche Lage.

- **24. Juni 1948:** Als Reaktion auf die westliche Währungsreform sperrt die Sowjetunion alle Land-, Wasser- und Schienenwege nach Westberlin.

1. Inwiefern hat der Marshall-Plan für Europa eine große Bedeutung?
2. Marshall-Plan und Währungsreform bringen einen wirtschaftlichen Aufschwung. Begründen Sie, warum sie auch einen Schritt in Richtung der Spaltung Deutschlands bedeuten.

2.1 Die Gründung der Bundesrepublik Deutschland

Über die wirtschaftliche Vereinigung der Westzonen (Bizone – Trizone) wird die Gründung der Bundesrepublik Deutschland vorbereitet.

In der Bizone wird ein Wirtschaftsrat gebildet, dem Vertreter der Landtage angehören.

Der Wirtschaftsrat übernimmt die Aufgaben eines Parlaments und beschließt Gesetze, die allerdings noch von den Militärregierungen genehmigt werden müssen. An der Spitze dieses „Vorläufers des Bundestages" steht der Direktor für Wirtschaft. 1948 wird **Ludwig Erhard** (CDU) in diese Funktion gewählt. Erhard, der jede Lenkung der Wirtschaft durch den Staat ablehnt, entwickelt seine Idee von der **sozialen Marktwirtschaft**, die sich in den folgenden Jahren auch durchsetzt. Die Vorbereitung für die Gründung eines westdeutschen Staates sind durch die Verwaltung der Bizone so weit fortgeschritten, dass die Westmächte nun auch den letzten Schritt zur Gründung vollziehen.

Applaus für das Grundgesetz: Am 8. Mai 1949 stimmten 53 gegen 12 Abgeordnete dafür, die Gegner (links) blieben demonstrativ sitzen.

- **1. Juli 1948:** Die drei Militärgouverneure übergeben den 11 Ministerpräsidenten der drei Westzonen die **„Frankfurter Dokumente"**, in denen die Länder aufgefordert werden, eine Verfassung auszuarbeiten und über ein Besatzungsstatut zu beraten.
- **1. September 1948:** 65 Abgeordnete der Landtage kommen zur ersten Sitzung des Parlamentarischen Rates zusammen, zu dessen Vorsitzenden **Konrad Adenauer** (CDU) gewählt wird.
- **23. Mai 1949:** Das Grundgesetz für die Bundesrepublik Deutschland wird unterzeichnet. Es betont die Vorläufigkeit des neuen Staates. Gleichzeitig tritt das **Besatzungsstatut** in Kraft, das den drei Westmächten gewisse Kontrollrechte sichert.
- **14. August 1949:** In der Bundesrepublik Deutschland findet die erste **Bundestagswahl** statt, an der sich 16 Parteien beteiligen. **Konrad Adenauer** wird zum Bundeskanzler gewählt und bildet eine Regierung aus CDU/CSU, FDP und DP. Erster Bundestagspräsident wird **Theodor Heuss** (FDP).

Bei der Formulierung des Grundgesetzes bringen die Abgeordneten des Parlamentarischen Rates deutlich zum Ausdruck, dass sie die Bundesrepublik Deutschland als vorläufigen Staat betrachten, der nur so lange besteht, bis die Wiedervereinigung Deutschlands verwirklicht wird.

2.2 Die Gründung der Deutschen Demokratischen Republik (DDR)

Proklamation der DDR 1949

In der sowjetischen Besatzungszone bildet die Militärregierung bereits im Juli 1945 Zentralverwaltungen, im September beginnt in Sachsen die **Bodenreform**. Großgrundbesitzer werden enteignet und das Land wird unter der Landbevölkerung aufgeteilt.

Im Oktober 1946 beginnt auch in der Industrie die **Enteignung der Betriebe**. Beim politischen Wiederaufbau unterstützt die Sowjetunion massiv die KPD. Durch die Zwangsvereinigung von KPD und SPD wird sichergestellt, dass die SED bei den Landtagswahlen im Oktober 1946 als stärkste Partei hervorgeht. Das Gewicht der Kommunisten nimmt zu, der Einfluss der SPD ab.

Als deutlich wird, dass die Westmächte die Gründung der Bundesrepublik Deutschland in die Wege leiten, beginnen auch in der sowjetischen Besatzungszone die Vorbereitungen für die Bildung eines eigenen Staates. Eine wichtige Rolle spielt dabei die von der SED **im Dezember 1947** gegründete **„Volkskongressbewegung"**.

- **März 1948:** Tagung des „Zweiten Deutschen Volkskongresses". Es wird ein aus 400 Mitgliedern bestehender **„Deutscher Volksrat"** gebildet, den man als Vorläufer der Volkskammer bezeichnen kann. Er beschließt im Oktober 1948 einen Verfassungsentwurf für den neu zu bildenden Staat.

- **Mai 1949:** Wahlen zum „Dritten Deutschen Volkskongress". Den Wählern wird die Frage gestellt, ob sie für die Einheit Deutschlands und einen Friedensvertrag seien. Damit verbunden ist die Wahl einer **„Einheitsliste der Nationalen Front"** bei der die Sitzverteilung im Parlament bereits vor der Wahl feststeht. Für diese Einheitsliste stimmen jedoch nur 66,1 % Wähler.

- **7. Oktober 1949:** Der aus dem „Dritten Deutschen Volkskongress" hervorgegangene „Zweite Deutsche Volksrat" tritt am 7. Oktober als „Provisorische Volkskammer" zusammen und wählt **Wilhelm Pieck** zum Präsidenten und **Otto Grotewohl** zum Ministerpräsidenten der DDR. Am **15. Oktober 1950** werden dann die ersten **Volkskammerwahlen** durchgeführt.

In den folgenden Jahren entwickelt sich die DDR zu einem marxistisch-leninistischen Staat nach dem Vorbild der Sowjetunion. Parallel zur politischen, wirtschaftlichen und militärischen Eingliederung der Bundesrepublik Deutschland in den Westen schließt sich die DDR dem Ostblock an. Die beiden Staaten werden zu einem festen Bestandteil des jeweiligen Blocks. Obwohl sie mehrfach die Wiedervereinigung fordern, scheitern alle Vorstöße an den unterschiedlichen Standpunkten.

3 Spannungen und Entspannungsansätze im geteilten Deutschland

3.1 Der „Kalte Krieg"

Der Begriff „Kalter Krieg" kam um 1947 in den USA auf und wurde seit 1949 allgemein gebräuchlich. Er bezeichnet die mit nicht militärischen Mitteln durchgeführten internationalen Auseinandersetzungen, bei denen der Gegner durch diplomatischen, wirtschaftlichen und propagandistischen Druck, insbesondere durch die verhüllte oder offene Bedrohung mit dem eigentlichen Krieg, zum Einlenken gebracht werden soll. Der Ausdruck „Kalter Krieg" wird vor allem für die gegenseitigen Maßnahmen der beteiligten Mächte im Ost-West-Konflikt seit dem Zweiten Weltkrieg angewandt, während vorher im ähnlichen Sinn von Nerven-Krieg gesprochen wurde. (...) Besonders deutlich sichtbar wurden die Auseinandersetzungen in der politisch-ideologischen Propaganda (Radio- und Fernsehkrieg), der Aufrüstung, den Militärbündnissen, in technologischer und wirtschaftlicher Rivalität.

Hans Rudolf Guggisberg, Geschichte der USA, Teil II, Stuttgart 1975, S. 226f.

Berlin, das nach dem Zweiten Weltkrieg in vier Sektoren aufgeteilt wird und von den Siegermächten gemeinsam verwaltet werden soll (Viermächtestatus), wird zu einem Brennpunkt des „Kalten Krieges".

1948/49: Nach der Blockade aller Land- und Wasserwege nach Berlin (West) wird die Stadt 11 Monate über eine **britisch-amerikanische Luftbrücke** versorgt.

Im Oktober 1948 beschließt der Wirtschaftsrat der Bizone ein Hilfsprogramm für Berlin. Die Lohnsteuer wird mit einem Zuschlag als **„Notopfer Berlin"** belastet.

Der Versuch der Sowjetunion, Berlin (West) als Druckmittel gegen die Gründung eines Westdeutschen Staates zu benutzen, scheitert. Die Widerstandskraft und der Wille zum Durchhalten bei den Westmächten und der Berliner Bevölkerung zwingen die Sowjetunion zum Nachgeben. Am 12. Mai 1949 endet die Blockade.

17. Juni 1953: Die Streiks Ostberliner Arbeiter am 16. und 17. Juni weiten sich zu einem **Aufstand gegen die DDR-Regierung** aus, der von den sowjetischen Soldaten niedergeschlagen wird. Die sowjetischen Militärbehörden verhängen über Stadt- und Landkreise den Ausnahmezustand.

3.2 Ursachen des Arbeiteraufstandes am 17. Juni 1953

„Die SED sowie die Regierung der DDR kündigen 1952 den beschleunigten Aufbau des Sozialismus an. Die Auswirkungen auf die Bevölkerung sind negativ: niedrige Löhne, Hungerrationen auf Lebensmittelkarten, wenige freiverkäufliche Waren zu erhöhten Preisen, Zwangsmaßnahmen verschiedener Art. Selbstständige werden enteignet. In dieser Situation beschließt die DDR-Regierung die Erhöhung der Arbeitsnormen um 10 %. Die Unzufriedenheit in der DDR-Bevölkerung wächst, die Zahl der Flüchtlinge steigt im ersten Halbjahr 1953 auf 200 000 an."

Die Sowjetunion überreicht ultimative Noten – Sechs Monate Frist

Kreml fordert: West-Berlin muss „freie Stadt" werden

Die Bemühungen um eine Wiedervereinigung sind durch die Ereignisse des 17. Juni 1953 wohl eher erschwert worden. In der Bundesrepublik Deutschland wird der Arbeiteraufstand als Volksentscheid gegen die Herrschaft der SED und als Ausdruck des Freiheits- und Einheitswillen der Bevölkerung gewertet und als „Tag der deutschen Einheit" begangen.

1958: Das **Ultimatum der Sowjetunion**, Westberlin zur freien Stadt zu erklären, wird von den Westmächten abgelehnt, was zu einer Verschärfung der Lage des Ost-West-Konflikts in Berlin führt.

13. August 1961: Als der Flüchtlingsstrom der DDR-Bürger in den Westen immer stärker anwächst, riegelt die DDR den Ostsektor von den Westsektoren ab und errichtet eine **Mauer quer durch Berlin**. Dies führt dazu, dass nach und nach alle Verbindungen zwischen den beiden Teilen der Stadt unterbrochen, Familien und Freundschaften auseinandergerissen werden.

1. Ab wann sprechen wir vom „Kalten Krieg"? Nennen Sie die Mittel, mit denen die Auseinandersetzung im Ost-West-Konflikt geführt wird.
2. Nennen Sie die wichtigsten Berlinkrisen.
3. Begründen Sie den Mauerbau in Berlin aus der Sicht der DDR-Regierung.
4. Inwieweit tragen der Arbeiteraufstand am 17. Juni 1953 und das „Berlin-Ultimatum" zu einer Verschärfung des Ost-West-Konfliktes bei?

3.3   Entspannungspolitik

Der Bau der Mauer 1961 markiert einen tiefen Einschnitt in die Nachkriegsgeschichte beider deutschen Staaten. Eine Wiedervereinigung rückt in weite Ferne. Die Berlinkrise und insbesondere die Kuba-Krise 1962 machen deutlich, dass der „Kalte Krieg" jederzeit in einen bewaffneten Konflikt umschlagen kann.

Die neue Situation verlangt ein radikales **Umdenken in der Deutschlandpolitik**.

- Von **1963–1965** schließen der Berliner Senat und die Regierung der DDR **acht Passierscheinabkommen** ab, die es den Westberlinern ermöglichen, zu Weihnachten, Ostern und Pfingsten ihre Verwandten in Ostberlin zu besuchen.

- Ab **1965** dürfen Rentnerinnen und Rentner aus der DDR **zu längeren Besuchen** in die Bundesrepublik Deutschland reisen.

- Während der Regierungszeit von Kanzler Ludwig Erhard (**1963–1966**) schließt die Bundesregierung mehrere **Wirtschaftsabkommen** mit osteuropäischen Staaten ab.

- Ab **1969** entwickelt Bundeskanzler **Willi Brandt** eine **neue Deutschland- und Ostpolitik**. Sie geht von der Anerkennung der nach dem Zweiten Weltkrieg entstandenen Realitäten in Europa aus. Dazu gehören insbesondere die Anerkennung der DDR als zweiter deutscher Staat und der Oder-Neiße-Linie als Westgrenze Polens.

- **1970** kommt es zu einer ersten **Begegnung** zwischen den **Regierungschefs der beiden deutschen Staaten**, Willi Brandt und Willi Stoph.

Im Rahmen der neuen Ost- und Deutschlandpolitik schließt die Bundesrepublik eine Reihe von Verträgen ab:

- **Ostverträge**
  1970 deutsch-sowjetischer Vertrag,
  1970 deutsch-polnischer Vertrag,
  1973 deutsch-tschechoslowakischer
      Vertrag

Willy Brandt und Willi Stoph in Erfurt 1970

Die wichtigsten Bestimmungen der Ostverträge:

– Wunsch nach Entspannung und friedlicher Zusammenarbeit
– Unverletzlichkeit der Grenzen einschließlich der Oder-Neiße-Grenze als Westgrenze Polens und der Grenze zwischen der Bundesrepublik Deutschland und der DDR
– Verzicht auf Drohung und Anwendung von Gewalt

- **1971 Vier-Mächte-Abkommen für Berlin:** Alle Verträge der vier Siegermächte haben das Ziel, einen **Beitrag zur Entspannung** zwischen Ost und West zu leisten, praktische **Fragen der Zusammenarbeit** zu regeln, **Reisemöglichkeiten** zu verbessern und **menschliche Erleichterungen** durchzusetzen. Ein Auseinanderleben der Menschen in beiden Teilen Deutschlands soll verhindert werden.

  Deutsch-deutsche Verträge:
  - **1971** Transitabkommen,
  - **1972** Verkehrsvertrag,
  - **21. Dezember 1972 Grundlagenvertrag:** Fundament weiterer Beziehungen.

  Die beiden deutschen Staaten erklären die Grenze als unverletzlich, achten gegenseitig ihre Unabhängigkeit und Selbstständigkeit. Eine völkerrechtliche Anerkennung lehnt die Bundesregierung ausdrücklich ab. Der Vertrag ermöglicht auch, dass beide Staaten im September 1973 in die UNO aufgenommen werden. Damit ist die erste Phase der Entspannungspolitik abgeschlossen.

  Trotz der Vertragspolitik bleibt das Verhältnis zwischen BRD und DDR gespannt und sehr schwierig.

- Am **3. Juli 1973** wird die **Konferenz zur Sicherheit und Zusammenarbeit** (KSZE) in Helsinki eröffnet und am **1. August 1975** unterschreiben die politischen Repräsentanten der KSZE-Staaten die **Schlussakte**. Für die BRD unterzeichnet Bundeskanzler **Helmut Schmidt**, für die DDR **Erich Honecker**.

  In der Schlussakte wird die Souveränität aller Staaten in Europa und die Unverletzlichkeit ihrer Grenzen bekräftigt. Alle Staaten bekennen sich zum Gewaltverzicht und zur Nichteinmischung in die inneren Angelegenheiten anderer Staaten. Sie verpflichten sich die Menschenrechte und Grundfreiheiten zu achten.

- Im **Oktober 1980** werden seitens der DDR Forderungen nach einer eigenen DDR-Staatsbürgerschaft und einer Umwandlung der ständigen Vertretung in Botschaften gestellt und weitere Fortschritte in der deutsch-deutschen Beziehung davon abhängig gemacht. Trotzdem sind beide deutsche Regierungen bestrebt, den Dialog zwischen Ost und West nicht zum Stillstand kommen zu lassen. **1981** reist Bundeskanzler **Schmidt** zu Gesprächen in die DDR. **1987** besucht der DDR-Staatsratsvorsitzende **Honecker** die Bundesrepublik.

1. „Nach dem Mauerbau war ein Umdenken in der Deutschlandpolitik notwendig." Begründen Sie diese Feststellung.
2. Inwiefern sind die Vereinbarungen des Vier-Mächte-Abkommens für die Ost-West-Beziehungen wichtig?
3. Nennen Sie die im Grundlagenvertrag festgelegten Vereinbarungen.

4 Gewaltlose Revolution in der DDR

Für die friedliche Revolution in der DDR sind vor allem zwei Gründe maßgebend:

Perestroika und Glasnost

Michael Gorbatschow, seit 1985 Generalsekretär der KPdSU, verkündet als Programm Perestroika (Umbau) und Glasnost (Offenheit). Er strebt eine Umgestaltung der Sowjetunion an und setzt sich für Abrüstung und die Erichtung eines gemeinsamen europäischen Hauses ein. Die Demokratie- und Bürgerrechtsbewegungen in Mittel- und Osteuropa erhalten durch Gorbatschows Politik starken Auftrieb: Die kommunistischen Parteien verlieren ihren beherrschenden Einfluss in Staat und Gesellschaft; Reformen werden in den Staaten Osteuropas möglich.

Das Ende der SED-Herrschaft

Im September 1989 verschärft sich die Lage in der DDR. Am 7. Oktober, dem 40. Jahrestag der DDR, gibt es in zahlreichen Städten Demonstrationen, die von der Stasi und der Volkspolizei gewaltsam aufgelöst werden. Am 9. Oktober demonstrieren mit dem Ruf „Wir sind das Volk" über 70 000 Menschen in Leipzig. Um die Herrschaft der Partei doch noch zu retten, beschließt das Politbüro der SED die Absetzung Erich Honeckers. Sein Nachfolger wird Egon Krenz.

Opposition in der DDR

Viele Bürger in der DDR hoffen nun auch auf Reformen in ihrem Land. In Oppositionsgruppen, meist unter dem Dach der Kirche, sammeln sich Regimegegner. Die SED-Führung lehnt jedoch jegliche Reformpolitik ab, verfolgt die Oppositionellen. Als Ungarn im Mai 1989 die Grenzen zu Österreich öffnet, setzt eine Massenflucht von Bürgerinnen und Bürgern der DDR in die Bundesrepublik Deutschland ein. Die Regierung der DDR gibt keine Visa mehr für Ungarnreisen aus. Nun stürmen die Flüchtlinge die Deutsche Botschaft in Prag.

Fall der Mauer

Dem Versprechen der neuen SED-Führung, den Staat demokratisch zu erneuern, wird nicht geglaubt. Die Demonstrationen gehen unvermindert weiter. Anfang November demonstrieren über eine Million Menschen in Ostberlin für freie Wahlen, Demokratie, Menschenrechte und Reisefreiheit. Am 7. November muss die gesamte Regierung zurücktreten. Am 9. November wird ein neues Reisegesetz bekannt gegeben. Zehntausende strömen an die Grenze. Die Grenze ist offen, die Mauer gefallen.

Mauerfall 1989

Erklären Sie die Begriffe „Perestroika" und „Glasnost".

5 Der Einigungsprozess

Der Runde Tisch

Nach der Öffnung der Mauer am 9. November 1989 beginnt in der DDR ein Demokratisierungsprozess. Die SED verliert Stück für Stück ihre beherrschende Stellung in Staat und Gesellschaft. In Ostberlin wird ein „Runder Tisch" unter der Moderation von Kirchenvertretern gebildet, an dem alle Oppositionsgruppen beteiligt sind. Ihnen gegenüber sitzen die Vertreter der Regierung. Die Oppositionsgruppen ringen der Regierung Modrow freie Wahlen ab. Weiterhin werden die Auflösung des Staatssicherheitsdienstes, verschiedene Verfassungsänderungen (u.a. die Streichung der führenden Rolle der SED) sowie Reformen in der Wirtschaft, Bildung und Ökologie beschlossen. Am 17.11. erfolgt die Erklärung der Regierung Modrow.

Feier zur Wiedervereinigung 1990

Die Wirtschafts-, Währungs- und Sozialunion – der erste Staatsvertrag

Am 16. Mai unterzeichnet Bundeskanzler Kohl und Ministerpräsident de Maizière den Staatsvertrag zur Schaffung einer Wirtschafts-, Währungs- und Sozialunion. Dieser Staatsvertrag regelt auch Fragen des Arbeits- und Sozialrechts und ab 1. Juli 1990 gelten entsprechende Gesetze der BRD. Mit der Einführung der D-Mark im Umtauschkurs 1:2 ist der erste Schritt zur Vereinigung getan. BRD und DDR bilden ab dem 2. Juli 1990 ein gemeinsames Wirtschaftsgebiet.

Volkskammerwahl

Im Zusammenhang mit der friedlichen Revolution und dem Demokratisierungsprozess in der DDR entstehen viele neue Parteien. Zur Volkskammerwahl am 18. März 1990 treten insgesamt 23 Parteien an. Der Wahlausgang wird mit großer Spannung erwartet, können doch die Bürger und Bürgerinnen zum ersten Mal nach 57 Jahren frei wählen. Im Wahlkampf spielt die Frage über den schnellsten Weg zu einer Vereinigung der beiden deutschen Staaten die entscheidendste Rolle. Bundeskanzler Kohl und der neue Ministerpräsident Lothar de Maizière setzen sich für eine rasche Vereinigung ein. Unter dem Druck der wirtschaftlichen Verhältnisse einigen sich die beiden Regierungen auf einen Beitritt nach Artikel 23 des Grundgesetzes.

Einigungsvertrag

Die Grundlage zur Herstellung der Einheit Deutschlands ist der zwischen den Regierungen der beiden deutschen Staaten ausgehandelte Einigungsvertrag, der am 3. Oktober 1990 in Kraft tritt. Es handelt sich dabei um ein sehr kompliziertes und umfangreiches Vertragswerk, denn schließlich müssen zwei völlig unterschiedliche Systeme miteinander in Einklang gebracht werden. Der 3. Oktober ist seit 1990 zum „Tag der deutschen Einheit" erklärt und gesetzlicher Feiertag.

Erläutern Sie, warum 1990 der Ruf nach Wiedervereinigung immer lauter wurde.

5.1 Integration in die Ost-West-Beziehungen

Einbeziehung der DDR in die EG
Vereinbarung von Übertragungsregelungen

Grenzgarantie
für Polen durch beide deutsche Parlamente, später durch gesamtdeutsches Parlament

Neue Sicherheitsordnung für Europa
durch Fortentwicklung der KSZE (Konferenz über Sicherheit und Zusammenarbeit in Europa)

„Wir sind so weit, Dachdecker, Beeilung!"

2-plus-4-Gespräche
(DDR + BR Deutschland + 4 Siegermächte) über **Vorbehaltsrechte, Truppenstationierung, Berlin** Deutschland und seine Stellung zu **NATO/Warschauer Pakt, Sicherheitsinteressen der UdSSR**

Der Vereinigungsvertrag ist nicht nur eine Angelegenheit der beiden deutschen Staaten. Es sind auch eine Reihe internationaler Fragen zu klären.

Besonders schwierig ist es, die Zustimmung der Sowjetunion zur Vereinigung Deutschlands zu erreichen. Bei einem Gipfeltreffen im Kaukasus einigen sich Kohl und Gorbatschow auf die wichtigsten Punkte eines **deutsch-sowjetischen Vertrages:**

- Die Sowjetunion stimmt der Vereinigung zu.
- Das vereinte Deutschland kann Mitglied der NATO sein.

Solange noch sowjetische Truppen auf dem Gebiet der DDR stationiert sind, gilt die DDR nicht als NATO-Gebiet. Der Abzug der sowjetischen Truppen aus der DDR soll bis 1994 erfolgen. Die Bundesrepublik Deutschland beteiligt sich an den Stationierungs- und Abzugskosten mit 6,5 Mrd. EUR.

Der **Zwei-plus-Vier-Vertrag** (am 12. September 1990 unterzeichnet)

ist mehr als nur ein Vertrag zwischen sechs beteiligten Staaten. Er zieht einen Schlussstrich unter die Nachkriegszeit und hat die **Bedeutung eines Friedensvertrages**. Ohne das Einverständnis der vier Siegermächte hätte die Einheit Deutschlands nicht vollzogen werden können. Auf dem KSZE-Gipfel unterschreiben am 19. November 1990 die Staats- und Regierungschefs der NATO und des Warschauer Pakts eine 10-Punkte-Erklärung (Die 10 Punkte von Paris), in der der „Kalte Krieg" für beendet erklärt wird.

Ende 1990 ist die Vereinigung aus internationaler Sicht abgeschlossen. Deutschland erhält seine **Souveränität**.

Untersuchen Sie die internationale Rolle Deutschlands seit 1990 bis heute.

6   Folgen der Vereinigung

Politische Aspekte

Ein Überblick

- Höchstes Wachstum seit 2000: Die deutsche Wirtschaft (2007: Bruttoinlandsprodukt +8,5 %) ist seit 2000 so stark gestiegen wie nie zuvor, jedoch reicht der Aufschwung nicht für alle – vom Wirtschaftsboom profitieren viele, die sozialen Verwerfungen nehmen zu.
- Die Lasten der Wiedervereinigung sind ein gutes Stück abgearbeitet, die Wechselschocks der Euro-Einführung sind überwunden und die Unternehmen sind auf den Weltmärkten so wettbewerbsfähig wie lange nicht.
- Im Schatten des Aufschwungs nehmen die sozialen Probleme zu. Während die gut ausgebildeten Kurzarbeitslosen zu Hunderttausenden profitieren, bleibt die Besserung bei den Langarbeitslosen bescheiden. Die Zahl der Menschen, die neben der regulären Beschäftigung „Hartz IV" beantragen, wächst.
- Was tun? Die Politik scheint überfordert. Die Globalisierung drückt auf die Einkommen und die Jobchancen im Niedriglohnsektor. Wer keine Ausbildung hat, wessen Produktivität nicht ausreicht, rutscht ab in prekäre Beschäftigungsverhältnisse – Schnittstelle zwischen Sozialhilfe, Arbeitslosigkeit und Gelegenheitsjobs – das wohl größte Problem unserer Zeit, das die Politik zu lösen und dabei den Wandel wichtiger gesellschaftlicher Probleme zu gestalten hat.

Peter Hahne, Berlin, Ostthüringer Zeitung, 21. Mai 2007, Auszug

Wie steht es mit der inneren Einheit?

Gefühlte Nähe zwischen Ost- und Westdeutschen
Befragt wurden (...) insgesamt 500 Bürger in den neuen Bundesländern und 502 in den alten Bundesländern. Die Untersuchung ist repräsentativ für die deutsche Bevölkerung ab 18 Jahren. (...)
In der westdeutschen Bevölkerung wird überwiegend das Verbindende zwischen Ost und West gesehen. 44 % sind der Ansicht, dass sich Ost- und Westdeutsche im siebzehnten Jahr nach der Wiedervereinigung eher nahestehen. Nur jeder Vierte (25 %) hat das Gefühl, Ost- und Westdeutsche seien sich eher fern. Die übrigen 31 % geben an, dass sich Ost- und Westdeutsche weder besonders nah noch fern sind. Die Einschätzung, wonach das Ost-West-Verhältnis eher durch Nähe und weniger durch Distanz geprägt ist, zeigt sich im Westen fast durchgängig. Allerdings ist der Grad, in dem die Nähe zum Osten empfunden wird, durchaus unterschiedlich. Vor allem in der Altersgruppe der 18- bis 29-Jährigen wird das Verhältnis von Ost und West als besonders eng empfunden.

(Auszug aus einer Pressemitteilung vom 29.1.2007, Dr. Andreas Czaplicki: Gefühlte Nähe zwischen Ost- und Westdeutschen, unter: http.imleipzig.de/presse/Presse_29_01_2007.html

Berichten Sie über Ihre Erfahrungen und Beobachtungen, inwieweit sich die Menschen in beiden Teilen Deutschlands nähergekommen sind.

Wirtschaftliche Aspekte

Der wirtschaftliche Aufholprozess der neuen Länder vollzieht sich nach wie vor langsam. Trotz großer Erfolge in der Modernisierung der Infrastruktur, in den Sonderwirtschaftszonen, durch Leuchtturmpolitik und passive Sanierung, in der Förderung der gewerblichen Wirtschaft, in der sozialen Sicherung und durch mehr Wettbewerb auf Landesebene geht die angestrebte Ost-West-Angleichung immer besser voran.

- Forschungsinstitute beziffern den Sonderbedarf in den neuen Bundesländern nach Ablauf des Solidarpaktes I 2004 auf 250 Mrd. EUR. Allein zur Schließung der Infrastrukturlücke seien noch rund 150 Mrd. EUR nötig.

- Der Solidarpakt wird mit dem Solidarpakt II ab 2005 fortgeschrieben. Bis einschließlich 2019 werden rund 160 Mrd. EUR folgen. Es besteht die Forderung an die neuen Bundesländer, diese Mittel für den Aufbau einer selbsttragenden Wirtschaft und nicht zur Finanzierung laufender Ausgaben zu verwenden.

- Die Arbeitsmarktpolitik bleibt ein wichtiges Handlungsfeld der Transformationspolitik. Die Arbeitslosigkeit in Deutschland ist erstmals seit Jahren weiter gesunken. Die Quote sank von 10,8 % in 2006 auf 9,0 % in 2007. Weiterhin wesentlich schlechter ist die Lage auf dem ostdeutschen Arbeitsmarkt mit einer Quote von 15,1 % (zwischen Mecklenburg-Vorpommern 16,5 % und Thüringen mit 13,2 %). Damit sank die Zahl der Arbeitslosen in Deutschland auf 3,763 Millionen.

- Das Wirtschaftswachstum in Ostdeutschland liegt um 0,2 % (2006: 0,4 %) niedriger als in Westdeutschland.

Eigene Zusammenstellung nach ausgewählten Wirtschaftsdaten aus dem Mai 2008, unter: www.bmwi.de

Ist die immer wieder auftretende Diskussion um die Kosten der Einheit Ihrer Ansicht nach angemessen? Begründen Sie Ihre Auffassung.

Soziale Aspekte

Gefühle und Befinden der Bürger aus Ost- und Westdeutschland haben in steigendem Maße **wirtschaftliche und soziale Bedeutung**. Hinsichtlich des Erwerbseinkommens, der Renten, der Beschäftigten- und Arbeitslosenzahlen und einheitlicher Arbeitsbedingungen ergibt sich ein differenziertes Bild. Die Arbeitsbedingungen, Arbeitszeiten (bis zu 117 Stunden mehr an Jahresarbeitszeit im Osten) und die Löhne und Gehälter werden immer noch angeglichen (bis zu 41 % Lohngefälle zwischen Ost und West). **Ausgabenstruktur und Konsumverhalten** der Privathaushalte sind in Ost- und Westdeutschland weitgehend deckungsgleich. Im Osten arbeiten in Betrieben 11 % der Arbeitnehmer mit Haustarifverträgen, in den alten Ländern sind es 8 % – ganz ohne Tarifvertrag – und damit ohne tarifvertraglich festgelegte Lohngruppen, Arbeitszeiten und Urlaubsregelungen. Der erfolgreiche Kampf gegen Jugendarbeitslosigkeit wird mit Qualifizierungs- oder Eingliederungszuschüssen für Arbeitgeber fortgesetzt.

Der Sozialreport 2008 „Zukunftsängste in Ostdeutschland" stellt fest:

- Die allgemeine Lebenszufriedenheit der Ostdeutschen ist vor dem Hintergrund der Reformdebatten und steigender Energiekosten weiter gesunken.
- Wachsende Zukunftssorgen: 88 % der Bürger in Ostdeutschland gehen einer Untersuchung zufolge davon aus, dass die Armut in Deutschland in den kommenden Jahren zunehmen wird. Zudem macht sich jeder Zweite über 18 Jahre große Sorgen angesichts der sozialen Entwicklung.
- Der von der großen Koalition proklamierte wirtschaftliche Aufschwung erreicht weder in der Realität noch im Bewusstsein die Mehrheit der Bürger.
- Das Vertrauen in die politischen Instanzen ist niedrig und die Zufriedenheit mit dem Stand der Demokratieentwicklung ist gering. Untersuchungsergebnisse verweisen darauf, dass Rechtsextremismus und ausländerfeindliches Verhalten nicht auf gewaltbereite, gering qualifizierte, ausgegrenzte junge Menschen reduzierbar sind, sondern alle Altersgruppen erfassen.

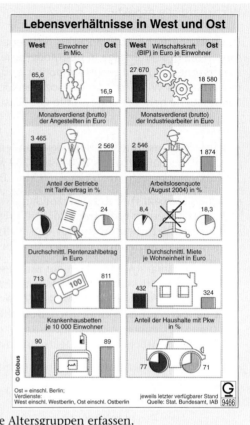

Eigener Text nach Informationen einer Pressemitteilung des Sozialwissenschaftlichen Forschungszentrums Berlin-Brandenburg e.V. vom 16.01.2007 und Kleine Zeitung: Zukunftsängste in Ostdeutschland, unter: www.kleinezeitung.at/nachrichten/wirtschaft/1375650/index.do vom 8.7.2008

Ost-West-Wanderung

Von dem wirtschaftlichen und demografischen Wandel, der ganz Deutschland erfasst, sind die neuen Bundesländer überproportional betroffen. Der massenhafte Verlust an Arbeitsplätzen seit der Wende und die daraus resultierende Abwanderung haben vor allem in den peripheren Regionen zu einer sozialen Erosion geführt (2005: 137 200 Personen von Ost nach West – der Trend ist rückläufig). Die Abwanderung von jungen Frauen hat Folgen vor allem für die Altersstruktur. Die Alterspyramide wird sich im Osten Deutschlands dramatisch verändern.

Statistisches Bundesamt Deutschland: Pressemitteilung vom 25.10.2006, unter: www.destatis.de (Auszug)

1. Listen Sie auf, welche gesellschaftlichen und sozialen Probleme sich durch die wachsende Abwanderung besonders junger Leute aus dem Osten ergeben.
2. Diskutieren Sie mögliche Ursachen für Aggressivität und Gewalt und ihre Auswirkungen vor dem Hintergrund der Folgen (soziale Aspekte) der deutschen Einheit.

Zur Wiederholung

1. Nennen Sie die wichtigsten Ergebnisse der Potsdamer Konferenz.
2. Ost und West beschuldigen sich gegenseitig für die Teilung Deutschlands verantwortlich zu sein. Nehmen Sie dazu Stellung.
3. Beschreiben Sie die Ziele, die die Siegermächte bei ihrer Besatzungspolitik verfolgen.
4. Nennen Sie die Schritte der Teilung Deutschlands.
5. Diskutieren Sie den Einfluss der Siegermächte auf die Gründung der beiden deutschen Staaten.
6. Erklären Sie die wesentlichen Unterschiede zwischen der Gründung der DDR und der Bundesrepublik.
7. Nennen Sie Gründe dafür, dass die Teilung Deutschlands eine Folge des Ost-West-Konfliktes ist.
8. Diskutieren Sie die Frage, ob sich Grundlagenvertrag und Wiedervereinigungsgebot nicht widersprechen.
9. Erläutern Sie das Politikverständnis, das der sozialistischen Demokratie zugrunde liegt.
10. Nennen Sie die Ursachen des Arbeiteraufstandes am 17. Juni 1953.
11. Nennen Sie die Hauptantriebskräfte der „friedlichen Revolution" in der DDR.
12. Diskutieren Sie folgende Frage: Warum vollzog sich die Einigung beider deutscher Staaten nach Ansicht vieler deutscher Bürger zu schnell?

Handlungsimpulse

A Setzen Sie sich in kleinen Gruppen zusammen und fassen Sie in Tabellenform die Ereignisse der Entstehung beider deutschen Staaten zusammen. Arbeiten Sie dabei besonders die wesentlichen Unterschiede zwischen der Gründung der BRD und DDR heraus.
Vergleichen Sie Ihre Ergebnisse mit denen der anderen Gruppen.

B Die Entspannungspolitik ist ein wesentlicher Meilenstein auf dem Weg zu einem friedlichen Nebeneinander der beiden deutschen Staaten.
Diskutieren Sie die Feststellung, dass als Ursache der Entspannungspolitik ein radikales Umdenken in der Deutschlandpolitik vorausging.

C Diskutieren Sie Probleme und Chancen für eine weitere Gestaltung der deutschen Einheit. Stellen Sie in den Mittelpunkt Ihrer Überlegungen besonders die Herausforderungen, die die Deutschen in den nächsten Jahren zu bewältigen haben. Fertigen Sie zu den Problemen, Chancen und Herausforderungen eine Dokumentation an.

Das Regierungssystem der Bundesrepublik Deutschland I

1 Die freiheitlich-demokratische Grundordnung

1.1 Der Staat

Heiko Sakurai, 07.06.2008

Alle Staaten der Welt haben Symbole, die die Zusammengehörigkeit und Gemeinsamkeit der Bürger dieses Staates zeigen sollen. Die Staatssymbole der Bundesrepublik Deutschland sind: das Wappen, die Flagge und die Nationalhymne.

Einigkeit und Recht und Freiheit
Für das deutsche Vaterland!
Danach lasst uns alle streben
Brüderlich mit Herz und Hand!
Einigkeit und Recht und Freiheit
Sind des Glückes Unterpfand –
Blüh im Glanze dieses Glückes,
Blühe, deutsches Vaterland!

Hoffmann von Fallersleben

1. Erläutern Sie die Bedeutung der Symbole eines Staates.
2. Recherchieren Sie die geschichtlichen Hintergründe der Symbole.

Jeder Staat ist durch **drei Merkmale** gekennzeichnet:

1. ein **Staatsgebiet** mit eindeutig bestimmbaren Grenzen. Das Staatsgebiet der Bundesrepublik umfasst 357 093 km²;
2. ein **Staatsvolk**, dessen Staatsbürger mit bestimmten Pflichten und Rechten ausgestattet sind. Die Bevölkerung in Deutschland setzt sich aus ca. 75,1 Millionen deutschen Staatsbürgern und ca. 7,3 Millionen ausländischen Mitbürgern zusammen;
3. eine **Staatsgewalt**, die Regeln für das Zusammenleben festlegen kann. In welcher Form und durch wen die Staatsgewalt ausgeübt wird, ist in demokratischen Staaten in der Verfassung geregelt.

1.2 Das Grundgesetz

Das **Grundgesetz** ist die Verfassung der Bundesrepublik Deutschland. Es wird am 23. Mai 1949 vom **Parlamentarischen Rat** ausgearbeitet und von den Landtagen der elf westlichen **Bundesländer** beschlossen. Am 3. Oktober 1990 treten die östlichen Bundesländer der Bundesrepublik Deutschland bei. Seitdem gilt das Grundgesetz für Gesamtdeutschland.

Konrad Adenauer unterschreibt das Grundgesetz.

Präambel

Im Bewusstsein seiner Verantwortung vor Gott und den Menschen, von dem Willen beseelt, als gleichberechtigtes Glied in einem vereinten Europa dem Frieden der Welt zu dienen, hat sich das Deutsche Volk kraft seiner verfassungsgebenden Gewalt dieses Grundgesetz gegeben.

1. Erstellen Sie eine Rangliste der Bundesländer nach der Bevölkerungszahl.
2. Bestimmen Sie die ehemalige Grenzlinie im geteilten Deutschland.

1.3 Prinzipien der Verfasung

Artikel 1 und **Artikel 20** bilden den **Kern des Grundgesetzes**. Sie enthalten die grundlegenden Werte und Prinzipien der Verfassung (Demokratie, Sozialstaat, Rechtsstaat, Bundesstaat). Gegenüber den anderen Artikeln des Grundgesetzes haben Sie eine Sonderstellung: Sie dürfen nach **Artikel 79** nicht verändert werden.

Freiheitlich-demokratische Grundordnung			
Demokratie	**Rechtsstaat**	**Bundesstaat**	**Sozialstaat**
Träger der Staatsgewalt ist das Volk (**Volkssouveränität**). Darum muss sich der Herrschaftsanspruch der staatlichen Organe aus dem Willen des Volkes herleiten. Der Wille des Volkes äußert sich in Wahlen und Abstimmungen.	Alle Staatsorgane sind in ihrem Handeln an die Verfassung und die Gesetze gebunden. Die staatliche Gewalt ist auf verschiedene Organe für Gesetzgebung, Vollziehung und Rechtsprechung verteilt (**Gewaltenteilung**).	Der Gesamtstaat (**Bund**) besteht aus verschiedenen Gliedstaaten (**Länder**). Die Länder unterstehen zwar dem Recht des Bundes, sind aber selbst an der Gesetzgebung des Bundes beteiligt. Jedes Bundesland besitzt das Recht, in bestimmten Bereichen selbst zu entscheiden.	Der Staat ist zu einer Politik der **sozialen Gerechtigkeit,** d. h. des Ausgleichs sozialer Interessen verpflichtet. Wie das Sozialstaatsprinzip im Einzelnen verwirklicht werden soll, ist immer wieder Gegenstand der politischen Diskussion.

Artikel 1 Grundgesetz
(1) Die Würde des Menschen ist unantastbar, sie zu achten und zu schützen ist die Verpflichtung aller staatlichen Gewalt.
(2) Das Deutsche Volk bekennt sich darum zu unverletzlichen und unveräußerlichen Menschenrechten als Grundlage jeder menschlichen Gemeinschaft, des Friedens und der Gerechtigkeit in der Welt.
(3) Die nachfolgenden Grundrechte binden Gesetzgebung, vollziehende Gewalt und Rechtsprechung als unmittelbar geltendes Recht.

Artikel 20 Grundgesetz
(1) Die Bundesrepublik Deutschland ist ein demokratischer und sozialer Bundesstaat.
(2) Alle Staatsgewalt geht vom Volke aus. Sie wird in Wahlen und Abstimmungen durch besondere Organe der Gesetzgebung, der vollziehenden Gewalt und der Rechtsprechung ausgeübt.
(3) Die Gesetzgebung ist an die verfassungsmäßige Ordnung, die vollziehende Gewalt und die Rechtsprechung sind an Gesetz und Recht gebunden.
(4) Gegen jeden, der es unternimmt, diese Ordnung zu beseitigen, haben alle Deutschen das Recht zum Widerstand, wenn andere Abhilfe nicht möglich ist.

Artikel 79 Grundgesetz
(1) Das Grundgesetz kann nur durch ein Gesetz geändert werden, das den Wortlaut des Grundgesetzes ausdrücklich ändert oder ergänzt (...)
(2) Ein solches Gesetz bedarf der Zustimmung von zwei Dritteln der Mitglieder des Bundestages und zwei Dritteln der Stimmen des Bundesrates.
(3) Eine Änderung dieses Grundgesetzes, durch welche die Gliederung des Bundes in Länder, die grundsätzliche Mitwirkung der Länder bei der Gesetzgebung oder die in den Artikeln 1 und 20 niedergelegten Grundsätze berührt werden, ist unzulässig.

1. Begründen Sie die Rechtsstellung von Art. 1 u. 20.
2. Erläutern Sie den geschichtlichen Hintergrund von Art. 20 (4).

1.4 Horizontale Gewaltenteilung

In einer Demokratie kann das Volk seine Herrschaft direkt über Abstimmungen (**unmittelbare** oder **plebiszitäre Demokratie**) oder indirekt über gewählte Vertreter (**mittelbare** oder **repräsentative Demokratie**) ausüben. Die Demokratie in Deutschland beruht zwar auf dem Gedanken der Repräsentation, wird aber – vor allem auf kommunaler Ebene – zunehmend durch Möglichkeiten der Volksabstimmung ergänzt. Damit soll dem wachsenden Verlangen nach einer größeren politischen Beteiligung der Bürger entgegengekommen werden.

Die Herrschaft des Volkes drückt sich zunächst in der Gesetzgebung aus. In einer repräsentativen Demokratie erfolgt sie über die gewählten Volksvertreter im Parlament (gesetzgebende Gewalt oder **Legislative**). Es reicht jedoch nicht, gesetzliche Regelungen wie die Steuerpflicht nur zu beschließen, sie müssen auch umgesetzt werden. Die dafür zuständige Gewalt ist die Regierung und die ihr unterstellte Verwaltung (ausführende Gewalt oder **Exekutive**). Die Anwendung von Gesetzen lässt sich nicht lückenlos regeln, Streitfälle treten zwangsläufig auf. Zur Klärung solcher Rechtsfälle können die Gerichte angerufen werden (rechtsprechende Gewalt oder **Judikative**).

Gewaltenteilung und Freiheit

Man muss sich gegenwärtig halten, was Unabhängigkeit und was Freiheit ist. Freiheit ist das Recht, alles zu tun, was die Gesetze erlauben (…) Politische Freiheit findet sich (…) nur dann, wenn man die Macht nicht missbraucht; aber es ist eine ewige Erfahrung, dass jeder, der Macht hat, ihrem Missbrauch geneigt ist: Er geht so weit, bis er auf Schranken stößt (…) Um den Missbrauch der Macht zu verhindern, muss vermöge einer Ordnung der Dinge (d. h. einer Verfassung) die Macht der Macht Schranken setzen (…)
Wenn in derselben Person oder der gleichen obrigkeitlichen Körperschaft die gesetzgebende Gewalt mit der vollziehenden vereinigt ist, gibt es keine Freiheit; denn es steht zu befürchten, dass derselbe Monarch oder derselbe Senat tyrannische Gesetze macht, um sie tyrannisch zu vollziehen.
Es gibt ferner keine Freiheit, wenn die richterliche Gewalt nicht von der gesetzgebenden und vollziehenden getrennt ist (…)
Alles wäre verloren, wenn derselbe Mensch oder die gleiche Körperschaft der Großen, des Adels oder des Volkes diese drei Gewalten ausüben würde: die Macht, Gesetze zu geben, die öffentlichen Beschlüsse zu vollstrecken und die Verbrechen oder die Streitsachen der Einzelnen zu richten (…)

Charles de Montesquieu: Vom Geist der Gesetze, 1748

1. Warum ist die Freiheit des Menschen nach Montesquieu gefährdet?
2. Durch welche Maßnahme will Montesquieu die Freiheit schützen?

Seit der Aufklärung im 17./18. Jahrhundert gilt der Grundsatz der Trennung der Staatsgewalten und der ihnen zugeordneten Staatsorgane als wesentlicher Bestandteil einer freiheitlichen Ordnung **(horizontale Gewaltenteilung)**. Dadurch soll die Macht der einzelnen Staatsgewalt durch gegenseitige Kontrolle begrenzt werden.

1.5 Vertikale Gewaltenteilung

Mit dem staatlichen Zusammenschluss zur Bundesrepublik Deutschland haben die Länder nicht alle Befugnisse abgegeben. Die Verfassungsväter entscheiden sich bewusst für den **Föderalismus (Bundesstaat)** und gegen eine Bündelung der Entscheidungskompetenzen **(Zentralstaat)**. Die Folgen der Machtkonzentration unter der nationalsozialistischen Herrschaft sind allen in frischer Erinnerung. Im Grundgesetz wird die Gesetzgebungskompetenz zwischen Bund und Ländern zerlegt, die Staatsgewalt also zusätzlich zwischen den Organen des Bundes und der Länder aufgeteilt **(vertikale Gewaltenteilung)**. Die Gemeinden haben zwar eigenständig Aufgaben zu erfüllen **(Kommunale Selbstverwaltung)** und sind damit ein weiteres Glied der Gewaltenteilung, jedoch können die Begriffe der klassischen Staatsgewalten nicht auf sie übertragen werden. Bürgermeister und Gemeinderat sind beide Teil der Verwaltung und unterstehen der Rechtsaufsicht des Landes. Mit den Verträgen der Europäischen Union (EU) hat sich eine weitere Instanz der Rechtssetzung herausgebildet. Die EU ist zwar kein Staat, wirkt aber durch ihre Beschlüsse immer stärker auf die nationale Gesetzgebung ein.

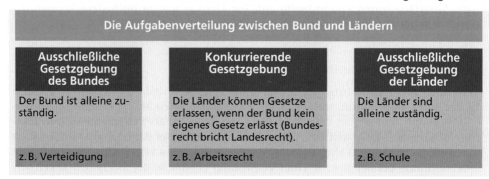

Die Aufgabenverteilung zwischen Bund und Ländern		
Ausschließliche Gesetzgebung des Bundes	**Konkurrierende Gesetzgebung**	**Ausschließliche Gesetzgebung der Länder**
Der Bund ist alleine zuständig.	Die Länder können Gesetze erlassen, wenn der Bund kein eigenes Gesetz erlässt (Bundesrecht bricht Landesrecht).	Die Länder sind alleine zuständig.
z.B. Verteidigung	z.B. Arbeitsrecht	z.B. Schule

1. Recherchieren Sie, welche Gesetze derzeit auf den beiden Ebenen diskutiert werden.
2. Diskutieren Sie die Forderung, das Schulwesen bundeseinheitlich zu gestalten.

System der Gewaltenteilung in der Bundesrepublik Deutschland			
Horizontale Gewaltenteilung			
Staatsgewalt	**Legislative**	**Exekutive**	**Judikative**
Staatsorgan	Parlament	Regierung	Gericht
Bund	Bundestag	Bundesregierung	Bundesgerichte
Land	Landtag	Landesregierung	Gerichtsbarkeit
(Gemeinde)	(Gemeinderat)	(Bürgermeister)	–

Vertikale Gewaltenteilung

1.6 Der soziale Rechtsstaat

Kinderkrach kein Grund zur Kündigung der Wohnung!

Meldung einer Zeitung

Wir haben einen Rechtsstaat!
Wo bleibt der Schutz des Eigentums? Noch haben wir einen Rechtsstaat. Mit seinem Geld hat der Vermieter sein Haus gebaut. Abgestimmt auf seine Wohnbedürfnisse. Nun darf er noch nicht einmal bestimmen, wer dort wohnen darf! Selbst dann nicht, wenn ihn der Mieter in seiner Ruhe stört. Das Mieterschutzgesetz gehört abgeschafft!

Leserbrief eines Hauseigentümers

Wir haben einen Sozialstaat!
Kinder gehören zu unserer Gesellschaft. Wir alle profitieren von ihnen. Ohne Kinder gibt es keine Rente. Niemand darf deshalb wegen seiner Kinder benachteiligt werden. Wir leben in einem Sozialstaat. In ihm ist das Recht auf Eigentum nicht das Maß aller Dinge. Was zählt, ist die soziale Gerechtigkeit, deshalb brauchen wir den Mieterschutz.

Leserbrief einer Mutter

1. Welche Meinung vertreten Sie in dieser Frage?
2. Welche staatlichen Eingriffe in das Eigentumsrecht kennen Sie noch?

Die Bundesrepublik ist ein **Rechtsstaat**. Zu seinen **Merkmalen** gehört die verfassungsrechtliche Verankerung der **Menschenrechte**. Ferner muss jeder auf die Gültigkeit seiner persönlichen Rechte vertrauen können **(Rechtssicherheit)** und niemand darf rechtlich bevorzugt werden **(Rechtsgleichheit)**. Durch **unabhängige Richter** muss jeder Staatsbürger die Möglichkeit haben, seine Rechte verbindlich durchzusetzen.

Die Sozialleistungen der Bundesrepublik Deutschland im Überblick			
soziale Sicherheit	Sicherung des Existenzminimums	sozialer Schutz/ soziale Teilhabe	sozialer Ausgleich
• Kranken- versicherung • Unfallversicherung • Renten- versicherung • Arbeitslosen- versicherung • Pflegeversicherung	Arbeitslosengeld II • Regelsatz (2008) 351 EUR • Wohngeld (Miete, Heizung, Strom) • SV-Beiträge • Sonstige Zuschüsse (u. a. Übergangs- geld)	• Arbeitsschutz • Kündigungsschutz • Mutterschutz • Mieterschutz • innerbetriebliche Mitbestimmung	• progressive Ein- kommensteuer • Familienförderung (Ehegatten-Split- ting, Kinderfreibe- träge, Kindergeld) • Vermögensbildung • Ausbildungsförde- rung
Leistungen erhält, wer Beiträge an die Versicherung gezahlt hat **(Versicherungs- prinzip)**.	Leistungen erhält, wer seine Bedürf- tigkeit nachweisen kann **(Bedürftig- keitsprinzip)**.	Der Gesetzgeber stärkt die rechtliche Position des Schwächeren **(Prinzip der Waffengleichheit)**.	Der Gesetzgeber stärkt die wirtschaft- liche Situation des Schwächeren **(Soli- daritätsprinzip)**.

Eigentum verpflichtet, heißt es in Art. 12 (2) des Grundgesetzes, sein Gebrauch soll dem Wohl der Allgemeinheit dienen. Damit ist die Bundesrepublik neben einem Rechtsstaat auch ein **Sozialstaat**. Zum Schutz der Schwächeren greift er über Gesetze wie das Mieterschutzgesetz in die Rechte von Einzelnen (z. B. Vertragsfreiheit) ein oder gewährt ihnen Leistungen. Nach dem Grundsatz der **Subsidiarität** soll er aber nur tätig werden, wenn sich die zu schützenden Personen nicht selbst helfen können.

Die Verbindung zwischen Rechts- und Sozialstaat wird als **sozialer Rechtsstaat** bezeichnet. Wie stark die Politik zum Ausgleich sozialer und persönlicher Interessen in das Leben der Bevölkerung eingreifen darf, ist heftig umstritten.

1.7   Staatsbürgerschaft

Die deutsche Staatsangehörigkeit ist das rechtliche Band, das eine Person mit unserem Staat verbindet. Wer sie besitzt, ist nach Art. 116 Grundgesetz Deutscher. Zum Nachweis kann ein Staatsangehörigkeitsausweis beantragt werden. Wie und wem sie verliehen wird, ist im **Staatsangehörigkeitsgesetz** (StAG) geregelt.

In der Mehrheit wird die deutsche Staatsangehörigkeit durch Geburt erworben. Nach dem **„Abstammungsprinzip"** (Jus Sanguinis, lat. Recht des Blutes) erhalten sie Kinder, die mindestens einen deutschen Elternteil haben. Nach dem **„Geburtsortsprinzip"** (Jus Soli, lat. Recht des Bodens) wird sie an im Inland geborene Kinder von ausländischen Eltern vergeben, wenn diese mindestens seit acht Jahren in Deutschland leben und eine unbefristete Aufenthaltsgenehmigung besitzen.

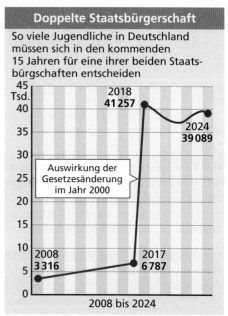

FR Infografik 12.07.2008

Kommt es nach dem Geburtsortprinzip zu einer doppelten Staatsangehörigkeit, muss sich der Betroffene nach seiner Volljährigkeit bis zur Erreichung des 23. Lebensjahres für eine Staatsbürgerschaft entscheiden (**Optionsmodell**). Erklärt er, dass er die ausländische Staatsangehörigkeit behalten will, verliert er die deutsche. Gleiches gilt, wenn keine Erklärung abgegeben wird. Entscheidet er sich für die deutsche Staatsangehörigkeit, muss er nachweisen, dass er die andere Staatsangehörigkeit verloren hat.

Das Optionsmodell ist umstritten: Rechtlich, weil nach der Verfassung eine einmal vergebene Staatsangehörigkeit nicht wieder entzogen werden darf. Politisch, weil es auf einem Kompromiss beruht und deshalb immer wieder von zwei Seiten kritisiert wird. Einmal von jenen, die – bis auf wenige Ausnahmen – eine doppelte oder mehrfache Staatsangehörigkeit (**Mehrstaatigkeit**) ablehnen. Sie befürchten, dass im Krisenfall ein Loyalitätskonflikt entsteht, weil der Staatsbürger nicht weiß, zu welchem Staat er sich bekennen soll. Von der Gegenseite wird beklagt, dass durch das Optionsmodell unnötig Streit in den Familien entsteht und ein Teil der Bevölkerung ausgegrenzt wird, weil er mit dem Nein zur deutschen Staatsbürgerschaft auch die damit verbundenen politischen Rechte verliert.

„(Der Entscheidungszwang nach dem Optionsmodell ist ein) Signal für diese jungen Leute, dass der Zustand, in dem sie bislang gelebt haben und wahrscheinlich auch sehr gut gelebt haben und völlig problemfrei gelebt haben, plötzlich unnormal ist. Das heißt diese Menschen werden wieder aus einem Zusammenhang gerissen und werden plötzlich wieder vor die Situation gestellt ‚das ist nicht korrekt; ihr müsst euch jetzt für uns oder gegen uns entscheiden'. (...) Ich glaube, dass eine Gesellschaft und dass ein Land, das stark und selbstbewusst ist und davon ausgeht, dass es wirklich was zu bieten hat – und das hat dieses Land ja – mit seinen Werten, mit demokratischen Prinzipien, mit Rechtsstaatlichkeit, das sind absolute Hit-Faktoren, nenne ich das jetzt mal ganz populistisch. Mit denen würde ich so souverän und so selbstbewusst umgehen, dass ich sagen würde, die Menschen müssten mir ja eigentlich hier den Laden einrennen, um diese Staatsbürgerschaft zu kriegen. Warum mache ich eigentlich so ein Riesen-Problem daraus?"

Asli Sevindim, WDR-Journalistin plädiert für Doppelpass
http://www.dradio.de/dlf/sendungen/interview_dlf/815117/, Zugriff: 1.7.2008

1. Diskutieren Sie die Vor- und Nachteile der zwei Staatsbürgerschaftsprinzipien.
2. Beziehen Sie zu den Aussagen von Asli Sevindim kritisch Stellung.

Neben der Geburt kann die deutsche Staatsangehörigkeit auch durch **Einbürgerung** erworben werden. Ein entsprechender Antrag kann ab dem 16. Geburtstag (unter 16 Jahren durch den gesetzlichen Vertreter) über die Wohnsitzgemeinde bei der Einbürgerungsbehörde (im Saarland das Innenministerium) eingereicht werden. Ob dem Antrag entsprochen wird, liegt im Ermessen dieses Amtes. Gegen Bezahlung einer Gebühr von 255 EUR pro Person wird die Einbürgerung schließlich durch Aushändigung einer besonderen Urkunde vollzogen.

Ein Rechtsanspruch auf Einbürgerung entsteht, wenn die folgenden Voraussetzungen vorliegen:

- unbefristetes Aufenthaltsrecht oder Aufenthaltserlaubnis,
- Gewöhnlicher rechtmäßiger Aufenthalt in Deutschland seit 8 Jahren,
- Fähigkeit den Lebensunterhalt für sich und die unterhaltsberechtigten Familienangehörigen ohne Sozialhilfe oder Arbeitslosengeld II zu bestreiten,
- nicht wegen einer Straftat verurteilt (geringfügige Verurteilungen sind unbeachtlich),
- Bekenntnis zur freiheitlichen demokratischen Grundordnung des Grundgesetzes der Bundesrepublik Deutschland,
- Aufgabe der alten Staatsangehörigkeit,
- ausreichende Deutschkenntnisse,
- Kenntnisse über die Rechts- und Gesellschaftsordnung sowie die Lebensverhältnisse in Deutschland, die durch einen bundeseinheitlichen Einbürgerungstest nachzuweisen sind.

Der Test stützt sich auf das Sprachniveau B1 des gemeinsamen Europäischen Referenzrahmens. Dies ist die erste Stufe der selbstständigen Sprachverwendung. Einbürgerungswillige müssen danach das Wichtigste verstehen, wenn eine einfache Sprache verwendet wird. Sie müssen außerdem über vertraute Themen sprechen können, wie Schule und Arbeit sowie über Erfahrungen, Ereignisse, Träume und Wünsche.

Die Prüfung erstreckt sich über 33 Fragen zu den Themen „Leben in der Demokratie", „Geschichte und Verantwortung" sowie „Mensch und Gesellschaft", von denen sich drei auf das jeweilige Bundesland beziehen.

Zu jeder Frage werden vier Antwortmöglichkeiten angeboten, von denen jeweils nur eine richtig ist. Die Prüfung ist bestanden, wenn 17 richtig angekreuzt wurden. Die Prüfungsfragen werden einem vorgegebenen Katalog von 310 Fragen entnommen, der der Öffentlichkeit mit kurzen Hintergrunderläuterungen zur Verfügung steht.

1. Diskutieren Sie die Notwendigkeit der gesetzlichen Voraussetzungen, um einen Rechtsanspruch auf Einbürgerung zu haben.
2. Beurteilen Sie die Aussage der Karikatur mit Blick auf die nachfolgenden Fragebeispiele aus dem Einwanderungstest.

Saarland

Aufgabe 3	Aufgabe 5
Für wie viele Jahre wird ein Landtag im Saarland gewählt?	*Welche Farben hat die Landesflagge vom Saarland?*
❑ 3	❑ weiß-blau
❑ 4	❑ schwarz-rot-gold
❑ 5	❑ schwarz-gelb
❑ 6	❑ grün-weiß-rot

Auszug aus dem Gesamtkatalog der für den Einbürgerungstest zugelassenen Prüfungsfragen, Teil II, Fragen für das Bundesland Saarland, unter: http://www.bmi.bund.de/cln_012/nn_759156/Internet/Content/Common/Anlagen/Themen/Staatsangehoerigkeit/ DatenundFakten/Einbuergerungstest_Laender_Zusammen,templateID=raw,property=publicationFile.pdf/ Einbuergerungstest_Laender_Zusammen.pdf, Zugriff am 10.12.2008

Aufgabe 3

Deutschland ist ein Rechtsstaat.
Was ist damit gemeint?

❏ Alle Einwohner/Einwohnerinnen und
der Staat müssen sich an die Gesetze
halten.
❏ Der Staat muss sich nicht an die
Gesetze halten.
❏ Nur Deutsche müssen die Gesetze be-
folgen.
❏ Die Gerichte machen die Gesetze.

Aufgabe 37

Wie werden die Regierungschefs/
Regierungschefinnen der meisten Bundes-
länder in Deutschland genannt?

❏ Erster Minister/Erste Ministerin
❏ Pemierminister/Premierministerin
❏ Senator/Senatorin
❏ Ministerpräsident/Ministerpräsidentin

Aufgabe 120

Das Wahlsystem in Deutschland ist ein ...

❏ Zensuswahlrecht.
❏ Dreiklassenwahlrecht.
❏ Mehrheits- und Verhältniswahlrecht.
❏ allgemeines Männerwahlrecht.

Aufgabe 170

Seit wann gibt es das Grundgesetz der
Bundesrepublik Deutschland? Seit ...

❏ 1919
❏ 1933
❏ 1949
❏ 1989

Aufgabe 188

In welchem Jahr wurde die Mauer in Berlin
gebaut?

❏ 1953
❏ 1956
❏ 1959
❏ 1961

Aufgabe 227

Welches Land ist ein Nachbarland von
Deutschland?

❏ Finnland
❏ Dänemark
❏ Norwegen
❏ Schweden

Aufgabe 236

Wie viele Mitgliedsstaaten hat die EU heute?

❏ 21
❏ 23
❏ 25
❏ 27

Aufgabe 297

Aus welchem Land sind die meisten
Migranten/Migrantinnen nach Deutschland
gekommen?

❏ Italien
❏ Polen
❏ Marokko
❏ Türkei

Auszug aus dem Gesamtkatalog der für den Einbürgerungstest zugelassenen Prüfungsfragen, unter:
http://www.bmi.bund.de/cln_012/nn_759156/Internet/Content/Common/Anlagen/Themen/Staatsangehoerigkeit/
*DatenundFakten/Einbuergerungstest_Allgemein,templateID=raw,property=publicationFile.pdf/Einbuergerungstest_*
Allgemein.pdf, Zugriff am 10.12.2008

Zur Wiederholung

1. Beschreiben Sie die Symbole der Bundesrepublik Deutschland.
2. Nennen Sie die drei Merkmale eines Staates.
3. Stellen Sie die Entstehung des Grundgesetzes dar.
4. Erläutern Sie die Verfassungsprinzipien des Grundgesetzes.
5. Charakterisieren Sie die besondere Stellung des Art. 20 GG.
6. Vergleichen Sie die direkte mit der indirekten Demokratie.
7. Ordnen Sie den Staatsgewalten das entsprechende Staatsorgan zu.
8. Erläutern Sie die Aufgabenverteilung zwischen Bund und Ländern.
9. Zeigen Sie die Verschränkung der horizontalen mit der vertikalen Gewaltenteilung auf.
10. Kennzeichnen Sie die Merkmale eines Rechtsstaates.
11. Beschreiben Sie das Wesen des Sozialstaats im Sinne des Grundgesetzes.
12. Arbeiten Sie den Grundkonflikt in einem sozialen Rechtsstaat heraus.
13. Erläutern Sie an Beispielen die vier Prinzipien sozialer Leistungen in Deutschland.
14. Grenzen Sie das Abstammungs- vom Geburtsortprinzip ab.
15. Problematisieren Sie das Optionsmodell im Staatsangehörigkeitsrecht Deutschlands.
16. Erläutern Sie die Möglichkeit, die deutsche Staatsangehörigkeit durch Einbürgerung zu erhalten.

Handlungsimpulse

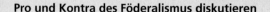

Pro und Kontra des Föderalismus diskutieren

Anita und Hanna wohnen an der Landesgrenze des Saarlandes. Beide lernen den Beruf einer Fachverkäuferin im Nahrungsmittelhandwerk – Anita in einer Bäckerei ihres Heimatortes, Hanna in der Nachbarstadt jenseits der Landesgrenze. Die für Anita zuständige Berufsschule befindet sich ca. 50 km von ihrem Wohnort entfernt. An ihrem Berufsschultag muss sie morgens sehr früh losfahren und kommt erst spät am Abend nach Hause. Die Berufsschule ihrer Freundin liegt gleich neben ihrer Ausbildungsstelle. Anita möchte an die Berufsschule ihrer Freundin wechseln. Ihr Bäckermeister lehnt jedoch ab. Er ist der Meinung, Backwaren seien von landesbezogenen Besonderheiten geprägt, weshalb eine Berufsschule auf die jeweilige Region zugeschnitten sein müsse.

Soll Anita weiterhin die Berufsschule im Saarland besuchen müssen? Stimmen Sie in Ihrer Klasse ab und halten Sie das Ergebnis an der Tafel fest. Bilden Sie auf der Grundlage der Abstimmung Pro- und Kontragruppen. Sammeln Sie Argumente für die jeweilige Auffassung und stellen Sie diese der Klasse vor. Stimmen Sie erneut ab und erfragen Sie gegebenenfalls die Argumente für einen Meinungswechsel.

2 Politische Willensbildung durch Parteien

Warum sollte ich mich für Politik interessieren?

Auszug eines Streitgesprächs zwischen Berufsschülern und einem Bundestagsabgeordneten

Oliver: Herr Abgeordneter, Sie sagten, wir sollten uns mehr in das politische Geschehen einmischen. Warum?

Abgeordneter: Weil politische Entscheidungen jeden Einzelnen betreffen, seine Gegenwart und Zukunft. Nehmen Sie das Beispiel Mineralölsteuer. Wird sie erhöht, muss jeder Autofahrer mehr bezahlen – das schmerzt. Auf der anderen Seite könnte dies eine Entwicklung einleiten, die das Verkehrswesen umweltverträglicher macht und zu Produkten führt, deren Herstellung Arbeitsplätze sichert!

Tobias: Hoffentlich verhindern Sie einen solchen Blödsinn. Die Mineralölsteuer ist schon heute viel zu hoch. Sie sollte eher gesenkt werden, damit sich auch Auszubildende das Autofahren noch leisten können.

Eva: Hoffentlich stimmen Sie im Bundestag für eine Erhöhung dieser Steuer, damit Leute wie Tobias endlich lernen, sich umweltbewusst zu verhalten und mit dem Zug oder Fahrrad fahren.

Tobias: Typisch Eva, will anderen vorschreiben, wie sie sich zu verhalten haben.

Eva: Typisch Tobias, denkt nicht an die Klimakatastrophe, nicht an die Zukunft, nur an sich selbst und seine Bequemlichkeit.

Tobias: Alles Quatsch. Erstens wurde im Fernsehen berichtet, dass es überhaupt keine Klimakatastrophe gibt, und zweitens brauche ich mein Auto, um morgens pünktlich zu meinem Ausbildungsplatz zu kommen. Die Politiker sollten sich besser um unsere Übernahme nach der Ausbildung kümmern.

Oliver: Hört endlich auf zu streiten, wir sind hier doch nicht im Bundestag.

Eva: Genau! Streit bringt uns nicht weiter. Statt uns gegenseitig die Köpfe einzuschlagen, sollten wir uns lieber zusammentun und endlich etwas gegen Probleme wie die Umweltverschmutzung oder die Arbeitslosigkeit tun!

Tobias: Da muss ich Eva ausnahmsweise zustimmen. Die Politiker streiten nur. Zumeist versteht man überhaupt nicht, um was es geht. Kein Wunder, dass jeder sofort das Programm wechselt, wenn ein Politiker im Fernsehen erscheint. Es gibt wirklich Interessanteres, als deren Sprüche anzuhören.

Abgeordneter: Schade, dass Sie sich in Ihren Vorbehalten gegenüber Politikern wieder einig sind. Wie wichtig und strittig Politik ist, haben Sie doch gerade erst sehr anschaulich selbst gezeigt! ...

1. Erläutern Sie die Vorbehalte, die von den Schülern eingebracht werden.
2. Diskutieren Sie die Vorbehalte in Ihrer Klasse.

2.1 Politische Willensbildung als Kern der Demokratie

In einer freiheitlichen Gesellschaft gibt es eine Vielfalt unterschiedlicher Lebensformen **(Pluralismus)**. Dies führt zu unterschiedlichen Interessen, die sich häufig in widersprüchlichen Forderungen an den Staat niederschlagen. So fordern beispielsweise die Gewerkschaften, dass Betriebe, die nicht ausbilden, an diejenigen etwas bezahlen, die ausbilden. Ein Vorschlag, der bei den Arbeitgebern auf starke Ablehnung stößt.

Politische Streitfragen werden in der Demokratie durch das Volk entschieden. Entweder direkt durch eine Volksabstimmung oder indirekt durch gewählte Volksvertreter. Die Demokratie lebt damit von der Mündigkeit ihrer Bürger, d. h. von deren Fähigkeit, sich kompetent zu entscheiden. Jeder Staatsbürger hat die hohe Verantwortung, sich über die politisch bedeutsamen Streitfragen gründlich zu informieren und gewissenhaft zu entscheiden: Die Qualität der Demokratie ergibt sich aus der Qualität der politischen Willensbildung.

Politische Entscheidungen verändern die Gesellschaft. Es entstehen neue Lebensbedingungen mit neuen Streitfragen, die neu entschieden werden müssen. Die politische Willensbildung ist deshalb niemals abgeschlossen, sondern ist ein fortlaufender Handlungsauftrag an alle Staatsbürger.

Gefestigte Demokratien sind seltener in kriegerische Auseinandersetzungen verwickelt, die demokratische Kontrolle der Macht erschwert Menschenrechtsverletzungen und Amtsmissbrauch. Demokratie und gute Regierungsführung sind auch eine Grundvoraussetzung für die Bekämpfung der Armut. In keinem Land, in dem grundlegende demokratische Freiheiten verwirklicht waren, fiel jemals eine größere Anzahl von Menschen einer Hungersnot zum Opfer. Das hat Amartya Sen, Nobelpreisträger für Wirtschaft, nachgewiesen. Denn auch in armen Staaten gilt: Demokratische Regierungen können auf Dauer nicht ungestraft über lebenswichtige Bedürfnisse und grundlegende Rechte der Menschen hinweggehen.

Bundesministerium für wirtschaftliche Zusammenarbeit und Entwicklung (BMZ), Recht – Demokratie – Frieden, 2003, S. 28

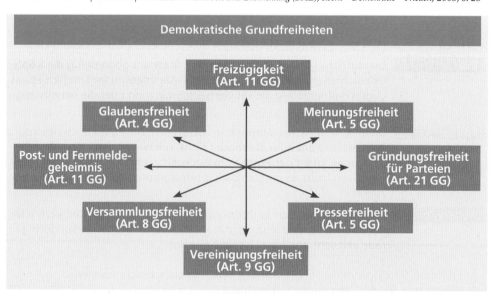

Die politische Willensbildung in einer Demokratie setzt die rechtliche Möglichkeit zur ungehinderten Informationsbeschaffung und freien Urteilsbildung voraus. Deshalb werden im Grundgesetz ausdrücklich Grundfreiheiten festgeschrieben.

2.2   Beteiligung durch Parteien

(1) Parteien sind Vereinigungen von Bürgern, die dauernd oder für längere Zeit für den Bereich des Bundes oder eines Landes auf die politische Willensbildung Einfluss nehmen und an der Vertretung des Volkes im Deutschen Bundestag oder einem Land-tag mitwirken wollen, wenn sie nach dem Gesamtbild der tatsächlichen Verhältnisse, insbesondere nach Umfang und Festigkeit ihrer Organisation, nach der Zahl ihrer Mit-glieder und nach ihrem Hervortreten in der Öffentlichkeit eine ausreichende Gewähr für die Ernsthaftigkeit dieser Zielsetzung bieten. Mitglieder einer Partei können nur natürliche Personen sein.

§ 2 Parteiengesetz

Die Geschichte der Parteien beginnt mit der Entstehung der repräsentativen Demokra-tie. In ihr wählt das Volk Abgeordnete, die die Vorstellungen der Bürger im Parlament widerspiegeln sollen. Gleich gesinnte Volksvertreter schließen sich zu politischen Grup-pierungen zusammen, um ihre Ideen besser durchsetzen zu können. Mit der Öffnung dieser politischen Kreise für alle Bürger entstehen Parteien. Besonders stark werden sie als politische Vereinigung der Arbeiterschaft. Mit einer Partei kann sie sich auf der po-litischen Bühne Gehör verschaffen und ihre Interessen in den Parlamenten vertreten.

Parteien sind also eine Form der demokratischen Beteiligung (Partizipation). Heute werden sie als verfassungsrechtlich notwendiger Bestandteil der freiheitlich-demokratischen Grundordnung angesehen. Sie sind im Grundgesetz verankert und übernehmen durch das Parteiengesetz eine Fülle von politischen Aufgaben.

„Die Parteien sollen im Volk verwurzelt und dessen Instrumente sein, mit deren Hilfe sich Volkssouveränität ausüben lässt – sie sollen demnach artikulieren, was im Volk vorhanden ist."

(Ellwein, Thomas, Das Regierungssystem der BRD, Köln 1965, S. 173)

1. Vergleichen Sie die Aussage der Karikatur mit der Parteienvorstellung von Thomas Ellwein.
2. Listen Sie die gesetzlichen Merkmale einer Partei auf.

2.3   Aufgaben der Parteien

§ 1 Parteiengesetz

(1) ...

(2) Die Parteien wirken an der Bildung des politischen Willens des Volkes auf allen Gebieten des öffentlichen Lebens mit, indem sie insbesondere auf die Gestaltung der öffentlichen Meinung Einfluss nehmen, die politische Bildung anregen und vertiefen, die aktive Teilnahme der Bürger am politischen Leben fördern, zur Übernahme öffentlicher Verantwortung befähigte Bürger heranbilden, sich durch Aufstellung von Bewerbern an den Wahlen in Bund, Ländern und Gemeinden beteiligen, auf die politische Entwicklung in Parlament und Regierung Einfluss nehmen, die von ihnen erarbeiteten politischen Ziele in den Prozess der staatlichen Willensbildung einführen und für eine ständige lebendige Verbindung zwischen dem Volk und den Staatsorganen sorgen.

(3) Die Parteien legen ihre Ziele in politischen Programmen nieder.

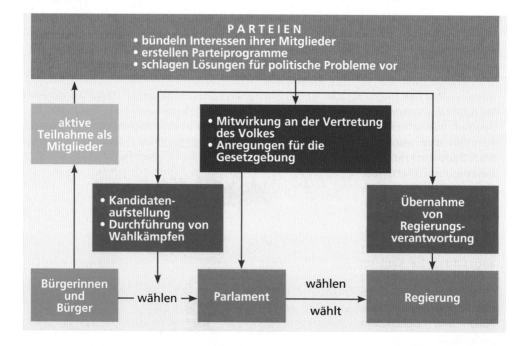

„Wir brauchen Parteien, in denen Bürgerinnen und Bürger sich gerne engagieren, um den notwendigen Streit über ihre unterschiedlichen Interessen und Meinungen demokratisch zu organisieren. Die Parteien haben die Aufgabe, Antworten auf Fragen zu suchen, die sich in der gesellschaftlichen Wirklichkeit stellen. (...) Wenn die Parteien diese Aufgabe ernst nehmen, kommen sie neben wichtigen Gemeinsamkeiten zu ganz unterschiedlichen Antworten auf viele gesellschaftliche Fragen. Die Antworten fallen nicht deshalb unterschiedlich aus, weil sich die Parteien voneinander unterscheiden müssen. Die Antworten fallen deshalb unterschiedlich aus, weil die Parteien grundlegende Werte unterschiedlich gewichten und weil sie unterschiedlichen Interessen innerhalb der Gesellschaft unterschiedliche Bedeutung beimessen. Darum ist politischer Streit, wenn er um die Sache geführt wird, richtig und notwendig, ja ein Lebenselixier der Demokratie."

Bundespräsident Johannes Rau, 20.02.2002

1. Beschreiben Sie die Aufgaben der Parteien.
2. Begründen Sie die These, dass der politische Streit zwischen den Parteien ein Lebenselixier (= Lebenssaft) der Demokratie ist.

2.4 Innere Ordnung der Parteien

Artikel 21 Grundgesetz

(1) Die Parteien wirken bei der politischen Willensbildung des Volkes mit. Ihre Gründung ist frei. Ihre innere Ordnung muss demokratischen Grundsätzen entsprechen (…)

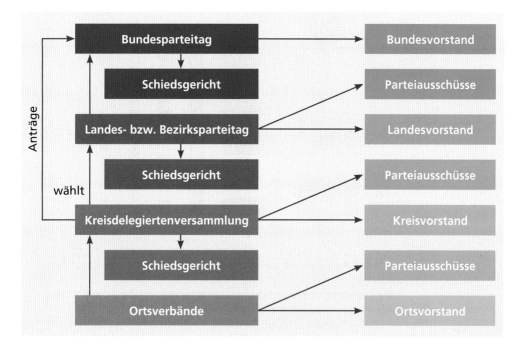

1. Beschreiben Sie den organisatorischen Aufbau der Parteien.
2. Zeigen Sie die Möglichkeiten auf, die ein einfaches Parteimitglied hat, um seine Vorstellungen durchzusetzen.

Parteien sind eine wichtige Säule unserer demokratischen Ordnung. Wir leben in einem **Parteienstaat**. Die Lebensfähigkeit der Demokratie hängt deshalb wesentlich von der demokratischen Qualität der Parteien ab. Die Willensbildung muss von unten nach oben erfolgen, Parteiämter müssen durch Wahl bestimmt werden und Schiedsgerichte müssen die Rechte jedes Parteimitgliedes schützen. Parteien sind das Bindeglied zwischen den Staatsbürgern und den staatlichen Organen. Über sie kann der einzelne Bürger auch zwischen den Wahlterminen auf die Politik einwirken. Er kann durch Wahlen mitbestimmen, welche Personen die Partei in Vorständen, als Delegierte auf Parteitagen oder als Kandidaten für die Besetzung öffentlicher Ämter repräsentieren. Er kann auf Parteiversammlungen durch eigene Anträge und durch sein Abstimmungsverhalten auf die Meinung Einfluss nehmen, die die Partei zu bestimmten Fragen vertreten soll.

2.5 Die Finanzierung der Parteien

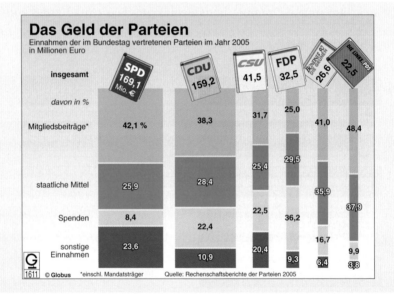

1. Stellen Sie die Unterschiede dar, die zwischen den Parteien im Hinblick auf ihre Finanzierung bestehen.
2. Diskutieren Sie die Frage, ob die staatlichen Zuwendungen an die Parteien gestrichen werden sollten.

Parteien brauchen Geld, um ihre Aufgaben erfüllen zu können. Sie erhalten finanzielle Zuwendungen durch Mitgliedsbeiträge, Spenden, staatliche Zuschüsse und sonstige Einnahmen. Die Finanzierung der Parteien darf jedoch nicht die Chancengleichheit zwischen ihnen gefährden oder sie von Geldgebern politisch abhängig machen. Im Parteiengesetz ist deshalb geregelt, wie sich Parteien zu finanzieren haben und in welcher Höhe sie Zuwendungen vom Staat erhalten.

Die staatlichen Zuwendungen an alle Parteien zusammen dürfen jährlich 133 Millionen Euro nicht überschreiten. Der Höchstbetrag für eine Partei entspricht der Summe aller erhaltenen nichtstaatlichen Zuwendungen. Maßstab für die Verteilung der staatlichen Gelder zwischen den Parteien ist folglich ihre Verankerung in der Gesellschaft. Damit soll ihre Bürgernähe belohnt werden. Vom Staat erhalten sie jedoch auch eine Wahlkampfkostenerstattung. Die Parteien erhalten pro Jahr für jede gewonnene Wählerstimme Geld. Vorausgesetzt, sie erzielen mindestens 0,5 % der Wählerstimmen bei der jeweils letzten Europa- oder Bundestagswahl beziehungsweise mindestens 1,0 % bei den jeweils letzten Landtagswahlen. Diese sehr niedrige Schwelle soll sicherstellen, dass die Gründung neuer Parteien nicht über Gebühr erschwert wird. Für die ersten vier Millionen Wählerstimmen bekommen die Parteien 0,85 EUR, für jede weitere Stimme 0,70 EUR.

Darüber hinaus erhalten die Parteien für jeden Euro aus Mitglieds- und Mandatsträgerbeiträgen sowie aus rechtmäßig erlangten Spenden zusätzlich 0,38 EUR. Privatpersonen dürfen im Gegensatz zu Unternehmen ihre Spenden an Parteien jährlich bis zu einer Höhe von 3 300,00 EUR steuerlich absetzen. Über das Spendenaufkommen muss jede Partei öffentlich Rechenschaft ablegen. Geschieht dies nicht oder falsch, muss sie mit einer Strafe rechnen.

2.6   Das Parteienverbot

Aussteiger:
„NPD beerbt die NSDAP"

Herr Fischer, Sie sind 1991 aus dem Nazi-Milieu ausgestiegen. Wie hat sich die rechte Szene seitdem verändert?
Sie ist deutlich jünger, weil sie wesentlich attraktiver für Jugendliche geworden ist. Es gibt mittlerweile eine richtige braune Subkultur, eine rechte Erlebniskultur. Die Nazis bedienen heute jeden Musikgeschmack, von Heavy Metall bis Rap. Es wird Nazi-Unterwäsche und Schmuck verkauft, sie betreiben eigene Freizeiteinrichtungen. Es hat sich also eine rechte Parallelgesellschaft entwickelt, die beinahe jeden Lebensbereich abdeckt.

Um diesen Tendenzen entgegenzuwirken: Wäre es sinnvoll, neuerlich ein Parteienverbot für die NPD anzustreben, wie es einige Politiker fordern?
Ich bin aus einem praktischen und einem inhaltlichen Grund dafür. Der praktische: Die NPD würde vom Geld abgeschnitten, welches sie als anerkannte Partei vom Staat bekommt, etwa als Wahlkampfkostenerstattung. Dies ist ein unerträglicher Zustand,

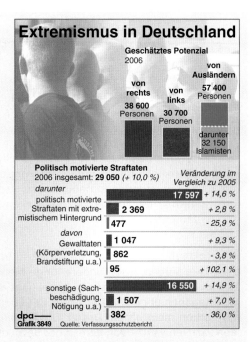

denn die steuerzahlenden Migranten finanzieren mit ihrem Geld indirekt die NPD. Inhaltlich bin ich dafür, da die NPD ganz offen gegen die Demokratie ist. Sie ist faktisch die Nachfolgeorganisation der NSDAP.

© Malte Arnsperger stern.de – 12.9.2006 – 10:30; URL: http://www.stern.de/politik/deutschland/569861.html?nv=cb

Artikel 21 Grundgesetz

(2) Parteien, die nach ihren Zielen oder nach dem Verhalten ihrer Anhänger darauf ausgehen, die freiheitliche demokratische Grundordnung zu beeinträchtigen oder zu beseitigen oder den Bestand der Bundesrepublik Deutschland zu gefährden, sind verfassungswidrig. Über die Frage der Verfassungswidrigkeit entscheidet das Bundesverfassungsgericht (...)

Parteien können auf Antrag vom Bundesverfassungsgericht verboten werden. Bisher ist ein solches Verfahren erst zweimal – erfolgreich – durchgeführt worden: 1952 gegen die rechtsradikale „Sozialistische Reichspartei (SRP)", 1956 gegen die linksradikale „Kommunistische Partei Deutschlands (KPD)". Ob ein Verbot solcher Parteien einen wirksamen Schutz der Demokratie vor ihren Feinden darstellt, ist umstritten. Dagegen spricht die Gefahr, dass die Extremisten in den Untergrund abwandern und nicht mehr in ihrer Bedrohung wahrgenommen werden. Ein Verbot der Organisation bewirkt zudem noch keine Veränderung im Denken der Extremisten. Hier könnte die politische Bildung an Schulen einen wichtigen Beitrag leisten, indem sie Beweggründe für extremistische Einstellungen aufzeigt und offen diskutiert. Entscheidend für die Bekämpfung des politischen Extremismus dürfte aber die Behebung jener sozialen Probleme sein, die Menschen aus lauter Verzweiflung in die Arme der Radikalen treibt.

1. Erläutern Sie, wann eine Partei verfassungswidrig ist.
2. Diskutieren Sie, ob verfassungswidrige Parteien verboten werden sollten.

2.7 Die Krise der Parteien

Nina „Ich könnte mir niemals vorstellen, einer Partei beizutreten. Warum sollte ich Mitgliedsbeiträge für eine Partei bezahlen, nur damit sie Wahlplakate kleben kann? Warum sollte ich meine Freizeit opfern, nur um mich abends auf Parteiversammlungen mit anderen zu streiten? Warum sollte ich mich in die Fußgängerzone stellen, nur um mich von enttäuschten Wählern beschimpfen zu lassen?"

Nina, 17,
Auszubildende

Die rückläufige Mitgliederzahl vor allem in den großen Volksparteien bereitet vielen Politikern Sorgen. Insbesondere junge Menschen bleiben den Parteien fern. In keiner der im Bundestag vertretenen Partei liegt der Anteil der unter 25-Jährigen nach eigenen Angaben über 5 %. Der Anteil der über 60-Jährigen dagegen beträgt bei SPD und CDU schon mehr als ein Drittel. Die Folgen sind absehbar: Das Meinungsspektrum in den Parteien weicht von dem in der Bevölkerung ab. Die Parteien verlieren noch mehr Vertrauen. Ein Teufelskreis. Am Ende können politische Ehrenämter nicht mehr besetzt werden oder werden wegen der Überbelastung der wenigen verbliebenen Mitglieder nur noch sehr eingeschränkt ausgefüllt.

Wir wollen neue Wege der innerparteilichen Demokratie beschreiten. Insbesondere soll angestrebt werden, dass sich alle Mitglieder an der innerparteilichen Willensbildung direkt beteiligen können. Wir werben auch um die Mitarbeit von Persönlichkeiten, die nicht Parteimitglied sind und die wegen ihrer Integrität, ihrer Kompetenz und Einsatzbereitschaft anerkannt sind. Wir wollen die Bürger auch für projektbezogene, zeitlich und thematisch begrenzte Mitwirkungsmöglichkeiten innerhalb unserer Partei gewinnen. Wir erwarten von unseren Amts- und Mandatsträgern eine eigenständige Position und Unabhängigkeit von Interessengruppen, geistige Selbstständigkeit, Urteilsfähigkeit und Widerstandskraft gegen jeden Opportunismus ebenso wie Ehrlichkeit und Integrität.

Grundsatzprogramm der CDU. Beschlossen auf dem 5. Parteitag vom 21. bis 23. Februar 1994 in Hamburg, Internet http://www.cdu.de/doc/pdf/grundsatzprogramm.pdf (Abruf: 3.9.2007)

Wir verfügen über ein parlamentarisch-repräsentatives System, das sich insgesamt bewährt hat. Dieses sollte aber durch mehr direkte Bürgerbeteiligung (Volksentscheid) ergänzt werden. Immer mehr Menschen möchten direkter auf zentrale Grundentscheidungen Einfluss nehmen können – und dies jenseits der offiziellen Wahltermine. Viele politische Probleme haben heute einen europäischen oder internationalen Zuschnitt. Daraus folgt zwingend, dass ihre Lösung nur auf europäischer oder internationaler Ebene gefunden werden kann. Auf mittlere Sicht ist der wirkliche europäische Zusammenschluss der Parteien eine zwingende Notwendigkeit. Wir benötigen eine gemeinsame Programmatik und eine engere organisatorische Verzahnung. Im Kern geht es mir darum, wie Volkssouveränität unter den Bedingungen der Globalisierung verwirklicht werden kann.

Heidemarie Wieczorek-Zeul, damalige stellvertretende Vorsitzende der SPD, in: Demokratie braucht Partei, Berlin, 2. April 2000, Vortrag im Willy-Brandt-Haus. Internet http://www.bpb.de/popup/popup_grafstat.html? url_guid=GJSE82 (Abruf: 3.9.2007)

1. Beurteilen Sie die Vorschläge zur Reform der Parteien.
2. Diskutieren Sie die Vor- und Nachteile der Mitgliedschaft in einer Partei.

Nicht nur die Parteien leiden unter einer rückläufigen Zahl der Mitglieder. Auch die Gewerkschaften, die Kirchen und die sonstigen Verbände sind davon betroffen. Viele sehen darin einen Rückzug des Einzelnen aus der gesellschaftlichen Verantwortung und beklagen diese Entwicklung als Ausdruck eines wachsenden Egoismus in unserer Gesellschaft. Für andere ist dieser Trend eher ein Zeichen für die zunehmende Freiheit, die der Einzelne gegenüber gesellschaftlichen Verpflichtungen gewinnt **(Individualisierung)**. Die Bindung an eine Partei hat sich bisher aus dem sozialen Milieu ergeben, in das der Einzelne hineingeboren wurde. Der katholische Landwirt hat eine andere Prägung als der protestantische Gewerkschafter erfahren. Mit dem fortschreitenden Wechsel ihrer Lebensumstände müssen sich die heutigen Menschen jedoch immer wieder neu orientieren und fühlen sich dadurch nicht mehr selbstverständlich einer bestimmten Partei zugehörig. Dies zeigt sich vor allem an der ständigen Abnahme der **Stammwähler**, das sind jene Bürger, die immer die gleiche Partei wählen. Nach einer Studie der Konrad-Adenauer-Stiftung (2002) sank ihr Anteil bei den Volksparteien auf zuletzt rund 10 % der Wahlberechtigten. Gleichzeitig stieg der Anteil der parteipolitisch ungebundenen **Wechselwähler** seit 1990 von 22 auf 47 %. Sie entscheiden sich situationsabhängig und meist sehr kurzfristig. Zu den **Nichtwählern** wechseln nach Infratest dimap (2002) vor allem die „einfachen Leute". Insgesamt wird das Wähler- bzw. das Nichtwählerverhalten immer beweglicher und damit immer unberechenbarer. Für die Parteien ist dies eine Herausforderung: Sie müssen Wege finden, wie sie die Wahlberechtigten mit aktuellen und interessenspezifischen Themen ansprechen.

1. Beschreiben Sie das unterschiedliche Wählerverhalten.
2. Diskutieren Sie die Gefahren und Chancen des neuen Wählerverhaltens.

Wer ist schuld an der Parteiverdrossenheit?

Verglichen mit einer Pyramide, lassen sich moderne Industriegesellschaften in vier verschiedene Ebenen unterteilen. An der Spitze steht in der jeweiligen Gesellschaft 1% von Entscheidungsträgern, das sehr gut und umfassend informiert ist. Darunter steht ein Anteil von 10% von Menschen, die sind politisch sehr interessiert und lesen z.B. mehrere Tageszeitungen. Weitere 15% bilden die Ebene darunter: Sie sind allgemein interessiert, sehen z.B. relativ regelmäßig zumindest die Abendnachrichten. Die verbleibenden 75% der Bevölkerung sind jedoch nur sehr gering oder gar nicht interessiert an Politik. Sie lesen oftmals nicht einmal mehr eine Tageszeitung, und sie nutzen vor allem das Zerstreuungsangebot der Programme von Privatsendern. Das Problem für die Parteien ist, dass Wahlen auf der Ebene dieser 75% gewonnen werden. Die besser informierten 25% sind wichtig als Multiplikatoren und wirken als Meinungsbildner hinein in andere Milieus. Wahlen gewinnt jedoch nur, wer seine Botschaft an die 75% der wenig Interessierten bringen, deren Zustimmung gewinnen und Bereitschaft, auch tatsächlich wählen zu gehen, erreichen kann.

Matthias Machnig: Moderne Parteistrukturen, http://www.tenner-institut.at/download/texte/machnigv.pdf
(Abruf: 3.9.2007)

Wahlen gewinnt nicht, wer selbst überzeugend und stark ist, sondern wer sich gerade weniger blamiert hat. In den Achtziger- und frühen Neunzigerjahren hatte Kohl nie wirklich eine Wahl gewonnen – die SPD hatte sie verloren. 1998 war es umgekehrt. Wessen Krise momentan kleiner wirkt, gewinnt. Die Parteien befinden sich in einer dauerhaften Krise der Auszehrung. Das liegt daran, dass ihnen niemand mehr ernsthaft eine umfassende Problemlösung zutraut – was wenig erstaunt, weil keine der Parteien über ernsthafte Lösungskonzepte verfügt. Die seit Langem sinkende Wahlbeteiligung ist die rationale und zwangsläufige Folge dieser Situation, „Parteienverdrossenheit" ist das Gegenteil von Politikverdrossenheit: Sie ist Folge akuten Politikmangels. Politik als Gestaltung findet nicht mehr statt, sie reduziert sich selbst auf das mittelmäßige Administrieren einerseits und den willigen Nachvollzug von Vorgaben aus Wirtschaft und Ideologiefabriken andererseits. Der Substanzverlust von Politik findet schließlich seinen Ausdruck in ihrer leeren Selbstinszenierung durch die Medien. Politik ist Talkshow, in der man öffentlich Politik simuliert.

Jochen Hippler, Tiefe Taschen, in: Freitag, 3. Dezember 1999

Vor allem aber haben Parteien selbst einige der Gründe zu verantworten, die zum Verdruss über sie geführt haben. Dazu gehören die bekannten und berüchtigten Parteifinanzierungs-, Diäten- und Korruptionsaffären. Viel schwerer wiegt aber die Tatsache, dass Parteien in der Hochzeit ihrer Blüte – und zuweilen auch noch heute – den Eindruck erweckt haben, als seien sie allzuständig, als verfügten sie über ein Monopol in der politischen Willensbildung. Parteien haben ihre Kompetenzen überdehnt und sind in Bereiche eingedrungen, in denen sie nichts zu suchen haben. Zu nennen sind hier die berühmt-berüchtigten Rundfunk- und Fernsehräte, in denen (...) nach parteipolitischen Gesichtspunkten abgestimmt wird (...) Warum bei der Ernennung von Theater- und Opernintendanten Parteizugehörigkeit eine Rolle spielt, ist in der Öffentlichkeit ebenso wenig verständlich zu machen wie die Tatsache, dass in manchen Landstrichen der Bundesrepublik eine Beförderung vom Studienrat zum Oberstudienrat ohne ein bestimmtes Parteibuch nicht gelingen will. Auf der lokalen Ebene schienen und scheinen Parteien allgegenwärtig zu sein: Sie mischen in den Vereinen mit, beim Sport- und Gesangsverein, beim Schützenverein und bei der Freiwilligen Feuerwehr. Diese Allgegenwart verstärkt den Eindruck, Parteien seien allzuständig. Genau hier liegt aber das Problem, das in den letzten Jahren auf die Parteien wie ein Bumerang zurückgekommen ist. Sie haben nämlich aufgrund ihres Allzuständigkeitsanspruches Erwartungen geweckt, die sie in der politischen und gesellschaftlichen Realität der Bundesrepublik nicht zu erfüllen vermochten und vermögen. Wegen ihres Monopolanspruchs werden sie heute für vieles verantwortlich gemacht, für das sie überhaupt nicht zuständig sind. Konkret: Einzelne Parteien können für die Globalisierung der Kapitalmärkte, die Internationalisierung der Arbeitsmärkte, die Defizite in den öffentlichen Haushalten oder die Notwendigkeit, den Sozialstaat umzubauen, nicht verantwortlich gemacht werden.

Peter Lösche: Parteienstaat in der Krise: Überlegungen nach 50 Jahren Bundesrepublik Deutschland, Forschungsinstitut der Friedrich-Ebert-Stiftung, Historisches Forschungszentrum, Bonn 1999

1. Erläutern Sie die Gründe, die für die Parteienverdrossenheit aufgeführt werden.
2. Diskutieren Sie, wie die Parteien bei den Wahlberechtigten Vertrauen erwerben können.

2.8   Parteienvergleich

SPD: Mindestlohn – gerechte Löhne für gute Arbeit

(...) über 2,1 Millionen ArbeitnehmerInnen (12% aller Vollzeitbeschäftigten) beziehen einen Lohn, der weniger als 50% des bundesdeutschen Durchschnittsverdienstes beträgt (...) Viele FriseurInnen, Angestellte in der Gastronomie oder auch VerkäuferInnen – um nur einige zu nennen – können als erwachsene Menschen ohne staatliche Zuschüsse nicht auf eigenen Beinen stehen (...) Besondere Aufmerksamkeit verdienen die Kinder Betroffener (der sog. „wor-kingpoor"), deren Erfolgs- und Teilhabechancen durch die finanzielle Situation der Familie von Beginn an eingeschränkt sind. Vor diesem Hintergrund ist die Forderung nach einem Mindestlohn, einem „Arbeitslohn statt Hungerlohn" mehr als gerechtfertigt (...) Die SPD (...) akzeptiert diese ungerechte Lohnsituation nicht und sieht sogar eine erhebliche Gefahr für den sozialen Frieden. In einem ersten Schritt sollen tarifliche Einigungen über die Höhe des Mindestlohnes den Vorrang haben. Bei einer Einigung der Tarifpartner auf Lohnuntergrenzen soll anschließend der Staat diese Mindestlöhne branchenweit für „allgemeinverbindlich" erklären. (...) Führen die vorgenannten Schritte nicht zum Ergebnis, ist aus unserer Sicht ein gesetzlicher Mindestlohn unausweichlich. Beim Thema Mindestlohn können wir übrigens viel von unseren europäischen Nachbarn lernen: In 18 von 25 EU-Ländern wurden bereits Mindestlöhne eingeführt, ohne dass sich dies – wie gerne von Mindestlohnkritikern behauptet – negativ auf die Anzahl der Beschäftigten ausgewirkt hätte. So beträgt der Mindestlohn in Frankreich derzeit 8,27 EUR pro Stunde, in den Niederlanden 8,08 EUR, in Belgien 7,48 EUR und in Großbritannien 7,36 EUR pro Stunde.

Christian Kleiminger, http://www.christian-kleiminger.de/index.php?option=com_content&task=view&id= 132&Itemid=41 (27.8.2007)

CDU: Was spricht eigentlich gegen Mindestlöhne?

(...) Wenn ein Frisörmeister zwei Angestellte zu einem Stundenlohn von 3,50 EUR beschäftigt und ein Mindestlohn von 7,50 EUR eingeführt wird, (...) dann muss entweder der Haarschnitt doppelt so viel kosten wie heute oder eine(r) der Angestellten verliert seinen Job und ist arbeitslos (...) Unternehmen haben Alternativen. Sie können im billigeren Ausland produzieren oder Maschinen statt Menschen einsetzen. Arbeitnehmer, insbesondere die gering qualifizierten, haben im Zweifel keine Alternative – außer der Arbeitslosigkeit. Löhne sind Preise und werden für Arbeit bezahlt. Sie haben einen Markt wie andere Güter auch, und es gelten im Grundsatz die Regeln von Angebot und Nachfrage. Das klingt zunächst hartherzig, aber es beschreibt die Realität (...) Der Staat sollte grundsätzlich keine Lohnpolitik betreiben. Das ist aus guten Gründen Sache der Gewerkschaften und der Arbeitgeber. Würde die Politik sich hier einmischen, wäre die Lohnfindung sehr schnell von parteitaktischen und wahlkampforientierten Interessen überlagert. In Deutschland gilt außerdem die Vertragsfreiheit. Ein Mindestlohn würde es verbieten, unterhalb dieser Grenze Verträge abzuschließen, selbst wenn sie von beiden Seiten gewollt wären und beiden Seiten Vorteile brächten. Vor allem aber sind Löhne Ansporn, etwas zu leisten und auch mehr zu leisten als andere. Ein Mindestlohn könnte den Ansporn zu weiterer Qualifikation und Anstrengung beseitigen (...) Eine Absage an Mindestlöhne heißt auch nicht, dass die Betroffenen in Armut leben müssen. Wer ein Einkommen aus gering bezahlter Arbeit hat, das für ihn und seine Familie zum Leben nicht ausreicht, erhält ergänzende staatliche Unterstützung.

Norbert Röttgen, Parlamentarischer Geschäftsführer der CDU in: Frankurter Allgemeine Zeitung v. 5. April 2007

1. Stellen Sie den Meinungsunterschied dar. Recherchieren Sie die Positionen der anderen Parteien im Internet.
2. Beziehen Sie selbst Stellung.

Parteiprogramme

	Thema	Bildung und Ausbildung
CDU	Deutschlands Chancen nutzen. Wachstum. Arbeit. Sicherheit.	• Gezielte Förderung hochbegabter Kinder und Jugendlicher • Größere Freiräume des Betriebs bei Lehrlings-vergütung • Ausbildungspakt fortführen statt Ausbildungsplatz-abgabe
SPD	Vertrauen in Deutschland. Das Wahl-manifest der SPD.	• 1,9 Mrd. EUR für die Hochschulen im Rahmen der Exzellenzinitiative • Zugang zur Hochschule auch für qualifizierte Absolventen einer Berufsausbildung ohne Abitur • Ausbildungsgarantie für junge Menschen unter 25 Jahren • Fortführung des Ausbildungspaktes • Programm „2. Chance" für Schul- und Ausbildungs-abbrecher • Weiterbildung als 4. Säule der Bildung • Bis 2010 rund 230 000 zusätzliche Plätze in Kinder-gärten, Krippen und Tagespflege • Mit den Ländern sollen bis 2008 rund 4 Mrd. EUR für die Einrichtung von 10 000 zusätzlichen Ganztags-schulen zu Verfügung gestellt werden.
FDP Die Liberalen	Arbeit hat Vorfahrt. Deutschland-programm 2005.	• Beibehaltung der hohen Qualität der dualen Ausbildung • Modularisierung des gesamten Bildungssystems • Möglichkeit der Stufenausbildung und 2-jähriger Berufsausbildung • Gleichwertigkeit von akademischer und beruflicher Bildung. • Reform der beruflichen Bildung und Abbau von Ausbildungshindernissen • Einheitliche Qualitätsstandards im Bildungswesen und Kontrolle durch unabhängige Agenturen • Frühkindliche Bildung ausbauen • Schulausbildung ab dem 5. Lebensjahr • Fremdsprachen ab der 1. Klasse • Flächendeckendes Angebot an Ganztagsschulen • Abitur auf 12 Jahre verkürzen • Studienentgelte für Hochschulen • ZVS abschaffen

	Thema	Bildung und Ausbildung
BÜNDNIS 90 **DIE GRÜNEN**	Eines für Alle: Das Grüne Wahlprogramm 2005.	• Bildungsauftrag der Kita soll gestärkt werden • „Wir haben die Berufsausbildung bereits entschlackt und modernisiert. Jetzt sind die Unternehmen am Zuge, auf der Grundlage der verbesserten Bedingungen auch genügend Ausbildungsplätze zur Verfügung zu stellen." • „Sollte der geschlossene Ausbildungspakt dieses nicht leisten können, so wollen wir eine Ausbildungsplatzumlage einführen." • Hochschulzugang für befähigte „Nicht-Abiturienten" • Mehr Autonomie für die Hochschulen bei der Auswahl von Studierenden • Fairer Wettbewerb der Hochschulen
DIE LİNKE.	Für eine neue soziale Idee.	• Langes gemeinsames Lernen in einer integrativen Gemeinschaftsschule von Klasse 1 bis Klasse 10 • Ausgewogenes Netz von Ganztagsangeboten • „Jedem Schulabgänger, jeder Schulabgängerin einen Arbeitsplatz! Betriebe, die nicht ausbilden – obwohl sie es könnten – sollen zahlen." • Sozial gleicher Zugang zum Hochschulstudium mit Ausbildungsförderung ohne Rückzahlungsverpflichtung • Mehr Autonomie für die Hochschulen • Die öffentlichen Ausgaben für das Bildungswesen sind auf 6 % des BIP anzuheben. • Den Unternehmen kommt – auch finanziell – eine größere Verantwortung zu.

Quelle: Auszüge aus den Wahlprogrammen der einzelnen Parteien zur Bundestagswahl 2005

Zur Wiederholung

1. Erläutern Sie die Kennzeichen einer pluralistischen Gesellschaft.
2. Zählen Sie die Akteure der politischen Willensbildung auf.
3. Beschreiben Sie die Phasen der politischen Willensbildung.
4. Welche Freiheiten sind Grundlage der demokratischen Willensbildung?
5. Erläutern Sie die Bedeutung der Parteien in der Demokratie.
6. Beschreiben Sie die Willensbildung in einer demokratischen Partei.
7. Wie ist die Parteienfinanzierung in der Bundesrepublik Deutschland geregelt?
8. Stellen Sie die Möglichkeiten dar, um radikale Parteien zu verbieten.
9. Welche Ursachen und Entwicklungen sprechen für eine Krise der Parteien?
10. Erläutern Sie an einem Beispiel unterschiedliche Auffassungen der Parteien.

Handlungsimpulse

A Ratschläge für ein Streitgespräch erstellen

Melanie ist Redaktionsmitglied der Schülerzeitung „Stachel". Der Schwerpunkt der nächsten Ausgabe soll dem Thema „Rechtsradikalismus an unserer Schule" gewidmet sein. Melanie hat sich deshalb auf dem Schulhof zu diesem Thema umgehört. Sie ist auf eine Gruppe gestoßen, die sich für die Abschaffung der Demokratie und die Errichtung eines Staates nach nationalsozialistischem Vorbild ausspricht. Sie möchte der Gruppe die Gelegenheit bieten, ihre Auffassungen in der Schülerzeitung darzulegen und zur Diskussion zu stellen. In der Redaktionskonferenz wird ihr von Sven widersprochen. Er meint, rechtsradikalem Gedankengut dürfe man nicht die Chance geben, veröffentlicht zu werden. Bilden Sie zwei Gruppen, die Argumente für die jeweilige Sichtweise sammeln. Wählen Sie Schüler aus, die vor der Klasse in einem zeitlich festgelegten Rededuell die jeweilige Meinung vertreten. Schreiben Sie während der Diskussion auf, was auf Sie überzeugend wirkt und was nicht. Sammeln Sie anschließend in Ihren Gruppen die Beobachtungen und erstellen Sie auf einem Plakat eine Liste mit „Ratschlägen für ein Streitgespräch!". Präsentieren Sie anschließend das Ergebnis vor der Klasse.

B Einen Leserbrief schreiben

Was müssen die Parteien tun, um junge Leute zu gewinnen?

Seit zwanzig Jahren bin ich Ortsvorsitzender meiner Partei.

Ich würde gerne mein Amt an einen Jüngeren abtreten. Es ist aber niemand da! Auf unserer letzten Mitgliederversammlung waren wir wieder allein. Wir, das ist ein mittlerweile ergrautes Häuflein von Staatsbürgern, denen das Wohl unserer Gesellschaft am Herzen liegt. Wir wollen nicht zum Seniorenclub werden, sondern eine lebendige Partei sein. Wo also seid ihr, meine lieben jungen Mitbürger? Warum kommt ihr nicht zu uns? Was müssen wir tun, damit ihr euch bei uns engagiert?

(Heinz W., Ortsvereinsvorsitzender)

Bilden Sie Gruppen und erarbeiten Sie einen Leserbrief als Antwort. Lesen Sie sie anschließend der Klasse vor. Vergleichen Sie die Leserbriefe nach ihrer Wirkung auf die Öffentlichkeit. Erstellen Sie Ratschläge für das Verfassen von Leserbriefen.

3 Politische Legitimation durch Wahlen

3.1 Wahlfunktionen

In einer Demokratie geht die Staatsgewalt vom Volk aus. Zur Machtausübung benötigt es Organe (Parlament, Regierung), die in seinem Namen handeln. Über Wahlen wird entschieden, wer im Rahmen dieser Organe politische Macht ausüben darf. Wahlen haben drei **Aufgaben** zu erfüllen:

- Über Wahlen kann der einzelne Staatsbürger als Teil des Volkes sein Letztentscheidungsrecht, sein Souveränitätsrecht ausüben **(Partizipation)**.
- Über Wahlen wird die Berechtigung verliehen, politische Macht auszuüben **(Legitimation)**.
- Über Wahlen kann die Berechtigung entzogen werden, politische Macht auszuüben **(Kontrolle)**.

Wählen? Parteien? Abgeordnete?
Was interessiert mich Politik! Mir geht's doch gut!

Ich wähle nicht, weil

... die mathematische Wahrscheinlichkeit, dass meine Stimme etwas ändert, geringer ist als die Wahrscheinlichkeit eines Lottogewinns.

... zwar alle Politiker beim Amtseid schwören, dem Volk zu dienen, aber alle dann nur das tun, was ihrem Machterhalt bzw. ihrer Wiederwahl zuträglich ist.

... ich überhaupt keinen Schimmer von Politik habe. Und nur weil mir ein Gesicht besser gefällt als das andere, sehe ich das nicht als Grund genug an, um wählen zu gehen.

Zitate von Wahlverweigerern auf der Website www.ich-gehe-nicht-hin.de.
Quelle: Die Stimme der Nichtwähler, TAZ, 26.07.2005

1. Beziehen Sie zu den gemachten Aussagen kritisch Stellung.
2. Formulieren Sie Gegenargumente.

3.2 Das Wahlrecht

Aktives Wahlrecht

Wahlberechtigt

sind alle Deutschen im Sinne des Artikels 116 Abs. 1 des Grundgesetzes,

die am Wahltag das **18. Lebensjahr** vollendet haben und seit mindestens **3 Monaten** eine Wohnung oder ihren gewöhnlichen Aufenthalt im Wahlgebiet haben.

Auch Deutsche im Ausland sind unter bestimmten Voraussetzungen wahlberechtigt

Passives Wahlrecht

Wählbar

sind alle Deutschen im Sinne des Artikels 116 Abs. 1 des Grundgesetzes,

die am Wahltag das **18. Lebensjahr** vollendet haben.

Rechtsgrundlagen: Art. 38 GG, Bundeswahlgesetz

ZAHLENBILDER
86 020

© Erich Schmidt Verlag

Das aktuelle Wahlrecht hat sich in den letzten 150 Jahren entwickelt. Zunächst gab es wie in Preußen, dem damals größten deutschen Staat, überwiegend das sogenannte Zensus-Wahlrecht. Nach ihm durfte nur wählen, wer auch Steuern zahlte. Je mehr einer zahlte, umso größer war das Gewicht seiner Stimme. Das demokratische Prinzip „one-man-one-vote" wurde den Männern 1871 zugestanden, während die Frauen mit ihrem Wahlrecht bis 1918 warten mussten. Mit 18 Jahren durften die Deutschen ab 1972 wählen und ab 1975 gewählt werden.

Heute ist das Wahlrecht wieder Gegenstand der politischen Auseinandersetzung. In einigen Bundesländern wurde das kommunale Wahlrecht auf 16 Jahre herabgesetzt und in Österreich dürfen zwischenzeitlich Staatsbürger ab diesem Alter an der Zusammensetzung des nationalen Parlaments mitwirken. Ähnliche Initiativen gibt es auch im Saarland und der ganzen Bundesrepublik.

Eine parteiübergreifende Gruppe von Parlamentariern will noch einen Schritt weitergehen und allen Deutschen von Geburt an das Wahlrecht verleihen. Nach ihrer Auffassung ist es nicht hinnehmbar, dass ca. 14 Mio. deutsche Staatsbürger nur wegen ihres Alters vom Wahlrecht ausgeschlossen sind. Alle Staatsgewalt geht vom Volke aus, steht in der Verfassung und da zum Volk jeder Deutsche von Geburt an gehört, müsse er auch ab diesem Zeitpunkt eine politische Stimme haben. In einer Gesellschaft, in der die Altersgruppe der über 60-Jährigen bald überwiegt, sei diese Wahlrechtsreform dringend geboten, damit die Interessen der Kinder und Jugendlichen eine gewichtige Stimme haben.

Gegen das Argument, Kinder hätten für das Wahlrecht kein Interesse, werden Umfragen angeführt, die das Gegenteil belegen. Der Wille, ein Recht auszuüben, sei zudem keine Voraussetzung für die Gewährung eines Rechts; das geschehe auch sonst in unserer Rechtsordnung nicht und das Wahlrecht sei schließlich keine Gefährdung eines jungen Menschen. Bis die Kinder die Reife haben, ihr Wahlrecht eigenverantwortlich auszuüben, soll es von den Eltern als Treuhänder wahrgenommen werden. Hierzu gehöre, dass sich die Eltern mit ihren Kindern über die Wahlentscheidung verständigen. Ein Ehepaar mit zwei Kindern hätte dann also vier Stimmen statt bisher zwei.

1. Formulieren Sie Anforderungen, die ein verantwortungsbewusster Wahlbürger erfüllen sollte.
2. Diskutieren Sie die Reformvorschläge zur Herabsenkung des Wahlalters.

3.3 Regeln und Grundsätze einer demokratischen Wahl

In vielen Wahllokalen werden inzwischen elektronische Wahlgeräte eingesetzt, die den Stimmzettel ersetzen.

Stimmabgabe bei Urnenwahl

Wenn der Wähler den Wahlraum betritt, zeigt er nach Aufforderung seine Wahlbenachrichtigung (...) vor. Der Wähler erhält einen amtlichen Stimmzettel. Er begibt sich damit in die Wahlzelle, kennzeichnet dort seinen Stimmzettel und faltet ihn in der Weise, dass seine Stimmabgabe nicht erkennbar ist. (...)

Sobald der Schriftführer den Namen des Wählers im Wählerverzeichnis gefunden hat (...) und die Wahlberechtigung festgestellt ist und kein Anlass zur Zurückweisung des Wählers besteht, gibt der Wahlvorsteher die Stimmabgabe frei.

Der Wähler wirft seinen Stimmzettel in die Wahlurne. Der Schriftführer vermerkt die Stimmabgabe im Wählerverzeichnis und sammelt die Wahlscheine.

Paul Schuck, Manfred Unglaub: Bundeswahlrecht mit Erläuterungen. Meininger Verlag: Neustadt a.d.W. 2002, S. 65

1. Spielen Sie am Beispiel der Wahl eines Klassensprechers die Regeln für eine demokratische Wahl nach.
2. Anja darf zum ersten Mal wählen gehen. Mit ihrer Mutter besucht sie das Wahllokal. In der Wahlkabine wird sie unsicher, wen sie wählen soll. Sie bittet deshalb ihre Mutter zu sich in die Wahlkabine. Frau Müller fragt Sie, ob sie zu ihrer Tochter in die Wahlkabine darf. Wie würden Sie entscheiden?

Über die Wahl verleiht das Volk politische Macht. In Diktaturen wird deshalb oftmals versucht, die eigene Macht durch manipulierte Wahlen zu rechtfertigen. So wird beispielsweise der politische Gegner an der Stimmabgabe gehindert oder Gegenstimmen werden bei der Stimmenauszählung für ungültig erklärt. Um einen solchen Machtmissbrauch zu verhindern, werden für jeden Stimmbezirk Bürger in einen ehrenamtlichen Wahlvorstand berufen. Ihre Aufgabe ist es, für einen ordnungsgemäßen Ablauf der Wahl im Wahllokal zu sorgen.

Die grundlegenden Merkmale für eine demokratische Wahl sind im Art. 38 des Grundgesetzes festgelegt **(Wahlgrundsätze)**:

- **allgemein:** Niemand darf willkürlich von der Wahl ausgeschlossen werden.
- **frei:** Niemand darf zur Wahl gezwungen oder unter Druck gesetzt werden.
- **gleich:** Jede Stimme zählt gleich.
- **geheim:** Niemand darf in die Wählerentscheidung Einsicht nehmen.
- **unmittelbar:** Gewählt wird ohne Zwischenschaltung von Wahlmännern. (Dieser Grundsatz gilt für die Bundestagswahl, kann aber nicht als Voraussetzung für eine demokratische Wahl angesehen werden.)

3.4 Wahlsysteme

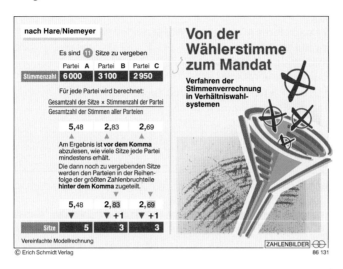

nach Hare/Niemeyer

Es sind ⑪ Sitze zu vergeben

	Partei **A**	Partei **B**	Partei **C**
Stimmenzahl	6 000	3 100	2 950

Für jede Partei wird berechnet:

$$\frac{\text{Gesamtzahl der Sitze} \times \text{Stimmenzahl der Partei}}{\text{Gesamtzahl der Stimmen aller Parteien}}$$

5,48   2,83   2,69

Am Ergebnis ist **vor dem Komma** abzulesen, wie viele Sitze jede Partei mindestens erhält.
Die dann noch zu vergebenden Sitze werden den Parteien in der Reihenfolge der größten Zahlenbruchteile **hinter dem Komma** zugeteilt.

5,48   2,83   2,69
▼   ▼ +1   ▼ +1

Sitze	5	3	3

Vereinfachte Modellrechnung
© Erich Schmidt Verlag

Von der Wählerstimme zum Mandat

Verfahren der Stimmenverrechnung in Verhältniswahlsystemen

ZAHLENBILDER
86 131

Verhältniswahl (Listenwahl)

Bei der reinen Verhältniswahl erhält jede Partei anteilsmäßig genauso viele Sitze im Parlament, wie ihr prozentualer Anteil an der Gesamtzahl der Wählerstimmen (30 % der Wählerstimmen entsprechen dabei 30 % der Parlamentssitze). Somit wird der Wählerwille der Bevölkerung genau abgebildet, denn jede Wählerstimme wird berücksichtigt. Kleinere Parteien erhalten so eine Möglichkeit der Mitbestimmung im Parlament. Damit besteht jedoch die Gefahr, dass die Parlamente in eine Vielzahl von Parteien zersplittern. Die Folge: Stabile Mehrheiten für die Regierungsbildung werden erschwert und die Regierung wechselt häufig. Um diesen Nachteil auszugleichen, ist oft ein Mindestanteil am Wahlergebnis vorgeschrieben, der zum Einzug ins Parlament berechtigt (z. B. 5 %). Das Ergebnis einer Verhältniswahl kann nach verschiedenen mathematischen Verfahren in eine Sitzverteilung umgerechnet werden. In der Bundesrepublik Deutschland kommt das Hare-Niemeyer-Verfahren zum Einsatz.

Mehrheitswahl (Personenwahl)

Beim reinen Mehrheitswahlsystem wird das Wahlgebiet in so viele Wahlkreise eingeteilt, wie Sitze im Parlament zu vergeben sind. Die Parteien stellen in den Wahlkreisen Einzelkandidaten zur Wahl auf. Ins Parlament zieht ein, wer im Wahlkreis die meisten Stimmen erhalten hat. Zwei Varianten lassen sich unterscheiden. Bei der relativen Mehrheitswahl hat der Kandidat einen Parlamentssitz errungen, der in seinem Wahlkreis die meisten Stimmen auf sich vereinen konnte. Bei der absoluten Mehrheitswahl sind mindestens 50 % der Wählerstimmen notwendig, um sofort ins Parlament einzuziehen. Wird dieser Wert von niemandem erreicht, kommt es in einem zweiten Urnengang zur Stichwahl unter den beiden Kandidaten mit der höchsten Stimmenzahl. Bei der Mehrheitswahl bleibt somit ein Großteil der Wählerstimmen in der Parlamentszusammensetzung unberücksichtigt, da aus jedem Wahlkreis nur der Gewinner ein Mandat erhält. Daher ist es von besonderer Bedeutung, wie die Wahlkreise eingeteilt sind. Die Wählerschaft muss nicht nur gleich groß sein, sondern in ihrer sozialen Zusammensetzung ausgewogen sein. Andernfalls wäre es möglich, dass eine Partei zwar landesweit die meisten Wählerstimmen auf sich vereinen konnte, aber nicht die Mandatsmehrheit im Parlament erhält.

1. Ermitteln Sie anhand des Beispiels die Sitzverteilung nach den jeweiligen Wahlsystemen.
2. Welche drückt nach Ihrer Ansicht den Wählerwillen am ehesten aus?

   S-WK = Stimmen/Wahlkreis
   B-WK = Wahlbeteiligung/Wahlkreis
   S-P = Gesamtstimmen/Partei
   A-S-P = Anteil der Parteistimmen an den Gesamtstimmen
   A-G-P = Anteil der Parteistimmen an den Wahlberechtigten

Parlamentssitze	10	Wahlkreise (WK)	10
Wahlberechtigte	2 000	Stimmen/Wahlkreis	200
Gesamtstimmen (S-G)		Wahlbeteiligung (B-G)	

WK	Partei A	Partei B	Partei C	Partei D	Partei E	S-WK	B-WK
1	83	59	10	4	1		
2	65	69	9	6	1		
3	60	63	12	6	1		
4	53	59	13	7	1		
5	81	49	15	4	1		
6	65	68	8	6	1		
7	56	60	12	8	1		
8	68	45	15	4	0		
9	60	62	15	9	0		
10	21	16	5	2	22		
S-P							
A-S-P							
A-G-P							

3. Diskutieren Sie die beiden Wahlsysteme mithilfe der folgenden Fragen: Welches System bietet die beste Chance ...
   a) ... für eine stabile Regierung?
   b) ... für eine Berücksichtigung von Minderheitspositionen im Parlament?
   c) ... für den Einzug neuer Parteien ins Parlament?
   d) ... für einen engen Kontakt zwischen Abgeordneten und Wählern?
   e) ... für die Durchsetzung von Parteiprogrammen?
   f) ... für den Einzug von fachlichen Experten ins Parlament?

3.5   Der Wahlkampf

1. Erläutern Sie die Aussage der Zeichnung.
2. Beschreiben Sie die Merkmale der heißen Phase des Wahlkampfes.

Der Wahlkampf ist der Höhepunkt in der politischen Auseinandersetzung. Viele empfinden, dass in dieser Zeit die Töne schriller und die Slogans nichtssagender werden. Die Präsenz der Parteien ist allgegenwärtig. Es geht um die politische Macht. Viele Wähler stören sich an den Formen und Worthülsen, sehen keinen Unterschied mehr zur normalen Produktwerbung. Sie fühlen sich nicht als mündige Bürger, sondern als Konsumenten angesprochen. Wahlkämpfer beschränken sich nicht auf politische Aufklärung. Die wird Interessierten über Druckerzeugnisse und Medienbeiträge geboten. Sie wollen vor allem ihre Stammwähler mobilisieren und Nichtwähler aufrütteln. Nach Auffassung der Wahlkampfmanager gelingt dies in der Regel nicht über umfangreiche und differenzierte Sachdarstellungen, sondern nur über werbepsychologisch geschickte Slogans und Medieninszenierungen. Ob damit allerdings die wachsende Zahl der kritischen Wechselwähler gewonnen werden kann, darüber sind die Wahlforscher uneins.

1. Welche Wahlslogans kennen Sie?
2. Wie sollte nach Ihrer Ansicht eine Partei für sich werben?

Zur Wiederholung

1. Erläutern Sie die Bedeutung der Wahlen in einer Demokratie.
2. Nennen Sie die rechtlichen Bestimmungen zur Wahl des Bundestages.
3. Beschreiben Sie den Wahlvorgang in einem Wahllokal.
4. Kennzeichnen Sie die Grundsätze für eine demokratische Wahl.
5. Beschreiben Sie die verschiedenen Wahlsysteme.
6. Diskutieren Sie die Vor- und Nachteile der verschiedenen Wahlsysteme.
7. Welche Bedeutung hat der Wahlkampf in einer Demokratie?

Handlungsimpulse

A **Die Gründe für Wahlenthaltung erforschen**

Sammeln Sie mögliche Gründe, die für eine Wahlenthaltung sprechen könnten. Formulieren Sie die gefundenen Argumente als Thesen.
Erstellen Sie nach folgendem Beispiel eine Liste. Vervielfältigen Sie die Liste und verteilen Sie sie an eine Gruppe von Schülern, die nach ihrer Zusammensetzung die Schülerschaft repräsentieren.
Werten Sie die Ergebnisse aus und und bilden Sie eine Rangfolge nach der Häufigkeit der Punkte. Präsentieren Sie das Ergebnis Ihrer Klasse.

Nr.	Warum gehe ich nicht wählen?	0 = stimme nicht zu 5 = stimme stark zu
1.	Keine Partei vertritt meine Interessen!	0 1 2 ✗ 4 5
2.	Ich habe keine Lust, Zeit für den Wahlgang zu opfern!	0 1 ✗ 3 4 5
3.	...	0 1 2 3 4 5
4.	...	0 1 2 3 4 5

B **Schüler von einem Wahlsystem überzeugen**

Bilden Sie zwei Gruppen, eine für das Verhältniswahlsystem und eine für das Mehrheitswahlsystem. Veranschaulichen Sie die Funktionsweise durch Schaubilder und Beispiele. Suchen Sie Argumente, die für das jeweilige Wahlsystem sprechen. Wählen Sie einen Sprecher, der versucht, die Klasse von dem jeweiligen Wahlsystem zu überzeugen. Beobachten Sie den Sprecher bei seinem Vortrag und schreiben Sie auf, was überzeugend wirkt und was nicht. Stimmen Sie in der Klasse ab, welches Wahlsystem für die Demokratie das beste sei. Werten Sie Ihre Beobachtungen in der Gruppe aus und erstellen Sie eine Liste mit Ratschlägen für einen überzeugenden Vortrag.

C Das Wissen über das Wahlsystem des Bundestages erforschen

Sammeln Sie Aussagen über das Wahlsystem zum Deutschen Bundestag. Formulieren Sie einige so um, dass sie falsch sind. Erstellen Sie nach dem unten aufgeführten Beispiel eine Liste mit richtigen und falschen Aussagen. Vervielfältigen Sie die Liste und lassen Sie sie von Schülern aus anderen Klassen ausfüllen. Erstellen Sie eine Rangliste mit den Aussagen, die von den Schülern am wenigsten gewusst werden. Gestalten Sie eine Wandzeitung mit den richtigen Antworten und hängen Sie sie in Ihrem Schulgebäude in der Pause aus.

Nr.	Stimmt die folgende Behauptung über das Wahlsystem zum Deutschen Bundestag?	ja	nein	weiß nicht
1.	Die wichtigere Stimme ist die Erststimme!			
2.	Es ist eine personalisierte Verhältniswahl!			
3.	...			
...	...			

D Ein Wahlprogramm entwerfen

Sammeln Sie in Gruppen Forderungen, die aus Ihrer Sicht von der Politik durchgesetzt werden sollen. Listen Sie die Forderungen auf einem Plakat auf. Jeder Schüler hat zwei Stimmen, die er nach Wichtigkeit auf die Forderungen verteilen kann. Bis zu zwei Stimmen für eine Forderung sind möglich.

Erstellen Sie eine Prioritätenliste. Prüfen Sie, in welchem Zeitraum die Forderungen erfüllt werden können: kurzfristig (1–2 Jahre), mittelfristig (4–6 Jahre) und langfristig (10–15 Jahre). Formulieren Sie Ihr Programm in vollständigen Sätzen. Entwerfen Sie stichwortartig eine programmatische Grundsatzrede über die Aufgaben der nahen und fernen Zukunft. Wählen Sie einen Sprecher aus, der die Rede vorträgt. Schreiben Sie während der Rede auf, was überzeugend war und was nicht. Erstellen Sie Ratschläge für einen Redner und präsentieren Sie diese der Klasse.

E Eine Karikatur interpretieren

Recherchieren Sie den historisch-politischen Hintergrund der Karikatur und geben Sie an, welche allgemeine Aussage der Zeichner zum Thema Wahlen macht.

Klaus Stuttmann, 27.06.2008

Menschenrechte

1 Die Durchsetzung der Menschenrechte

1.1 Die Geschichte der Menschenrechte

ca. 300 v. Chr.

Bereits im antiken Griechenland taucht die Idee des selbstständigen (autonomen) Staatsbürgers auf, dessen Würde geachtet werden müsse. Doch dieses Recht gilt nur für Männer, die wirtschaftlich selbstständig sind. Diese verhältnismäßig kleine Gruppe darf für sich Meinungsfreiheit und Eigentumssicherheit beanspruchen und nimmt am politischen Entscheidungsprozess teil.

1628 Petition of Rights/1679 Habeas-Corpus-Akte/ 1776 Unabhängigkeitserklärung der Vereinigten Staaten von Amerika

Erste Erfolge auf dem Weg zu einem **umfassenden Menschenrechts- und Freiheitsverständnis** zeigen sich in England. Die **Petition of Rights** schützt die Bürger vor willkürlicher Verhaftung, die **Habeas-Corpus-Akte**, ergänzt durch die **Bill of Rights**, erweitert den Freiheitsrahmen gegenüber dem König. Diese Entwicklung setzt sich in Nordamerika fort. Die Siedler der Neuenglandstaaten verweigern dem englischen König die Steuerzahlungen und erklären ihre Unabhängigkeit vom Mutterland. Dieses Ereignis kennzeichnet den Beginn der Vereinigten Staaten von Amerika (USA). Die „**Virginia Bill of Rights**" (Verfassung des Staates Virginia) nimmt erstmalig die Menschenrechte in den Vertragstext auf.

Nach dem Jahre 0

Die Verbreitung des Christentums stärkt die Menschenrechtsidee durch den Glauben an die **Gleichheit** aller Menschen vor Gott. Im frühen Christentum gilt die Vorstellung von der Gleichheit der Menschen allerdings nur für das zukünftige Himmelreich und für die christliche Gemeinde. Außerhalb dieser Gemeinde bleibt die Ungleichheit bestehen.

16. bis 18. Jh.

Die Reformation begründet die **Gewissensfreiheit.** Aus diesem religiösen Freiheitsideal leiten dann die Philosophen der Aufklärung ihre Überzeugung von der natürlichen Gleichheit und Freiheit aller Menschen ab (Naturrecht). Der französische Philosoph Jean-Jacques Rousseau formuliert die Idee von der natürlichen Freiheit des Menschen. Hieraus entwickelt sich die Vorstellung, dass der Staat **allen Menschen** bestimmte **unaufhebbare Rechte** einzuräumen habe.

1789 Erklärung der Rechte der Menschen und Bürger in Frankreich

Die Vorgänge in Nordamerika wirken auf Europa zurück. Im Zusammenhang mit der **Französischen Revolution** (1789) beschließt die von Bürgern einberufene Nationalversammlung eine Menschenrechtserklärung mit umfassenden Freiheits- und Gleichheitsrechten (klassische Menschenrechte), die von da an in fast alle nachfolgenden demokratischen Verfassungen in anderen Ländern übernommen werden.

1948 Allgemeine Erklärung der Menschenrechte der Vereinten Nationen

Angesichts der Verbrechen des Nationalsozialismus und des Zweiten Weltkrieges versuchen die Völker der Welt den Neuaufbau einer friedlichen und gerechten Welt. Die von den UN verfasste Erklärung ist aber kein bindendes Recht, sofern die Regelungen nicht in die Verfassung der einzelnen Länder eingearbeitet werden. Dennoch wird damit ein allgemeingültiger Maßstab geschaffen, an dem Unrechtshandlungen gemessen werden.

Mittelalter

Besonderen Gruppen gelingt es, sich einzelne Freiheitsrechte zu sichern. Die Urkunde **Magna Charta Libertatum** (1215) garantiert Eigentum, Rechte und Freiheit des englischen Adels gegen Übergriffe des Königs. Im Römischen Reich Deutscher Nation erhalten z. B. Stände und Zünfte bestimmte Freiheiten (u. a. Freiheit von Steuerbelastungen) gegen Anerkennung der jeweiligen Herrschaft.

1. Weshalb wird Griechenland als „Wiege der Demokratie" bezeichnet?
2. Wo liegen die geistigen Wurzeln der politischen Vorgänge in Nordamerika und in Frankreich?

1.2 Die Menschenrechtserklärung der Vereinten Nationen (UN)

Am 10. Dezember 1948 beschließt die Generalversammlung der Vereinten Nationen die **Allgemeine Erklärung der Menschenrechte**. Damit wird erstmals von einer Versammlung, der fast alle Staaten der Welt angehören, ein umfassender Katalog von Individualrechten (persönliche Rechte) verkündet. Das ist ein wichtiger Schritt auf dem mühsamen Weg zur Durchsetzung der Menschenrechte.

Allgemeine Erklärung der Menschenrechte der Vereinten Nationen vom 10.12.1948

Artikel 1–3
Diese Werte sollen das menschliche Zusammenleben bestimmen: Freiheit, Gleichheit, Brüderlichkeit

Artikel 4–5
Dieses soll verhindert werden: Sklaverei, Folter und jede Form der Erniedrigung

Artikel 6–11
Dieses soll für alle Menschen garantiert werden: Gleichheit vor dem Gesetz, faire und öffentliche Gerichtsverhandlung

Artikel 12–13
Darauf haben alle Menschen Anspruch: Wahrung der Privatsphäre (z. B. das Briefgeheimnis), Wahl eines freien Wohnsitzes

Artikel 14–15
Alle Menschen haben Anspruch auf Schutz und eine feste Gemeinschaft: Asyl, Staatsangehörigkeit

Artikel 16–17
Alle Menschen dürfen ihr Leben frei gestalten: Wahl des Partners (Ehe und Familie), Eigentum

Artikel 18–21
Die Gedanken sind frei: Gedanken-, Gewissens- und Religionsfreiheit ...

Artikel 22–24
Alle Menschen sollen sich im Beruf verwirklichen können: Arbeit, freie Berufswahl ...

Artikel 25–27
Alle Menschen haben Grundbedürfnisse wie Gesundheit, Ernährung, Kleidung, Bildung ...

Artikel 28
Jeder hat Anspruch auf eine soziale und internationale Ordnung, in der die in dieser Erklärung verkündeten Rechte und Freiheiten voll verwirklicht werden können.

Artikel 29
Alle Menschen sind verpflichtet, die Menschenrechte zu verwirklichen: Verbot von Handlungen gegen die Menschenrechte

1.3 Welche Menschenrechte gibt es?

Menschenrechte		
1. Dimension	2. Dimension	3. Dimension
Bürgerliche und politische Rechte	Soziale, wirtschaftliche und kulturelle Rechte	Solidarrechte

Die Erklärung der Menschenrechte (AEMR) bildet die Grundlage für die Erweiterung und Ausformung der Menschenrechte. Die AEMR listet die **„klassischen Menschenrechte"** auf, die aber in vielen Fällen nicht durchgesetzt oder in Anspruch genommen werden können, wenn die menschenwürdigen Lebensbedingungen fehlen. So fordert z. B. das Recht auf individuelle Freiheit (1. Dimension) notwendigerweise das Recht auf Arbeit und ausreichende Ernährung (2. Dimension) in einer friedlichen Umwelt (3. Dimension) heraus. Die Menschenrechte sind deshalb aufeinander abgestimmt und in ihrer Gesamtheit unteilbar.

Die Menschenrechte der 2. Dimension werden in Europa durch die vom Europarat beschlossene **„Europäische Sozialcharta"** verstärkt. In dieser Vereinbarung, die seit 1965 auch für die Bundesrepublik gilt, wird gefordert, dass jeder die Möglichkeit haben müsse, seinen Lebensunterhalt durch frei übernommene Tätigkeit im Rahmen von gerechten und gesundheitsunbedenklichen Arbeitsbedingungen zu verdienen.

Bürgerliche und politische Rechte sind Rechte, die den Staat davon abhalten und die Bürger berechtigen, etwas zu tun. Unter bürgerlichen Rechten versteht man vor allem die liberalen Abwehrrechte (persönliche Freiheit und Integrität, Privatheit, Gewissens-, Religions- und Meinungsfreiheit etc.), während die politischen Rechte (Wahl- und Stimmrecht, Petitionsrecht, gleiche Ämterzugänglichkeit, Vereins-, Versammlungs- und Parteienfreiheit etc.) den demokratischen Partizipationsgedanken widerspiegeln.

Soziale, wirtschaftliche und kulturelle Rechte sind vor allem Rechte, die den Staat verpflichten, etwas zu unternehmen, um allen Bürgern menschenwürdige Lebensbedingungen zu gewährleisten, die ohne die staatlichen Aktivitäten nicht zu erreichen wären. Zu den wirtschaftlichen und sozialen Rechten gehören das Recht auf einen angemessenen Lebensstandard, auf Nahrung, Wohnung und Gesundheit, das Recht auf soziale Sicherheit, das Recht auf Arbeit. Beispielhaft für kulturelle Rechte ist das Recht auf Bildung.

Solidarrechte sind das Recht auf Entwicklung, auf Umwelt und auf Frieden, deren Verwirklichung die Zusammenarbeit der Völkergemeinschaft erfordert.

Fritzsche, K. Peter: Menschenrechte, 1. Auflage, Paderborn, Verlag Ferdinand Schöningh, 2004, S. 22

1. Was ist mit „klassischen Menschenrechten" gemeint?
2. Was soll durch die „Europäische Sozialcharta" erreicht werden?

Zur Wiederholung

1. Seit wann gibt es die Idee der Menschenrechte?
2. Wie, wann und warum kam es zur Allgemeinen Erklärung der Menschenrechte?
3. Wie verlief der Weg von der „Geburt" der Idee bis zur Allgemeinen Erklärung der Menschenrechte?
4. Zählen Sie wesentliche Freiheits- und Schutzrechte auf, die in der UN-Menschenrechtserklärung genannt sind.
5. Wie stark ist die rechtliche Wirkung der Allgemeinen Erklärung der Menschenrechte?
6. Unterscheiden Sie zwischen den drei Dimensionen der Menschenrechte.

Handlungsimpulse

Gestalten von Bildgalerien (Klassenraum oder Schulgebäude)

A Gliedern Sie den Text über die Geschichte der Menschenrechte in kurze, leicht lesbare Sinneinheiten auf.
Übertragen Sie die einzelnen Kurztexte auf ein großformatiges (mindestens 30 x 40 cm) Blatt und illustrieren Sie den Text mit Fotos oder eigenen Zeichnungen.
Die fertigen Blätter werden auf eine feste Unterlage aufgezogen oder in einen vorgefertigten Bilderrahmen eingepasst.

B Übertragen Sie die einzelnen Textgruppen der Allgemeinen Erklärung der Menschenrechte gemäß der zuvor beschriebenen Arbeitsweise.
Zusammen mit zwei erläuternden Text-/Bildtafeln lässt sich die Bildgalerie auch als Jahreskalender (12 Einzelausfertigungen!) ausgestalten.

2   Menschenrechte in der Bundesrepublik Deutschland

2.1   Menschenrechte und Grundgesetz

Die Durchsetzung der Menschenrechte in Deutschland ist gekennzeichnet durch nachhaltige politische Erschütterungen im 20. Jahrhundert. Der Erste Weltkrieg von 1914 bis 1918 und der Zweite Weltkrieg von 1939 bis 1945 sind massive Einschnitte in die Lebensverhältnisse in Deutschland. Nach dem Ersten Weltkrieg begibt sich Deutschland als Weimarer Republik auf einen demokratischen Weg. Das grundlegende Verfassungswerk, die Weimarer Verfassung, enthält in Form von Grund- und Freiheitsrechten wesentliche Menschenrechte. Die nationalsozialistische Diktatur ab 1933 macht diesen demokratisch-freiheitlichen Ansatz zunichte. Erst nach Ende des Zweiten Weltkrieges und dem damit verbundenen Untergang des Nationalsozialismus (NS) kann die demokratische Entwicklung in Deutschland wieder aufleben.

Erstmals: Grundrechte sind einklagbar

Die Achtung der Menschenwürde beherrscht das gesamte Grundgesetz

Menschenwürde – ein Naturrecht

Neuer Abschnitt deutscher Geschichte

Bekenntnis zu unverletzlichen und unveräußerlichen Menschenrechten

Das am 23. Mai 1949 in Kraft getretene Grundgesetz (GG) ist die Verfassung der Bundesrepublik Deutschland. Darin wird die Einhaltung der Menschenrechte für den Staat und seine Bürgerinnen und Bürger zum unausweichlichen Auftrag gemacht. Die im Grundgesetz niedergelegten Menschenrechte werden als Grundrechte bezeichnet. Richtungsweisend ist hierbei der Stellenwert der Menschenwürde.

2.2 Der Schutz der Menschenwürde

Artikel 1 Grundgesetz

(1) Die Würde des Menschen ist unantastbar. Sie zu achten und zu schützen ist Verpflichtung aller staatlichen Gewalt.
(2) Das deutsche Volk bekennt sich darum zu unverletzlichen und unveräußerlichen Menschenrechten als Grundlage jeder menschlichen Gemeinschaft, des Friedens und der Gerechtigkeit in der Welt. [...]

Bei der Ausarbeitung des Grundgesetzes durch den **Parlamentarischen Rat** sind die Grundrechtsregelungen aus früheren demokratischen Verfassungen (Paulskirchenverfassung 1848 und Weimarer Verfassung 1919) einbezogen worden, aber erstmalig stehen die Grundrechte gleich am Beginn des Verfassungstextes. Das weist auf die Bedeutung hin, die den Grundrechten zuerkannt wird.

Schutz der Menschenwürde

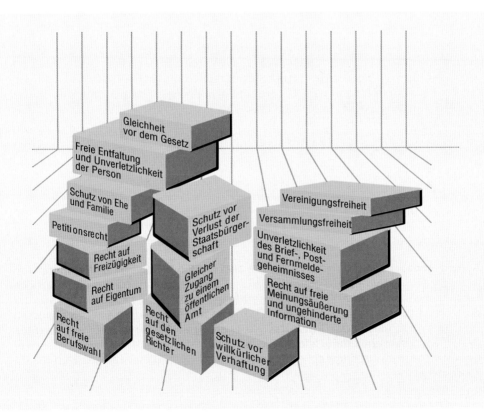

1. Inwiefern ist das Grundgesetz ein „neuer Abschnitt deutscher Geschichte"?
2. Erklären Sie die Begriffe „unverletzlich" und „unveräußerlich" im Zusammenhang mit Artikel 1 Grundgesetz.

Die Grundrechte sind das „Herz" des Grundgesetzes. Sie
- schützen den Einzelnen vor Übergriffen des Staates
- verpflichten den Staat zum Schutz des Menschen
- ordnen das gesellschaftliche Zusammenleben.

Die Grundrechte im Grundgesetz der Bundesrepublik Deutschland sind keine politischen Absichtserklärungen zugunsten der Bürgerinnen und Bürger, sondern unmittelbar geltendes Recht, auf das sich jede Person vor den Gerichten berufen kann.

Die wesentlichen Grundrechte des Grundgesetzes sind auch in der **Charta der Grundrechte der Europäischen Union** festgeschrieben. Darüber hinaus enthält die Charta neben klassischen Rechten auch moderne Grundrechte, so z. B. das Recht auf Umwelt-, Verbraucher- und Datenschutz. Sofern die Klagemöglichkeiten in der Bundesrepublik ausgeschöpft sind, haben alle Deutschen das Recht, den **Europäischen Gerichtshof (EuGH)** in Luxemburg anzurufen.

Charta der Grundrechte der Europäischen Union (18. Dezember 2000)

Aus der Präambel
Die Völker Europas sind entschlossen, auf der Grundlage gemeinsamer Werte eine friedliche Zukunft zu teilen, indem sie sich zu einer immer engeren Union verbinden.

In dem Bewusstsein ihres geistig-religiösen und sittlichen Erbes gründet sich die Union auf die unteilbaren und universellen Werte der Würde des Menschen, der Freiheit, der Gleichheit und der Solidarität. Sie beruht auf den Grundsätzen der Demokratie und der Rechtsstaatlichkeit. Sie stellt die Person in den Mittelpunkt ihres Handelns, indem sie die Unionsbürgerschaft und einen Raum der Freiheit, der Sicherheit und des Rechts begründet. ...

Zu diesem Zweck ist es notwendig, angesichts der Weiterentwicklung der Gesellschaft ... den Schutz der Grundrechte zu stärken, indem sie in einer Charta sichtbar gemacht werden. ...

Menschenrechte – Dokumente und Deklarationen, Bundeszentrale für politische Bildung, 4. aktualisierte und erweiterte Auflage, Bonn 2004, S. 413

Außerdem haben alle Deutschen – wie die anderen Einwohner der im **Europarat** vertretenen 47 Staaten – die Möglichkeit, sich in Menschenrechtsfragen direkt an den **Europäischen Gerichtshof für Menschenrechte** in Straßburg zu wenden. Auch hier gilt die Voraussetzung, dass zunächst der Rechtsweg im Heimatland beschritten worden ist. Gegen die Urteile des Gerichtshofes gibt es grundsätzlich keine Berufung. Das Bundesverfassungsgericht könnte allenfalls einschreiten, wenn ein Urteil des Europäischen Gerichtshofes dem Grundgesetz nicht entsprechen würde. Dieser Fall erscheint jedoch kaum möglich.

1. Unter welchen Umständen ist es möglich, sich bei Rechtsverletzungen direkt an das Bundesverfassungsgericht zu wenden?
2. In welchen Fällen ist es möglich, den Europäischen Gerichtshof für Menschenrechte in Straßburg anzurufen?

Zur Wiederholung

1. Welche rechtliche Bedeutung haben die Grundrechte im Grundgesetz der Bundesrepublik Deutschland?
2. Erläutern Sie den Inhalt von Artikel 1 des Grundgesetzes.
3. Aus welchem Grund stehen die Grundrechte am Beginn des Grundgesetz-Textes?
4. Nennen Sie die Erwartungen, die mit der Formulierung der Grundrechte verbunden wurden.
5. Welche Funktion hat das Bundesverfassungsgericht bezüglich der Grundrechte?
6. Welche Aufgabe haben der Europäische Gerichtshof in Luxemburg und der Europäische Gerichtshof für Menschenrechte in Straßburg in Bezug auf die Menschenrechte?

Handlungsimpulse

Der Grundrechte-TÜV

– Arbeiten Sie in Gruppen. Empfehlenswert sind Vierer-Gruppen.
– Besorgen Sie sich möglichst vier GG-Ausgaben oder rufen Sie den Wortlaut der Grundrechte im Internet ab.
– Jede Gruppe wählt vier Grundrechte aus.
– Der Wortlaut der GG-Artikel wird unauffällig verändert. (Beispiel Art 3, 1: „Alle Menschen sind vor dem Gesetz gleich. Verändert: Alle Menschen sind vor dem Grundgesetz gleich.)
– Geben Sie Ihren Entwurf an die Nachbargruppe weiter. $\Rightarrow$
– Übernehmen Sie von der Nachbargruppe deren Entwurf. $\Leftarrow$
– Überprüfen Sie diesen Entwurf auf „Richtigkeit".
– Geben Sie den korrigierten Entwurf an die Nachbargruppe zurück. $\Rightarrow$
– Lassen Sie sich Ihren Entwurf zurückgeben. $\Leftarrow$
– Überprüfen Sie, ob die Nachbargruppe alle Veränderungen entdeckt hat.

3   Menschenrechtsverletzungen weltweit

„Schlagen Sie Ihre Zeitung an irgendeinem beliebigen Tag auf", schrieb 1961 Peter Benenson, der Gründer von amnesty international, „und Sie werden eine Meldung aus irgendeinem Teil der Welt lesen: Ein Mensch ist eingekerkert, gefoltert, hingerichtet worden, weil seine Ansichten oder religiösen Überzeugungen nicht mit denen der Regierung übereinstimmen. Mehrere Millionen solcher Menschen sitzen in Gefängnissen [...] und ihre Zahl wächst." Das Bedrückende ist dabei die Tatsache, dass sich die Schere zwischen der philosophischen und juristischen Entwicklung des Menschenrechtsgedankens und den Möglichkeiten zur Unterdrückung von Menschen immer weiter öffnet. Noch nie war eine so große Zahl von Menschen durch Eingriffe in elementare Lebensrechte bedroht oder betroffen wie heute.

Es gibt nur wenige Staaten auf der Welt, in denen Menschenrechte nicht verletzt werden; selbst der demokratische Rechtsstaat westlicher Industrienationen bietet keinen absoluten Schutz vor Übergriffen. Die überwiegende Mehrzahl aller Menschenrechtsverletzungen ereignet sich jedoch in Schwellenländern und in den Entwicklungsländern.

Hermann, Axel: Menschenrechtsverletzungen weltweit, in: Informationen zur politischen Bildung, Nr. 297/2007, S. 23 (gekürzt)

1. Suchen sie nach Gründen für Menschenrechtsverletzungen.
2. Womit könnte es zusammenhängen, dass es vor allem in Ländern der Dritten Welt zu Menschenrechtsverletzungen kommt?

3.1   Missachtungen von Freiheits- und Gleichheitsrechten

Eine eigene Meinung frei zu äußern, sich Informationen aus verschiedenen Quellen zu besorgen, für ein Anliegen zu demonstrieren ... alle diese Rechte erscheinen uns selbstverständlich. Wir können uns nicht vorstellen, dass es in vielen Ländern der Welt sehr riskant ist, diese Rechte einzufordern oder zu gebrauchen. Dabei zeigt sich, dass Missachtungen des Rechts auf freie Meinungsbeschaffung und Meinungsäußerung durch Regierungen oder – was ebenfalls häufig vorkommt – durch mächtige, verbrecherische Organisationen (z. B. Drogenkartelle, Wirtschaftskriminelle) mit anderen schwerwiegenden Missachtungen der Menschenrechte zusammenhängen. So kommt es immer wieder zu Folterungen und dem „Verschwindenlassen" von missliebigen Menschen, die furchtlos und freimütig ihre Meinung äußern, Missstände anprangern oder sich für andere bedrohte und verfolgte Menschen einsetzen.

Üblicherweise werden **Menschenrechtsverletzungen** nicht zugegeben. Kein Land möchte vor der Weltöffentlichkeit als Menschenrechtsverletzer dastehen. Oftmals erklären sich offizielle Stellen auch für unschuldig, billigen aber heimlich die Aktionen von beauftragten Verbrechergruppen. Eine andere Strategie läuft darauf hinaus, Menschenrechtsverletzungen als Maßnahmen zur Aufrechterhaltung von „Ruhe und Ordnung" zu verharmlosen. Einige Regime verbitten sich von vornherein jede Kritik als Einmischung in „innere Angelegenheiten". Insgesamt gibt es eine breite Palette von Täuschungsmanövern und Ausweichmöglichkeiten.

Einem Drittel der Weltbevölkerung wird das Recht auf Meinungsfreiheit und der ungehinderte Zugang zu Informationen verwehrt.

Mexiko: Der Journalist Enrique Quintanilla wurde in der Stadt Chihuahua ermordet. Seine Leiche wurde zehn Kilometer außerhalb der Ortschaft entdeckt. Offensichtlich wurde er vor seinem Tode gefoltert. Quintanilla hat zuletzt über Korruption in der Verwaltung des Bundesstaates geschrieben. Die Staatsanwaltschaft glaubt, dass der Mord auf organisiertes Verbrechen zurückgeführt werden kann. In Mexiko wurden im vergangenen Jahr mehrere Journalisten im Auftrag von Drogenkartellen getötet.

Simbabwe: Wiederholt haben Sicherheitskräfte Menschenrechtler und Mitglieder der Oppositionspartei MDC, die an friedlichen Protesten teilnahmen, festgenommen und geschlagen. Es liegen bestätigte Nachweise über die Folterung und Misshandlung von Aktivisten in Polizeigewahrsam vor. Außerdem wird Inhaftierten der Zugang zu Anwälten, Nahrung und Medikamenten verwehrt.

Myanmar (Birma): Folter, Hunger, praktisch keine medizinische Versorgung und Zwangsarbeit – die Bedingungen in den Gefängnissen von Myanmar sind berüchtigt und jedes Jahr sterben Menschen an den Folgen der Haft. Zum Beispiel der Studentenführer Thet Win Aung: Sein Verbrechen bestand darin, friedlich eine Bildungsreform und die Freilassung politischer Gefangener gefordert zu haben. Die Strafe: 52 Jahre Haft, später erhöht auf 59 Jahre.

Russland: Sogenannte Todeslisten existieren auf den Internetseiten etlicher rechtsradikaler Gruppen und Organisationen bereits seit Jahren. Darin sind zahlreiche „Feinde des russischen Volkes" aufgeführt, in erster Linie bekannte Vertreter von Menschenrechtsorganisationen, Journalisten und Antifaschisten. Mehrere der dort genannten Personen sind mittlerweile nicht mehr am Leben. Dazu gehört der Wissenschaftler und Sachverständige bei Prozessen gegen rechtsextreme Organisationen, Nikolay Girenko. Er wurde in seiner Wohnung erschossen. Im Internet fand sich dazu die Meldung, das „Urteil Nr. 1" ist vollstreckt.

China: Mehr als 30 000 Polizisten überwachen das Internet rund um die Uhr. Internetprovider wie Yahoo, Google und Microsoft sind den Behörden dabei behilflich. Der Journalist Shi Tao wurde zu einer zehnjährigen Haftstrafe verurteilt, weil er an eine Nichtregierungsorganisation in den USA eine E-Mail über die Einschränkung der Pressefreiheit geschrieben hatte.

Zusammengestellt aus amnesty journal 05/2007, S. 14; 09/2007, S. 20; 11/2007, S. 23; 03/2008, S. 6

1. Stellen Sie fest, gegen welche Artikel der Menschenrechtserklärung jeweils verstoßen wird.
2. Beurteilen Sie das Verhalten von Yahoo, Google und Microsoft.

In Artikel 1 der Allgemeinen Erklärung der Menschenrechte heißt es: „Alle Menschen sind frei und gleich an Würde und Rechten geboren." Freiheit und Gleichheit sind miteinander verbunden. Eine unterschiedliche Behandlung von Menschen darf es nicht geben. Artikel 2 der Allgemeinen Erklärung der Menschenrechte bringt es klar zum Ausdruck. Die Menschenrechte gelten „ohne irgendeinen Unterschied, etwa nach Rasse, Hautfarbe, Geschlecht, Sprache, Religion, politischer oder sonstiger Anschauung, nationaler oder sozialer Herkunft, Vermögen, Geburt oder sonstigem Stand."

Gegen diesen Gleichheitsgrundsatz wird immer wieder verstoßen. Die Leidtragenden sind Angehörige von Minderheiten, Frauen und Behinderte. Auch hier setzten die Menschenrechtsverletzer die bekannten Machtmittel – Inhaftierung, Misshandlung, Folterung, Vergewaltigung, „Verschwindenlassen", Ermordung – ein. Dazu drei ausgewählte Beispiele:

Syrien: Das Staatssicherheitsgericht ist bekannt dafür, Urteile jenseits aller rechtsstaatlichen Standards zu fällen. Das Gericht beruft sich dabei auf den seit 1964 bestehenden Ausnahmezustand. Hunderte politische Gefangene wurden seitdem verurteilt. Unter ihnen sind auch viele Kurden. Der Staat sieht in dieser Minderheit offenbar eine Bedrohung, viele werden wegen „Anstiftung zum Bürgerkrieg" verurteilt. Kurden, die syrischen Behörden in die Hände fallen, müssen oft das Schlimmste befürchten. Ihnen drohen in der Haft Folter und Misshandlungen. Fälle von „Verschwindenlassen" werden nicht aufgeklärt.

Brasilien: Frauen in den Elendsvierteln der brasilianischen Städte befinden sich zwischen den Fronten. Sie müssen aufgrund der Gewalt krimineller Banden und der Brutalität der Polizei in einem Klima der Angst und Unsicherheit leben. Dealer benutzen sie als Drogenkuriere, Trophäen oder als „Tauschware". Anstatt von der Polizei Schutz zu erhalten, werden Frauen von männlichen Beamten häufig bei illegalen Durchsuchungen bedroht und sexuell belästigt.

EU/Bulgarien: In der Europäischen Union leben Behinderte teilweise unter menschenunwürdigen Bedingungen. Zu diesem Schluss kommt eine EU-Studie zur Lage in den Mitgliedsstaaten. In den Betreuungseinrichtungen gebe es „bisweilen schwere Verstöße gegen international anerkannte Menschenrechtsstandards", kritisierte der EU-Kommissar. Ausdrücklich nannte er dabei Bulgarien, das seit 2007 der EU angehört. In dem südosteuropäischen Land würden behinderte Kinder oder geistig Behinderte oft bis zu ihrem Lebensende weggesperrt, heißt es in der EU-Studie weiter.

Zusammengestellt nach Berichten in: amnesty journal 09/2007, S. 27; 03/2008, S. 8; 05/2008, S. 7

Womit könnte es zusammenhängen, dass vor allem Minderheiten, Frauen und Behinderte oftmals Opfer von Menschenrechtsverletzungen sind?

3.2 Verweigerung sozialer Rechte

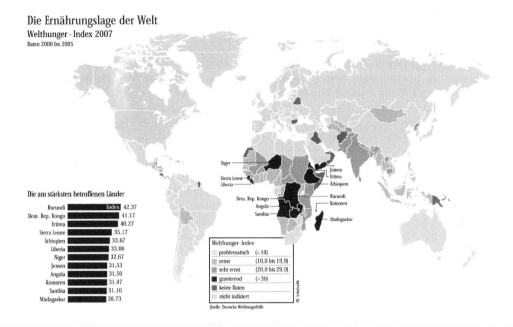

Die Ernährungslage der Welt
Welthunger - Index 2007
Daten 2000 bis 2005

Die am stärksten betroffenen Länder

Land	Index
Burundi	Index 42,37
Dem. Rep. Kongo	41,17
Eritrea	40,27
Sierra Leone	35,17
Äthiopien	33,67
Liberia	33,00
Niger	32,67
Jemen	31,53
Angola	31,50
Komoren	31,47
Sambia	31,10
Madagaskar	30,73

Welthunger-Index
problematisch (< 10)
ernst (10,0 bis 19,9)
sehr ernst (20,0 bis 29,9)
gravierend (> 30)
keine Daten
nicht indiziert

Quelle: Deutsche Welthungerhilfe

854 Millionen Menschen hungern

Hunger hat viele Namen, denn er beschleicht alle Menschen mehrmals täglich. Doch jeden siebten Menschen auf der Welt verfolgt er hartnäckig: Derzeit hungern 854 Millionen Menschen, davon 206 Millionen in Afrika. [...] In 36 Ländern hat der Hunger alarmierende Ausmaße angenommen. 25 von ihnen liegen in Afrika südlich der Sahara, neun in Asien und je eins im Nahen Osten und Lateinamerika. Spitzenreiter der traurigen Rangliste sind Burundi und die Demokratische Republik Kongo, die immer noch an den Folgen bewaffneter Konflikte leiden.

Mit der Unterzeichnung der UN-Millenniumserklärung im Jahr 2000 haben sich 189 Staaten verpflichtet, bis 2015 acht Ziele zu erreichen. Sie wollen unter anderem Hunger und Armut der Bevölkerung halbieren und die Kindersterblichkeit senken.

Um Fortschritte zu prüfen, vergleicht der Welthunger-Index 2007 die Trends in 91 Ländern: Nur etwa ein Drittel ist auf Kurs, ein weiteres Drittel hat zwar Fortschritte gemacht, aber nicht schnell genug. In einem Drittel der Länder stagniert die Ernährungslage oder sie hat sich verschlechtert. [...]

Dabei sind die Ursachen für Hunger und Mangelernährung längst bekannt: bewaffnete Konflikte, Aids, Naturkatastrophen als Folge des Klimawandels und die Benachteiligung von Frauen. ...

Soondrum, Natalie: 854 Millionen Menschen hungern, in: Frankfurter Rundschau, 13.10.2007, S. 6 (gekürzt)

Das Recht, vor Hunger geschützt zu sein, gehört ebenso wie die Rechte auf Arbeit, Bildung und Gesundheit zu den wichtigsten **sozialen Menschenrechten**, wie sie in dem **Internationalen Pakt über wirtschaftliche, soziale und kulturelle Rechte** (Sozialpakt)

1966 niedergelegt sind. Durch die UN-Millenniumserklärung zur Jahrtausendwende ist dieses Recht noch einmal verstärkt worden.

Die in dem Zeitungsbericht genannten **Ursachen für den Hunger** weisen auf den Zusammenhang des Themas Menschenrechte mit den Themen Umwelt und Frieden hin. Die Verschlechterung der Anbaubedingungen durch Trockenheit, Versteppung und Naturkatastrophen sind vorwiegend auf klimatische Einflüsse zurückzuführen, die ihrerseits durch die allgemeine Erderwärmung bedingt sind. Bewaffnete Konflikte in den Hungergebieten verhindern häufig die Aussaat und Ernte der lebensnotwendigen Produkte. Zudem setzen diese Konflikte Flüchtlingsströme in Gang, die den aufnehmenden Ländern mitunter Probleme bei der Nahrungsversorgung bereiten, weil jetzt neben der einheimischen Bevölkerung auch die Flüchtlinge zu versorgen sind.

Bewaffnete Konflikte, in denen es fast zwangsläufig zu schweren **Menschenrechtsverletzungen**, z.B. Misshandlungen, Vergewaltigungen, Folterungen, Zwangsrekrutierungen („Kindersoldaten"), kommt, sind der eigentliche Hemmschuh für die Verwirklichung sozialer Rechte. Würden die finanziellen Mittel, die regelmäßig für den Kauf von Munition und Waffensystemen aufgebracht werden, der wirtschaftlichen, sozialen und kulturellen Entwicklung zufließen, so könnte der Hunger besiegt werden. Britische Wissenschaftler haben errechnet, das alleine Afrikas Staaten innerhalb von 15 Jahren 284 Milliarden US-Dollar durch bewaffnete Konflikte verloren gegangen sind.

Die reichen Industriestaaten sind an dieser Entwicklung nicht unschuldig. Beträchtliche **Rüstungsexporte** in Entwicklungsländern geben den bewaffneten Konflikten immer wieder neue Nahrung. Insofern haben Kritiker recht, wenn sie den westlichen Demokratien Unaufrichtigkeit hinsichtlich der Menschenrechte vorwerfen.

Deutsche Waffen für Diktatoren –
Kirchen rügen um 24 Prozent gestiegene Rüstungsausfuhren/Exporte in Spannungsgebiete

Berlin. Trotz aller Bekenntnisse zur Zurückhaltung haben deutsche Firmen ihr internationales Waffengeschäft deutlich ausgebaut. Die genehmigten Rüstungsexporte stiegen 2006 um 24 Prozent auf 7,7 Milliarden Euro, wie die Kirchen unter Berufung auf Regierungsstatistiken berichten.

Die Waffen seien oft in Länder gegangen, die Menschenrechte verletzen oder in Spannungsgebieten liegen, kritisierte die Gemeinsame Konferenz Kirche und Entwicklung (GKKE). Ihr gehören der Evangelische Entwicklungsdienst und die katholische Deutsche Kommission Justitia et Pax an.

Den „steilen Anstieg" erklärte der GKKE-Vorsitzende Karl Jüsten mit der Zunahme der Sammelausfuhren, bei denen deutsche Hersteller mit Partnern in der EU oder der NATO kooperieren. Diese verstärkte internationale Zusammenarbeit berge die Gefahr, dass die mit deutscher Hilfe gebauten Waffen weiter, etwa in Krisenregionen oder arme Länder, exportiert würden, meinte Jüsten. ...

Sievers, Markus: Deutsche Waffen für Diktatoren, in: Frankfurter Rundschau, 18.12.2007, S. 4 (gekürzt)

1. In welchen Ländern ist das Hunger-Problem lt. Welthunger-Index „gravierend"?
2. Welchen Grund könnte es haben, dass für Waffen leichter Geld aufgebracht wird als für wirtschaftliche, soziale oder kulturelle Programme?

Zur Wiederholung

1. Erklären Sie die Aussage: „Die Schere zwischen der Entwicklung des Menschenrechtsgedankens und den Möglichkeiten zur Unterdrückung der Menschen öffnet sich immer weiter."
2. Wer ist an Menschenrechtsverletzungen im Zusammenhang mit der freien Meinungsäußerung und der freien Informationsbeschaffung beteiligt?
3. Mit welchen „Strategien" werden Menschenrechtsverletzungen im Zusammenhang mit freier Meinungsäußerung und Informationsbeschaffung verschleiert?
4. „Internet – Menschenrechtsverletzungen – China". Verknüpfen Sie diese drei Stichworte miteinander.
5. Nennen Sie typische Beispiele für die Verstöße gegen das Gleichheitsprinzip der Menschenrechte.
6. Welche Bevölkerungsgruppen werden immer wieder Ungleichbehandlungen ausgesetzt?
7. Wodurch unterscheidet sich der Internationale Pakt über wirtschaftliche, soziale und kulturelle Rechte von der Allgemeinen Erklärung der Menschenrechte?
8. Wo sehen Sie den Zusammenhang zwischen dem Hungerproblem, dem Klimaproblem und bewaffneten Konflikten?

Handlungsimpulse

- Schließen Sie sich zu einer Arbeitsgruppe von 4–6 Schülern/Schülerinnen zusammen.
- Sammeln Sie aus Tageszeitungen, Wochenzeitungen und Magazinen einen Monat lang alle Meldungen, die sich auf Menschenrechtsverletzungen beziehen.
- Erstellen Sie eine Übersicht aus den Informationen und markieren Sie in einer Weltkarte die Länder, in denen die Menschenrechtsverletzungen begangen wurden.
- Versuchen Sie herauszufinden, wer für die Menschenrechtsverletzungen verantwortlich ist.
- Teilen Sie Ihre Ergebnisse der Klasse mit.
- Erarbeiten Sie Vorschläge, was getan werden müsste, damit diese Menschenrechtsverletzungen in Zukunft unterbleiben.
- Fassen Sie alle Ergebnisse in einer Dokumentation zusammen.

(Arbeitshinweis: Die Dokumentation kann mit anderen Gruppen gemeinsam erstellt werden.)

4   Die Allgemeingültigkeit der Menschenrechte

3 x Menschenrechte?

Menschenrechte sind im Westen entwickelt worden – für Asien und Afrika gelten andere Werte!
Vielleicht sind Menschenrechte in den sogenannten Entwicklungsländern gar nicht so wichtig. Mit Meinungsfreiheit, freien Wahlen und so ist denen nicht geholfen. Zuerst wollen die Leute doch einmal satt werden. Erst Entwicklung, dann Menschenrechte!
Menschenrechte sind universell. Sie gelten überall und für alle Menschen!

Welche Meinung vertreten Sie?

4.1   Menschenrechte in der internationalen Diskussion

Menschenrechte sind nach üblichem Verständnis Rechte, die alle Menschen sozusagen von Natur aus besitzen, also unabhängig von kontingenten [zufälligen] Umständen wie Abstammung, Rasse, Geschlecht, Nation und Religion. Paradigmatische [modellhafte] Beispiele für solche Rechte sind etwa das Recht auf Leben und körperliche Integrität [Unversehrtheit], das Recht auf gleichen rechtlichen Schutz oder das Recht auf Gesinnungs- und Meinungsfreiheit.

Koller, Peter; Der Geltungsbereich der Menschenrechte, in: Philosophie der Menschenrechte, hrsg. von Stefan Gosepath und Georg Lohmann, 1. Auflage, Frankfurt a. M., Suhrkamp Verlag, 1998, S. 96

Immer wieder wird von einflussreichen Politikern in Asien und Afrika geäußert, die Menschenrechte seien ein Bestandteil des „westlichen" Kultur- und Wertesystems und kämen für die eigene Bevölkerung deshalb kaum in Betracht. International tätige Organisationen, die sich um die weltweite Anerkennung und Einhaltung der Menschenrechte kümmern, bekommen diese skeptische oder sogar ablehnende Haltung immer wieder zu spüren. Ihr Engagement für die Menschenrechte wird als Einmischung in innerstaatliche Angelegenheiten angesehen und deshalb von staatlichen Stellen abgelehnt oder gar bekämpft.

Die Ablehnung der Menschenrechte stützt sich dabei auf zwei Argumente. Zum einen wird behauptet, die Menschenrechte würden zu sehr die Rechte des Einzelnen betonen und die Rechte der Gemeinschaft übergehen. Zum anderen werden die Menschenrechte in Regionen der **Dritten Welt** auch als Hemmschuh für eine schnelle ökonomische Entwicklung angesehen. So ist von dem ehemaligen malaysischen Ministerpräsidenten die Forderung erhoben worden, die Menschenrechtserklärung müsste im Interesse der armen Länder umgeschrieben werden. Die Betonung der individuellen Freiheitsrechte sei in den Nationen der Dritten Welt nicht angemessen. Zu viel Freiheit könne die Demokratie zerstören.

Es trifft durchaus zu, dass die Menschenrechte die Rechte jedes einzelnen Menschen und seine Würde in den Vordergrund stellen. Ebenso richtig ist es, dass afrikanische und asiatische Gesellschaften traditionell die Ansprüche der Gemeinschaft betonen. Beides lässt sich miteinander vereinbaren. Gut funktionierende Gemeinschaften respektieren die Rechte jedes einzelnen Gruppenmitgliedes. Insofern gibt es keinen Gegensatz zwischen Menschenrechten und Gemeinschaftsbedürfnissen.

Heute besteht aber die Gefahr, dass undemokratische Machthaber ihre persönlichen oder ideologischen Interessen als Gemeinschaftsbedürfnisse ausgeben. Wachsame Menschen, die diesen Betrug erkennen, werden dann als gemeinschaftsschädlich hingestellt, verhaftet, gefoltert und oftmals hingerichtet. Angebliche Gemeinschaftsinteressen dienen somit zur Rechtfertigung von Menschenrechtsverletzungen. Zwei Beispiele: Um die Macht zu behalten (persönliches Interesse), lässt der 83-jährige Präsident Mugabe des afrikanischen Staates Simbabwe 2008 politische Gegner verfolgen. Er behauptet, sie würden dem Staat schaden. In China werden Menschen verfolgt, die es wagen, eine andere Meinung als die der allmächtigen kommunistischen Partei zu vertreten (ideologisches Interesse). Weil die Partei angeblich dem Wohle aller Chinesen dient, gilt Parteikritik als gemeinschaftsschädlich.

Mit Blick auf die Notsituation vieler Menschen in der **Dritten Welt** scheint es verständlich, wenn wirtschaftliche Probleme höher bewertet werden als Menschenrechtsfragen. Oft wird behauptet: „ Was nutzen dem Menschen individuelle Rechte, wenn er nichts zu essen hat?" Sehr schnell kann dann die wirtschaftliche Entwicklung zum Vorwand genommen werden, um Menschen unwürdigen Arbeitsbedingungen – u. a. Ausbeutung, Gesundheitsgefahren am Arbeitsplatz – auszuliefern oder ihren natürlichen Lebensraum zu vernichten (Beispiel: rücksichtslose Urwald-Rodungen).

Aus alledem folgt, dass es keine Gründe gibt, die Menschenrechte einzuschränken oder nur auf bevorzugte Teile der Menschheit anzuwenden.

Die Allgemeine Erklärung der Menschenrechte (AEMR) durch die UNO im Jahre 1948 ist keine einseitige Festsetzung durch westliche Staaten gewesen. Nach einem mühsamen Diskussionsprozess haben damals 48 Staaten für die Erklärung gestimmt. Nur die Ostblockstaaten, Saudi-Arabien und Südafrika haben sich zwar enthalten, aber nicht dagegen gestimmt. Insofern ist die Menschenrechtserklärung ein Dokument, das ein Maßstab für alle Gesellschaften und Kulturen darstellt. Tatsächlich haben danach viele Staaten die wesentlichen Teile der AEMR in ihre Verfassungen übernommen.

Außerdem sind aus der AEMR heraus im Rahmen der Vereinten Nationen internationale Übereinkommen (Konventionen, Pakte) geschlossen worden, die in den Unterzeichner-Staaten rechtsverbindlich sind. In diesen Dokumenten sind Überprüfungs- und Beschwerdeverfahren sowie die Überwachungsinstanzen festgelegt. Folgende Dokumente sind von besonderer Bedeutung:

Jahr	Instrument	Gültig seit ...
1966	Internationales Übereinkommen zur Beseitigung von Rassendiskriminierung	1969
1966	„Pakt über bürgerliche und politische Rechte" (Zivilpakt)	1976
1966	„Pakt über wirtschaftliche, soziale und kulturelle Rechte" (Sozialpakt)	1976

Watzal, Ludwig: Menschenrechte – Dokumente und Deklarationen, 4., aktualisierte und erweiterte Auflage, Bonn, Bundeszentrale für politische Bildung, 2004

4.2   Verfahren zur Menschenrechtssicherung

Der Menschenrechtsrat
der Vereinten Nationen

47 Mitglieder
mindestens 3 Sitzungen
pro Jahr

Die Mitglieder des Menschenrechtsrats werden durch die Generalversammlung der Vereinten Nationen einzeln und geheim gewählt

Erforderliche Mehrheit: mindestens 96 Stimmen

Die Wahl erfolgt auf 3 Jahre, direkte Wiederwahl ist nur 1 x möglich

Menschenrechtsverstöße können zur Abwahl (mit ²/₃-Mehrheit) führen

Aufgaben

Forum für Menschenrechtsfragen
•
Unterstützung der UN-Mitglieder bei der Umsetzung ihrer Menschenrechtsverpflichtungen
•
Periodische Berichterstattung über die Menschenrechtssituation in den UN-Mitgliedstaaten

Regionale Aufteilung

Afrika: 13 Mitglieder
Asien: 13
Osteuropa: 6
Lateinamerika/ Karibik: 8
Westeuropa und andere: 7

Der Menschenrechtsrat ist der UN-Generalversammlung zugeordnet

Er hat seinen Sitz in Genf

Eröffnungssitzung: 19. Juli 2006

ZAHLENBILDER
615 535

© Erich Schmidt Verlag

Um Menschenrechtsverletzungen aufgreifen zu können, richten die Vereinten Nationen zunächst eine **Menschenrechtskommission** ein. Das Gremium ist allerdings nur befugt, Verstöße festzustellen und öffentlich zu verurteilen. Direkte Eingriffsmöglichkeiten bestehen nicht.

Im September 2005 beschließt die UN-Vollversammlung, die Menschenrechtskommission durch den **Menschenrechtsrat** (MRR) zu ersetzen. Von dem neuen Gremium verspricht sich die Weltorganisation mehr Wirkungskraft. Darin sind 47 Mitgliedsstaaten (Afrika und Asien jeweils 13, Lateinamerika 8, Westeuropa und andere 7 und Osteuropa 6) vertreten. Bei der Wahl der ersten Mitglieder erhält Deutschland mit 154 Stimmen das beste Ergebnis der westlichen Staatengruppe.

Menschenrechtsorganisationen betrachten die Zusammensetzung des Rates mit Skepsis, weil darin auch Problem-Staaten, wie China, Tunesien, Saudi-Arabien oder Kuba, vertreten sind, die immer wieder durch Verstöße gegen grundlegende Menschenrechte auffallen. Andererseits erlangt der Menschenrechtsrat auch in diesen Problemstaaten grundsätzliche Anerkennung. Bedauert wird, dass Menschenrechtsrat und UN-Sicherheitsrat nicht gleichrangig sind.

Ob es dem Menschenrechtsrat gelingt „höchste Menschenrechtsstandards" zu erfüllen, bleibt abzuwarten. Bei bisherigen Sitzungen hat der Rat z.B. Israel wegen des Vorgehens in Palästinensergebieten kritisiert, aber den Bericht eines UN-Sonderberichterstatters über das vom Sudan zugelassene Morden in Dafur zurückgewiesen. Einigkeit ist jedoch erzielt worden bei der Verurteilung des Militärregimes in Myanmar wegen der brutalen Niederschlagung der Protestbewegung.

1. Welche Aufgaben hat der Menschenrechtsrat?
2. Inwiefern ist die Zusammensetzung des Menschenrechtsrates problematisch?

4.3   Menschenrechtsorganisationen

Es ist die Aufgabe und Verpflichtung aller Mitgliedsländer der UNO, auf die Einhaltung der Menschenrechte zu achten. Leider wird dieser Auftrag nicht immer ernst genommen. Schlimmer noch: In einigen Mitgliedsländern sind die Regierungen sogar selbst an Menschenrechtsverletzungen beteiligt. Die von der UNO vorgesehenen Sicherungsmaßnahmen reichen erfahrungsgemäß nicht aus, um alle diese Verstöße gegen die Menschenrechte zu kontrollieren. Deshalb sind sogenannte **Nichtre-**

Mitglieder von Amnesty International werben für eine Briefaktion an die Adresse diktatorischer Regierungen

gierungsorganisationen (NGO) wichtig, die ohne politische Rücksichten die Probleme beim Namen nennen und auf Abhilfe drängen können. Jede Privatperson kann Mitglied in diesen Organisationen werden oder zumindest die Arbeit der NGOs unterstützen.

Neben so namhaften und weltweit tätigen NGOs wie Amnesty International oder Human Rights Watch gibt es heute auch zahlreiche kleinere und regional begrenzte Organisationen, die selbst in sehr repressiven Staaten (Unterdrückerstaaten) aktiv werden. [...] Allein im deutschsprachigen Raum haben etwa 150 Organisationen den Schutz der Menschenrechte ausdrücklich zum Ziel ihrer Arbeit erklärt. Während die weltweit vertretenen meist eine große Bandbreite abdecken, haben kleinere Initiativen oft nur bestimmte Menschenrechte, Regionen oder Zielgruppen vor Augen. So kümmern sich zum Beispiel einige Organisationen um bedrohte Naturvölker wie die Indios im tropischen Regenwald [...] Im Allgemeinen versuchen NGOs, durch Mahnwachen, Unterschriftenaktionen und Protestbriefe Aufmerksamkeit zu erzeugen und öffentlichen Druck auf die Urheber von Menschenrechtsverletzungen auszuüben. Nicht weniger wichtig erscheint ihnen aber auch die direkte Unterstützung von Opfern, sei es durch Rechtshilfe oder materielle Leistungen im Sinne einer sozialen Fürsorge. Dabei setzen die NGOs vor allem auch auf moderne Technologie und Kommunikationsstrukturen. [...] Auf diese Weise vermögen die NGOs, Menschenrechtsverletzungen aus einer Dunkelzone des Schweigens an das Licht der Weltöffentlichkeit zu befördern, die auf diplomatischem Wege über die Staaten niemals entschleiert würden. Selbstverständlich können die NGOs solche Fälle auch mit einer ganz anderen Deutlichkeit zur Sprache bringen und damit unter Umständen wesentlich rascher Hilfe leisten.

Axel Herrmann, Menschenrechte in einer globalisierten Welt, in: Informationen zur politischen Bildung, Nr. 297, Bonn 2007, S. 60 (gekürzt)

1. Warum sind Menschenrechtsorganisationen wichtig?
2. Mit welchen Mitteln arbeiten Menschenrechtsorganisationen?

4.4 Engagement für Menschenrechte

Moderne Helden

Sie werden bedroht, verhaftet und misshandelt. Dennoch kämpfen sie unerschrocken weiter für ihre Ziele – für Rechtsstaatlichkeit, Gleichberechtigung und Meinungs- und Versammlungsfreiheit, gegen Diskriminierung, Willkür und Folter. Vier Porträts aus vier Kontinenten.

Girgorij Pasko, Russland: „Ein Staat, der sich durch die Arbeit eines Jounalisten angegriffen fühlt, diskreditiert sich selbst."

Menschenrechtsverteidiger werden strafrechtlich verfolgt, nur weil sie ihr Recht auf freie Meinungsäußerung friedlich wahrnehmen. Nichtregierungsorganisationen werden seit Ende 2005 von der Regierung verschärft überwacht.

Frauen besitzen kein Wahlrecht, homosexuelle Beziehungen werden mit Peitschenhieben bestraft. Häufig kommt es zu willkürlichen Festnahmen und unfairen Prozessen.

Ibrahim al-Mugaiteeb, Saudi-Arabien: „Vielleicht werde ich am Flughafen verhaftet, vielleicht wird mein Pass wieder eingezogen. Aber ich werde trotzdem weitermachen."

Adwoa Kufuor, Sudan: „Die Angriffe durch bewaffnete Milizen gehen unaufhörlich weiter. Die Gewalt gegen Frauen ist besonders dramatisch."

Über eine Million Menschen flohen in das Nachbarland. Die Meinungsfreiheit wird in dem gesamten Land unterdrückt. Willkürliche Festnahmen, Inhaftierungen und Folter sind alltäglich.

Willkürliche Festnahmen, Misshandlung von Gefangenen und Folter – diese Vorwürfe werden in Mexiko auch heute noch ständig laut. Es kommt immer wieder zu Polizeiübergriffen.

Felipe Arreaga, Mexiko, kämpft gegen die Zerstörung der Wälder durch skrupellose Grundbesitzer.

Tatjana Schütz, Regina Spöttl, Anouk Henry, Wolf-Dieter Vogel: in: amnesty journal, 07/08/06, S. 15–18 (Auszüge)

Die vier Beispiele zeigen, dass es auch heute mutige Menschen gibt, die für die Einhaltung der Menschenrechte eintreten. Ihr unerschrockenes Handeln und das von vielen tausend anderen Menschen ist wichtig angesichts der bedrückenden Zahl von Menschenrechtsverletzungen weltweit (S. 236).

Angesichts dieser Vorkommnisse liegt es nahe, vor allem einzelne Staaten und deren Regierungen für die unbefriedigende Menschenrechtssituation verantwortlich zu machen und eigenes Handeln für überflüssig zu halten. Dagegen steht die Meinung, dass der Schutz der Menschenrechte eine Herausforderung für alle bedeutet und alle angeht.

Engagiertes Eintreten für die Menschenrechte ist zunächst ein Unterlassen aller Äußerungen, die andere Menschen verunglimpfen. Angesichts der weltweiten Menschenrechtsproblematik ist es besonders bedenklich und bedauerlich, wenn Bürgerinnen und Bürger der Bundesrepublik Deutschland die Sicherheit des **Rechtsstaates** dazu missbrauchen, um ihrerseits Menschenrechtsverletzungen zu begehen. Hierzu gehören in unserer Gesellschaft besonders die gegen andersfarbige Ausländer, Asylbewerber, Aussiedler, ausländische Arbeitnehmer und ihre Familien sowie gegen Juden gerichteten Anfeindungen und tätlichen Übergriffe.

Engagiertes Eintreten für die Menschenrechte bedeutet auch die bewusste Respektierung der Würde anderer Menschen. Mit Bedacht hat der Parlamentarische Rat die Forderung nach Einhaltung der Menschenwürde an den Anfang des Grundgesetzes gestellt.

Dass diese Verfassungsnorm für behinderte und benachteiligte Menschen immer wieder missachtet wird, zeigt sich daran, wie schwierig es diese Menschen haben, am gesellschaftlichen Leben gleichberechtigt und selbstbestimmt teilzunehmen. Besonders empörend ist, dass Beschimpfungen und Angriffe gegen diese Menschen in den letzten Jahren zunehmen. Die **Verfassungswirklichkeit** entspricht demnach nicht dem Auftrag des Grundgesetzes, alle Menschen gleich zu behandeln und ihre Würde zu schützen.

Demonstration von Menschen mit Behinderung 2007

1. Welche Situationen sind denkbar, in denen die Menschenrechte bei Menschen mit Behinderungen verletzt werden?
2. Betiteln Sie das Bild im Hinblick auf die Forderung: „Menschenrechte für alle".

Zur Wiederholung

1. Verdeutlichen Sie unterschiedliche Auffassungen der Menschenrechte außerhalb von Europa und Amerika.
2. Begründen Sie die Allgemeingültigkeit der Menschenrechte.
3. Beschreiben Sie eine Situation, in der Gemeinschaftsrechte zugunsten persönlicher Interessen missbraucht werden.
4. Unterscheiden Sie zwischen den drei Dimensionen der Menschenrechte.
5. Erläutern Sie den rechtlichen Unterschied zwischen der Allgemeinen Erklärung der Menschenrechte und den international vereinbarten Menschenrechts-Übereinkommen.
6. Worin sehen Sie den Unterschied zwischen dem Menschenrechtsrat der UN und den Nichtregierungsorganisationen zur Wahrung der Menschenrechte?
7. Inwiefern ist der Schutz der Menschenrechte eine Herausforderung für die staatlichen Organe und jeden einzelnen Menschen?
8. Beschreiben Sie Situationen, in denen auch Privatpersonen Menschenrechtsverletzungen begehen.
9. Welche Personengruppen in unserer Gesellschaft sind häufig Opfer von Menschenrechtsverletzungen?
10. Erklären Sie den Unterschied zwischen Verfassungsnorm und Verfassungswirklichkeit am Beispiel des Umgangs mit Menschen mit Behinderung.

Handlungsimpulse

Beschaffen sie sich mithilfe des Internets Informationen über die Arbeitsschwerpunkte und Einsatzgebiete der Nichtregierungsorganisationen zur Wahrung der Menschenwürde.

Internetadresse	Name der Organisation
http://forum-menschenrechte.de	Netzwerk von 48 Nichtregierungsorganisationen
www.amnesty.de	Amnesty International
www.ecchr.de	European Center for Constitutional Rights
www.hrw.org/german/	Human Rights Watch
www.ilmr.de	Internationale Liga für Menschenrechte
www.institut-fuer-menschenrechte.de	Deutsches Institut für Menschenrechte

Das Regierungssystem der Bundesrepublik Deutschland II

1 Verfassungsorgane

1.1 Der Bundestag

1. Die Sitzordnung des Deutschen Bundestages ist fest geregelt.
   Ordnen Sie die richtige Zahl den Begriffen zu:
   Präsident,   Rednerpult,   Regierungsbank,
   Schriftführer,   Abgeordnete,   Bundesratsbank.
2. Welche Zusammensetzung hat der Deutsche Bundestag seit der letzten Wahl?
3. Was wird zurzeit in den Medien über den Bundestag berichtet?

Der Deutsche **Bundestag** ist das zentrale Organ der politischen Willensbildung, weshalb er auch als das **„Hohe Haus"** bezeichnet wird. Er besteht aus 598 Abgeordneten. Hinzu kommen die Sitze durch Überhangmandate. Die Volksvertreter werden in der Regel für vier Jahre **(Legislaturperiode)** gewählt. Zur Vereinfachung der Parlamentsarbeit schließen sich die Abgeordneten einer Partei bzw. von Parteien, die in den Bundesländern nicht miteinander im Wettbewerb stehen, zu **Fraktionen** zusammen. Dadurch erhalten sie zusätzliche Gelder für die Geschäftsführung, sind in wichtigen Gremien vertreten und können ihre politische Arbeit untereinander koordinieren. Eine Fraktion besteht aus mindestens 5 % aller Mitglieder des Bundestages (zurzeit 34 Abgeordnete). Um eine Regierungsmehrheit zu erreichen, schließen sich Fraktionen zu einer **Koalition** zusammen. Die Abgeordneten, die ihr nicht angehören, bilden die **Opposition**.

Die Stellung der Abgeordneten

Die Abgeordneten haben ein **freies Mandat**. Nach Art. 38 GG sind sie an Aufträge und Weisungen nicht gebunden. Im Bundestag stimmen die Abgeordneten einer Fraktion jedoch meist geschlossen ab. Dadurch wollen sie für stabile Mehrheiten sorgen. Unterschiedliche Standpunkte werden in vorausgehenden Fraktionssitzungen diskutiert und durch Abstimmung entschieden. Die **Fraktionsdisziplin**, also die Erwartung, mit der Fraktion auch dann zu stimmen, wenn sich die Auffassungen im konkreten Fall unterscheiden, wird jedoch bei solchen Fragen aufgehoben, die das Gewissen der Abgeordneten betreffen (z.B. Abstimmung über die Strafregelung beim Schwangerschaftsabbruch). Gibt es zwischen einem Abgeordneten und seiner Fraktion grundsätzliche Differenzen, kann er sie verlassen, ohne sein Mandat zu verlieren.

Der Bundestag als Wahlorgan

In einer parlamentarischen Demokratie wie der Bundesrepublik Deutschland wird der Regierungschef vom Parlament bestimmt. Dementsprechend wählt der Bundestag den **Bundeskanzler**. Die Suche nach einem chancenreichen Kandidaten ist Aufgabe des Bundespräsidenten. Er schlägt dem Bundestag einen Bewerber vor, der ihn ohne Aussprache mit der Mehrheit seiner Mitglieder wählt. Der Gewählte ist vom Bundespräsidenten zu ernennen. Findet der Vorschlag des Bundespräsidenten keine Mehrheit, kann der Bundestag innerhalb von 14 Tagen mit der Mehrheit seiner Mitglieder einen anderen Kandidaten zum Bundeskanzler wählen. Kommt eine Wahl innerhalb dieser Frist wieder nicht zustande, findet unverzüglich ein neuer Wahlgang statt. Der

Bundespräsident hat danach innerhalb von sieben Tagen die Wahl, jemanden zum Bundeskanzler zu ernennen, der nur die einfache Mehrheit der Stimmen erhält, oder aber den Bundestag aufzulösen und neu wählen zu lassen.

Neben dem Bundeskanzler werden vom Bundestag die Hälfte der Richter am Bundesverfassungsgericht gewählt. Ferner wirkt der Bundestag über die Bundesversammlung an der Wahl des Bundespräsidenten und über den Richterwahlausschuss an der Berufung der Bundesrichter mit.

1. Interpretieren Sie die Karikatur.
2. Wie beurteilen Sie das Zustandekommen der Regierung im Bundestag?

Der Bundestag als oberstes Gesetzgebungsorgan

Der Bundestag ist das Forum der Demokratie. In ihm wird diskutiert und entschieden, was für die Bevölkerung rechtlich verbindlich sein soll. Das Recht, einen Gesetzesantrag im Bundestag einzubringen **(Initiativrecht)**, steht der Bundesregierung, dem Bundesrat und den Mitgliedern des Bundestages (mindestens 5 % der Abgeordneten) zu. Über die Gesetzesvorlagen wird in drei **Lesungen** debattiert und in der dritten Lesung mit der Mehrheit der abgegebenen Stimmen entschieden. Für bestimmte Gesetze wie Verfassungsänderungen schreibt das Grundgesetz eine Mehrheit von zwei Dritteln der Mitglieder des Bundestages fest.

In das Gesetzgebungsverfahren des Bundes sind die Länder über den Bundesrat eingebunden. Ihm sind alle vom Bundestag verabschiedeten Gesetze zur Abstimmung vorzulegen. Lehnt der Bundesrat ein Gesetz ab, das vom Bundestag beschlossen wurde, kann der Bundestag bei **einfachen Gesetzen** den Widerspruch mit einfacher Mehrheit zurückweisen. Gesetze, für die das Grundgesetz eine Zustimmung des Bundesrates ausdrücklich vorsieht **(zustimmungsbedürftige Gesetze)**, sind in diesem Fall gescheitert. Durch Anrufung des Vermittlungsausschusses kann das Gesetzgebungsverfahren fortgesetzt werden. Er setzt sich je zur Hälfte aus Mitgliedern des Bundestages und des Bundesrates zusammen. Seine Aufgabe ist die Formulierung von Kompromisslösungen, die beiden Kammern wieder zur Abstimmung vorgelegt werden.

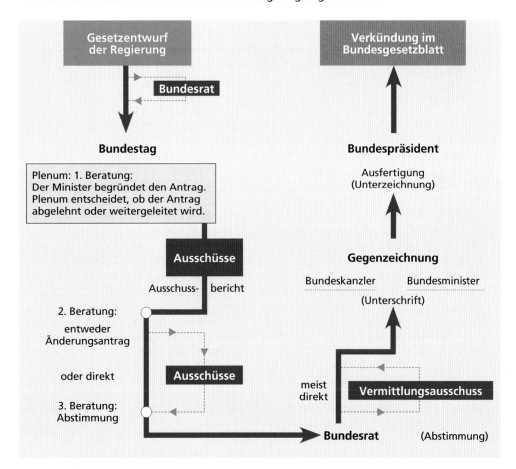

Soll das Volk selbst entscheiden?

„Sind wir uns ja einig, bin auch für den bundesweiten Volksentscheid!"

1. Interpretieren Sie die Karikatur.
2. Beziehen Sie zu Ihrer Kernaussage kritisch Stellung.

Bei einem **Volksentscheid** – auch Plebiszit genannt – entscheidet die Mehrheit der Stimmbürger in einer direkten Abstimmung (lat. Referendum) endgültig über einen Verfassungs- oder Gesetzesentwurf. In Deutschland ist der Volksentscheid in Artikel 20 des **Grundgesetzes** geregelt. Danach kann er auf Landes- und Bundesebene durchgeführt werden und wird grundsätzlich auf die gleiche Stufe wie die Wahlen gestellt. Derzeit ist er jedoch auf Bundesebene, außer bei einer Neugliederung des Bundesgebietes, nicht vorgesehen und auf Landesebene nicht in allen Bundesländern. Im kommunalen Bereich sind direkte Bürgerentscheide regelmäßig zulässig.

„Es gibt ein insgesamt gereiftes demokratisches Bewusstsein", freut sich der Staats- und Verwaltungsrechtler Jörn Ipsen. Den Regierenden in Kommunen oder Ländern tue es gut, in den vier Jahren zwischen den Wahlen das „Damoklesschwert des Bürgerentscheides" über sich hängen zu haben. „Anstelle des Regierens per Verwaltungsakt tritt die Aktivierung des mündigen Bürgers". Ipsen meint, es hätte auch bei der Einführung des Euro oder vor dem Beitritt zur Europäischen Union einen bundesweiten Volksentscheid geben sollen, wie er in Dänemark und Norwegen stattfand. Auch die Rechtschreibreform sei eine solche „Schicksalsfrage der Nation", bei der eine bundesweite Volksabstimmung besser gewesen wäre als ein Regierungsakt von oben. Andere Experten sehen die direkte Demokratie indes kritischer. Everhard Holtmann, Politologe an der Universität Halle-Wittenberg, stellt fest, dass der Volksentscheid eben nicht dem Normalbürger die Möglichkeit zur Mitbestimmung einräume, sondern vielmehr „zum Exerzierfeld außerparlamentarischer Partei- und Verbandsarbeit wird". Massenorganisationen verfügen ohnehin über das Geld und die Mittel, Wähler zu mobilisieren. So wurde in Baden-Württemberg jeder zweite kommunale Bürgerentscheid von Parteien oder Verbänden initiiert. Und auch in der Schweiz ist es üblich, dass sich die bei Abstimmung im Nationalrat unterlegene Partei auf die Referenden stürzt. Problematisch können auch die Folgen eines Bürgerentscheids werden, die dann wieder Politik und Verwaltung zu tragen haben. So muss die Münchner Stadtverwaltung den Mittleren Ring laut vox populi an drei Stellen untertunneln. Woher die dafür notwendigen 0,8 Milliarden EUR kommen sollen, weiß niemand.

Uli Heiman, zitiert nach: http://www.politik-digital.de/archiv/hintergrund/stimmedesvolkes.shtml (27.8.2007, Auszüge)

1. Stellen Sie die Argumente beider Seiten gegenüber.
2. Suchen Sie weitere Argumente für die jeweilige Position (vgl. 266).

Der Bundestag als Kontrollorgan

Silke Die Opposition im Bundestag ist immer nur am Nörgeln. Die sagen nie, wie etwas besser geht, sondern immer nur, wie etwas nicht geht!

Thomas Die Opposition muss die Finger in die Wunden der Regierung legen, damit diese ihre politischen Entscheidungen sehr sorgfältig trifft.

Michael Die Opposition hat doch gar keine Chance gegen die Regierung. Die hat doch den ganzen Verwaltungsapparat und die Medien hinter sich. Die Opposition kann nur hoffen, dass das Volk irgendwann die Regierung satt hat und sie abwählt.

1. Welche Rolle sollte nach Ihrer Ansicht die Opposition spielen?
2. Welche Kritik wird derzeit von der Opposition an der Regierung geübt?

Ein Ziel der Gewaltenteilung ist die Kontrolle der Regierung durch das Parlament. In der Praxis kommt diese Aufgabe im Wesentlichen der **Opposition** zu, da die Mehrheitsparteien ihre Regierung in der Regel unterstützen. Die Regierungsmehrheit hat in dieser parlamentarischen Auseinandersetzung gewisse Vorteile. Sie kann sich auf die Arbeit der Beamtenschaft in den Ministerien stützen, erhält Informationen aus „erster Hand" und verfügt über ministerielle Pressesprecher. Die Opposition kann demgegenüber Forderungen erheben, ohne für deren unmittelbare Verwirklichung einstehen zu müssen. Sie kann sich auf Schwachstellen der Regierung konzentrieren und dadurch deren Bild in der Öffentlichkeit prägen. Zur Kontrolle stehen der Opposition folgende Möglichkeiten zur Verfügung:

- Die **Kleine Anfrage** kann von mindestens 15 Abgeordneten gestellt werden und wird vom zuständigen Ministerium schriftlich beantwortet.

- Die **Große Anfrage** erfordert die Unterstützung von mindestens 30 Abgeordneten. Der zuständige Minister muss in einer Plenardebatte Stellung beziehen.

- Ein **Untersuchungsausschuss** muss auf Antrag eines Viertels der Abgeordneten eingesetzt werden. Solche Untersuchungsausschüsse werden gebildet, wenn bestimmte Missstände durch das Parlament untersucht werden sollen. In Untersuchungsausschüssen gelten die Vorschriften über den Strafprozess. So können Zeugen vereidigt werden und bei Falschaussagen wegen Meineids bestraft werden.

- Mithilfe des **konstruktiven Misstrauensvotums** kann die Opposition den Kanzler und seine Regierung stürzen. Dies ist jedoch nur möglich, wenn die Mehrheit der Mitglieder des Bundestages einen neuen Kanzler wählt. Das konstruktive Misstrauensvotum hat also nur dann Erfolg, wenn es der oppositionellen Minderheit gelingt, Abgeordnete einer Regierungsfraktion für ihr Vorhaben zu gewinnen.

Die Wahlen zum Deutschen Bundestag

Viele Wähler wissen nicht Bescheid

Jena (dpa) – Mindestens die Hälfte der Wahlberechtigten kennt den Unterschied zwischen Erst- und Zweitstimme bei der Bundestagswahl nicht. Die Unkenntnis darüber sei in Ost und West ähnlich groß, sagte der Politikwissenschaftler Prof. Karl Schmitt (...)

Sonntag Aktuell, 23.08.1998

1. Kennen Sie den Unterschied zwischen beiden Stimmen?
2. Wie erklären Sie sich die große Unkenntnis über das Wahlverfahren?

Die Wahlen zum Deutschen Bundestag finden in der Regel alle vier Jahre statt (Legislaturperiode). Grundlage ist ein Verhältniswahlverfahren, das mit Vorteilen des Mehrheitswahlsystems kombiniert ist **(personalisiertes Verhältniswahlsystem)**. Die Parlamentssitze werden zur Hälfte über Wahlkreise und zur Hälfte über Parteilisten auf Länderebene vergeben. Jeder Wähler hat zwei Stimmen, eine Personenstimme und eine Parteienstimme. Die Stimmabgabe ist auch als Briefwahl möglich.

- Mit der **Erststimme** entscheiden die Wähler, wer einen Wahlkreis im Bundestag vertreten soll (Persönlichkeitswahl).

- Mit der **Zweitstimme** entscheiden die Wähler, wie viele Sitze eine Partei im Bundestag erhält (Listenwahl). Sie legt fest, welche Chancen eine Partei hat, die Regierung zu bilden. Sie entscheidet über das politische Kräfteverhältnis im Parlament und ist deshalb die wichtigere Stimme.

Nach der Wahl werden Bundestagssitze nur an solche Parteien vergeben, die bundesweit mindestens 5 % der abgegebenen gültigen Zweitstimmen erhalten haben **(Sperrklausel)** oder in drei Wahlkreisen ein Direktmandat gewinnen konnten.

Schritte zur Sitzverteilung

1. Ermittlung der Anzahl der Sitze, die einer Partei nach der Anzahl der erhaltenen Zweitstimmen zustehen (Verhältniswahlverfahren).

2. Ermittlung der jeweiligen Sieger in den Wahlkreisen durch die relative Mehrheit der erhaltenen Erststimmen (Mehrheitswahlverfahren).

3. Von der Anzahl der Parlamentssitze, die einer Partei nach der Zweitstimme zustehen, wird die Anzahl der Mandate abgezogen, die direkt gewonnen wurden. Die verbleibenden Sitze werden der Reihe nach an die Kandidaten der Landesliste vergeben.

4. Hat eine Partei mehr Direktmandate erhalten, als ihr Sitze nach der Zweitstimme (Verhältniswahl) zustehen, wird der Bundestag um diese Anzahl der Sitze erweitert und den Wahlkreissiegern zugeteilt (Überhangmandate).

Muster-Stimmzettel

für die Wahl zum Deutschen Bundestag im Wahlkreis 199 Neuwied

am 18. September 2005

Sie haben 2 Stimmen

hier 1 Stimme	hier 1 Stimme
für die Wahl	für die Wahl
eines/einer Wahlkreis-abgeordneten	einer Landesliste (Partei) - maßgebende Stimme für die Verteilung der Sitze insgesamt auf die einzelnen Parteien -
Erststimme	**Zweitstimme**

	Erststimme			Zweitstimme	
1	**Wittlich,** Werner August Elektromeister, MdB Kurscheid Im Tiergarten 13 — **CDU** — Christlich Demokratische Union Deutschlands	◯	◯	**CDU** — Christlich Demokratische Union Deutschlands Joachim Hörster, Prof. Dr. Maria Böhmer, Peter Rauen, Peter Bleser, Norbert Schindler	**1**
2	**Bätzing,** Sabine Diplom-Verwaltungswirtin Altenkirchen Hermann-Löns-Straße 1 — **SPD** — Sozialdemokratische Partei Deutschlands	◯	◯	**SPD** — Sozialdemokratische Partei Deutschlands Fritz Rudolf Körper, Doris Barnett, Klaus Hagemann, Andrea Nahles, Gustav Herzog	**2**
3	**Hoff,** Elke Vizepräsidentin Lohmar Am Wildpfad 31 — **FDP** — Freie Demokratische Partei	◯	◯	**FDP** — Freie Demokratische Partei Rainer Brüderle, Dr. Volker Wissing, Elke Hoff, Dr. Edmund Peter Geisen, Bettina Muth	**3**
4	**Dr. Lingnau,** Hildegard Angestellte Mammelzen Über dem Berg 9 — **GRÜNE** — BÜNDNIS 90/DIE GRÜNEN	◯	◯	**GRÜNE** — BÜNDNIS 90 / DIE GRÜNEN Ulrike Höfken-Delpenbrock, Josef Philip Winkler, Corinna Rüffer, Daniel Köbler, Jutta Blatzheim-Roegler.	**4**

Direktmandate und Landeslisten 2005			
Fraktion	**Direktmandate**	**Landeslisten**	**gesamt**
CDU/CSU	148[3]	76	224
SPD	145	77	222
FDP	–	61	61
DIE LINKE	3	50	53
BÜNDNIS 90/DIE GRÜNEN	1	50	51
Fraktionslose	(1)[1]	(1)[2]	2
Bundestag gesamt	**298**	**315**	**613**
16 Überhangmandate, 7 für die CDU/CSU, 9 für die SPD			

[1] Der Abgeordnete Henry Nitzsche wurde als Direktkandidat der CDU gewählt und schied am 15. Dezember 2006 aus der Fraktion CDU/CSU aus.
[2] Der Abgeordnete Gert Winkelmeier wurde über die Landesliste DIE LINKE. gewählt und schied am 13. Februar 2006 aus der Fraktion DIE LINKE. aus.
[3] Der Abgeordnete Matthias Wissmann wurde als Direktmandat der CDU gewählt und schied am 1. Juni 2007 aus dem Bundestag aus. Solange wie Überhangmandate für die betreffende Partei in einem Bundesland bestehen, wird das ausgeschiedene Mitglied nicht durch Nachrücken ersetzt.

http://www.bundestag.de/parlament/wahlen/sitzverteilung/1541_16.html (27.08.2007)

1. Welche Bedeutung haben die Überhangmandate für die aktuelle Zusammensetzung des Bundestages?
2. Diskutieren Sie den Vorschlag, die Überhangmandate ganz abzuschaffen.

Überhangmandate in der Kritik

Das Wahlrecht zum Bundestag wird 2008 vom Bundesverfassungsgericht für verfassungwidrig erklärt. Ursache ist das Phänomen des negativen Stimmeneffekts. Danach kann ein Wähler eine Partei schwächen, indem er sie wählt und umgekehrt. Dies liegt daran, dass die Anzahl der Listenplätze, die einer Partei bundesweit zusteht, nach den erreichten Zweitstimmen auf die Bundesländer verteilt wird. Verschiebt sich zwischen zwei Bundesländern das Zweitstimmengewicht bei relativ gleichem bundesweiten Gesamtstimmenergebnis, dann verschiebt sich auch die Zahl der Listenplätze. Paradox wird es allerdings, wenn die Partei in dem Bundesland, in dem sie die Stimmen verloren hat, so viele Direktmandate hat, wie ihr ohne Stimmverlust zugestanden hätten. Dann nämlich entsteht ein zusätzliches Überhangmandat und die Partei kann aufgrund des Stimmverlustes einen zusätzlichen Abgeordneten ins Parlament entsenden.

	Vor der Stimmenverschiebung			Nach der Stimmenverschiebung		
	Listen-mandate	Direkt-mandate	Gesamt-sitze	Listen-mandate	Direkt-mandate	Gesamt-sitze
Land A	14	14	14	13	14	14
Land B	16	6	16	17	6	17
Gesamt	30	20	30	30	20	31

Verhältniswahlsystem in der Kritik

Nach der Analyse des früheren Staatsoberhaupts und Verfassungsgerichtspräsidenten Roman Herzog wird das Regieren in Deutschland in einem Fünf-Parteien-System immer schwieriger. Ohne Korrekturen drohe sich der Vertrauensschwund der Bürger gegenüber den bisherigen Volksparteien CDU/CSU und SPD fortzusetzen. Herzog warnt: „Die Gefahr von Minderheitsregierungen wird wachsen, sei es, dass von Anfang an keine Koalition mit absoluter Mehrheit zustande kommt, sei es, dass eine solche Koalition auseinanderfällt." Er führt weiter aus: „Ein Minderheitskanzler dürfte aber ein sehr schweres Leben haben." Im Ausland und besonders bei der Europäischen Union werde er „als lahme Ente gelten, deren Tage gezählt sind und mit der man keine langfristigen Projekte auf Kiel legt." Noch unangenehmer werde sich bemerkbar machen, „dass sich ein Minderheitskanzler für jedes Gesetz, das er für nötig hält, die erforderliche Mehrheit im Parlament zusammenbetteln muss, weil seine eigene Fraktion ja über keine ausreichende Mehrheit verfüge." Deshalb, so folgert Herzog, werde der Chef einer Minderheitsregierung „die unsinnigsten Kompromisse eingehen und die sachwidrigsten Kompensationsgeschäfte machen müssen, um halbwegs über die Runden zu kommen." Das Grundgesetz sei in seiner geltenden Fassung nicht geeignet, diese Probleme zu lösen, urteilt Herzog. (...) (Eine) Reformvorlage (ist für ihn) das französische (Mehrheits-)Wahlrecht; dieses verlange für die Wahl eines Abgeordneten die absolute Stimmenmehrheit, wodurch die Interessen kleinerer Parteien mehr Gewicht behielten (weil ihre Unterstützung in der Regel zur Mehrheitsbildung notwendig ist).

Quelle: Herzog empfiehlt Änderung des Wahlrechts, SZ vom 06.03.2008/jkr

1. Um den negativen Stimmeneffekt zu vermeiden, wird u. a. vorgeschlagen, dass eine Partei bundesweit nur so viele Sitze erhalten soll, wie ihr nach der Zweitstimmenzahl zustehen. Gewinnt danach eine Partei in einem Bundesland Überhangmandate, dann verliert sie in den anderen Bundesländern entsprechend viele Listenplätze. Diskutieren Sie den Vorschlag.
2. Beziehen Sie zu den Vorschlägen von Roman Herzog kritisch Stellung.

1.2   Der Bundesrat

Jedes Land hat mindestens 3 Stimmen

Länder mit mehr als 2 Mio. Einwohnern haben 4 Stimmen

Länder mit mehr als 6 Mio. Einwohnern haben 5 Stimmen

Länder mit mehr als 7 Mio. Einwohnern haben 6 Stimmen

35 Stimmen = Mehrheit
46 Stimmen = Zweidrittelmehrheit
69 Stimmen = Gesamtstimmen
http://www.bundesrat.de/Wissen/index.html

1. Wie viele Stimmen hat Rheinland-Pfalz im Bundesrat?
2. Bestimmen Sie die gegenwärtigen Machtverhältnisse im Bundesrat.

Der **Bundesrat** vertritt die Interessen der Länder beim Bund. Über ihn wirken sie an der Gesetzgebung mit. Er besteht aus Vertretern der Landesregierungen. Die Stimmenanzahl richtet sich nach der Einwohnerzahl der Länder. Die Stimmen eines Landes können aber nur einheitlich abgegeben werden.

Auch wenn der Bundesrat weniger im Zentrum des öffentlichen Interesses steht, hat er einen wesentlichen Einfluss auf die **Gesetzgebung** des Bundes. Dies zeigt sich insbesondere dann, wenn sich die politische Mehrheit im Bundesrat von der im Bundestag unterscheidet. In Streitfällen wirft ihm die Regierungsmehrheit oft vor, er betreibe eine reine Blockadepolitik gegenüber der Bundestagsmehrheit.

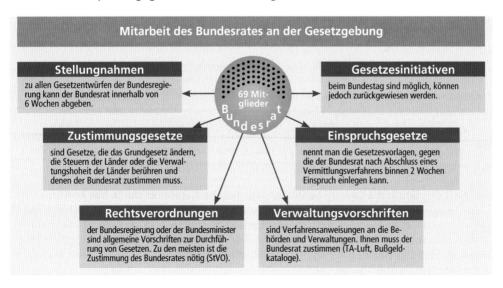

Mitarbeit des Bundesrates an der Gesetzgebung

69 Mitglieder Bundesrat

Stellungnahmen
zu allen Gesetzentwürfen der Bundesregierung kann der Bundesrat innerhalb von 6 Wochen abgeben.

Gesetzesinitiativen
beim Bundestag sind möglich, können jedoch zurückgewiesen werden.

Zustimmungsgesetze
sind Gesetze, die das Grundgesetz ändern, die Steuern der Länder oder die Verwaltungshoheit der Länder berühren und denen der Bundesrat zustimmen muss.

Einspruchsgesetze
nennt man die Gesetzesvorlagen, gegen die der Bundesrat nach Abschluss eines Vermittlungsverfahrens binnen 2 Wochen Einspruch einlegen kann.

Rechtsverordnungen
der Bundesregierung oder der Bundesminister sind allgemeine Vorschriften zur Durchführung von Gesetzen. Zu den meisten ist die Zustimmung des Bundesrates nötig (StVO).

Verwaltungsvorschriften
sind Verfahrensanweisungen an die Behörden und Verwaltungen. Ihnen muss der Bundesrat zustimmen (TA-Luft, Bußgeldkataloge).

1.3 Die Bundesregierung

1. Welche bisherigen Kanzler der Bundesrepublik Deutschland sind Ihnen bekannt?
2. Wie heißen die gegenwärtigen Bundesminister und welchen Ressorts stehen sie vor?

Die Bundesregierung **(Bundeskabinett)** besteht aus dem Bundeskanzler und den Bundesministern, die auf seinen Vorschlag vom Bundespräsidenten ernannt werden. Als Exekutivorgan sorgt sie für die Verwirklichung der Bundesgesetze. Mit eigenen Initiativen wirkt sie an der Gestaltung der Bundespolitik aktiv mit. Ihre Vorstellungen legt sie durch Regierungserklärungen dem Bundestag und der Öffentlichkeit dar. Die Zusammenarbeit in der Bundesregierung ist von drei grundgesetzlich verankerten Prinzipien geprägt.

- **Das Kanzlerprinzip:** Der Bundeskanzler bestimmt die Zahl und den Geschäftsbereich der einzelnen Ministerien. Bei Meinungsverschiedenheiten hat er die Richtlinienkompetenz, ist also letztlich für alle Entscheidungen der Regierung verantwortlich.

- **Das Ressortprinzip:** Jeder Minister verwaltet sein Ministerium eigenverantwortlich. In Einzelfragen ist er an keine Weisungen gebunden. Der Kanzler kann verlangen, dass nicht gegen seine allgemeinen Ziele verstoßen wird, aber im Konfliktfall steht es ihm frei, den jeweiligen Minister zu entlassen.

- **Das Kabinettsprinzip:** Beschlüsse der Regierung werden von allen Kabinettsmitgliedern durch Mehrheitsbeschluss gefasst. Weicht der Bundeskanzler von der Mehrheitsmeinung ab, kann er seine Richtlinienkompetenz in Anspruch nehmen.

Verliert der Bundeskanzler seine Regierungsmehrheit, kann er durch das konstruktive Misstrauensvotum (siehe Kontrollmöglichkeiten der Opposition, S. 253) gestürzt werden. Er kann aber auch selbst die Vertrauensfrage stellen und im Falle des Scheiterns die Auflösung des Bundestages beim Bundespräsidenten beantragen. Wegen dieser starken Stellung des Regierungschefs wird die Bundesrepublik Deutschland auch als **„Kanzlerdemokratie"** bezeichnet.

1.4   Das Bundesverfassungsgericht

Die Pflicht zum Anbringen von Kreuzen in Klassenzimmern staatlicher Schulen verstößt nach einem Beschluss des Bundesverfassungsgerichts gegen die vom Grundgesetz in Artikel 4 garantierte Religionsfreiheit. Die Schulordnung Bayerns, die Kruzifixe in Volksschulen vorschreibt, sei in diesem Punkt verfassungswidrig und dürfte nicht angewendet werden. Mit dem Beschluss gab der Erste Senat der Verfassungsbeschwerde von Eltern und deren drei minderjährigen Kindern statt.

Nach: Wochenschau II, Nr. 5, 1995

1. Welche politische Rolle kommt dem Bundesverfassungsgericht zu?
2. Kennen Sie weitere Grundsatzentscheidungen?

Das oberste Gericht der Bundesrepublik Deutschland ist das Bundesverfassungsgericht. Es besteht aus zwei Spruchkammern **(Senate)** mit jeweils acht Richtern. Der Präsident des Bundesverfassungsgerichtes ist Vorsitzender des Ersten Senats, sein Stellvertreter Vorsitzender des Zweiten Senats. Die Richter werden je zur Hälfte vom Bundestag und vom Bundesrat gewählt. Als **„Hüter der Verfassung"** trifft das Gericht Entscheidungen über

*   Verfassungsbeschwerden der Bundesbürger,
*   Streitigkeiten zwischen Bundesorganen oder zwischen Bund und Ländern,
*   die Vereinbarkeit von Bundes- oder Landesrecht mit dem Grundgesetz und
*   die Verfassungswidrigkeit von Parteien.

Politisch umstrittene Fragen werden häufig von der Politik an das Bundesverfassungsgericht als letzte Entscheidungsinstanz weitergegeben. Gegen diese Rolle als „Schiedsrichter" der Nation sprechen sich immer wieder einzelne Bundesverfassungsrichter aus. Sie befürchten, dass diese Haltung die Demokratie untergräbt, weil sie die politische Entscheidungsmacht auf wenige Richter konzentriert. Nach ihrer Meinung sollten die demokratisch gewählten Politiker bemüht sein, selbst zweckmäßige Kompromisse zu finden und das Bundesverfassungsgericht nur in wirklich grundlegenden Verfassungsfragen anzurufen.

Susanne Wenn es politischen Streit darüber gibt, ob eine bestimmte rechtliche Regelung mit dem Geist unserer Verfassung übereinstimmt oder nicht, dann sollte das ganze Volk durch Abstimmung entscheiden und nicht wenige Frauen und Männer in roten Richterroben.

Susanne, 18

1. Wie lassen sich verfassungsrechtliche Konfliktlagen vermeiden?
2. Nehmen Sie zu Susannes Aussage Stellung.

1.5 Der Bundespräsident

Sven, 17 Als Staatsoberhaupt stelle ich mir eine ältere Person mit viel Lebenserfahrung vor. Sie sollte ausgleichend wirken und für alle Menschen ansprechbar sein.

Sonja, 18 Ein Staatsoberhaupt muss eine Person sein, die das Volk mit unbequemen Wahrheiten provoziert. Sie muss wie ein Stachel wirken und alle zur Tat antreiben.

Bundespräsident Horst Köhler

1. Welche Eigenschaften sollte ein Bundespräsident haben?
2. Wie beurteilen Sie das gegenwärtige Staatsoberhaupt?
3. Welche ehemaligen Bundespräsidenten kennen Sie?

Der Bundespräsident ist das Staatsoberhaupt der Bundesrepublik Deutschland. Aus den Erfahrungen der Weimarer Republik wurde seine politische Macht begrenzt. Das Amt ist so angelegt, dass er beraten und ausgleichen soll. Damit schöpft das Amt seine Kraft aus der Persönlichkeit des jeweiligen Amtsinhabers. Er wird nicht vom Volk direkt gewählt, sondern von der **Bundesversammlung**, die sich aus den Mitgliedern des Bundestages und einer gleichen Anzahl von Delegierten der Länderparlamente zusammensetzt. Zu seinen Aufgaben gehören:

- die völkerrechtliche Vertretung des Bundes gegenüber anderen Staaten im In- und Ausland,
- Vorschlag, Ernennung und Entlassung des Bundeskanzlers,
- die Ernennung und Entlassung der Bundesminister, Bundesrichter, Bundesbeamten und Offiziere,
- die Ausfertigung und Verkündung der Gesetze,
- die Verkündung des Gesetzgebungsnotstandes.

Direktwahl des Bundespräsidenten	
Pro	**Kontra**
Demokratie heißt Volksherrschaft. Warum wählt es dann nicht den Bundespräsidenten? Er könnte sich so direkt auf das Vertrauen des Volkes stützen und den Politikern auch unliebsame Wahrheiten sagen.	Das Amt steht über den Parteien und darf nicht Gegenstand heftiger Wahlkämpfe sein. Populistische Wahlsieger könnten durch fehlende Klugheit und Erfahrung im In- und Ausland viel Schaden anrichten.

1. Vergleichen Sie die Argumente und beziehen Sie selbst Stellung.
2. Sollte sich der Bundespräsident kritisch über die aktuelle Politik äußern?

Zur Wiederholung

1. Erläutern Sie die Bedeutung der Fraktionen im Bundestag.
2. Beschreiben Sie das Verhältnis zwischen den Abgeordneten im Bundestag und ihrer Fraktion.
3. Erklären Sie, wie der Bundeskanzler gewählt wird.
4. Beschreiben Sie den Gang der Gesetzgebung.
5. Stellen Sie die Möglichkeiten des Bundestages dar, seine Kontrollfunktion gegenüber der Bundesregierung auszuüben.
6. Erläutern Sie die Aufgaben des Bundesrates.
7. Erklären Sie die Zusammensetzung des Bundesrates.
8. Auf welchen Prinzipien beruht die Zusammenarbeit im Bundeskabinett?
9. Erläutern Sie die Aufgaben des Bundesverfassungsgerichtes.
10. Wer wählt die Mitglieder des Bundesverfassungsgerichtes?
11. Erläutern Sie die Aufgaben des Bundespräsidenten.
12. Wer wählt den Bundespräsidenten?
13. Erläutern Sie das Wechselspiel der Macht zwischen Medien und Politik.
14. Welche Gefahren sind mit der Medienorientierung der Politiker verbunden?
15. Erläutern Sie das Wahlverfahren zum Bundestag.

Handlungsimpulse

A   Pro und Kontra des Volksentscheides diskutieren

In einer Stadt muss das mehrfach umgebaute Theater grundlegend saniert werden. Die Architekten schlagen vor, den ursprünglichen Jugendstil wiederherzustellen, auch wenn dies zu einem erheblichen Anstieg der Sanierungskosten führt. Der Gemeinderat schließt sich nach einer Anhörung von Experten der Meinung der Architekten an. Eine Bürgerinitiative ist wegen der hohen Verschuldung der Stadt dagegen. Sie sammelt Unterschriften, um einen Bürgerentscheid über diese Frage durchführen zu lassen.
Soll die Bürgerschaft direkt abstimmen? Stimmen Sie in Ihrer Klasse ab und halten Sie das Ergebnis an der Tafel fest. Bilden Sie auf der Grundlage der Abstimmung Pro- und Kontragruppen. Sammeln Sie Argumente für die jeweilige Auffassung und stellen Sie sie der Klasse vor. Stimmen Sie erneut ab und erfragen Sie gegebenenfalls die Argumente für einen Meinungswechsel.

B   Über Koalitionen verhandeln

Formulieren Sie in Gruppen politische Forderungen, die Sie für besonders wichtig halten. Tragen Sie Ihre Programme der Klasse vor und verhandeln Sie anschließend mit den anderen Gruppen über ein Koalitionsprogramm. Entscheiden Sie sich für eine Gruppe, die Sie für die Bildung einer Koalition für geeignet halten. Stellen Sie Ihr Koalitionsprogramm der Klasse vor und stimmen Sie anschließend geheim über die jeweiligen Koalitionsprogramme in der Klasse ab.

2 Staatliche Organe im Saarland

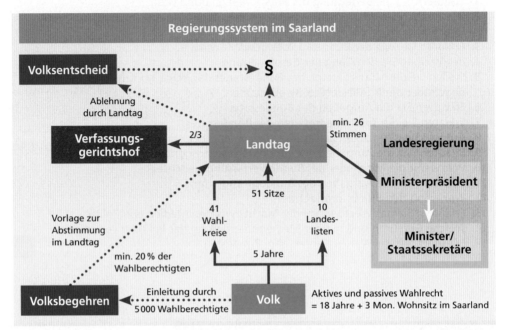

Eigene Darstellung

2.1 Der Landtag

Der Landtag ist die gesetzgebende Gewalt im Saarland. Er besteht aus 51 Abgeordneten, die für fünf Jahre nach den Grundsätzen der Verhältniswahl bestimmt werden. 41 Abgeordnete werden auf der Ebene von drei Wahlkreisen (Saarbrücken, Saarlouis, Neunkirchen) bestimmt, zehn auf Landesebene. Jeder Wahlberechtigte hat eine Stimme, mit ihr wählt er den Kreiswahlvorschlag einer Partei oder Wählergruppe und zugleich deren Landeswahlvorschlag, wenn ein solcher vorliegt. Mit diesem Verfahren soll eine möglichst enge Bindung zwischen den Landtagsabgeordneten und ihrer jeweiligen Region hergestellt werden.

Der Landtag wählt die Mitglieder des Landtagpräsidiums, mit der Mehrheit seiner Mitglieder den Ministerpräsidenten und mit einer 2/3-Mehrheit die Mitglieder des Verfassungsgerichtshofs.

Der Präsident des Landtags repräsentiert dieses Staatsorgan nach außen und leitet die Sitzungen. Er eröffnet und schließt die Aussprachen im Parlament. Die Abgeordneten erhalten von ihm das Wort und können es von ihm entzogen bekommen, wenn sie die demokratischen Spielregeln missachten. Diese Funktion verpflichtet ihn zu strenger parteipolitischer Neutralität. Unterstützt wird er von den weiteren Mitgliedern des Landtagpräsidiums.

Landtagspräsident
Hans Ley (CDU)

Wahlergebnisse zum saarländischen Landtag

	1975 %	1975 Sitze	1980 %	1980 Sitze	1985 %	1985 Sitze	1990 %	1990 Sitze	1994 %	1994 Sitze	1999 %	1999 Sitze	2004 %	2004 Sitze
Wahlbeteiligung	89	50	85	51	85	51	83	51	84	51	69	51	56	51
CDU	49	25	44	23	37	20	33	18	39	21	46	26	48	27
SPD	42	22	45	24	49	26	54	30	49	27	44	25	31	18
DPS/FDP	7,4	3	6,9	4	10	5	5,6	3	2,1	–	2,6	–	5,2	3
Grüne	–	–	2,9	–	2,5	–	2,6	–	5,5	3	3,2	–	5,6	3
PDS	–	–	–	–	–	–	–	–	–	–	0,8	–	2,3	–
Republikaner	–	–	–	–	–	–	3,4	–	1,4	–	1,3	–	–	–
KP/DKP	1	–	0,5	–	0,3	–	0,1	–	–	–	–	–	–	–
NPD	0,7	–	–	–	0,7	–	0,2	–	–	–	–	–	4	–
CVP	–	–	–	–	–	–	–	–	–	–	–	–	–	–
SPS	–	–	–	–	–	–	–	–	–	–	–	–	–	–
SVP	–	–	–	–	–	–	–	–	–	–	–	–	–	–
DDU	–	–	–	–	–	–	–	–	–	–	–	–	–	–
Sonstige	–	–	0,3	–	–	–	0,2	–	3	–	2,2	–	4,6	–

http://www.wahlen.saarland.de (24.12.2005)

1. Aktualisieren und analysieren Sie die Wahlergebnisse.
2. Diskutieren Sie die Aussage der Karikatur vor dem Hintergrund ihrer Analyse-ergebnisse.

2.2 Landesregierung

Amtseid der Mitglieder der Landesregierung:
„Ich schwöre, dass ich meine Kraft dem Wohle des Volkes widmen, seinen Nutzen mehren, Schaden von ihm wenden, Verfassung und Recht wahren und verteidigen, meine Pflichten gewissenhaft erfüllen und Gerechtigkeit gegen jedermann üben werde. So wahr mir Gott helfe." (Der Amtseid kann auch ohne religiöse Beteuerung geleistet werden)

Die Landesregierung, auch Landeskabinett genannt, ist die ausführende Gewalt im Saarland. An ihrer Spitze steht der Ministerpräsident. Er ernennt und entlässt die anderen Mitglieder des Kabinetts, das sind die Minister und Staatssekretäre. Ihnen muss allerdings zur Amtseinführung der Landtag das Vertrauen aussprechen.

Der Ministerpräsident bestimmt die Richtlinien der Politik und vertritt das Land nach außen. Seit 1999 wird dieses Amt von Peter Müller (CDU) ausgeübt. Zuvor waren dies ab 1947 der Reihenfolge nach Johannes Hoffmann (CVP), Heinrich Welsch (parteilos), Hubert Ney (CDU), Egon Reinert (CDU), Franz-Josef Röder (CDU), Werner Klumpp (kommissarisch, FDP), Werner Zeyer (CDU), Oskar Lafontaine (SPD) und Reinhard Klimmt (SPD).

Ministerpräsident
Peter Müller (CDU)

2.3 Verfassungsgerichtshof

Der Verfassungsgerichtshof hat acht Mitglieder und seinen Sitz in Saarbrücken. Er entscheidet bei Streitigkeiten über die verfassungsgemäßen Rechte und Pflichten der obersten staatlichen Einrichtungen (Organstreitigkeiten) und bei Meinungsverschiedenheiten über die Vereinbarkeit landesrechtlicher Regelungen mit der Verfassung. Letzteres kann auf Antrag von einem Drittel der Mitglieder des Landtages oder der Landesregierung, so wie durch die Entscheidung der Gerichtsbarkeit in Gang gesetzt werden.

2.4 Gesetzgebung

Das Recht, Gesetzesvorlagen in den Landtag zur Beratung und Abstimmung einzubringen (Gesetzesinitiative), steht dem Ministerpräsidenten namens der Landesregierung und jedem Mitglied bzw. jeder Fraktion des Landtags zu. Nach der Beratung im Plenum (Lesung) und den Fachausschüssen kommt es zur Schlussaussprache und Abstimmung. Stimmen die Abgeordneten der Vorlage mehrheitlich zu, wird sie durch Ausfertigung (Ministerpräsident und Fachminister überprüfen und unterschreiben die Vorlage) und Verkündung (Amtsblatt) rechtskräftig.

Auch die Bürger haben bis auf bestimmte Ausnahmen (z.B. haushaltswirksame Sachverhalte) die Gesetzesinitiative im Landtag. Zur Einleitung des Verfahrens sind 5 000 Unterschriften der Wahlberechtigten erforderlich. Liegen sie vor, müssen sich mindestens 20 Prozent der Wahlberechtigten in amtlich ausgelegten Listen durch Unterschrift für den Volksgesetzesentwurf aussprechen (Volksbegehren). Stimmt der Landtag der

Vorlage der Bürger nicht zu, kommt es zum Volksentscheid. Stimmen hierbei mindestens 50 Prozent der Wahlberechtigten zu, erhält der Gesetzesentwurf nach der Ausfertigung und der Verkündung Rechtskraft.

1. Die meisten Gesetzesvorschläge werden nach der Statistik durch die Landesregierung eingebracht. Begründen Sie diesen Sachverhalt.
2. Stellen Sie dar, wie die Landespolitik mit der Bundespolitik verbunden ist.

2.5 Kommunale Entscheidungsorgane

Auf lokaler Ebene (Gemeinde, Landkreis bzw. Regionalverband Saarbrücken) ist der Bürger von den Entscheidungen der Politik am unmittelbarsten betroffen. Sei es, dass ein Kindergarten schließt oder eine Berufsbildende Schule renoviert wird. Das kommunale Entscheidungsorgan ist auf der Ebene der Ortsgemeinde der Gemeinderat (in Städten der Stadtrat) und auf Ebene des Landkreises der Kreistag (im Regionalverband Saarbrücken die Regionalversammlung). Ihre Mitglieder werden von den Bürgern für fünf Jahre nach den Grundsätzen der Verhältniswahl bestimmt. Hierbei kann sich der Wähler zwischen mehreren Listen von Parteien bzw. Wählergruppen entscheiden. Es werden jedoch nur die Listen berücksichtigt, die mindestens fünf Prozent der Wählerstimmen erreicht haben. Wurde nur ein oder kein gültiger Wahlvorschlag eingereicht, stehen einzelne Personen zur Wahl, auf die dann die Sitze nach der Rangfolge der erhaltenen Stimmen verteilt werden (Mehrheitswahl). Die Beschlüsse des Gemeinderats werden vom Bürgermeister, die des Kreistags vom Landrat und die der Regionalversammlung vom Regionalverbandsdirektor ausgeführt. Alle drei werden von den Bürgern des entsprechenden Gebiets für zehn Jahre direkt gewählt (Urwahl). Die kommunalen Wahlen finden zusammen mit den Landtagswahlen statt. Wahlberechtigt sind alle Deutschen und EU-Bürger, die am Wahltag das 18. Lebensjahr vollendet haben und seit mindestens drei Monaten in der Gemeinde wohnen.

1. Erläutern Sie Themen, die derzeit in Ihrer Gemeinde diskutiert werden.
2. Zählen Sie die wichtigsten Kommunalpolitiker Ihrer Region auf.

2.6   Bürgerbeteiligung in den Kommunen

Bürgerentscheid gegen 1 600-Megawatt-Kohlekraftwerk in Ensdorf

70 Prozent der Teilnehmer einer Bürgerbefragung in Ensdorf (Saarland) sagten nach Angaben der Gemeinde Nein zum neuen Großkraftwerk beziehungsweise zur entsprechenden Änderung des Flächennutzungsplans. Diese wäre notwendig gewesen, um das Steinkohlekraftwerk mit 1 600 Megawatt Leistung und einem CO_2-Ausstoß von jährlich schätzungsweise 9 Millionen Tonnen zu errichten. Der Energieriese (RWE) räumte am 26. November seine Niederlage ein. Der Bau des neuen Großkraftwerks wurde abgesagt.

Kohlekraftwerk in Ensdorf bei Saarlouis: Nach dem Willen des Betreibers RWE soll hier ein weiterer Kraftwerksblock entstehen.

http://www.ngo-online.de/ganze_nachricht.php?Nr=17021
© Copyright ngo-online e.V., 26.11.2007 (Auszug)

Als eine Antwort auf die wachsende Politikverdrossenheit wurde im Saarland das Kommunalselbstverwaltungsgesetz (§ 21a) geändert und durch plebiszitäre Elemente erweitert (**Plebiszit** = Entscheidung durch Volksabstimmung). Neben der **Direktwahl** der Bürgermeister wurde der Bürgerentscheid eingeführt. Voraussetzung ist allerdings ein vorausgehendes **Bürgerbegehren**, das von mindestens 15 % der wahlberechtigten Einwohner mit Namen und Anschrift unterzeichnet sein muss. Damit ein **Bürgerentscheid** Rechtskraft erlangt, müssen sich mindestens 30 % der wahlberechtigten Bürger an der Abstimmung beteiligt haben.

Nicht zu früh über Bürgerentscheid freuen

Anders als noch vor Jahren nehmen die Menschen Großprojekte nicht mehr einfach so hin. Das bekommen auch die Planer und Investoren von Erneuerbaren-Energie-Vorhaben zu spüren. Heftigen Protest gegen eine große Photovoltaik-Anlage auf einer landwirtschaftlichen Fläche gab es zum Beispiel in Bliesransbach. (...) Oder Windanlagen. (...) nach wie vor kommt es jeweils vor Ort zu heftigen Auseinandersetzungen. Die Bürger schimpfen über die Rotoren-Geräusche und die Schatten, die die Windräder werfen. So unter anderem in Eppelborn geschehen. Vor etwa einem halben Jahr wurde dieses Vorhaben förmlich weggeblasen. Auch gegen den Bau eines Biomassekraftwerks nahe der Dillinger Hütte hagelt es Proteste, obwohl es im Hafengebiet und fernab von Wohnsiedlungen liegt. (...) Aber wenn Bürger jegliche Energieproduktion ablehnen, woher soll denn dann der Strom kommen? In Ensdorf haben de facto 3 000 Bürger über die künftige Energieversorgung von rund einer Million Saarländern entschieden – ohne dass nun eine tragfähige Lösung auf dem Tisch liegt. Das ist heikel, sowohl hinsichtlich der Frage, ob das noch Demokratie ist, als auch gerade in einem Land, wo erneuerbare Energien so wenig Strom liefern.

Handelsblatt Weblog, 26.11.2007, http://bergius.blogg.de/eintrag.php?id=90

1. Recherchieren Sie nach aktuellen Forderungen eines Bürgerentscheids.
2. Diskutieren Sie die Vor- und Nachteile des Bürgerentscheids.

Zur Wiederholung

1. Stellen Sie die politische Rolle des Landtags im Saarland dar.
2. Vergleichen Sie den Landtag mit dem Bundestag.
3. Erläutern Sie die Aufgaben des Ministerpräsidenten im Saarland.
4. Beschreiben Sie die Stellung des Verfassungsgerichthofs im Saarland.
5. Zeichnen Sie den Ablauf der Gesetzgebung im Saarland in einem Schaubild auf.
6. Erklären Sie, wie das Volk unmittelbar in die Gesetzgebung des Saarlands eingreifen kann.
7. Problematisieren Sie den Verlauf der Wahlergebnisse zum Landtag.
8. Stellen Sie den politischen Aufbau einer Kommune im Saarland dar.
9. Ordnen Sie einzelne Gemeinden den jeweiligen Landkreisen im Saarland zu.
10. Erklären Sie, wie die Bürger im Saarland direkt in die Entscheidungsfindung einer Gemeinde eingreifen können.
11. Problematisieren Sie die Rolle des Bürgerentscheids.
12. Erläutern Sie die Wahl zum Landtag.

Handlungsimpulse

A Ein Rollenspiel durchführen

Wählen Sie sich in Ihrer Klasse ein kommunalpolitisches Streitthema aus (z. B.: Anhebung der Parkgebühren, Verkürzung der Sperrstunden für Diskotheken oder Privatisierung des Freibads). Analysieren Sie die Interessenstruktur und bilden Sie danach Arbeitsgruppen. Formulieren Sie Forderungen und suchen Sie nach Argumenten, die den jeweiligen Interessenstandpunkt stützen. Wählen Sie einen Gruppensprecher, der in einem Forum die entsprechende Sichtweise in die Diskussion einbringt. Stimmen Sie am Ende der Diskussion über die Forderungen ab. Ergründen Sie die Motive, die zur Entscheidung der Klasse geführt haben.

B Zu einer Meinung kritisch Stellung beziehen

Die ablehnende Haltung des Landtags im Saarland, finanzwirksame Themen für den Bürgerentscheid zu öffnen, kommentiert der Landesverband des Vereins „Mehr Demokratie e. V." wie folgt: „Nur allzu oft hört man aus den Rechnungshöfen, wer wo, wie und wann Gelder veruntreut, verschwendet oder schlecht verwaltet. Unser Geld. Darüber hinaus ist nicht jeder Universitäts-Professor oder Diplom-Ingenieur, auch nicht jeder Facharbeiter oder Handwerksmeister igendein Trottel, der es nicht mit dem geistigen Niveau irgendeines Hinterbänklers irgendeiner Fraktion in irgendeinem Parlament aufnehmen könnte. Die Vernunft verbleibt in der Regel beim kleinen Mann. Der käme nimmer auf den Gedanken, gar einen Krieg anzuzetteln oder aus Habsucht einen Börsenkoller zu verursachen. Nein, geht es ihm gut, so soll es auch den anderen gut ergehen. Hier also wohnt der gesunde Menschenverstand. Und den kann man (...) auch durch Bürgerbegehren zum Ausdruck bringen."

Quelle: Krewer, Jürgen, Reformfehlschlag im Saarland, 29.01.2008, Website www.mehr-demokratie.de/2618.html

3 Interessenartikulation außerhalb von Wahlen

3.1 Medien als „vierte" Gewalt im Staat

So **doof** sind unsere Schulabgänger

Schlagzeile in der BILD-Zeitung vom 26.7.2007

Der SPIEGEL 40/2006

1. Welche Aussage über die Medien enthält die Karikatur?
2. Gibt es Gemeinsamkeiten der Titelbilder?

Politiker in einer Demokratie wollen gewählt werden. Das gelingt ihnen nur, wenn sie sich dem Volk mitteilen und ihre Vorhaben so verständlich machen, dass sie beim Wähler auf Zustimmung stoßen. Dazu sind sie in der modernen „Massengesellschaft" auf „Vermittler" wie die Presse oder das Fernsehen angewiesen.

Artikel 5 Grundgesetz

(1) Jeder hat das Recht, seine Meinung in Wort, Schrift und Bild frei zu äußern und zu verbreiten und sich aus allgemein zugänglichen Quellen ungehindert zu unterrichten. Die Pressefreiheit und die Freiheit der Berichterstattung durch Rundfunk und Film werden gewährleistet. Eine Zensur findet nicht statt.
(2) Diese Rechte finden ihre Schranken in den Vorschriften der allgemeinen Gesetze, den gesetzlichen Bestimmungen zum Schutze der Jugend und in dem Recht der persönlichen Ehre.

Die Medien (vgl. auch Lerngebiet 2, S. 61f.) sind jedoch kein Erfüllungsgehilfe der Politik. Sie entscheiden selbst, worüber und mit welcher Tendenz sie berichten. Sie sollen das politische Geschehen mit kritischen Augen verfolgen und Verfehlungen öffentlich anprangern. Damit nehmen sie Einfluss auf die Willensbildung des Wählers und üben indirekt politische Macht aus. Wegen dieser Kontrollfunktion werden sie häufig auch als „Vierte Gewalt" im Staat bezeichnet.

Helmut Markwort, Chefredakteur der Wochenzeitschrift Focus, über die Kampagne des Axel-Springer- und Spiegelverlages zur Rücknahme der Rechtschreibreform:
„Ich habe wenig Verständnis dafür. Ich sehe sogar, wenn ich die ‚Bild-Zeitung' ansehe, einen Missbrauch von Medienmacht. Ich beobachte voller Sorge die Kampagne bei einigen dieser Blätter. Die ‚Süddeutsche' ist fair und korrekt und lässt auch die zu Wort kommen, die anderer Meinung sind. Aber bei ‚Bild' gibt es in der Berichterstattung keine Gegenposition. Der Leser erfährt überhaupt nicht – in ‚Welt' und ‚FAZ' kaum –, dass so große Verlage wie Gruner+Jahr, Holtzbrinck mit ‚Zeit', ‚Tagesspiegel' und auch viele Regionalzeitungen, Burda mit ‚Focus', ‚Bunte' und alle anderen weiter so schreiben wie bisher. Das halte ich für eine problematische journalistische Methode."

Joachim Widmann, Helmut Markwort, http://www.netzeitung.de/medien/299710.html (27.8.2007)

1. Worin sieht Helmut Markwort einen Missbrauch von Medienmacht?
2. Wie beurteilen Sie die Wirkung solcher Kampagnen?
3. Kampagnen können sich auch gegen das vermeintliche Fehlverhalten einzelner Politiker richten. Wo sehen Sie die Grenzen, die der Art. 5 GG setzt?

Mediokratie

Auf der anderen Seite brauchen die Medien die Politiker. Ein Journalist, der nichts erfährt, kann nichts berichten. Damit übt die Politik umgekehrt auch Macht auf die Medien aus. Jeder Politiker kann frei entscheiden, wem er ein Interview mit Hintergrundinformationen gewährt. Zwischen Politik und Medien besteht somit ein Wechselspiel der Macht.

„Als eine Verirrung unseres Berufs ist mir immer die persönliche Versippung mit der Politik erschienen, die um sich zu greifen scheint. Das Duzen, das wechselseitige Einladen zu Geburtstagen und Hochzeiten ist sehr ausgeprägt … Es hat für die Berichterstattung schwerwiegende Folgen, denn wenn man sich nicht schon vorher geduzt hat, duzt man sich spätestens dann, und von einem solchen befreundeten Menschen, der auch Geschenke überreicht, wenn er umgekehrt zum Geburtstag eingeladen wird, mal den Rücktritt zu fordern, ist schon eine sehr hohe Hürde."

Hans-Ulrich Jörges, http://www.bpb.de/veranstaltungen/3VTW3C,0,0,Embedded_in_Berlin.html (27.8.2007)

1. Welche Kritik übt Hans-Ulrich Jörges am Verhältnis von Medien und Politik?
2. Wie sollten sich beide Seiten verhalten, um ihre Unabhängigkeit zu wahren?

Auf dem Medienmarkt gelten die gleichen Gesetze wie auf dem Gütermarkt. Unternehmen können nur bestehen, wenn ihre Produkte auf den Geschmack der Kunden eingehen. Auch die Medien wollen ihren Absatz steigern und passen sich dementsprechend den Wünschen der Mehrheit an oder sie bilden gezielt „Formate", um Minderheiten als zusätzliche Abnehmer zu gewinnen. Diese Entwicklung lässt die Politik nicht unberührt. Wer als Politiker über die Medien wahrgenommen werden will, muss sich so präsentieren, dass er den Gewohnheiten der Mediennutzer entgegenkommt. Die Demokratie in der Mediengesellschaft wird deshalb als Mediokratie gekennzeichnet.

(…) Wenn nun die Politik zunehmend den Medienregeln folgt, mit all dem, was sich gefällig darstellen lässt, was dem großen Publikum gefällt, so ist das eine Kolonisierung, eine Besiedelung der Politik durch die Medien (…) Wir haben jetzt schon die Situation, dass relativ unpolitische Journalisten, die sich nur um die Inszenierung kümmern, Politikern gegenüberstehen, die erhebliche Stäbe beschäftigen, um die gefälligste, durchdringendste Inszenierung zu bringen. So geht das Politische selber unter (…) Gegen die Medien eine langfristige für sich selber sprechende Politik zu machen, das riskiert heute keiner mehr (…) Mediokratie heißt auch die Vorherrschaft der absoluten Gegenwart, weil ja alles, was die Politik will, sagt oder macht, nicht nur tagesaktuell, sondern in Echtzeit sofort eine Medienresonanz findet. Sodass viele der längerfristigen Themen im Bereich der Ökologie oder der ferner liegenden Themen im Bereich der globalen Gerechtigkeit in der Medienwelt überhaupt keine Chance haben. Dieses Jetztzeitdiktat verhindert sicherlich vieles von dem, was längerfristig und global geboten wäre.

Thomas Meyer, in: Die Furche, 1.3.2002

Wo der gemeinsame Gesprächsstoff ausgeht, weil sich jeder nur noch in seinem ihm seit Jahren vertrauten Format beheimatet fühlt, wo die Neugier auf Neues und Anderes verschwindet, weil die einzelnen Formate sich mit ihren Angeboten innerhalb eines beschränkten Horizonts bewegen (…) da entsteht eine neue Klassengesellschaft: Auf der einen Seite die Klasse der Informierten, die die Medien gezielt nach Nachrichten, Hintergrundsendungen, Kommentaren und Diskussionen absuchen und Materialien zur eigenen Meinungsbildung sammeln. Auf der anderen Seite eine an der Einschläferungs- und Ablenkungswirkung der Medien interessierte Mehrheit. Die Gefahren für die Demokratie sind unübersehbar, denn eine gemeinsam erlebte Kommunikation ist Voraussetzung für zielgerichtetes Gemeinschaftshandeln.

Ernst Elitz, 6. Thüringer Mediensymposium am 5./6. Oktober 2001 in Erfurt, http://www.thueringen.de/tkm/ hauptseiten/grup_thmedien/medsymp6/rede_elitz.htm

1. Welche Gefahren für die Demokratie werden beschrieben?
2. Mit welchen Maßnahmen könnte ihnen begegnet werden?

3.2 Die Interessenverbände

ADAC

Der ADAC hat mit Blick auf die gestiegenen Benzinpreise von der Bundesregierung eine Aussetzung der Ökosteuer gefordert. Oder die Mineralölsteuer sei auf das Niveau der europäischen Nachbarn zu senken. Hier koste der Liter Sprit im Schnitt 20 Cent weniger. „Für viele Autofahrer sind die Benzinpreise wirtschaftlich nicht mehr tragbar", sagte ADAC-Vizepräsident Ulrich Klaus Becker am Mittwoch im Rahmen einer ADAC-Veranstaltung zur Zukunft der Kraftstoffpreise. Mobilität dürfe kein Luxusgut werden, sie sei notwendige Voraussetzung für eine arbeitsteilige Gesellschaft.

Alexander Wragge: ADAC fordert Verzicht auf Ökosteuer, in: Tagesspiegel, 29.11.2007, unter: http://www.tagesspiegel.de/wirtschaft/;art271,2429042

NABU (Naturschutzbund Deutschland)

Der NABU hat die erneute Forderung des ADAC-Präsidenten Peter Meyer nach einer sofortigen Aussetzung der Ökosteuer scharf kritisiert. NABU-Bundesgeschäftsführer Leif Miller: „Der ADAC streut Autofahrern Sand in die Augen und betreibt kurzfristigen Populismus mit den hohen Kraftstoffpreisen." Die Äußerungen lenkten von den tatsächlichen Problemen ab, denn für die hohen Spritpreise seien knapper werdende Ölressourcen bei weltweit steigender Nachfrage verantwortlich. (...) „Nur Autos mit deutlich geringerem Verbrauch und eine Sprit sparende Fahrweise können weitere Preissteigerungen bei Benzin und Diesel abfedern", sagte Miller. (...) „Eine Abschaffung der Ökosteuer, die gerade den vernünftigeren Umgang mit Energie fördert, ist genau das falsche Signal", betonte Miller. Der ADAC als selbst ernannter Anwalt der Bürger solle besser für ein Tempolimit auf Autobahnen werben, das den Kraftstoffverbrauch erheblich reduziere. (...) NABU-Verkehrsexperte Dietmar Oeliger (...): „Der hohe Ölpreis und der Klimawandel werden insbesondere sozial Schwache treffen. Für beide Probleme gibt es nur eine Lösung: runter mit dem Verbrauch, rauf mit der Effizienz. Dazu leistet die Ökosteuer einen wichtigen Beitrag."

Auszug aus einer Pressemitteilung des NABU vom 26.04.2008, unter: http://www.nabu.de/presse/pressemitteilungen/index.php?popup=true&show=1130&db=presseservice

BVT (Bundesverband der Transportunternehmen)

Der BVT hat angesichts der aktuellen Kraftstoffpreise gefordert, die Ökosteuer auszusetzen. „Die Ökosteuer ist weder ‚öko' noch ‚logisch' – sie ist Unfug", sagte Dagmar Wäscher, Vorsitzende des BVT. So schade die Ökosteuer den Transportunternehmen und damit der Mobilität und Wirtschaftskraft des Landes. Um die Überlebensfähigkeit des Transportgewerbes angesichts der hohen Kraftstoffpreise zu sichern, müsse die Ökosteuer daher ausgesetzt werden. Gerade für die kleinen Transportunternehmen, bei denen der Kraftstoffpreis einen besonders hohen Anteil an den Gesamtkosten ausmacht, sei die aktuelle Situation mehr als verhängnisvoll, so Wäscher weiter. Mit der Aussetzung der Ökosteuer könnte die Regierung ein Zeichen setzen. Alternativ regt Wäscher an, den Mehrwertsteuersatz für Energie auf 7 Prozent zu senken.

Kürzel: stb, Verkehrsrundschau, 12.06.2008, unter: http://www.verkehrsrundschau.de/bvt-fordert-aussetzung-der-oekosteuer-672402.html

DNR (Deutscher Naturschutzring)

Als populistisches Wahlkampfgeschwätz hat heute in Berlin DNR-Präsident Hubert Weinzierl die Forderung (...) nach einer Abschaffung der Öko-Steuer bezeichnet. (...) Mit der 1998 eingeführten Öko-Steuer soll das Verhalten von Investoren und Konsumenten behutsam verändert und der Energieverbrauch verringert werden. Die Öko-Steuer muss vor allem zu einer Korrektur falscher Preise führen. Mit ihrem jährlichen Gesamtaufkommen (2008) von 18 Mrd. € trägt die Öko-Steuer mit 16,2 Mrd. € zur Entlastung der Rentenkassen bei. Ohne Öko-Steuer müssten die Rentner höhere Beiträge und niedrigere Renten in Kauf nehmen. Der DNR wies (...) darauf hin, dass das Deutsche Institut für Wirtschaftsforschung den Beschäftigungseffekt der Öko-Steuer auf 180000 bis 250000 Arbeitsplätze beziffert. Nicht zuletzt ist sie ein unverzichtbares Instrument für den Klimaschutz. „Wer die Ökosteuer bekämpft fördert den Klimawandel und gefährdet Arbeitsplätze", sagte Hubert Weinzierl.

Dr. Helmut Röscheisen, Presseinformation des DNR vom 08.09.2008, unter: http://www.dnr.de/presse/index.php

Ökosteuer = Steuer auf Kraftstoff, um umweltschädlichen Autoverkehr zu verringern und Arbeit durch Zuschüsse an die Sozialversicherung zu verbilligen.

1. Was ist unter der ökologischen Steuerreform zu verstehen?
2. Worin unterscheiden sich die Vorstellungen der Interessenverbände?

Artikel 9 Grundgesetz
[Vereinigungs-, Koalitionsfreiheit]
(1) Alle Deutschen haben das Recht, Vereine und Gesellschaften zu bilden (...)

Lobby
Unter dem Begriff Lobby wurde ursprünglich die Vorhalle des Parlamentes verstanden. Dort suchten Interessenvertreter das Gespräch mit Abgeordneten, um ihre Sichtweise in die politische Diskussion einzubringen. Heute ist damit allgemein der Prozess der interessenbezogenen Einflussnahme auf die Politik gemeint.

1. Auf welche Gefahren des Lobbyismus weist die Karikatur hin?
2. Durch welche Verbände lassen Sie Ihre Interessen vertreten?

Interessenvereinigungen können im direkten Kontakt mit Abgeordneten und Vertretern der Ministerien ihren Einfluss geltend machen. Die Geschäftsordnungen von Bundestag und Bundesministerien erlauben ausdrücklich diese Zusammenarbeit mit Sachverständigen aus den Verbänden. Häufig sind Verbandsfunktionäre sogar selbst Mitglieder von Parlamenten. Über solche Verbindungen muss der Präsident des Deutschen Bundestages jedoch informiert werden. Verstößt ein Abgeordneter gegen diese Regel, kann dies vom Präsidenten veröffentlicht werden. Eine weitere Methode des **Lobbyismus** ist die Beeinflussung der öffentlichen Meinung. Politische Vorhaben und verabschiedete Gesetze können über Stellungnahmen in den Medien kritisiert werden. Vor Wahlen können die Verbände über Wahlempfehlungen versuchen, die Politik zu beeinflussen. Wegen ihrer hohen politischen Bedeutung werden sie deshalb auch nach den Medien als „fünfte" Gewalt im Staat bezeichnet.

(...) Empfehlungen von Verbänden (können) nützlich sein, die das zeitraubende und im Detail schwierige Geschäft praktiziert haben, die Parteiprogramme zu lesen, zu vergleichen und die Übereinstimmung mit eigenen Vorstellungen zu bewerten (...) Das ist Wahlhilfe im doppelten Sinn. Aber die Wähler sollten nicht vergessen zu prüfen, ob die Verbandssicht auch die ihre ist.   *Die Rheinpfalz, 14.08.1998*

1. Welche Gefahren gehen von der engen Zusammenarbeit zwischen Politikern und Verbandsfunktionären aus?
2. Wie würden Sie sich verhalten, wenn ein Verband, dem Sie angehören, zur Wahl einer bestimmten Partei aufrufen würde?

Die „fünfte" Gewalt

Das moderne **Lobbying** unterscheidet sich grundlegend von der verbandlichen Interessenvertretung der vergangenen Jahrzehnte (...) Die Verbände (hatten) überwiegend den Anspruch, den nackten Interessenkampf zu zähmen und breitere Interessen zu formen. Anders ist dies beim Lobbying. Es ist punktueller und situationsbezogener. Es artikuliert in der Regel ein konkretes, eng definiertes Einzelinteresse. Im Fall der Strom- und Gaspreise war dies das Interesse der vier Energieerzeuger E.on, RWE, Vattenfall und EnBW an hohen Preisen in ihren Versorgungsgebieten.

Die Partikularisierung der Interessenvertretung hat Folgen für den Politikbetrieb (...) So hat die SPD-Fraktion zum Ende der ausgelaufenen Legislaturperiode (2005) das neue Gesetz zu Öffentlich-Privaten Partnerschaften zum Teil von der Kanzlei Hogan & Hartson Raue L.L.P. mit Sitz am Potsdamer Platz in Berlin schreiben lassen. Das Gesetz schafft die Grundlage dafür, dass Straßen und öffentliche Gebäude von Privaten gebaut und betrieben werden können. Zwar waren in den verschiedenen Arbeitsgruppen auch Parlamentarier am Arbeitsprozess beteiligt. Der Fall zeigt aber: Immer häufiger kommen Gesetzesentwürfe nicht mehr aus der Ministerialbürokratie, sondern von Lobbyisten und politikberatenden Think Tanks (...)

Die Macht der Interessengruppen war für Demokratien schon immer eine Herausforderung. Das quantitativ zunehmende und qualitativ professionalisierte Lobbying verschärft dieses Problem aber noch. Interessengruppen aus der Wirtschaft (Wirtschaftsverbände, Unternehmen, Handelskammern, Gewerkschaften) haben in unserem politischen System einen höheren Stellenwert als sogenannte *public interest groups* wie Verbraucher, Arbeitslose, Rentner, Kinder, Umwelt oder künftige Generationen.

Ein wichtiges Kennzeichen des Lobbyings ist sein informeller Charakter. Es gibt keine Verfahren und Regeln für die lobbyistische Politikbeeinflussung. Darüber hinaus gehen Lobbyisten ihren Geschäften gezielt abseits der Öffentlichkeit nach (...) Politik verlagert sich dadurch immer mehr in „graue Entscheidungsbereiche" (Wolf-Dieter Zumpfort, TUI) abseits der Öffentlichkeit und jenseits des Parlaments. Lobbying kommt daher dem Anspruch von Demokratien nach größtmöglicher Transparenz und Regelhaftigkeit des Regierungshandelns nicht nach.

Ministerialbeamte, Minister und Staatssekretäre sind dem Gemeinwohl verpflichtet. Interessenunabhängigkeit ist ihr Vertrauenskapital. Die Öffentlichkeit hat deshalb das Recht, zu erfahren, welche Interessen bei politischen Entscheidungen im Spiel waren. Dies wird aber immer schwieriger, wenn komplette Gesetzesvorlagen von den Lobbyisten ohne erkennbaren Absender geliefert werden (...) (Es) sind Regeln für das Lobbying überfällig (...) Ein Vorschlag geht dahin, die Abgeordneten in ihrer Rolle als Wahrer des Gemeinwohls zu stärken. Ihnen sollen mehr Ressourcen zur Verfügung stehen, um nicht allein auf die „Expertise" der Lobbyisten angewiesen zu sein. Eine andere Idee kommt aus den USA (...) Lobbyisten (sind) zu zahlreichen Angaben verpflichtet. Sie müssen Auskunft geben über ihre Honorare, ihre Kunden, ihre Ausgaben, die Themen, zu denen sie gearbeitet haben, und zu welchen Regierungsbehörden sie in diesem Zusammenhang Kontakt hatten. Diese Angaben sind für jedermann über das Internet einsehbar. Hinzu kommen ethische Selbstverpflichtungen, welche Methoden akzeptabel sind und welche nicht.

Thomas Leif und Rudolf Speth, Wie Lobbyisten die Prinzipien der parlamentarischen Demokratie unterlaufen,
ZEIT online, 2.3.2006, 04/2006

1. Welche Veränderungen werden bei der Arbeit der Interessenvertreter festgestellt?
2. Diskutieren Sie Möglichkeiten, um die Interessenvertreter stärker zu kontrollieren.

3.3   Bürgerinitiativen

Bürgerinitiative will Tempo 30 im gesamten Wohngebiet

Unterschriftensammlung für Abstimmung im Gemeinderat

Tempo 30 ist kinderfreundlich	Tempo 30 ist frauenfeindlich
Ich bin eine alleinerziehende Mutter und den ganzen Tag berufstätig. Meine schulpflichtige Tochter muss deshalb ihre Wege im Wohngebiet zumeist alleine zurücklegen. So wie zu meiner Kindheit auch. Jeden Tag habe ich jedoch mehr Angst um sie. Der Autoverkehr steigt und die Rücksicht nimmt ab. Aus dem Physikunterricht weiß jeder, dass die Verletzungsgefahr eines Fußgängers mit der Aufprallgeschwindigkeit ansteigt. Je langsamer also gefahren wird, desto sicherer sind unsere Straßen. Die Forderung der Bürgerinitiative zur Einführung einer Tempo-30-Zone ist deshalb sehr vernünftig. Die wenigen Sekunden, die man deshalb vielleicht später ankommt, sollten einem die Kinder schon wert sein. Oder sollen wir sie zu Hause einsperren?	Die Forderung der Bürgerinitiative zur Geschwindigkeitsbegrenzung in unserem Wohngebiet lehne ich als frauenfeindlich ab. Als alleinerziehende Mutter stehe ich unter ständigem Zeitdruck. Schule, Arbeitsplatz, Einkaufen, Flötenunterricht, Kinderarzt und mehr müssen zeitlich unter einen Hut gebracht werden. Da ist jede Sekunde kostbar. Warum soll ich dann Tempo 30 fahren, wenn die Straße frei ist. Natürlich muss man auf Kinder im Straßenverkehr Rücksicht nehmen. Dies erreicht man jedoch nicht mit Zwang, sondern nur mit Vertrauen. Oder soll etwa das Leben aller reglementiert werden, nur weil ein paar Verrückte sich nicht an die Spielregeln halten?
Sandra S., L.	*Franziska K., L.*

§ 21 Kommunalselbstverwaltungsgesetz – KSVG – des Saarlands

(1) Die Einwohnerinnen und Einwohner einer Gemeinde, die das sechzehnte Lebensjahr vollendet haben, können beantragen, dass die Bürgermeisterin oder der Bürgermeister dem Gemeinderat eine bestimmte dem Gemeinderat obliegende Selbstverwaltungsangelegenheit zur Beratung und Entscheidung vorlegt (Einwohnerantrag).

(2) Der Einwohnerantrag muss schriftlich eingereicht werden. Er muss einen bestimmten mit Begründung versehenen Antrag enthalten und von mindestens 5 vom Hundert der Einwohnerinnen und Einwohner nach Absatz 1 unterzeichnet sein.

(3) Über die Zulässigkeit des Einwohnerantrags nach den Absätzen 1 und 2 entscheidet die Bürgermeisterin oder der Bürgermeister.

1. Welche Argumente werden von den Kontrahenten vorgebracht?
2. Würden Sie einer Bürgerinitiative beitreten, wenn sie mit den gleichen Zielen in Ihrem Wohngebiet antreten würde?

In einer pluralistischen Gesellschaft sind die Interessen der Menschen sehr verschieden. Parteien und Verwaltung können in ihrem politischen Handeln nicht jedes Einzelinteresse berücksichtigen. Häufig werden völlig entgegengesetzte Forderungen gestellt und Kompromisse lassen sich kaum schließen. Fühlen sich Bürger benachteiligt, finden sie sich häufig mit anderen Betroffenen zu **Bürgerinitiativen** zusammen, um ihr konkretes Anliegen durchzusetzen. Dabei spielen ihre sonstigen Meinungsverschiedenheiten kaum eine Rolle. Gegner von Bürgerinitiativen betonen oftmals deren Egoismus, weil sie persönliche Interessen verfolgen. Manche sehen in ihnen auch eine Aushöhlung der Demokratie, weil sie Mehrheitsentscheidungen infrage stellen.

Bürgerinitiativen gewinnen ihre Anhängerschaft vor allem unter den besser Ausgebildeten und Besserverdienenden. Das hat Auswirkungen auf die von ihnen vertretenen Ziele. Manchmal reagieren Verwaltungen auf dieses Faktum so, dass sie heikle Planungen (wie z. B. die Trassenführung einer Straße) durch solche Gegenden legen, deren soziale Struktur weniger Widerstand erwarten lässt.

Hans Georg Wehling: Gesellschaftliche Akteure in der Kommune, in: Informationen zur politischen Bildung 1/1994, S. 32

Oft haben Bürgerinitiativen eine Schrittmacherfunktion. Als Betroffene wissen sie genauer, wo den Menschen der Schuh drückt. Sie weisen auf Fehlentwicklungen hin, die am „grünen Tisch" der Verwaltung nicht einkalkuliert waren. Darüber hinaus üben sie eine Form der demokratischen Kontrolle aus. Sie schützen die Persönlichkeitsrechte des Einzelnen vor dem Machtanspruch der Mehrheit.

1. Sind Bürgerinitiativen egoistisch?
2. Mit welchen Maßnahmen können Bürgerinitiativen ihre Forderungen durchsetzen?
3. Diskutieren Sie die Chancen und Gefahren, die mit der wachsenden Zahl von Bürgerinitiativen verbunden sind.

3.4 Demonstration

Tausende Saarländer protestieren gegen Bergbau

Rund 4000 Menschen haben einen Tag nach dem bislang schwersten bergbaube-dingten Erdbeben im Saarland das endgültige Aus der Kohleförderung gefordert.

dpa http://www.n24.de/news/newsitem_396816.html (30.10.2008)

Bergleute protestieren gegen Steinkohle-Aus

Vor dem Landtag in Saarbrücken sind mehrere hundert Menschen auf die Straße ge-gangen, die bei einem Ende des Steinkohlebergbaus im Land ihre Existenz gefährdet sehen.

jvo/dpa, unter: http://www.saarbruecker-zeitung.de/nachrichten/saarland/news/Kohle-Saarland;art24815,2322892
(05.03.2008)

Um ihre Ansichten öffentlich zu äußern, haben nach Art. 8 Grundgesetz (Versamm-lungsfreiheit) alle Deutschen das Recht, sich ohne Anmeldung oder Erlaubnis fried-lich und ohne Waffen zu versammeln. Nach der herrschenden Rechtslehre wird dieses Demonstrationsrecht (von lat.: demonstrare, zeigen, hinweisen, nachweisen) auch Ausländern zugestanden. Für Versammlungen im öffentlichen Raum („unter freiem Himmel") ist dieses Recht durch das Versammlungsgesetz eingeschränkt. So müssen diese beispielsweise spätestens 48 Stunden vor Bekanntgabe ihrer Durchführung bei der zuständigen Behörde angemeldet werden (§ 14 VersammlG).

1. Begründen Sie die These, dass der Art. 8 GG ein wesentliches Fundament der Demokratie ist.
2. Seit 1985 macht sich nach § 17 a Versammlungsgesetz strafbar, wer bei einer Demonstration sein Gesicht beispielsweise mit einem Tuch verdeckt, um die Fest-stellung seiner Identität zu verhindern. Diskutieren Sie mögliche Chancen und Ge-fahren, die sich aus dieser Regelung für die Demokratie ergeben.

3.5 Petition

Wer Probleme mit einer Behörde hat, oder den Abgeordneten mitteilen möchte, wo ihn der Schuh drückt oder möchte, dass ein Gesetz geändert wird, der kann sich schrift-lich mit seiner Bitte oder Beschwerde (Petition) direkt an die zuständige Stelle und an den Bundestag wenden. Das Petitionsrecht steht nach Art 17 Grundgesetz jedem zu, Erwachsenen und Minderjährigen, Deutschen und Ausländern. Ähnliche Regelungen finden sich auch in den Verfassungen der Länder.

Petitionen können von einzelnen Personen oder in Gemeinschaft mit anderen eingereicht werden. Dies kann auch auf elektronischem Weg erfolgen. Dazu stellt der Petitionsausschuss eine Website zur Verfügung, über die Beschwerden eingereicht, nachgelesen, diskutiert und mit unterzeichnet werden können. Das Angebot kann über www.
bundestag.de im Internet gefunden werden.

Zur Behandlung solcher „Bittschriften" wird vom Bundestag ein Petitionsausschuss bestellt. Die Befugnisse des Ausschusses sind in einem Bundesgesetz geregelt. Danach ist
ihm von den betroffenen Stellen Einsicht in die Akten zu gewähren, Auskunft zu ertei-
len und Zutritt zu den jeweiligen Einrichtungen zu gestatten.

Das Petitionsverfahren wird abgeschlossen, wenn das Anliegen inhaltlich bereits in der
laufenden Wahlperiode behandelt worden ist; dem Anliegen entsprochen worden ist;
eine Gesetzesänderung oder -ergänzung nicht in Aussicht gestellt werden kann; der
Bitte oder Beschwerde nicht entsprochen werden kann; das Verhalten der Verwaltung
nicht zu beanstanden ist oder die Eingabe inhaltlich nicht behandelt werden kann. Das
Ergebnis des Verfahrens wird dem Petenten mit Begründung zugestellt und in ein Verzeichnis übernommen. Öffentliche Petitionen können dort mit dem Beratungsergebnis
nachgelesen werden.

DEUTSCHER BUNDESTAG – Petitionsausschuss –
öffentliche Petitionen

Lärmschutz: Motorisierte Zweiräder
Eingereicht durch: * und 208 Unterstützer am Freitag, 12. Oktober 2007**

Mit der Petition soll erreicht werden, dass die unerträgliche Lärmbelästigung durch
motorisierte Zweiräder gesetzlich drastisch reduziert wird. Begründung: Lärm macht
krank. Hauptverursacher für Lärm-Emissionen ist der Straßenverkehr. Und hier insbesondere der infernalische Lärm von motorisierten Zweirädern aller Art. In Zeiten zu-
nehmender Asozialisierung nehmen eben genau diese Gefährte an Anzahl immer mehr
zu. Und damit eine immer unerträglicher werdende Lärm-Belästigung.

Der Deutsche Bundestag hat die Petition am 26.06.2008 abschließend beraten und beschlossen: Das Petitionsverfahren abzuschließen, weil er dem Anliegen nicht entsprechen konnte. Begründung: (...) Angesichts der dargestellten Bindungen des deutschen
Gesetzgebers an EU-rechtliche Vorgaben und der Zuständigkeitsverteilung zwischen
den Ländern und dem Bund sieht der Petitionsausschuss keine Möglichkeit, dem Anliegen zu entsprechen. Er empfiehlt daher, das Verfahren abzuschließen.

Quelle: Verzeichnis öffentlicher Petitionen Nr. 359

1. Recherchieren Sie im Internet eine aktuelle Petition und diskutieren Sie diese in
   Ihrer Klasse.
2. Schreiben Sie eine Petition zu einer politischen Frage, die Sie bewegt.

Zur Wiederholung

1. Begründen Sie die These, dass die Medien die „vierte" Gewalt im Staat sind.
2. Erklären Sie den Begriff „Mediokratie".
3. Beziehen Sie zum Wechselverhältnis von Politik und Medien kritisch Stellung.
4. Erklären Sie, was Interessenverbände sind.
5. Grenzen Sie die politikwissenschaftlichen Fachbegriffe Lobbyismus und Lobbying voneinander ab.
6. Diskutieren Sie die Chancen und Gefahren von Bürgerinitiativen als Instrument der demokratischen Willensbildung.
7. Erläutern Sie das Petitionsrecht.

Handlungsimpulse

A   Das eigene Medienverhalten erforschen

Legen Sie einen Tag fest, an dem Sie Ihr Medienverhalten untersuchen wollen. Schreiben Sie an diesem Tag genau auf, welche Medien Sie benutzt haben und wie lange. Sammeln Sie die Ergebnisse aller Schüler ein, ermitteln Sie die Durchschnittswerte und bestimmen Sie eine Rangfolge nach Häufigkeit. Erfragen Sie Gründe für das erforschte Medienverhalten und bestimmen Sie Gefahren, die damit verbunden sein können. Präsentieren Sie das Ergebnis vor Ihrer Klasse.

B   Eine Hitliste der besten Zeitungen erstellen

Wählen Sie in Ihrer Klasse eine politische Streitfrage aus. Sammeln Sie Fragen, deren Beantwortung Sie für eine sachgerechte Urteilsbildung für notwendig halten. Teilen Sie die Fragen auf Gruppen auf. Besorgen Sie sich von verschiedenen Zeitungen Beiträge zu diesem Thema. Suchen Sie nach Antworten, die die Beiträge auf Ihre Fragen enthalten. Schreiben Sie Ihr Ergebnis auf ein Plakat und präsentieren Sie es der Klasse. Bewerten Sie die Zeitungsbeiträge nach Verständlichkeit, Umfang, Objektivität und ansprechender Gestaltung.
Erstellen Sie eine Rangliste der besten Zeitungen.

Frieden und Sicherheit

Frieden ist eine zu ernste Angelegenheit, als dass man sie den Politikern allein überlassen könnte.
Unbekannter Autor

Frieden ist nicht die Ruhe nach dem Ende des Krieges, sondern das Gefühl der Brüderlichkeit, das uns davon abhält, einen Krieg zu beginnen.
Unbekannter Autor

Das größte menschliche Gebet bittet nicht um den Sieg, sondern um Frieden.
Dag Hammarskjöld (1905–1961)

Um Frieden zu haben, muss man ihn wollen. Man darf nicht ständig daran zweifeln.
Aristide Briand (1862–1932)

Frieden wird nicht zwischen Freunden, sondern zwischen Feinden geschlossen.
Yitzhak Rabin (1922–1995)

Frieden kann nur haben, wer ihn weitergibt.
Peter Hahne

Der Friede ist das Meisterstück der Vernunft.
Immanuel Kant (1724–1804)

Es ist besser, Frieden zu halten als ihn herzustellen.
Unbekannter Autor

Klopfe nicht an die Türe des Krieges, solange du über den Frieden verhandeln kannst.
Sprichwort

Der Versuch Frieden durch Krieg zu erreichen, ist wie ein Blatt Papier schwarz zu färben und hoffen, dass es dadurch weiß wird.
Unbekannter Autor

1. Diskutieren Sie diese Aussagen.
2. Was wissen Sie über die Autoren? Beschaffen Sie sich die Informationen mithilfe eines Lexikons oder des Internets.

1　Die Suche nach Frieden

1.1　Was den Frieden bedroht

Der Krieg – er ist nicht tot, der Krieg,
Der Krieg – er ist nicht tot, er schläft nur.
Der hat sich sehr gut versteckt und wartet, wartet,
In mir, in dir
Er ist nicht tot, der Krieg.

Aus: Rio Reiser, Krieg. Auf: Am Piano I. BuschFunk Vertrieb, Berlin 1998

Es gehört zu den bitteren Erfahrungen der Menschheit, dass Konflikte oftmals mit Gewalt ausgetragen werden. Aggressionen werden nicht mehr zurückgehalten. Dann herrscht **Krieg**. Die Konfliktursachen sind vielfältig.

– **wirtschaftliche Ursachen**, z.B. Sicherung wirtschaftlicher Vorteile wie Bodenschätze, Verkehrswege oder wirtschaftliche Vorherrschaft über andere Staaten oder Gruppen im eigenen Land, ungerechte Verteilung von Gütern, Vorherrschaft über strategisch wichtige Positionen (Meerengen, Gebirgshöhen)

– **psychologische Ursachen**, z.B. gegenseitiges Misstrauen, Vorurteile und Feindbilder gegenüber Angehörigen anderer Gruppen, Angst vor dem Verlust der eigenen Machtposition

– **religiöse Ursachen**, z.B. unterschiedliche Glaubensrichtungen, Rivalität zwischen Kirchen und Religionsgemeinschaften, Vormachtstellung der eigenen Religion

– **nationalistische bzw. rassistische Ursachen**, z.B. Überbetonung und Verherrlichung der eigenen Nation, Herabsetzung und Diskriminierung anderer Völker

Um die wirklichen Gründe für einen bewaffneten Konflikt herauszufinden, müssen oft auch **geschichtliche Hintergrundinformationen** einbezogen werden.

Gegensatz des „Krieges" ist der „Frieden". Frieden ist kein natürlicher Zustand. Aus eigener Erfahrung wissen wir, dass es wesentlich einfacher ist, Konflikte auszuleben als Frieden zu halten. Um ein friedliches Zusammenleben zu sichern, müssen zuerst Regeln aufgestellt werden. Der Zustand des Friedens ist somit immer an ein Mindestmaß von Ordnung und Recht gebunden.

1. Beschreiben Sie Ihre Vorstellungen, die Sie mit „Krieg" verbinden.
2. Klären sie die Begriffe „Krieg" und „Konflikt" mithilfe eines Lexikons oder einer Internetrecherche.

1.2 Frieden – ein Begriff mit vielen Bedeutungen

In der Geschichte Europas lässt sich die Entwicklung des Friedensbegriffes sehr gut nachvollziehen. Bis in das 5. Jahrhundert v. Chr. bezeichnet im **antiken Griechenland** der Begriff „eirene" einen Zustand von Ordnung, Wohlstand und Ruhe. In dem damaligen Griechenland gilt der Krieg als Normalzustand. Für die Zeit zwischen den Kriegen gebraucht man einen Begriff, der in etwa mit unserem heutigen Begriff „Waffenstillstand" übersetzt werden kann. Immerhin kommt bereits im 4. Jahrhundert v. Chr. die Idee des **Allgemeinen Friedens** auf. Die Griechen wollen dadurch die Gleichberechtigung und ruhige Entwicklung ihrer vielen Stadtstaaten (Polis) herbeiführen. Konkurrenzneid und Zwietracht zwischen den Städten blockieren jedoch diesen Ansatz.

Im **römischen Reich** ist „pax" die Bezeichnung für Frieden. Die Römer unterscheiden bereits zwischen dem häuslichen, familiären Frieden und dem Frieden zwischen Staaten.

Bis zum heutigen Tag ist der Begriff „Schalom" bekannt, der im **Judentum** für „im Frieden" steht. Im **Christentum** erhält der Begriff „Frieden" eine göttliche Ausrichtung. Jesus Christus erscheint als „Friedensfürst", welcher die Versöhnung zwischen Gott und Mensch herbeiführen und damit ein Vorbild geben will für das friedliche Zusammenleben der Menschen. Die Realität des Mittelalters entspricht diesem Friedensideal keineswegs. Ganz im Gegenteil: Die christlich geprägte Philosophie erfindet den Begriff des **„gerechten Krieges"** und die Adligen nehmen für sich das **Fehderecht** in Anspruch. Danach gilt die Anwendung militärischer Gewalt als akzeptiertes Mittel zur Durchsetzung eigener politischer Interessen. Erst gegen Ende des 15. Jahrhunderts wird das Fehderecht offiziell abgeschafft, der Begriff des „gerechten Krieges" bleibt allerdings bis heute erhalten.

Die großen politischen und gesellschaftlichen Erschütterungen durch den Dreißigjährigen Krieg (1618–1648) sind der Anlass für die Idee des **Völkerrechts**. Für Krieg und Frieden sollen danach bestimmte Regeln gelten. Danach ist Frieden ein Zustand nichtkriegerischer Beziehungen zwischen zwei Ländern. Für die Formel **Friede = Nichtkrieg** wird später die Bezeichnung **negativer Frieden** gebräuchlich. Sehr viel später taucht der Begriff **positiver Frieden** auf. Darunter versteht man einen Zustand, in dem bestimmte Voraussetzungen erfüllt sein sollen: gewaltfreie Lösung von Konflikten, soziale Gerechtigkeit, Wohlstand für alle Menschen, Verwirklichung von Freiheit und Demokratie, Achtung der Menschenwürde und sorgsamer Umgang mit der Natur.

Niemand weiß, ob dieser positive Frieden jemals vollständig verwirklicht werden kann. Auch kann und darf keine Regierung und keine Person für andere bestimmen, was sie unter Frieden verstehen sollen. Dies wäre eine sehr unfriedliche Bevormundung! Deshalb kann man auch sagen, dass Frieden ein langer Prozess ist und dass jeder Mensch sich an diesem Prozess beteiligen kann. In diesem Sinn ist auch der Satz von Mahatma Gandhi gemeint: „Es gibt keinen Weg zum Frieden – Frieden ist der Weg".

Institut für Friedenspädagogik Tübingen e.V. http://www.frieden-fragen.de/10210.html 20.05.2008

1.3 Frieden – verschiedene Begründungen

Für den englischen Philosophen **Thomas Hobbes** (1588–1679) ist das Leben der Menschen im Naturzustand gekennzeichnet durch „den Krieg eines jeden gegen jeden anderen". Vernünftigerweise einigen sich deshalb die Menschen darauf, dass sie sich einer **friedensstiftenden Macht** anvertrauen, die zukünftig für Ruhe und Ordnung sorgt. Diese – außerhalb der Gesellschaft stehende – Macht nennt Hobbes „Leviathan". Hobbes begründet somit die Notwendigkeit der staatlichen Macht zum Wohle aller. Nach Hobbes darf „Leviathan" alle Mittel einsetzen, die er für die Friedenserhaltung nach innen und zur Abwehr von äußeren Feinden für erforderlich hält. Bei dieser Überlegung setzt das Problem ein. Hobbes Theorie gibt eine Erklärung für den inneren Frieden, bietet aber keine Möglichkeit, Kriege zwischen den Staaten zu verurteilen.

Thomas Hobbes   *Titelseite des „Leviathan"*

Unmissverständlich hat hingegen der Philosoph der Aufklärung **Immanuel Kant** (1724–1804) die Einheit von innerem und äußerem Frieden gefordert. Nach ihm hängen innerer und äußerer Friede voneinander ab. Nur wenn der äußere Friede gesichert ist, kann sich die Gesellschaft friedlich entfalten. Andererseits ist eine friedliche Gesellschaft auch bereit, nach außen hin Frieden zu wahren. Kants „Entwurf zum ewigen Frieden" hat bis heute nichts von ihrer Gültigkeit eingebüßt. Seine Überlegungen liegen dem Völkerbund (1919) und den Vereinten Nationen (1947) zugrunde.

1. Worin unterscheiden sich Thomas Hobbes und Immanuel Kant?
2. Welche Aufgabe hat „Leviathan"?

1.4 Frieden durch Abschreckung?

Die Hoffnung auf ein friedliches Leben nach dem Zweiten Weltkrieg mit Millionen von Todesopfern hat sich nicht erfüllt. Seither hat es weltweit mindestens 200 militärisch ausgetragene Konflikte größeren Ausmaßes gegeben. An kaum einem Tag war die Welt ohne Krieg.

Bis zur Auflösung der Sowjetunion (1990) beherrscht hauptsächlich der **Ost-West-Konflikt** das Weltgeschehen. Die beiden Großmächte Sowjetunion und USA stehen sich als Rivalen um den größten politischen und wirtschaftlichen Einfluss gegenüber und bedrohen sich gegenseitig mit Atomwaffen. Offiziell handelt es sich dabei um einen ideologischen (weltanschaulichen) Dauerkonflikt, mitunter auch als **Kalter Krieg** bezeichnet. Dem von der Sowjetunion verkörperten sozialistischen Gesellschafts- und Wirtschaftsmodell (Herrschaft einer Staatspartei, zentral gelenkte Wirtschaft) steht unter amerikanischer Führung das demokratisch-marktwirtschaftlich organisierte System des Westens entgegen.

Die Folge dieser Gegnerschaft ist eine Blockbildung, die sich auch in der Gründung von zwei militärischen Bündnissystemen zeigt. Im Western formiert sich die **NATO** (S. 292) und im Osten – nachdem die Bundesrepublik Deutschland 1955 der NATO beitritt – der **Warschauer Pakt**. NATO und Warschauer Pakt vertrauen zunächst auf das **Prinzip der Abschreckung** und der Herstellung des militärischen Gleichgewichts. Das führt zu einem Wettrüsten auf beiden Seiten. Bald sind die Waffenarsenale in Ost und West so groß, dass damit die Erde mehrmals vernichtet werden könnte. Ein Atomkrieg würde jede menschliche Zivilisation zerstören.

Angesichts dieser drohenden Gefahr wächst auf beiden Seiten die Bereitschaft für eine **Entspannungspolitik**. Damit ist eine Politik der internationalen Konfliktentschärfung gemeint, die im Wesentlichen getragen wird von Abrüstungsverhandlungen sowie von Abkommen über wirtschaftlichen, technischen und kulturellen Austausch. Wirkliche Fortschritte gibt es aber erst, als sich im Zusammenhang mit tief greifenden politischen Veränderungen in Osteuropa die Sowjetunion und damit der Warschauer Pakt auflösen. Dennoch dauert es noch bis 1997, ehe die russische Regierung erklärt, die Atomwaffen seien ab sofort nicht mehr auf Ziele in Westeuropa gerichtet.

Der Ost-West-Konflikt hat alle Anzeichen eines weltweiten, sogenannten **globalen Konflikts**. Unter den Auswirkungen eines globalen Konflikts leidet mehr oder minder die gesamte Weltbevölkerung. Deshalb haben die Menschen nach dem Ende der Ost-West-Konfrontation auf eine friedlichere Welt gehofft. Leider erfüllt sich diese Hoffnung nicht. Ganz im Gegenteil: Jetzt werden bislang überlagerte Konflikte innerhalb eines begrenzten Gebietes – **regionale Konflikte** – sichtbar und kommen mit brutaler Gewalt zum Ausbruch. Vielfach sind es jetzt ethnische (durch Volkszugehörigkeit bedingte) oder religiöse Konflikte innerhalb eines Staates oder einer Region, die Leid und Verderben über die Menschen bringen und beängstigende Flüchtlingsströme auslösen.

1. Negativer oder positiver Frieden: Welche Kennzeichnung trifft für die Zeit nach dem Zweiten Weltkrieg zu?
2. Unterscheiden Sie: globaler – regionaler Konflikt.

1.5   Frieden schaffen durch Waffen?

Die Meinungen, die einem einseitigen – militärischen – Sicherheitsbegriff widersprechen:

Das Faustrecht bringt keinen Frieden

... Will man wirkungsvolle Friedensstrategien entwickeln, muss der Blick geöffnet werden für alle Gefährdungen, die das Leben und Wohlergehen der Menschen bedrohen: Hunger und Armut, wirtschaftliche Ungleichheit und politische Ungerechtigkeit, konfliktverschärfendes wirtschaftliches Handeln, gewaltsame Vertreibungen, Epidemien, Ressourcenknappheit sowie die vielfältigen ökologischen Gefährdungen. Ihnen kann die Staatengemeinschaft weder mit Krieg und Aufrüstung, noch mit neuen Sicherheitsstrategien zu Leibe rücken. Nötig sind vielmehr gemeinsame Anstrengungen für eine gerechtere und spannungsfreiere Welt, die Zurückweisung von Gewalt als Mittel der Politik und die Umsetzung nachhaltiger Friedensprozesse und -strategien ...

Christoph Weller, Ulrich Ratsch, Reinhard Mutz,
Bruno Schock, Corinna Hauswedell:
Stellungnahme zum Friedensgutachten 2004,
in: Frankfurter Rundschau, 16.06.2004 (Auszug), S. 9

Milliarden Menschen leben in permanenter Unsicherheit

... Es besteht die Gefahr, dass die Konzentration auf militärische Antworten bei der Bekämpfung der Unsicherheit zu einem Fehlschlag führt, mit unabsehbaren Folgen. Staaten, die auf eine wahrgenommene innere oder äußere Bedrohung mit Gewalt reagieren, fördern damit Eskalation (Verschärfung) der Konflikte. Kriege wie der in Afghanistan und Irak können zwar möglicherweise gewonnen werden. Aber der größere „Krieg" gegen Armut und menschliche Unsicherheit wird darüber wahrscheinlich verloren ...

Michael Boska, Peter Croll: Jahresbericht des
Internationalen Konversionszentrums,
in: Frankfurter Rundschau, 14.05.2003 (Auszug), S. 7

1. Was soll durch die Karikatur zum Ausdruck gebracht werden?
2. Geben Sie die jeweiligen Standpunkte wieder.

Zur Wiederholung

1. Nennen Sie – ohne Zuhilfenahme des Buches – Konfliktursachen, die zu Kriegen führen können.
2. Welche Bedeutung hat der Begriff „Frieden" im antiken Griechenland, bei den Römern und im Christentum?
3. Inwiefern hat das mittelalterliche Christentum Ausnahmen von der Friedenspflicht zugelassen?
4. Erklären Sie folgende Begriffe: Völkerrecht, negativer Frieden und positiver Frieden.
5. Womit rechtfertigt Thomas Hobbes die Notwendigkeit einer außerhalb der Gesellschaft stehenden Ordnungsmacht?
6. Erklären Sie das Zusammenspiel von äußerem und innerem Frieden, so wie es von Immanuel Kant gedacht ist.
7. Was sagen Ihnen die Bezeichnungen „Kalter Krieg" und „Ost-West-Konflikt"?
8. Welche Einsichten und Handlungsweisen haben zur Entspannungspolitik geführt.

Handlungsimpulse

A Informationen sammeln

– Sammeln Sie während eines Monats aus der Tageszeitung alle Meldungen über kriegerische Konflikte in der Welt.
– Markieren Sie die Konfliktgebiete auf einer Weltkarte und versuchen Sie, die hauptsächlichen Konfliktursachen herauszufinden.

B Texte verfassen

Der 1. September eines jeden Jahres wird als Antikriegstag begangen.
– Verfassen Sie einen Text zu diesem Gedenktag.
– Übertragen Sie den Text auf ein Plakat, um es im Klassenraum oder in der Schule aufzuhängen.

C Collagen gestalten

– Bilden Sie fünf Arbeitsgruppen.
– Jede Arbeitsgruppe wählt einen der Unterkapitel 1.1 bis 1.5 als Ausgangsmaterial.
– Veranschaulichen Sie die Textinformation in einer Collage.

2 Die Wirksamkeit von Sicherheitssystemen

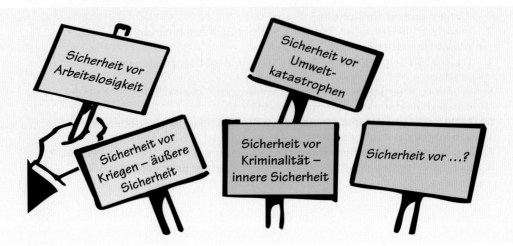

Sicherheit vor Arbeitslosigkeit

Sicherheit vor Umwelt- katastrophen

Sicherheit vor Kriegen – äußere Sicherheit

Sicherheit vor Kriminalität – innere Sicherheit

Sicherheit vor ...?

1. Welche Bedeutung haben die einzelnen Sicherheitsbegriffe für Sie?
2. Suchen Sie nach weiteren Sicherheitsbegriffen.

Der Begriff „Sicherheit" wird in vielerlei Wortverbindungen gebraucht. Sicherheit entspricht einem Urbedürfnis des Menschen. Immer geht es darum, sich vor überraschenden und (lebens-)bedrohlichen Ereignissen zu schützen. Die Aufgabe des Staates ist es, einen Teil dieser Sicherheitsvorkehrungen zu übernehmen.

Bei **innerer Sicherheit** geht es vor allem um die Frage, wie Bürgerinnen und Bürger vor Kriminalität innerhalb des Staates zu schützen sind. Die **äußere Sicherheit** bezieht sich auf Abwehrmaßnahmen gegen militärische Gefahren, die von außen, d. h. außerhalb der Staatsgrenzen, die Bevölkerung bedrohen. Wenn international wirkende Verbrecherorganisationen die Bevölkerung eines Staates bedrohen (z. B. internationaler Terrorismus) oder in einem Bürgerkrieg (z. B. im ehem. Jugoslawien) das Militär gegen Bevölkerungsteile des eigenen Landes eingesetzt wird, dann lässt sich diese Unterscheidung zwischen innerer und äußerer Sicherheit kaum mehr vornehmen.

Die Aufrechterhaltung der inneren Sicherheit ist in der Bundesrepublik Deutschland die Aufgabe der Innenpolitik; die äußere Sicherheit gehört in den Bereich der Außen- und Sicherheitspolitik. Diese **Sicherheitspolitik** braucht zur Erfüllung ihrer Aufgaben geeignete Instrumente. Das sind einzelstaatliche oder überstaatliche (kollektive) **Sicherheitssysteme**. Ein einzelstaatliches Sicherheitssystem stellt ursprünglich die Bundeswehr dar. Ihr Auftrag ist allerdings von Anfang an eng mit dem überstaatlichen Sicherheitssystem NATO verbunden. Noch weiter als die Aufgabenstellung der NATO spannt sich das Aufgabenfeld des überstaatlichen Sicherheitssystems der Vereinten - Nationen (UN = United Nations).

Die einzelnen Sicherheitssysteme sind miteinander vernetzt. Eine sachgerechte Einschätzung des einzelstaatlichen Sicherheitssystems Bundeswehr setzt die Kenntnis der übergeordneten Sicherheitsstruktur voraus.

2.1 Institutionen der Friedenssicherung

Der **Zweite Weltkrieg** fordert nach Schätzungen zwischen 55 und 62 Millionen Tote. Rund 20 Millionen Menschen müssen aus ihrer Heimat fliehen, das Ausmaß der Vernichtung an wirtschaftlichen und kulturellen Gütern ist unermesslich. Angesichts dieser massiven Kriegsfolgen unternehmen 51 Staaten einen neuen Versuch zur Errichtung einer stabilen Friedensordnung. Unmittelbar nach Kriegsende (1945) werden in San Francisco die **Vereinten Nationen** (United Nations: UN) gegründet. Die Staaten verpflichten sich gemäß UN-Charta (Gründungsurkunde), den Frieden zwischen den Völkern der Welt zu sichern, Streitigkeiten friedlich zu regeln und die Menschenrechte zu fördern. Alle Staaten sind in der Generalversammlung vertreten und dort auch gleichberechtigt. Jedes Land hat eine Stimme, gleichgültig wie groß oder bedeutend es ist. Beschlüsse müssen mit Zweidrittelmehrheit gefasst werden.

Ein weiteres bedeutendes Gremium der Vereinten Nationen ist der **Sicherheitsrat**, auch Weltsicherheitsrat genannt. Der Sicherheitsrat soll wie ein geschäftsführender Vorstand, „ein schnelles und wirkungsvolles Handeln" der UN garantieren. Laut Charta trägt dieses Organ die „Hauptverantwortung für die Wahrung des Weltfriedens und der internationalen Sicherheit". Insofern sind die Beschlüsse verbindlich, ihre Durchsetzung kann erzwungen werden, nötigenfalls auch mit militärischen Mitteln (S. 290).

Der Sicherheitsrat setzt sich aus fünf ständigen Mitgliedern (USA, Russland, VR China, Großbritannien und Frankreich) und zehn nicht ständigen Mitgliedern zusammen. Allgemein brauchen Beschlüsse die Zustimmung von neun Mitgliedern (einschließlich sämtlicher ständiger Mitglieder).

Der Sicherheitsrat der Vereinten Nationen

Sein Zweck:

Der Sicherheitsrat ist der **Friedenswächter** der Vereinten Nationen.

Seine Mitglieder:

Der Sicherheitsrat hat **fünf ständige** Mitglieder (USA, Russland, Frankreich, Großbritannien, China) und **10 nichtständige** Mitglieder.

Seine Beschlüsse:

Zur Beschlussfassung sind mindestens 9 der 15 Stimmen erforderlich; die fünf ständigen Mitglieder haben ein **Vetorecht.**

Seine Mittel:

Der Sicherheitsrat kann im Konfliktfall...

(1.) ...**feststellen** , ob Friedensbedrohung, Friedensbruch oder eine Angriffshandlung vorliegt.

(2.) ... von den beteiligten Parteien **vorläufige Maßnahmen** zur Entschärfung der Lage fordern.

(3.) ...**friedliche Sanktionen** beschließen.

(4.) ...**militärische Sanktionen** beschließen.

Alle Mitglieder der Vereinten Nationen sind verpflichtet, dem Sicherheitsrat auf Ersuchen Streitkräfte zur Verfügung zu stellen und Beistand zu leisten.

© Globus

1336

1. Weshalb werden die Vereinten Nationen gegründet?
2. Welcher Unterschied besteht zwischen ständigen und nicht ständigen Mitgliedern des Weltsicherheitsrates?

Mit der 1993 erfolgten Einrichtung des **Kriegsverbrechertribunals** in Den Haag/Niederlande hat der UNO-Sicherheitsrat eine neue Aufgabe übernommen. Der Gerichtshof zieht Personen zur Verantwortung, die während der Jugoslawienkriege (1991–1995) gegen die Menschenrechte verstoßen haben. Die Höchststrafe ist lebenslanger Freiheitsentzug.

Im Januar 2003 nimmt der **Internationale Strafgerichtshof** seine Arbeit auf. Damit ist der Weg frei für weltweite gerichtliche Verfolgung von Kriegsverbrechen, Völkermord und Verbrechen gegen die Menschlichkeit. Das Weltgericht soll nur dann tätig werden, wenn sich die Strafverfolgungsbehörden der jeweils zuständigen Staaten weigern oder nicht fähig sind, den Prozess gegen die Täter zu führen. Allerdings melden die USA gegen das Weltgericht Vorbehalte an, weil sie befürchten, dass auch Klagen gegen US-Soldaten vorgebracht werden könnten.

Aus der Konferenz für Sicherheit und Zusammenarbeit in Europa (KSZE) entsteht ab 1975 eine weitere Institution für Friedenssicherung, die heute den Namen **Organisation für Sicherheit und Zusammenarbeit** in Europa (OSZE) trägt. In der „Schlussakte von Helsinki" verpflichten sich 33 europäische Staaten sowie die USA und Kanada zur gegenseitigen Achtung der Souveränität, zum Gewaltverzicht und zur Einhaltung der Menschenrechte. Heute gehören der Organisation 56 Staaten an.

Die OSZE-Staaten
Organisation für Sicherheit und Zusammenarbeit in Europa

OSCE

← USA
Kanada

Albanien	Griechenland	Malta	Slowakei
Andorra	Großbritannien	Mazedonien	Slowenien
Armenien	Irland	Moldawien	Spanien
Aserbaidschan	Island	Monaco	Tadschikistan
Belgien	Italien	Niederlande	Tschechien
Bosnien-	Jugoslawien	Norwegen	Türkei
Herzegowina	Kanada	Österreich	Turkmenistan
Bulgarien	Kasachstan	Polen	Ukraine
Dänemark	Kirgisien	Portugal	Ungarn
Deutschland	Kroatien	Rumänien	USA
Estland	Lettland	Russland	Usbekistan
Finnland	Liechtenstein	San Marino	Vatikan
Frankreich	Litauen	Schweden	Weißrussland
Georgien	Luxemburg	Schweiz	Zypern

dpa
Grafik 2482

1. Welche Aufgabe hat der Internationale Strafgerichtshof?
2. Ist die OSZE wie die UNO eine weltweit wirkende Organisation?

… Die OSZE verwaltet nicht Sicherheit. Sie ist auch kein technischer Überwachungsverein, der die so genannte europäische Sicherheitsarchitektur auf Verschleiß und Schäden fortlaufend nach Plan überprüft. Die OSZE ist in den neunziger Jahren zu einer Institution geworden, die eher einem Serviceunternehmen in der Art der Freiwilligen Feuerwehr oder eines Reinigungsdienstes mit verschiedenen Leistungsangeboten ähnelt. Die Zentrale besteht aus einem relativ kleinen Stab; dazu gehören das Wiener Sekretariat nebst dem dortigen Beauftragten für die Freiheit der Medien, das Warschauer Büro für Demokratische Institutionen und Menschenrechte und der Den Haager Hohe Kommissar für nationale Minderheiten. Diese sind eher Gutachter, die sich die Probleme ansehen, wenn ihnen Warnungen zukommen oder sie gerufen werden, und die dann nicht nur darüber berichten, sondern auch – soweit es ihr Auftrag und ihre Kräfte erlauben – provisorisch helfen. …

Tudyka, Kurt P.: Das OSZE-Handbuch, 2. Auflage, Opladen, Leske + Budrich, 2002, S. 15

2.2   Die Vereinten Nationen als Friedensmanager

Charta der Vereinten Nationen
(vom 26. Juni 1945, in der Fassung vom 20.12.1965 mit allen Änderungen)
WIR, DIE VÖLKER DER VEREINTEN NATIONEN – FEST ENTSCHLOSSEN,
künftige Geschlechter vor der Geißel des Krieges zu bewahren, die zweimal zu unseren Lebzeiten unsagbares Leid über die Menschheit gebracht hat,
unseren Glauben an die Grundrechte des Menschen, an Würde und Wert der menschlichen Persönlichkeit, an die Gleichberechtigung von Mann und Frau sowie von allen Nationen, ob groß oder klein, erneut zu bekräftigen,
Bedingungen zu schaffen, unter denen Gerechtigkeit und die Achtung vor den Verpflichtungen aus Verträgen und anderen Quellen des Völkerrechts gewahrt werden können, den sozialen Fortschritt und einen besseren Lebensstandard in größerer Freiheit zu fördern ....

Unser, Günther: Die UNO, 7., neu bearbeitete und erweiterte Aufgabe, München,
Deutscher Taschenbuch Verlag, 2004, S. 407

Alles das, was eine umfassende und tragfähige Friedensordnung verlangt, ist bereits in der Präambel der UN-Charta niedergelegt. Durch die Verabschiedung der **Allgemeinen Erklärung der Menschenrechte** (S. 229) am 10. Dezember 1948 durch die Generalversammlung wird das in der Charta niedergelegte grundsätzliche Menschenrechtsbekenntnis im Einzelnen ausformuliert. Dieser Zusammenhang verdeutlicht: Ohne die Wahrung der Menschenrechte ist der stabile Zustand nicht zu erreichen, der als Voraussetzung für einen dauerhaften positiven Frieden unerlässlich ist.

Doch am Ende des 20. Jahrhunderts ist das Bekenntnis in der Charta zum friedlichen Zusammenleben auf der Grundlage überall gültiger Rechte noch nicht erfüllt. Die Menschenrechte werden weltweit nicht in ausreichendem Maß anerkannt und nicht alle Menschen genießen das Recht auf Schutz, wie es in der Charta der Vereinten Nationen verankert ist. Solange dies nicht der Fall ist, wird es immer wieder Versuche geben, innerstaatliche und internationale Konflikte mit Waffengewalt zu „lösen". Bei konsequenter Beachtung der UN-Charta und der Menschenrechte scheiden diese Gewalttätigkeiten aus, weil dadurch stets Menschenleben gefährdet sind.

Es ist deshalb verständlich, dass die Vereinten Nationen bei den mit militärischer Hilfe (Blauhelmtruppen) durchgeführten **Friedensmissionen** (peace-keeping-operations) anfangs sehr zurückhaltend vorgegangen sind. Zunächst erfolgt der Truppeneinsatz nur mit Zustimmung der Konfliktparteien und der Waffeneinsatz dient lediglich der Selbstverteidigung. Mittlerweile hat sich die Praxis geändert. Die aktuellen Herausforderungen durch den **internationalen Terrorismus** (S. 304) und die zunehmende Brutalität bei regionalen Konflikten haben diesen Strategiewandel herbeigeführt. Die Friedensmissionen (derzeit 83 000 Soldaten und 20 000 Zivilisten), finden auch mit aktivem Waffeneinsatz und ohne Zustimmung der Konfliktparteien statt („robustes peace-keeping"). Letzteres ist besonders dann der Fall, wenn es um Völkermord, schwerste Kriegsverbrechen und Verbrechen gegen die Menschlichkeit geht. Eine Regierung, die solche Verbrechen begeht oder zulässt, kann sich nicht auf die Ausrede „innere Angelegenheit" berufen. Sie muss mit dem Eingreifen der UNO rechnen.

Manchmal ist Gewalt das letzte Mittel
Ein Interview mit Friedensforscher Matthias Dembinski

... Interviewer: Inwieweit haben die Terroranschläge vom 11. September 2001 Friedensforschung und Friedensbewegung verändert?

Dembinski: Mit dem Phänomen zerfallender Staaten und den Terroranschlägen liegen grundsätzlich neue Fragen auf dem Tisch. Früher hatten wir es wesentlich mit zwischenstaatlichen Konflikten zu tun oder zumindest mit klar identifizierbaren Konfliktparteien, deren militärische Operationen einem politischen Programm folgten. Inzwischen gibt es Hinweise, dass sich Kriege in ihrem Charakter verändern, dass es eine Privatisierung von Gewalt gibt, dass politische Führungen die Kontrolle über die Gewaltakteure verlieren und für einige der Konfliktparteien der Krieg zum Selbstzweck wird.

Hebestreit, Steffen, in: Frankfurter Rundschau, 12. 04. 2006, S. 25 (Auszug)

1. Weshalb greifen die Vereinten Nationen auch mit militärischen Mitteln ein?
2. Welches Ziel verfolgen „peace-keeping-operations"?

Allerdings muss beachtet werden, dass militärisches Vorgehen immer die Gefahr neuen Leids für die Zivilbevölkerung in sich birgt. Noch problematischer als das „robuste peace-keeping" ist in den Augen von Friedensaktivisten die massive militärische Intervention für „gute Ziele" ohne eine Beauftragung durch den UN-Sicherheitsrat. Verharmlosend wird dann von sogenannten **„Kollateralschäden"** gesprochen. Damit sind Zerstörungen und Todesfälle gemeint, die sich „seitlich" der Kriegshandlungen ereignen, aber angeblich zwangsläufig in Kauf genommen werden müssten.

Carl Friedrich von Weizsäcker: „Man kann zwar Gewalt durch Gewalt eindämmen, man wird aber immer die Folgen zu tragen haben, dass man sich dem Prinzip, das man bekämpfte, unterworfen hat. Die Meinung, man könne gewissermaßen zum letzten Mal Gewalt anwenden und – wenn die Gewalt für das Gute ausgeübt wird – danach werde dann das Gute herrschen und nicht die Gewalt, ist einer der gefährlichsten Irrtümer und eine der Hauptquellen mörderischer Kriege."

Zitiert nach; Schwoerer, Carl: Immer friedlich! in: Frankfurter Rundschau, 12.04.2006, S. 23

Die Verantwortung für eine friedlichere Welt läuft auf die Vereinten Nationen zu. Bislang sind der Organisation als Streitschlichter und Konfliktmanager enge Grenzen gesetzt. Durch geeignete Reformen muss der Aktionsrahmen dieses **Kollektiven Sicherheitssystems** den gegenwärtigen Bedingungen angepasst werden. Eine UN-Sonderkommission, die Lösungsvorschläge für „Bedrohungen, Herausforderungen und Wandel" erarbeiten soll, kommt zu folgenden Ergebnissen (2004):

- Hinsichtlich Völkermord, „ethnischen Säuberungen" und schwersten Menschenrechtsverletzungen gibt es eine **kollektive Verantwortung** der Staatengemeinschaft zum Eingreifen.

- Der UN-Sicherheitsrat soll auch bei Bedrohungen zuständig sein, denen Menschen angesichts terroristischer Gewaltakte, Staatsverfall und Bürgerkrieg ausgeliefert sind.

- Friedenssicherung erfordert eine konsequente vorbeugende Bekämpfung von Ursachen. Insbesondere sind damit die Gefahren gemeint, die von der Armut ausgehen.

Es ist fraglich, ob die bisherige Struktur des Sicherheitsrates (S. 287) genügt, um diese Aufgaben anpacken zu können. Bislang entziehen sich die ständigen Mitglieder allen Reformvorstellungen. Zudem werden die Vereinten Nationen auf die intensive Mitwirkung von **Nichtregierungsorganisationen** (S. 245) angewiesen sein. Sie könnten einerseits Gestaltungsvorschläge unterbreiten und anderseits Überwachungslücken schließen, wo die staatlichen Institutionen versagen.

1. Was ist mit sogenannten Kollateralschäden gemeint?
2. Welche Bedeutung haben Nichtregierungsorganisationen für die UNO?

2.3 Strategien der Friedenssicherung

NATO (North Atlantic Treaty Organization), 1949 gegründet, versteht sich nicht nur als Verteidigungspakt, sondern als ein politisches und kulturelles Bündnis mit gemeinsamen Wertvorstellungen über eine freiheitliche Demokratie. Die NATO will die Freiheit und Sicherheit ihrer Mitglieder mit politischen und militärischen Mitteln im Einklang mit den Grundsätzen der UN-Charta gewährleisten und die Sicherheit Nordamerikas mit der Sicherheit Europas verknüpfen.

Drechsler, Hilligen, Neumann: Lexikon der Politik, 9. Auflage, Vahlen, München, 1995, S. 564

Die **NATO** entsteht auf dem Hintergrund des Ost-West-Konflikts (Kalter Krieg, S. 283) als Sicherungsmaßnahme gegen den Expansionsdrang der Sowjetunion. Im Nordatlantikvertrag wird dieses Ziel jedoch nicht ausdrücklich genannt.

Nach dem Ende des Zweiten Weltkrieges dehnt sich der Machtbereich der Sowjetunion weit nach Westen aus. Die osteuropäischen Staaten und Ostdeutschland sind politisch, wirtschaftlich und militärisch von der Sowjetunion abhängig. Frankreich und Großbritannien fürchten sich vor der weiteren Machtausdehnung des ehemaligen Verbündeten. Sie fordern Sicherheitsgarantien von den USA. Statt einer einseitigen Garantie durch die USA kommt es zur Gründung einer internationalen Organisation – der **NATO**. Gemäß Gründungsvertrag ist demnach ein Angriff auf eines der Bündnismitglieder als ein Angriff auf alle Mitglieder des Bündnisses zu werten.

Unter Führung der Sowjetunion entsteht mit dem **Warschauer Pakt** ein gegnerisches Bündnissystem. Die Strategie der NATO beruht zunächst auf **Abschreckung** des Gegners (S. 283). Die Führung der NATO gibt unmissverständlich zu verstehen, dass ein Angriff durch Truppen des Warschauer Paktes sofort massive Vergeltungsschläge zur Folge hätte („flexible Antwort"). Beide Organisationen legen ein gewaltiges Arsenal an Atomwaffen und Trägerraketen an.

Ab 1967 ändert die NATO ihre Strategie. Auf der Grundlage der Abschreckungs-Strategie bietet sie Verhandlungen an (NATO-Doppelbeschluss). Eine völlig veränderte Situation ergibt sich sodann aus der Auflösung der Sowjetunion und des Warschauer Paktes (1991).

Für die NATO entfällt der eigentliche Auftrag: der Schutz vor sowjetisch-kommunistischer Gewaltanwendung. Die Strategie der „flexiblen Antwort" wird durch die Strategie der **Kooperation** ersetzt.

1. In welcher weltpolitischen Situation ist die NATO gegründet worden?
2. Was verbirgt sich hinter dem Begriff „flexible Antwort"?

Gesprächsbereitschaft und Zusammenarbeit mit allen Staaten Osteuropas sowie Krisenmanagement und Kriegsverhütung sind die bestimmenden Faktoren der neuen NATO-Strategie. Im Zuge der Jugoslawienkriege wächst der NATO eine neue Aufgabe zu. Ab 1992 übernimmt die Organisation **„Out-of-area"-Einsätze**, d. h. Maßnahmen mit militärischen Mitteln außerhalb des NATO-Territoriums. Auftraggeber ist der UN-Sicherheitsrat.

1994 bietet die NATO den Staaten Osteuropas eine **„Partnerschaft für den Frieden"** an. Ein besonderes Abkommen mit Russland legt Regeln für einen dauernden militärischen Informationsaustausch und die Zusammenarbeit bei internationalen humanitären Einsätzen und Friedensmissionen fest. Dieses Abkommen wird im Mai 1997 durch eine „Gründungsakte" verstärkt. In diesem Dokument bekräftigen die NATO und Russland, sich nicht mehr als Gegner zu betrachten. Zudem stimmt Russland indirekt einer Osterweiterung der NATO zu.

Im Dezember 1997 unterzeichnen die NATO-Außenminister die Beitrittsprotokolle der ehemaligen Ostblockstaaten Polen, Ungarn und Tschechien. Im Frühjahr 2004 kommen weitere Länder aus dem ehemaligen kommunistischen Lager hinzu: Bulgarien, Estland, Lettland, Litauen, Rumänien, Slowakei und Slowenien.

NATO-Hauptquartier in Brüssel

Ab 2009 sind Albanien und Kroatien am Bündnis beteiligt. Georgien, die Ukraine und Mazedonien gelten als Beitrittskandidaten. Doch nicht alle NATO-Partner sind mit der schnellen Erweiterung des Bündnisses einverstanden. Sie befürchten neue Schwierigkeiten mit Russland, das die ausgreifende Osterweiterung mit Argwohn beobachtet. Zudem wird das Verhältnis zu Russland durch die amerikanischen Pläne eines Raketenschutzschildes in Polen und Tschechien belastet. Nach amerikanischer Darstellung soll der Raketenschutz vor Überraschungsangriffen durch die heimlichen Atommächte Iran und Nordkorea schützen. Russland sieht darin jedoch einen Akt des Misstrauens und setzt verärgert den **Vertrag über die Konventionellen Streitkräfte** (KSE-Vertrag) außer Kraft.

NATO-Runde ringt um Größe

Bukarest. Als am 4. April 1949 die Geburtsstunde der NATO schlug, war ihr heutiger Generalsekretär genau ein Jahr und einen Tag alt. Heute wird Jaap de Hoop Scheffer 60. Und er hat sich seinen Geburtstag wahrlich anders vorgestellt. Seit Jahren kämpft er für den Wandel des alten Verteidigungsbündnisses der Nachkriegsära in einen globalen Sicherheitslieferanten mit weltweiten Partnern. Auf ihrem bisher größten Treffen sollte sich die Allianz in Bukarest selbstbewusst, stark und auf gutem Weg in die Zukunft präsentieren. Daraus wird nichts. Die Zeichen stehen auf Streit statt Einigkeit. Vor allem die Erweiterungs-Frage und das Verhältnis zu Russland spalten das Bündnis. Denn die westeuropäischen NATO-Partner – allen voran Deutschland und Frankreich – lehnen eine Aufnahme der Ex-Sowjetrepubliken in das Anwartschaftsprogramm zum jetzigen Zeitpunkt ab. [...] Im Kern geht es Berlin und Co. darum, Moskau nicht zu verprellen, das auf das Wachstumsstreben der Allianz mit Kalter-Kriegs-Rhetorik [Redekunst] reagiert.

Ingenrieth, Anja: Nato-Runde ringt um Größe, in: Rhein-Zeitung, 3.4.2008, S. 6 (gekürzt)

Die NATO versteht sich als ein umfassendes Sicherheitsbündnis. Bewusst soll der Blick nicht nur auf militärische Fragen verengt werden. Ein Sicherheitsproblem, das die NATO schon heute beschäftigt, betreffen Gefahren aus dem Internet.

BRÜSSEL. Die NATO rüstet sich für den Krieg der Zukunft: Dieser kommt aus dem virtuellen Cyberspace und wird von der Militärallianz als reale Gefahr für die globale Sicherheit eingestuft. „Internet-Attacken haben die gleiche Prioritätsstufe wie die Raketenabwehr oder Energiesicherheit", heißt es. [...] „Der Cyber-Krieg kann zu einer globalen Bedrohung werden, denn er ist kostengünstig, birgt wenige Risiken, ist hocheffektiv und weltweit anwendbar." [...] Einsatz von Energieressourcen als Waffe und Internet-Terrorismus verlangten eine Antwort der Allianz – „politisch, ökonomisch und vielleicht auch militärisch". [...] „Vor allem müssen wir herausfinden, wer hinter einer Attacke steht." Suleyman Anil (Leiter des NATO-Zentrums für IT-Sicherheit) fürchtet, dass dies künftig weniger Privatleute als vielmehr Spezialisten feindlicher Staaten sein könnten: [...] So wurde Estland zum Ziel von Online-Attacken. Diese legten nicht nur die Webseiten von Regierung und Parlament lahm, sondern brachten auch das Online-System der größten estnischen Bank zum Stillstand. [...] Die Angriffe fanden statt, als die estnischen Behörden ein sowjetisches Kriegerdenkmal verlegten. Die russische Regierung kritisierte dies heftig. Daher lag der Verdacht nahe, die Sabotage gehe von Moskau aus. Beweise gab es nie.

Ingenrieth, Anja: Nato rüstet gegen den Krieg im Internet, in: Rhein-Zeitung, 28.3.2008, S. 5 (gekürzt)

1. Warum kommt es zwischen den NATO-Partnern zu Meinungsverschiedenheiten?
2. Woran wird erkennbar, dass sich die NATO als ein umfassendes Sicherheitsbündnis versteht?

Zur Wiederholung

1. Unterscheiden Sie zwischen innerer und äußerer Sicherheit.
2. Inwiefern ist die Generalversammlung der UNO das wichtigste, aber nicht das mächtigste Organ der Vereinten Nationen?
3. Woher leitet der Sicherheitsrat die Berechtigung ab, ein Kriegsverbrechertribunal einzurichten?
4. Unterscheiden Sie zwischen Kriegsverbrechertribunal und Internationalem Strafgerichtshof.
5. Beschreiben Sie die Aufgaben der Vereinten Nationen im Zusammenhang mit der Friedenssicherung.
6. Nehmen Sie Stellung zu folgender Behauptung: „Die OSZE ist die einzige internationale Organisation, in der alle Staaten Europas vertreten sind."
7. Welche Einwirkungsmöglichkeiten stehen der OSZE zur Verfügung?
8. Weshalb ist es falsch, die NATO nur als ein Militärbündnis zu betrachten?
9. Erklären Sie die Begriffe: Strategie der Abschreckung, Strategie der Kooperation, „Out-of-area-Einsätze", Partnerschaft für den Frieden.
10. Inwiefern verändert sich durch die Osterweiterung der NATO die sicherheitspolitische Situation der Bundesrepublik Deutschland?

Handlungsimpulse

A Beschaffen Sie sich mithilfe von jährlich neu aufgelegten Aktualitätenlexika (z.B. Der Fischer Weltalmanach, Frankfurt; Harenberg Aktuell – Lexikon der Gegenwart) weitere Informationen über die Vereinten Nationen. Die Informationen können gruppenweise ausgewertet werden.
z.B.:
- Wie ist die UNO organisiert?
- Welche Friedensmissionen werden derzeit durchgeführt?
- Für welche Aufgaben unterhält die UNO Unterorganisationen?
- Welche UN- und UN-nahen Organisationen haben ihren Hauptsitz in Deutschland?
- Das Finanzierungsproblem der UNO
- Mit welchen aktuellen Problemen hat sich die UNO derzeit auseinanderzusetzen?

B Beschaffen Sie sich zusätzliche Informationen über OSZE und NATO.

- Für welche Aufgaben sieht sich die OSZE zuständig? (www.osce.org)
- An welchen friedenserhaltenden Einsätzen ist die NATO derzeit beteiligt? (www.nato.int)

3　Die Rolle der Bundeswehr im Sicherheitssystem

1. Welche Aktivitäten der Bundeswehr zeigen die Bilder?
2. Wie schätzen Sie die Bedeutung der Bundeswehr als Sicherheitsfaktor ein?

3.1　Die Bundeswehr – eine Parlamentsarmee

Als Deutschland gemäß den Ergebnissen der Potsdamer Konferenz vollständig abgerüstet und entmilitarisiert wird, sind sich Sieger und Besiegte einig, dass von deutschem Boden nie wieder ein Krieg ausgehen darf. Demzufolge steht eine Wiederbewaffnung Deutschlands auch nicht zur Diskussion.

Doch schneller als erwartet ändert sich die politische Weltlage. Aus den ehemaligen Kriegsverbündeten USA und Sowjetunion werden Gegner, nachdem die Sowjetunion die Länder Osteuropas ihren Interessen unterwirft. Auch der sowjetisch besetzte Teil Deutschlands wird nach kommunistischem Muster umgestaltet. Zwischen West- und

Osteuropa fällt der **„eiserne Vorhang"**. Westdeutschland und die westeuropäischen Staaten empfinden diese sowjetische Machtpolitik als Bedrohung. Die westlichen Besatzungsmächte USA, Großbritannien und Frankreich und die Bundesregierung erkennen, dass eine ausreichende Sicherheit ohne deutsche militärische Mitwirkung nicht mehr gewährleistet werden kann. Die Pariser Verträge vom Oktober 1954 schaffen die Voraussetzungen für die Aufstellung der Bundeswehr.

Pariser Verträge 1954

- Die Bundesrepublik Deutschland erhält ihre volle Souveränität (Selbstständigkeit).
- Das Besatzungsstatut wird aufgehoben.
- Die Bundesrepublik Deutschland tritt der NATO bei und stellt Streitkräfte bis zu einer Gesamtstärke von 500 000 Mann auf.
- Die Bundeswehr wird dem Oberbefehl der NATO unterstellt.
- Die Bundesrepublik Deutschland verzichtet auf die Herstellung von ABC-Waffen (atomar, biologisch, chemisch).

1. Seit wann hat es das „Besatzungsstatut" gegeben?
2. Welchen Vorteil hinsichtlich der äußeren Sicherheit hat die Unterstellung der Bundeswehr unter die NATO?

Die Ernennung der ersten Angehörigen der Bundeswehr am 12. November 1955 markiert den Neubeginn einer Armee in einer demokratischen und rechtsstaatlichen Ordnung.

Drei Grundsätze prägen diesen militärischen Neubeginn.
- Die Bundeswehr soll eine Armee in einer Demokratie sein. Die Befehls- und Kommandogewalt wird einem zivilen Politiker – dem Bundesminister für Verteidigung – übertragen (Art. 65a GG). Dadurch unterliegt die Armee letztlich der parlamentarischen Kontrolle durch den Bundestag.
- Die Bundeswehr soll eine Armee in einem Bündnis sein. Die Aufgabe, die Sicherheit der Bundesrepublik Deutschland zu schützen, fällt der Bundeswehr nicht alleine zu. Durch die Einbindung in das nordatlantische Verteidigungsbündnis NATO wird ein System kollektiver Sicherheit geschaffen. Von Anfang an ist die Bundesrepublik Deutschland durch die Anwesenheit verbündeter Streitkräfte zusätzlich geschützt. Dafür verpflichtet sich die Bundeswehr zur militärischen Unterstützung, wenn ein Bündnispartner angegriffen werden sollte.
- Die Bundeswehr muss eine Defensivarmee sein. Nach dem Zweiten Weltkrieg stimmen in Deutschland alle politischen Kräfte darin überein, dass von deutschem Boden nie wieder eine Aggression ausgehen darf. Folgerichtig wird im Grundgesetz jeder Angriffskrieg verboten und seine Vorbereitung unter Strafe gestellt.

Artikel 26 Grundgesetz

(1) Handlungen, die geeignet sind und in der Absicht vorgenommen werden, das friedliche Zusammenleben der Völker zu stören, insbesondere die Führung eines Angriffskrieges vorzubereiten, sind verfassungswidrig. Sie sind unter Strafe zu stellen ...

Im Zusammenhang mit dem **Golfkrieg** (1991) und der Aufstellung multinationaler Verbände (= Streitkräfte aus mehreren Ländern) wird bereits die Forderung erhoben, den Einsatz der Bundeswehr außerhalb der Bundesrepublik und des NATO-Gebietes zu ermöglichen.

Dazu gibt es damals zunächst keine einheitliche Meinung im Bundestag. Erst das **Bundesverfassungsgericht** (BVG) entscheidet, dass die Bundeswehr im Rahmen der NATO auch außerhalb des NATO-Gebietes („out of area") eingesetzt werden darf, wenn die NATO einen Auftrag des UN-Sicherheitsrates ausführt. Im Zusammenhang mit dieser Entscheidung weist das BVG in zwei Entscheidungen (zuletzt im Mai 2008) ausdrücklich auf die rechtliche Grundlage der Bundeswehr als **„Parlamentsheer"** hin. Insofern müssen alle Einsätze der Bundeswehr jeweils einzeln vom Bundestag gebilligt werden.

Der Bundeswehr werden daraufhin mehrere Einsatzgebiete zugewiesen. Im Januar 2004 erklärt der amtierende Verteidigungsminister: „Mögliches Einsatzgebiet für die Bundeswehr ist die ganze Welt." 2008 befinden sich mehr als 7 000 Soldatinnen und Soldaten in Auslandseinsätzen.

Mit der Umorientierung der Bundeswehr beginnt eine **Strukturreform**. Die Armee wird in drei „Kräftekategorien" (Truppenteile) aufgeteilt: die Eingreifkräfte, die im Ausland sogenannte „friedenserzwingende Maßnahmen" vornehmen können, die Stabilisierungskräfte für „friedensstabilisierende Maßnahmen" und die Unterstützungskräfte. Diese sollen den beiden ersten Truppenteilen zuarbeiten und den Grundbetrieb der Bundeswehr im eigenen Land aufrechterhalten. Insofern sind auch **Wehrpflichtige**, die grundsätzlich nicht an Auslandseinsätzen teilnehmen, indirekt an dem Friedensdienst der Bundeswehr beteiligt. Zu den Aufgaben der Unterstützungskräfte gehört auch die schnelle Hilfe bei Katastrophenfällen, wie z. B. bei Überschwemmungen. Im Zuge der Strukturreform wird die Truppenstärke auf 250 000 Soldatinnen und Soldaten verringert. Das hat auch Auswirkungen auf die Wehrpflicht. Es fällt der Bundeswehr zunehmend schwerer, alle Wehrpflichtigen aufnehmen.

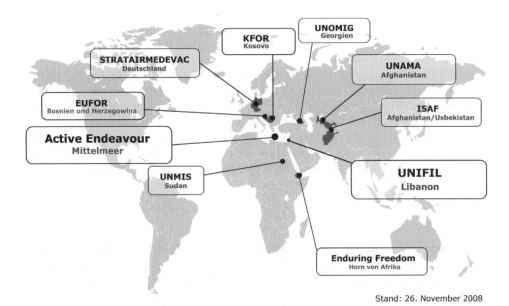

Stand: 26. November 2008

Bundeswehr im Auslandseinsatz

Name	Art des Einsatzes	Einsatzgebiet	Anzahl der stationierten Soldaten
ISAF (International Security Assistance Force)	Friedenstruppe der Vereinten Nationen in Afghanistan	Afghanistan	3690
KFOR (Kosovo Force)	Friedenstruppe der NATO	Kosovo	2675
Enduring Freedom	Antiterroreinsatz	Horn von Afrika	290
UNIFIL (United Nations Interim Force In Lebanon)	Mission der Vereinten Nationen im Libanon	Libanon	220
EUFOR	Friedenstruppe der EU	Bosnien und Herzegowina	120
Active Endeavor	Sicherung des Schiffsverkehrs	Mittelmeer	70
UNMIS (United Nations Mission In Sudan)	Friedenstruppe der Vereinten Nationen im Sudan	Sudan	42
UNOMIG (United Nations Observer Mission In Georgia)	Beobachtungsmission der Vereinten Nationen	Georgien	12
UNAMA (United Nation Assistance Mission In Afghanistan)	Mission der Vereinten Nationen in Afghanistan	Afghanistan	1
STRATAIRMEDEVAC	Strategischer Verwundetentransport	Deutschland	41

Stand: 26.11.2008

3.2 Wehrpflicht oder Zivildienst?

Wehrdienstleistende

Zivildienstleistender

Art. 12a GG

(1) Männer können vom vollendeten achtzehnten Lebensjahr an zum Dienst in den Streitkräften, im Bundesgrenzschutz oder in einem Zivilschutzverband verpflichtet werden.
(2) Wer aus Gewissensgründen den Kriegsdienst mit der Waffe verweigert, kann zu einem Ersatzdienst verpflichtet werden. ...

Während des **Ost-West-Konflikts** ist die Aufgabe der Bundeswehr eindeutig. Sie soll im NATO-Verbund die Bundesrepublik Deutschland vor Angriffen des **Warschauer Paktes** (S. 292) schützen. Dementsprechend ist auch die Wehrpflicht jungen Männern klar zu vermitteln als ein notwendiger persönlicher Beitrag zum militärischen Schutz von Familienangehörigen und Freunden.

Nach dem Ende des Ost-West-Konflikts ändert sich die Situation. Die NATO und somit auch die Bundeswehr wenden sich neuen Aufgaben zu. Hauptziele sind jetzt friedensstiftende und friedenserhaltende Maßnahmen in und außerhalb Europas. Von daher ist die Wehrpflicht neu zu definieren. Gewichtige Argumente pro und contra Wehrpflicht sind gegeneinander abzuwägen. Diese Diskussion wird auch auf höchster politischer Ebene – im Bundestag – geführt. Gefordert wird sowohl die Abschaffung der Wehrpflicht als auch die Beibehaltung in der jetzigen Form. Dazwischen gibt es Kompromisslösungen. Ein Vorschlag sieht z.B. eine **„freiwillige Wehrpflicht"** vor. Danach soll es nur dann eine Pflichterfassung geben, wenn nicht genug Freiwilligenmeldungen vorliegen. Ein anderer Vorschlag läuft auf die Erweiterung der Wehrpflicht in eine allgemeine **Dienstpflicht** für Männer hinaus, die den Zivil- und Katastrophenschutz einschließt.

1. Was sagt das Grundgesetz zur Wehrpflicht und zum Zivildienst aus?
2. Inwiefern ändert sich die Bedeutung der Wehrpflicht nach dem Ende des Ost-West-Konflikts?

Pro Wehrpflicht	Kontra Wehrpflicht
– Über die Wehrpflicht bleibt die Bundeswehr in einem Kontakt mit der gesamten Bevölkerung, vor allem mit der jungen Generation. – Die Mehrheit der Bundesbürger ist für die Beibehaltung der Wehrpflicht. – Die Wehrpflicht erfasst die männlichen Bürger, unabhängig von Herkunft, Beruf und Bildung, und beugt so der Gefahr vor, dass Streitkräfte ein gesellschaftliches Eigenleben führen. – Die Wehrpflicht fördert den Austausch junger Menschen aus den östlichen und westlichen Bundesländern. Damit trägt	– Nach der Bundeswehrplanung und den derzeit vorliegenden Reformvorschlägen dienen Streitkräfte nicht mehr länger der Landesverteidigung, sondern vor allem der Krisenreaktion außerhalb Zentraleuropas. – Das zukünftige erweiterte Aufgabenspektrum der Bundeswehr erfordert eine größere Professionalität der Soldaten. Dies ist mit kurzzeitig dienenden Wehrpflichtigen nicht zu gewährleisten. – Der Friedensumfang der Bundeswehr und damit der Bedarf an Wehrpflich-

Pro Wehrpflicht	Kontra Wehrpflicht
die Bundeswehr auch zur inneren Einheit Deutschlands bei. – Der Kern des Auftrags der Bundeswehr bleibt die Landes- und Bündnisverteidigung. – Die Wehrpflichtarmee ist eine solide Rekrutierungsbasis für die Nachwuchsgewinnung. Die Bundeswehr gewinnt fast die Hälfte ihrer Zeit- und Berufssoldaten aus Grundwehrdienstleistenden. – Neben der Fähigkeit, angemessen und wirkungsvoll an internationaler Krisenbewältigung und Friedensmissionen teilzunehmen, bedeutet die Fähigkeit, die Streitkräfte im Ernstfall auf doppelte Stärke zu bringen, schon im Frieden Stabilität für unseren Kontinent. Das geht nur mit Wehrpflichtigen und Reservisten.	tigen unterschreitet die Anzahl der zu Verfügung stehenden Männer eines Jahrganges erheblich. Wenn nur noch eine Minderheit eines Jahrgangs damit rechnen muss, zum Dienst an der Waffe herangezogen zu werden, wird die Wehrungerechtigkeit zur Regel. – Die Wehrdienstarmee ist zwar billiger als eine Berufsarmee gleichen Umfangs, aber nur für den Bundeshaushalt. Gesamtwirtschaftlich dürften die Kosten gleich oder sogar höher sein, da große Verluste an Kaufkraft, Steuern und Sozialabgaben zu verkraften sind. – Die wachsende Wehrungerechtigkeit führt zu einer Spaltung der jungen Männer in diejenigen, die überhaupt nicht dienen müssen (die Glücklichen und Cleveren), den Zivildienstleistenden (den Guten) und den Wehrpflichtigen (der Rest).

Claus Richter unter, http://www.crp-infotec.de/05sipo/wehrpflichtpro.html, Zugriff am 03.06.2008
http://www.crp-infotec.de/05sipo/wehrpflichtcontra/html, Zugriff am 03.06.08 (Auszüge)

1. Ordnen Sie den jeweiligen Argumenten Oberbegriffe zu.
2. Suchen Sie nach weiteren Argumenten.

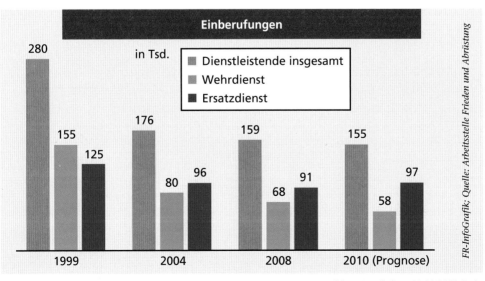

Würde die Wehrpflicht entfallen, so gäbe es allerdings auch keine Zivildienstleistenden mehr. Derzeit leisten ca. 91 000 Kriegsdienstverweigerer **Zivildienst**. Gesetzliche Grundlage hierfür ist das **Zivildienstgesetz**. Als möglicher Ersatz für den Zivildienst käme nur ein aus Voll- und Teilzeitkräften zusammengesetzter Freiwilligendienst aus allen Altersstufen in Betracht.

Gesellschaftlich ist der Zivildienst mittlerweile weitgehend akzeptiert. Allerdings entwickelte sich diese Akzeptanz zögerlich, da die Bundeswehr von vielen als wichtiger Schritt im Erwachsenwerden eines Mannes gesehen wurde. Wehrdienstverweigerer wurden daher lange Zeit als „Drückeberger" oder gar „Vaterlandsverräter" beschimpft. [...] Erst mit der vereinfachten Verweigerung, dem Ende des Kalten Kriegs und der annähernd gleichen Dienstzeit von Wehrdienst und Zivildienst schwand diese Kritik.

http://de.wikipedia.org/wiki/Zivildienst 03.06.2008 (Auszug)

Die Einsatzmöglichkeiten im Zivildienst liegen im sozialen Bereich und im Umweltschutz. Der **soziale Bereich** umfasst Aufgaben in der Betreuung und Pflege von Menschen mit Behinderungen, von Alten, Kranken und sonstigen Hilfsbedürftigen. **Umweltschutz** im Sinne des Zivildienstes bezieht sich auf Pflege oder Wiederherstellung von Naturschutz- und Landschaftsschutzgebieten.

Befreiungsgründe vom Zivildienst sind die Mitwirkung im Zivil- und Katastrophenschutz (6 Jahre), Einsatz im Entwicklungsdienst (2 Jahre), Ableistung eines freiwilligen sozialen oder ökologischen Jahres und anerkannter **Dienste im Ausland**. Insbesondere im Ausland bietet sich eine breite Palette von Möglichkeiten, außerhalb einer militärisch ausgerichteten Organisation **Friedensdienste** zu verwirklichen. Die Dienste müssen vor dem 25. Lebensjahr durchgeführt werden bei Trägerorganisationen, die sich der Förderung von Frieden und Toleranz und/oder dem Kampf gegen den Rassismus verschrieben haben. Informationen hierzu sind über das Bundesamt für Zivildienst (www.zivildienst.de) zu erlangen.

Während viele junge Männer den Dienst bei der Bundeswehr oder den Zivildienst möglichst vermeiden möchten, gibt es eine steigende Anzahl junger Frauen, die sich freiwillig zum Militärdienst melden. Seit 2001 sind alle Bereiche in der Bundeswehr für Frauen geöffnet. Inzwischen versehen dort mehr als 12 000 Frauen ihren Dienst, darunter 1 250 Soldatinnen als Offiziere und 8 000 Soldatinnen als Unteroffiziere.

Zur Wiederholung

1. Nennen Sie den Grund dafür, dass nur zehn Jahre nach dem Ende des Zweiten Weltkrieges in der Bundesrepublik Deutschland wieder eine Armee aufgestellt wurde.
2. Die Bundeswehr wird auch als eine „Armee in der Demokratie" bezeichnet. Was bedeutet dieser Anspruch hinsichtlich der Befehls- und Kommandogewalt?
3. Inwiefern verändert sich der Auftrag der Bundeswehr nach dem Ende des Ost-West-Konflikts?
4. Wie ist der „Out-of-area-Einsatz" der Bundeswehr vor dem Hintergrund des Grundgesetzes zu sehen?
5. Begründen Sie den Begriff „Parlamentsarmee".
6. In welchen Ländern ist die Bundeswehr derzeit tätig?
7. Erklären Sie den Zusammenhang zwischen Wehrpflicht und Zivildienst?
8. Beschreiben Sie die zahlenmäßige Entwicklung von Wehrdienst und Ersatz-diensten von 1999 bis – voraussichtlich – zum Jahre 2010.
9. Welcher Sachverhalt verbirgt sich hinter dem Begriff „Wehrungerechtigkeit"?
10. Zählen Sie verschiedene Möglichkeiten für die Ableistung des Zivildienstes auf.

Handlungsimpulse

Gruppenarbeit

Ziel: Erstellung einer **Wandzeitung als Meinungswand**.
(Die Wandzeitung ist ein Mittel der politischen Meinungsäußerung.)

Thema: „Wehrdienst und Zivildienst als friedenserhaltende Dienste"

Arbeitsweise: Die Klasse teilt sich in mehrere Arbeitsgruppen auf. Der jeweiligen Arbeitsgruppe ist es freigestellt, in welcher Form – Text, Schaubilder, Fotos, Zeichnungen – sie das Thema bearbeitet. Die Ergebnisse werden auf der Wandzeitung veröffentlicht.

Grundmaterial: z. B. eine an der Wand ausgerollte Tapete von mindestens 5 m Länge.

4　Aktuelle internationale Krisen

4.1　Beispiel Afghanistan

Die Zerstörung des World Trade Centers in New York am 11. September 2001 steht am Beginn einer neuen weltweiten Bedrohung. Islamische **Fundamentalisten** versuchen mit terroristischen Aktionen auf das von ihnen erkannte Problem aufmerksam zu machen: Die zunehmende Beeinträchtigung der islamischen Welt und des islamischen Glaubens durch wirtschaftliche und politische Machtinteressen

New York, 11. September 2001: Schlagartig verändert sich die Sicherheitslage in der Welt – Warum?

westlicher Staaten. Die USA reagieren sofort. Sie betrachten sich von da ab als im Kriegszustand befindlich – mit allen Konsequenzen.

11. September 2001: Terroristen entführen amerikanische Passagiermaschinen und lenken sie in Kamikazeangriffen auf das New Yorker World Trade Center und auf das US-Verteidigungsministerium in Washington. US-Präsident Bush spricht von einer „nationalen Tragödie" und kündigt Vergeltung an. Die US-Streitkräfte werden in höchste Alarmbereitschaft versetzt.

12. September 2001: Der UN-Sicherheitsrat (S. 287) verurteilt die Terroranschläge und fordert die Bestrafung der Drahtzieher. Die NATO (S. 292) verkündet den Verteidigungsfall. Demnach wird der Angriff auf die USA als ein Angriff gegen alle Mitglieder des Bündnisses gesehen.

13. September 2001: Der deutsche Regierung nennt den Terrorangriff eine „Kriegserklärung an die gesamte zivilisierte Welt" und sichert den USA uneingeschränkte Solidarität zu.

15. September 2001: Die USA rüsten zum **Krieg gegen den internationalen Terrorismus** („war on terrorism"). Der US-Kongress (Parlament der USA) ermächtigt Präsident Bush, auf die Angriffe mit militärischer Gewalt zu reagieren. Bush spricht von einem „langen Feldzug" und erklärt den Kampf gegen den internationalen Terrorismus zum „ersten Krieg im 21. Jahrhundert".

16. September 2001: Die USA nehmen Afghanistan ins Visier. Erste Vergeltungsschläge sollen das Taliban-Regime treffen, das dem Islamisten Osama bin Laden Gastrecht gewährt. Die USA sehen in ihm, dem vermuteten Anführer des Terrornetzwerkes Al-Qaida, den Hauptverdächtigen der Terroranschläge auf New York und Washington.

Zusammengestellt aus IAP-Dienst Sicherheitspolitik Nr. 10 (S. 4), 11 (S. 4), 12 (S. 6)

Durch Luftangriffe und den Einsatz von Bodentruppen gelingt es den USA, das Taliban-Regime zu entmachten. Osama bin Laden kann jedoch nicht gefangen genommen werden. Unter der Schirmherrschaft der UNO wird eine Übergangsregierung gebildet, an deren Schutz auch die Bundeswehr beteiligt ist.

Auf Bitten der afghanischen Regierung an die internationale Gemeinschaft und mit Genehmigung des Sicherheitsrates der Vereinten Nationen (S. 291) wird die Internationale Sicherheitsunterstützungstruppe **ISAF** (International Security Assistance Force) unter der Führung der NATO gebildet. Dieser Einsatz ist keine Blauhelm-Mission (S. 294), sondern ein **friedenserzwingender Einsatz** unter Verantwortung der beteiligten Staaten. Das Mandat für die Beteiligung deutscher Soldaten am ISAF-Einsatz wird im Dezember 2001 erteilt und 2008 verlängert.

Zunächst erscheint der ISAF-Einsatz Erfolg versprechend. Die Bevölkerung, die unter dem fanatischen Taliban-Regime jahrelang gelitten hat, begegnet den fremden Soldaten offen und freundlich. Sofortmaßnahmen im Straßenbau, bei der medizinischen Versorgung und im Bildungsbereich sorgen für ein positives Image, zumal viele Soldaten selbst Hand anlegen. Insbesondere das Engagement der Bundeswehr wird bei den Bewohnern Nord-Afghanistans sehr geschätzt. Fotos in deutschen Tageszeitungen von fröhlich winkenden Kindern bei patrouillierenden deutschen Soldaten erwecken den Eindruck, der Bundeswehreinsatz sei ein voller Erfolg auf dem Weg zu einem stabilen Frieden.

Doch die anscheinend besiegten Taliban geben nicht auf. Aus ihren Verstecken im Süden des Landes heraus starten sie Überraschungsangriffe gegen die dort stationierten ISAF-Truppen. Die Gegenschläge treffen auch unbeteiligte Zivilisten, sodass das Wohlwollen der Bevölkerung schwindet und die heimliche Unterstützung der Taliban zunimmt. Die Spirale der Gewalt beginnt sich zu drehen. Auch die Bundeswehr im vermeintlich ruhigen Norden ist davon betroffen. Unter den 800 Koalitionssoldaten, die bis zur Mitte des Jahres 2008 ihr Afghanistan ist Leben lassen, sind auch 25 deutsche. Aus Gründen der eigenen Sicherheit bewegen sich die deutschen Soldaten immer weniger außerhalb ihrer gesicherten Stützpunkte. Angesichts der angespannten Situation drängen die NATO-Partner darauf, dass sich deutsche Truppen an Kampfeinsätzen im Süden des Landes beteiligen. Die Bundesregierung lehnt dieses Ansinnen ab, weil sie weiterhin an der vorrangigen Friedensinitiative der Bundeswehr festhalten will. Dennoch wird im Frühjahr 2008 ein **Bundeswehr-Kampfverband** nach Afghanistan entsandt, der notfalls im Süden des Landes zur Verfügung stehen soll.

Da sich die neue afghanische Regierung als schwach erweist, stellen sich auch keine wirtschaftlichen Erfolge ein. In einigen Provinzen haben starke lokale Gouverneure das Sagen. Sie fördern den Opiumanbau, um sich daran zu bereichern. Die Ordnungsmaßnahmen der Zentralregierung und der ISAF-Truppen werden als störend empfunden und hintertrieben, wenn nicht sogar offen bekämpft.

Der Friedenseinsatz der ISAF scheint gefährdet. Kritische Stimmen werden laut.

Großoffensive ja, aber zivil

Friedensgruppen und Hilfsorganisationen wenden sich gegen zusätzliche Kampftruppen

„Schlamassel, Sackgasse, Sumpfsituation" – so beschreiben Friedensgruppen und Hilfsorganisationen die Lage, in die sich Deutschland durch die Entsendung von Kampftruppen nach Afghanistan hineinmanövriere. Der Arbeitskreis Darmstädter Signal (DS), ein Zusammenschluss kritischer Soldaten, stellt fest: „Afghanistan braucht keine zusätzlichen Kampftruppen und mehr Waffen, sondern eine Großoffensive des zivilen Wiederaufbaus."

Für einen „Strategiewechsel" tritt auch der „Verband Entwicklungspolitik Deutscher Nichtregierungsorganisationen" (Venro) ein: Das Primat der militärischen Konfliktlösung müsse durch „einen verstärkten Wiederaufbau abgelöst und das Vertrauen der afghanischen Bevölkerung zurückgewonnen werden", heißt es in einem Venro-Positionspapier vom Oktober 2007.

Ähnlich das DS: Beim Aufbau müsse die Bevölkerung einschließlich Taliban viel mehr einbezogen werden.

Der Bundeswehreinsatz kostet Deutschland nach Angaben von Venro 530 Millionen Euro im Jahr. Berlin hatte die zivile Hilfe für Afghanistan kürzlich von 100 Millionen Euro im Jahr 2007 auf 125 Millionen Euro für 2008 aufgestockt. Letzteres müsse mindestens verdreifacht werden, sagte der Sprecher des DS, Oberstleutnant a. D. Helmuth Prieß, der FR. Das Geld werde gebraucht für Kliniken und Ärzte, Bildung, Wohnungsbau, bessere Kommunikation, Infrastruktur und Sozialsysteme, für Wasser- und Energiegewinnung, zur Verringerung des Opiumanbaus und für den Aufbau der Justiz und der einheimischen Polizei. ...

Auth, Edgar, in: Frankfurter Rundschau, 02.02.2008, S.4 (gekürzt)

1. Inwiefern weicht die Bundesregierung mit der Entsendung eines Kampfverbandes von der bisherigen Strategie in Afghanistan ab?
2. Wie beurteilen Friedensverbände und Nichtregierungsorganisationen den Einsatz eines Kampfverbandes in Afghanistan?

4.2 Beispiel Klima und Ressourcen

Eine Zeitungsmeldung:

Klimawandel als Gefahr für Frieden
(Frankfurter Rundschau, 19.04.2007)

1. Was fällt Ihnen zu dieser Überschrift ein?
2. Was hat diese Meldung Ihrer Meinung nach mit Frieden und Sicherheit zu tun?

Mit Blick auf die Zukunft ist das Problem der Friedensicherung eng mit dem Umweltproblem verknüpft. Umweltfaktoren können regionale und globale Konflikte jetzt und in Zukunft so verschärfen, dass es schließlich zu kriegerischen Auseinandersetzungen kommt. Die vorhandenen natürlichen **Ressourcen** (fruchtbarer Boden, Rohstoffe und Wasser) müssen für immer mehr Menschen ausreichen. Im Jahre 2010 werden ca. sieben Milliarden Menschen auf der Erde leben, fast viereinhalbmal so viele wie 110 Jahre zuvor.

Die Folgen der Klimaveränderung führen weniger zu einer Bedrohung der territorialen Sicherheit [Gebietssicherheit] von Staaten und zu zwischenstaatlichen Kriegen, jedenfalls vorerst. Sie gefährden vielmehr die Überlebensbedingungen von Menschen durch Mangel an Trinkwasser, Rückgang der Nahrungsmittelproduktion, erhöhte Gesundheitsrisiken und die Einschränkung des Lebensraumes durch Landdegradation [Landverlust] und Überschwemmungen. Daraus resultieren [ergeben sich] dann innerstaatliche Gewaltkonflikte, Bürgerkriege, Völkermorde, Migrationen [Wanderungsbewegungen]. [...]
Gewaltkonflikte um basale [grundlegende] Rohstoffe wie Wasser werden in Zukunft in erheblichem Umfang zunehmen [...]
Anpassungsmaßnahmen an Klimaveränderungen (Dammbau, Wasserentnahmen aus Flüssen und unterirdischen Wasserspeichern) in einem Land werden Probleme in einem anderen mit sich bringen, was wiederum zwischenstaatliche Konflikte erzeugt.
Hinzu kommt, dass Konflikte im internationalen Handel mit Ressourcen und Energiequellen wie Diamanten, Holz, Öl oder Gas zunehmen werden. Da Gewaltkonflikte [...] die Tendenz haben, eigene Dynamiken [Schwung] zu entfalten und zu eskalieren [verstärken], werden wiederum Folgeprobleme hervorgerufen, die ihrerseits nur durch Einsatz von vermehrter Gewalt zu bewältigen zu sein scheinen. [...]
Auch wenn die westlichen Länder in klimatischer (und damit auch in sicherheitspolitischer und ökonomischer) Hinsicht voraussichtlich noch einige Jahrzehnte die Inseln der Glückseligkeit bleiben können, die sie im Vergleich benachteiligter Weltgegenden sind, werden sie doch unausweichlich in Klimakriege hineingezogen werden – oder besser gesagt: Klimakriege führen. Vielleicht wird nur nicht alles davon nach dem aussehen, was man klassischerweise als Krieg betrachtet.

Welzer, Harald: Klimakriege, Frankfurt a. M., S. Fischer Verlag, 2008, S. 110, 115f., 132

Der Besitz von natürlichen Rohstoffen ist für Länder der Dritten Welt nicht automatisch eine Quelle für Entwicklung und Wohlstand. Oftmals führen in diesen Ländern regional mächtige **„Warlords"** mithilfe von Söldnertruppen Kämpfe (z. B. Kongo), um über Ressourcen verfügen zu können, die sie dann auf dunklen Kanälen an die Produzenten in den Industrieländern zu ihren Gunsten verkaufen. Aus den Erlösen beschaffen sie wieder Waffen, mit denen die innerstaatlichen Konflikte weitergeführt werden. Aufgrund der allgemeinen Armut finden sich genügend Kampfwillige. So entsteht ein kaum zu durchbrechender Kreislauf von schonungsloser Naturausbeutung, Profitgier, Gewaltausübung und Armut. Die Nachfrage nach den dringend benötigten Rohstoffen im Rahmen der Globalisierung kann somit ein Auslöser sein für die Verfestigung der Armut und kriegerische Auseinandersetzungen. Im Jahre 2006 haben bei 6 von 29 größeren bewaffneten Konflikten Ressourcen eine wichtige Rolle gespielt, d. h. der Anspruch um die Ausbeutung von Rohstoffen hat den Konflikt verursacht, ausgelöst oder finanziert.

Zur Vermeidung zukünftiger Gefahren aus dem Klimawandel und der Ressourcenknappheit ist die Zusammenfassung der Klima-, Energie- und Friedenspolitik dringend erforderlich. Das kann nicht von einem Land, auch nicht von der EU, sondern nur von der Weltgemeinschaft im Rahmen der UNO geleistet werden.

Wenn heute nicht gehandelt wird, drohen der Klimawandel und die Verteilungskonflikte um knappe Energie und Rohstoffe zur bedeutendsten Quelle politischer und ökonomischer Auseinandersetzungen zu werden. Während sich in der Öffentlichkeit USA und Russland noch um Raketen streiten, die von Washington in Mitteleuropa gegen „die islamische Gefahr" aufgebaut werden sollen, werden die eigentlichen Gefahren der Zukunft immer deutlicher. Sie drehen sich um Wasser, Rohstoffe und das Klima. Zu diesen Fragen erarbeitete auch der Wissenschaftliche Beirat für Globale Umweltfragen der Bundesregierung (WBGU) das Gutachten *„Sicherheitsrisiko Klimawandel"*. ...

Der WBGU schlägt u. a. folgende Initiativen vor: [...]

Weiterentwicklung der internationalen Klimapolitik. [...];

Umsetzung einer gemeinsamen Vorreiterrolle der EU-Staaten in der Energiepolitik;

Partnerschaftliche Entwicklung von Vermeidungsstrategien, insbesondere durch Technologiepartnerschaften mit den Entwicklungsländern;

Unterstützung von Anpassungsstrategien an den Klimawandel in der Dritten Welt;

Stabilisierung von schwachen und fragilen [zerbrechlichen] Staaten, die vorrangig vom Klimawandel betroffen werden; [...]

Müller, Michael; Fuentes, Ursula; Kohl, Harald (Hrsg.): Der UN-Weltklimareport, 1. Auflage, Köln, Kiepenheuer und Witsch, 2007, S. 117 ff.

1. Nennen Sie Beispiele für natürliche Rohstoffe.
2. Rohstoffbesitz: Fluch oder Segen?

Zur Wiederholung

1. Inwiefern verändert der 11. September 2001 die weltpolitische Sicherheitslage?
2. Welche Folgen hat der Angriff auf das World Trade Center in New York für Afghanistan?
3. Beschreiben Sie die Rolle der Bundeswehr im Rahmen des ISAF-Einsatzes in Afghanistan.
4. Erläutern Sie den Zusammenhang zwischen Umweltproblemen und möglichen Kriegsgefahren.
5. Nennen Sie Umweltbereiche, die in Zukunft Anlass für bewaffnete Konflikte sein könnten. Begründen Sie Ihre Aussage.
6. Fassen Sie zusammen, was getan werden muss, um in der Zukunft drohende „Klimakriege" zu vermeiden.

Handlungsimpulse

A **Beispiel Afghanistan**

Sammeln Sie während eines Monats aus der Tageszeitung alle Meldungen über Afghanistan. Ergänzen und aktualisieren Sie den Buchtext.
Beurteilen Sie, ob die Bundeswehr ihrem ursprünglichen Auftrag – „friedenserzwingender" Auftrag im Rahmen der ISAF – weiterhin gerecht wird.

B **Beispiel Wasserkonflikt**

Im Folgenden werden einige wichtige Flusssysteme genannt, bei denen es regelmäßig zu Wasserverteilungskonflikten kommt.
Stellen Sie fest, wo diese Gebiete liegen und welche Länder auf das Wasser eines einzigen Flusses angewiesen sind.

Im Einzugsgebiet des **Nils** leben mehr als 140 Millionen Menschen, und zehn Länder teilen sich sein Wasser. Bevölkerungswachstum und die Art und Weise der vorwiegenden Ressourcennutzung lassen den Druck auf die Ressource stetig steigen. ...
Der **Indus** liefert Wasser für mehr als 100 000 Quadratkilometer Land; dies ist weltweit die größte Bewässerungsfläche eines einzelnen Flusssystems. ...
Ein weiteres Beispiel für Wasserverteilungskonflikte ist der Nahe Osten, der von jeher zu den wasserärmeren Regionen der Welt gehört. ... Das **Jordanbecken** gehört zu den 261 internationalen Flussläufen und -becken dieser Erde, die zwei oder mehr Anrainer haben.
Das **Euphrat-Tigris-Becken** ist seit Jahren Gegenstand von Konflikten zwischen den Anrainerstaaten ..., ... und ...

Fröhlich, Christiane: Zur Rolle der Ressource Wasser in Konflikten, in: Aus Politik und Zeitgeschichte, 25/2006, S. 34 ff. (Auszug)

Europa

1 Die Europäische Union

1.1 Europa zwischen Euphorie und Apathie

1. Wenn Sie an Europa denken, welche der in der Karikatur präsentierten Haltungen und Erwartungen entsprechen Ihrer persönlichen Einstellung?
   Rufen Sie das Stimmungsbild Ihrer Lerngruppe mit einer Ein-Punkt-Abfrage ab, indem Sie auf einer Pinnwand Ihre Wertung mit Markierungspunkten deutlich machen.
2. Wenn Sie an Europa denken – welche Chancen, Probleme, Fragen und Visionen fallen Ihnen ein?
   a) Notieren Sie Ihre Gedanken in Form von Kurzsätzen auf Pinnkarten.
   b) Erläutern Sie kurz nacheinander Ihre Notizen und befestigen Sie Ihre Karte an der Pinnwand. (Karten mit ähnlichen Gedanken sollten Sie nahe zusammenheften.)
   c) Versuchen Sie gemeinsam, die Pinnkarten thematisch in Gruppen zu ordnen (clustern), und formulieren Sie für jede Gruppe eine Überschrift.
   d) Ergänzen Sie, wenn nötig, die Gruppen mit weiteren Gedanken-Karten.
   e) Wählen Sie mithilfe einer Drei-Punkt-Abfrage (höchstens zwei Punkte pro Themengruppe) die Themen, die Sie in der Lerngruppe bearbeiten wollen.

1.2 Motive für ein vereintes Europa

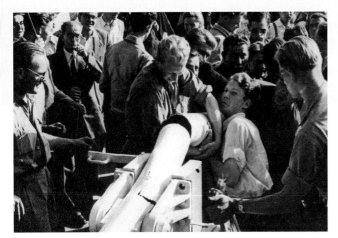

Europa-Begeisterung 1951: Studenten reißen Schlagbäume nieder und fahren nach Straßburg, um für ein vereintes Europa zu demonstrieren.

1. Warum rufen die Studenten gerade kurz nach dem Zweiten Weltkrieg dazu auf, den Nationalstaat zu beseitigen?
2. Welche Schwierigkeiten und Hemmnisse mussten und müssen noch beseitigt werden auf dem Weg zu einem vereinten Europa?

Rede Winston Churchills in Zürich am 19. September 1946

„In welcher Lage befindet sich Europa heute? ... In weiten Gebieten starrt eine riesige, geängstigte Menge geschundener, hungriger, sorgenvoller und bestürzter Menschen die Ruinen ihrer Städte und Wohnungen an und sucht am dunklen Horizont nach einer neuen Gefahr, einer neuen Tyrannei, einem neuen Schrecknis. Unter den Siegern herrscht eine misstönende babylonische Sprachverwirrung; unter den Geschlagenen das trotzige Schweigen der Verzweiflung. Das ist es, was die in so viele alte Staaten und Nationen aufgeteilten Europäer, was die deutschen Mächte damit erreicht haben, dass sie einander zerfleischten und Verwüstung über weite Gebiete trugen (...)

Doch es gibt ein Heilmittel (...) Worin besteht dieses Allheilmittel? Darin, dass man die europäische Familie oder doch einen möglichst großen Teil davon wieder aufrichtet und ihr eine Ordnung gibt, unter der sie in Frieden, Sicherheit und Freiheit leben kann. Wir müssen eine Art Vereinigte Staaten von Europa schaffen. Nur dann können viele hundert Millionen arbeitender Menschen sich wieder den einfachen Freuden und

Winston Churchill

1951 EGKS
Europäische Gemeinschaft
für Kohle und Stahl
(Montanunion)

1957 EWG
Europäische
Wirtschaftsgemeinschaft
(Römische Verträge)

1957 Euratom
Europäische
Atomgemeinschaft

Hoffnungen hingeben, die das Leben lebenswert machen.
(...)
Ich möchte jetzt etwas sagen, das Sie in Erstaunen setzen wird. Der erste Schritt zur Neubildung der europäischen Familie muss eine Partnerschaft Deutschlands und Frankreichs sein. Nur so kann Frankreich die moralische Führung in Europa wiedererlangen. Es wird keine Erneuerung Europas geben ohne ein geistig großes Frankreich und ein geistig großes Deutschland. Wenn das Gebäude der Vereinigten Staaten von Europa gut und gewissenhaft errichtet wird, muss darin die materielle Stärke eines einzelnen Staates von untergeordneter Bedeutung sein. Kleine Nationen werden ebenso viel zählen wie große und sich durch ihren Beitrag zur gemeinsamen Sache Ehre erwerben (...)"

R. H. Foerster (Hrsg.): Die Idee Europas 1300–1946. Quellen zur Geschichte der politischen Einigung, München 1963

1. **Vor welcher Situation beschwor Churchill die Idee der europäischen Einigung?**
2. **Erläutern Sie sein „Allheilmittel".**

Der Gedanke, ein vereintes Europa zu schaffen, beschäftigt schon seit Jahrhunderten die Fantasie europäischer Denker und Staatsmänner. Aber erst die Katastrophe des Zweiten Weltkrieges hat dazu geführt, dass den großen Plänen endlich konkrete Taten folgten.

Nach zwei furchtbaren Weltkriegen wird vielen Menschen bewusst, dass der Nationalstaat und der Nationalismus die Hauptursache für das unsägliche Leid und die furchtbaren Zerstörungen waren. Will man ähnliche Kriege in Zukunft verhindern, muss der Nationalstaat überwunden und die Einigung Europas vorangetrieben werden.

Überwindung der Nationalstaaten bedeutet aber zugleich Einschränkung der Hoheitsrechte und der Souveränität der Staaten. Zu Beginn der Fünfzigerjahre sind die Regierungen der meisten europäischen Staaten nicht bereit, freiwillig auf diese Rechte zu verzichten oder sie beschränken zu lassen. Dies ist verständlich, ist doch die Souveränität nach der NS-Fremdherrschaft ein wiedergewonnenes hohes Gut. Auf der anderen Seite wächst die Einsicht, dass langfristig nur durch die Beschränkung nationaler Hoheitsrechte und eine verstärkte europäische Zusammenarbeit Frieden und Wohlstand für ganz Europa zu erreichen sind.

Auf dem Gebiet der Wirtschaft ist eine gemeinsame Politik am ehesten möglich, da wirtschaftliche Erfolge nach dem Zweiten Weltkrieg Vorrang haben. Der französische Außenminister Robert Schuman legt 1950 den nach ihm benannten **Schumanplan** vor. Darin bietet Frankreich nur fünf Jahre nach Kriegsende seinem ehemaligen Kriegsgegner und „Erzfeind" Deutschland eine Zusammenlegung der Kohle- und Stahlproduktion an. Dieser Industriebereich ist die Grundlage der Rüstungsindustrie. Durch eine gemeinsame Politik auf diesem Gebiet soll für alle Zukunft ein Krieg unmöglich werden.

1967 EG
Europäische Gemeinschaft –
Zusammenschluss von EWG,
EGKS und Euratom

1979
Erste Direktwahl zum
Europäischen Parlament

1979 EWS
Europäisches Währungssystem – gemeinsame
Währungspolitik

2 Etappen der europäischen Integration

2.1 Von der Montanunion zur EU

Der Schumanplan führt 1951 zur Gründung der **Europäischen Gemeinschaft für Kohle und Stahl (EGKS)**. Ihr treten neben Frankreich und Deutschland auch Italien, Belgien, Luxemburg und die Niederlande bei. Der Vertrag zur EGKS tritt 1952 in Kraft und endet vertragsgemäß 2002.

Unterzeichnung des Schuman-Plan-Vertrages 1952

- **Ziele der EGKS (Montanunion)**
  - gemeinsame Kohle- und Stahlproduktion
  - gemeinsame wirtschaftliche Entwicklung
  - Verschmelzung der Märkte
  - Ausdehnung der Produktion
  - Hebung des Lebensstandards

Im Jahre 1957 gründen die sechs EGKS-Mitgliedsstaaten die **Europäische Wirtschaftsgemeinschaft (EWG)** sowie die **Europäische Atomgemeinschaft (Euratom)** zur gemeinsamen friedlichen Nutzung der Kernenergie.

Mit der EWG wird die gemeinsame Politik für Kohle und Stahl auf weite Bereiche der Wirtschaft ausgedehnt. In den „Römischen Verträgen" bekunden die sechs Gründungsstaaten den „festen Willen, die Grundlagen für einen immer engeren Zusammenschluss der europäischen Völker zu schaffen".

- **Ziele der EWG**
  - gemeinsamer Markt mit freiem Personen-, Dienstleistungs- und Kapitalverkehr
  - Zollunion: Abschaffung der Binnenzölle und gemeinsamer Außenzoll
  - gemeinsamer Agrarmarkt
  - Harmonisierung der wirtschaftlichen Entwicklung innerhalb der EWG

Zur Verwirklichung der Ziele sollen gemeinsame Organe geschaffen werden, insbesondere der Ministerrat, die Kommission, das Europäische Parlament sowie der Europäische Gerichtshof. Die Organe nehmen nach und nach ihre Arbeit auf; 1979 erfolgt die erste **Direktwahl des Europäischen Parlaments.**

Mit dem Zusammenschluss der drei Gemeinschaften EWG, EGKS und Euratom entsteht 1967 die **Europäische Gemeinschaft (EG)**. Ihr treten nach und nach weitere Staaten bei: 1973 Dänemark, Großbritannien und Irland, 1981 Griechenland, 1986 Spanien und Portugal.

1992	1993	1993 EU
Vertrag von Maastricht	Europäischer Binnenmarkt – freier Personen-, Waren-, Dienstleistungs- und Kapitalverkehr	Mitgliedsländer ratifizieren die Maastrichter Verträge – EU-Vertrag tritt in Kraft

EWG und EG sind aber nur Zwischenstationen auf dem Weg zur Europäischen Union. Mit dem Vertrag von Maastricht 1992 kommen die Mitgliedsstaaten diesem Ziel ein gutes Stück näher und vereinbaren, eine **Europäische Union (EU)** zu gründen. Neben der gemeinsamen Wirtschaftspolitik (Binnenmarkt, Wirtschafts- und Währungsunion) werden weitere Politikbereiche (Gemeinsame Außen- und Sicherheitspolitik sowie die Innen- und Rechtspolitik) in die europäische Zusammenarbeit mit einbezogen.

Österreich, Schweden und Finnland wurden 1995 Mitglieder der EU. Mit der sogenannten Osterweiterung vergrößert sich die Gemeinschaft 2004 von 15 auf 25 Mitgliedsstaaten. Die neuen EU-Länder sind: Estland, Lettland, Litauen, Malta, Polen, Slowakei, Slowenien, Tschechien, Ungarn und Zypern. Im Jahre 2007 treten auch Bulgarien und Rumänien der EU bei, die jetzt 27 Mitgliedsstaaten zählt.

1. Welche Beweggründe gab es nach dem Zweiten Weltkrieg für den europäischen Einigungsprozess?
2. Was versteht man unter der „Montanunion"?
3. Welche Ziele hatte die EGKS?
4. Was wurde in den „Römischen Verträgen" 1957 vereinbart?
5. Welche Ziele hatte die EWG?
6. „1967 entsteht die EG." Erläutern Sie diese Aussage.
7. Wann fand die erste Direktwahl des Europäischen Parlaments statt?
8. „Die Montanunion war das Fundament für die deutsch-französische Freundschaft und für die europäische Einigung." Erläutern Sie diese Aussage.
9. Begründen Sie, weshalb die wirtschaftliche Zusammenarbeit in Europa leichter möglich war als in anderen Politikbereichen.
10. Inwiefern hat der Ost-West-Konflikt die Zusammenarbeit in Westeuropa beeinflusst?
11. Der Prozess zur Europäischen Union ist noch längst nicht abgeschlossen. Welche wichtigen Entscheidungen sind in der EU in naher Zukunft zu treffen? Führen Sie die Zeitleiste fort.

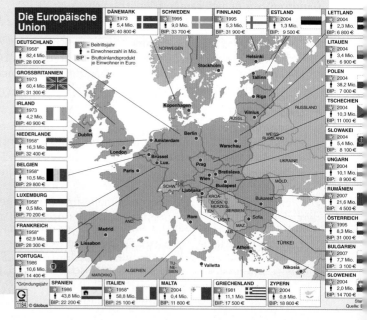

1995
Schengener Abkommen (1985) – Wegfall der Binnengrenzen, keine Grenzkontrollen mehr

1999 Euro
Wirtschafts- und Währungsunion – Euro (€) als Buchgeld

2002
Ausgabe des Euro (€) in Münzen und Banknoten

2004
EU-Osterweiterung

2007
EU-Erweiterung

3 Die Säulen der Europäischen Union

1. Um welche beiden Säulen wurde die EG im Vertrag von Maastricht ergänzt?
2. Welche Politikbereiche fehlen Ihrer Meinung nach, damit das Haus Europa vollendet werden kann?

Der Vertrag über die Europäische Union markiert eine neue Epoche der europäischen Einigung, die sich auf drei Säulen stützen soll. Die wohl tragfähigste Säule ist die bereits funktionierende Europäische Gemeinschaft. Allerdings werden die Kompetenzen der EG deutlich erweitert, z.B. in den Bereichen Verbraucherschutz, Gesundheitspolitik, transeuropäische Verkehrs-, Fernmelde- und Energienetze, Forschung und Umwelt sowie Bildung und Kultur.

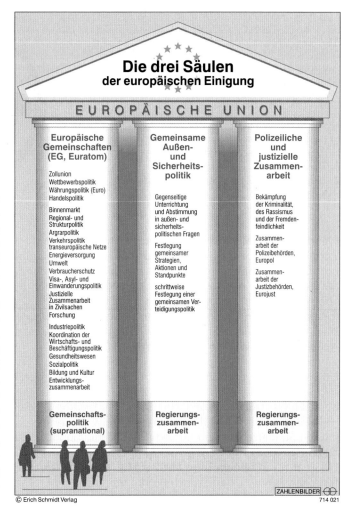

Die drei Säulen
der europäischen Einigung

EUROPÄISCHE UNION

Europäische Gemeinschaften (EG, Euratom)	Gemeinsame Außen- und Sicherheitspolitik	Polizeiliche und justizielle Zusammenarbeit
Zollunion Wettbewerbspolitik Währungspolitik (Euro) Handelspolitik Binnenmarkt Regional- und Strukturpolitik Agrarpolitik Verkehrspolitik transeuropäische Netze Energieversorgung Umwelt Verbraucherschutz Visa-, Asyl- und Einwanderungspolitik Justizielle Zusammenarbeit in Zivilsachen Forschung Industriepolitik Koordination der Wirtschafts- und Beschäftigungspolitik Gesundheitswesen Sozialpolitik Bildung und Kultur Entwicklungszusammenarbeit	Gegenseitige Unterrichtung und Abstimmung in außen- und sicherheitspolitischen Fragen Festlegung gemeinsamer Strategien, Aktionen und Standpunkte schrittweise Festlegung einer gemeinsamen Verteidigungspolitik	Bekämpfung der Kriminalität, des Rassismus und der Fremdenfeindlichkeit Zusammenarbeit der Polizeibehörden, Europol Zusammenarbeit der Justizbehörden, Eurojust
Gemeinschaftspolitik (supranational)	Regierungszusammenarbeit	Regierungszusammenarbeit

© Erich Schmidt Verlag

ZAHLENBILDER
714 021

Neben der bestehenden Europäischen Gemeinschaft wird das europäische Haus durch eine Gemeinsame Europäische Außen- und Sicherheitspolitik (GASP) sowie durch die Innen- und Rechtspolitik ergänzt. Die GASP erstreckt sich zunächst nur auf die Koordination in außen- und sicherheitspolitischen Fragen. Langfristig soll eine gemeinsame Verteidigungspolitik möglich werden. In der Innen- und Rechtspolitik wurde in „Angelegenheiten von gemeinsamem Interesse" eine gemeinsame Regierungszusammenarbeit vereinbart.

Im Bereich der Sozialpolitik haben die Mitgliedsstaaten ein Abkommen über die Sozialpolitik geschlossen. Von einer Sozialunion zu sprechen, wäre allerdings vermessen.

3.1 Der Europäische Binnenmarkt

1. Was bewirken Zollschranken?
2. Welche Vorteile haben offene Grenzen in Europa?

Wenn ein Käse aus dem Allgäu nach Hamburg verkauft wird, ist das Binnenhandel. Wird er nach Mailand verkauft, war das bis 1993 Außenhandel, also Export und Import. In der Europäischen Union ist mit dem Wegfall der Zollschranken zwischen den Mitgliedsstaaten ein gemeinsamer Binnenmarkt entstanden. Der deutsche Käse wird also nicht mehr ins „Ausland" exportiert, wenn er in Italien verkauft wird. In der Europäischen Union ist ein **Binnenmarkt** entstanden, der den freien Personen-, Waren-, Dienstleistungs- und Kapitalverkehr ermöglicht. Die EU hat nur noch eine gemeinsame Außengrenze und einen gemeinsamen Außenzoll.

Ein Binnenmarkt entsteht noch nicht, wenn Staaten untereinander sämtliche Zölle beseitigen. Auch dann bleiben ihre Grenzen unter staatlicher Kontrolle und Gesetzgebung. So war früher z. B. in Deutschland die Einfuhr von Rohmilchkäse verboten unter Hinweis auf das hier gültige Lebensmittelrecht. Angesichts der neuen Verhältnisse müssen hunderte von unterschiedlichen Bestimmungen und Normen geändert, aufgehoben, angepasst oder gegenseitig anerkannt werden. Grundsätzlich gilt, dass jeder EU-Staat für in seinem Land hergestellte Waren bestimmte Vorschriften und Normen festlegen kann; er darf jedoch Produkten aus anderen EU-Ländern nicht die Einfuhr verweigern, wenn sie EU-weiten Mindestanforderungen genügen.

Ähnliche Probleme machen unterschiedliche Steuern und Steuersätze. Für den gewerblichen Warenverkehr innerhalb der EU werden die Grenzkontrollen und -formalitäten durch ein Meldesystem der steuerpflichtigen Unternehmen ersetzt, die Kontrollen werden also von der Grenze in die Betriebe verlagert. Langfristiges Ziel einer Europäischen Union ist die Annäherung im Steuersystem.

Für den privaten Einkauf im Binnenmarkt gibt es keine Grenzkontrollen für Gepäck und Waren mehr. Alles, was Verbraucher in einem anderen Land kaufen, können sie mit nach Hause nehmen, ohne an der Grenze anzuhalten oder irgendeine Erklärung abzugeben. Einzige Bedingung ist, dass die Waren zum eigenen Ver- oder Gebrauch bestimmt sind.

Der freie Warenverkehr gilt auch für Spirituosen, Zigaretten, Benzin oder Diesel. Reisende können für ihren privaten Verbrauch so viel mitbringen, wie sie wollen. Als privater Verbrauch gelten noch folgende Mengen:

Zum Beispiel	800 Zigaretten
	400 Zigarillos
	200 Zigarren
	1 Kilogramm Rauchtabak
	10 Liter Spirituosen
	90 Liter Wein (davon höchstens 60 Liter Schaumwein)
	110 Liter Bier
	20 Liter Wermutwein, Likörwein u. Ä.
	1 Tankfüllung plus 1 Reservekanister Benzin oder Diesel

Der Reisende, der mehr als die aufgeführten Mengen mitführt, bleibt abgabenfrei, wenn er die private Verwendung nachweisen kann.

Lohnenswert kann der Einkauf in anderen EU-Staaten besonders bei Kraftfahrzeugen sein: Der Preisunterschied für einen Neuwagen kann je nach Land bis zu 30 Prozent betragen. Die Hersteller dürfen nach EG-Recht den grenzüberschreitenden Autoverkauf nicht behindern. Einen Anspruch auf Erfüllung der Garantieleistungen haben die Käufer auch in ihrem Heimatland: Die Vertragswerkstätten müssen die gleichen Leistungen erfüllen wie bei einem von ihnen selbst ausgelieferten Wagen derselben Marke.

Europaweites Einkaufen und freier Warenverkehr machen auch einen europäischen Verbraucherschutz notwendig.

Allgemeine Produktsicherheit Haftung für fehlerhafte Produkte

Innerhalb der EU haften alle Hersteller für fehlerhafte Produkte. Sie sind verpflichtet, die Verbraucher auf mögliche Gefahren hinzuweisen und die Produkte entsprechend zu kennzeichnen.

Kundenschutz beim Teleshopping

Der Verbraucher kann bei allen Vertragsabschlüssen innerhalb von sieben Arbeitstagen ohne Strafe und Angabe von Gründen vom Vertrag zurücktreten. Verträge müssen – falls nicht ausdrücklich anders vereinbart – innerhalb von 31 Tagen erfüllt werden.

Kennzeichnungspflicht für neuartige Lebensmittel

Gentechnisch veränderte Lebensmittel müssen gekennzeichnet werden. Produkte mit neuartigen Substanzen, die Allergien verursachen können, müssen gekennzeichnet werden.

Arzneimittel

Arzneimittel für den persönlichen Gebrauch dürfen aus der EU eingeführt werden, auch wenn sie in Deutschland nicht zugelassen sind.

Freizügigkeit in der Europäischen Union bedeutet, dass jeder EU-Bürger innerhalb der EU frei reisen, seinen Arbeitsplatz suchen oder sich selbstständig machen kann. Während die Grenzen in Europa wegfallen, werden die Außenkontrollen verschärft. Die neue Bewegungsfreiheit soll nicht auf Kosten der inneren Sicherheit und illegaler Einwanderung erkauft werden.

Im so genannten **Schengener Abkommen** werden folgende Vereinbarungen getroffen:

- **keine Personenkontrollen** an den Binnengrenzen, verstärkte Kontrollen an den Außengrenzen einschließlich der See- und Flughäfen

- **Visa- und Aufenthaltspolitik** teilweise harmonisiert, einheitliches Visum für alle Schengen-Staaten

- **gemeinsame Asylpolitik**

- **polizeiliche Zusammenarbeit**
    - „Schengener Informations-System" (SIS) – gemeinsames Computer-Fahndungs- und Informations-System
    - „Polizeiliche Nachteile" – Verfolgung von Straftätern über die Grenzen hinweg

Was ist der euro*pass*?

Bildung und Ausbildung sind elementar, um die Chancen des geeinten Europas sinnvoll nutzen zu können. Dabei wird es immer wichtiger, Wissen und Information grenzüberschreitend und nachhaltig auszutauschen.

Der **euro*pass*** öffnet Türen zum Lernen und Arbeiten in Europa.
Mit seinen unterschiedlichen Bausteinen bietet er ein geeignetes **Instrumentarium**, um im In- und Ausland gemachte Erfahrungen zu dokumentieren und darzustellen. Dabei vermittelt er ein umfassendes Gesamtbild der Qualifikationen und Kompetenzen einzelner Personen und erleichtert die Vergleichbarkeit im europäischen Kontext.

Der **euro*pass*** präsentiert persönliche Fähigkeiten, Kompetenzen und Qualifikationen in verständlicher und nachvollziehbarer Form.
So können sich alle Bürgerinnen und Bürger für eine Bewerbung den **euro*pass* Lebenslauf** oder den **euro*pass* Sprachenpass** erstellen. Der **euro*pass* Mobilität** tritt an die Stelle des bisherigen **euro*pass* Berufsbildung**, während der **euro*pass* Diplomzusatz** und die **euro*pass* Zeugniserläuterung** für eine bessere Vergleichbarkeit von Abschlüssen aus Studium und Beruf sorgen. ...

Weitere Instrumente sollen in dieses Rahmenkonzept aufgenommen werden,
zum Beispiel sektorale Ausbildungsinitiativen und Bescheinigungen zur Anerkennung nicht formalen und informellen Lernens.

Quelle: Bundesministerium für Bildung und Forschung http://www.europass-info.de/de/was-ist-der-europass.asp, Zugriff: 14.09.2008

Verstärkte europäische Zusammenarbeit in der Berufsbildung ist ein wichtiger Eckpfeiler des Ziels, die Europäische Union zum wettbewerbsfähigsten und dynamischsten wissensbasierten Wirtschaftsraum weltweit zu machen. Das EU-Berufsbildungsprogramm LEONARDO DA VINCI leistet mit seinen Projekten und Partnerschaften einen wichtigen Beitrag dazu. In der Maßnahme Mobilität werden kürzere und längere Auslandsaufenthalte gefördert, die Teil der beruflichen Aus- oder Weiterbildung sein müssen. Hierbei gibt es mehrere Zielgruppen:

– Personen in beruflicher Erstausbildung (Auszubildende, Berufsschüler etc.): Austausch in eine berufsbildende Einrichtung oder ein Unternehmen; Ziel: Förderung des Erwerbs ergänzender beruflicher Qualifikationen in einem anderen Teilnehmerstaat zur Verbesserung des Zugangs zum Arbeitsmarkt
– junge Arbeitnehmer: Austausch in eine Berufsbildungseinrichtung oder ein Unternehmen

Auszubildenden-Austausch in Spanien ...

Im November ... erfuhr ich von der Personalleiterin unseres Hotels, dass man mich für eine Maßnahme des LEONARDO-DA-VINCI-Programms ausgewählt hatte. Diese Maßnahme beinhaltete ein Praktikum in Palma de Mallorca, Spanien, bei dem man die Möglichkeit hat, in einem der führenden Restaurants der Insel zu arbeiten. ...

In der ersten Praktikumswoche wurden wir in einem fünftägigen Kurs an die spanische Sprache herangeführt. Bei vier bis fünf Stunden pro Tag lernten wir nicht nur die Grundkenntnisse, sondern auch für unsern Beruf spezifische Vokabeln und Ausdrücke. ...

An zwei Tagen in dieser Woche gab es nach dem Sprachkurs ein Rahmenprogramm. So fuhren wir am Mittwoch in eine nahegelegene Berufsschule in Palma, um uns ein Bild über die Ausbildung in Spanien machen zu können. ... Der Unterschied zu Deutschland ist, dass alle theoretischen und praktischen Kenntnisse in der Schule selbst vermittelt werden. Die Praxis für Hotel- und Restaurantfachleute besteht nur in dem Bedienen von Besuchern im schuleigenen Restaurant. Somit ist es vielleicht nicht jedem gegeben, genügend Selbstvertrauen zu entwi-

ckeln und dem Gast sicher gegenüber zu treten. Meine Praktikumsstelle war das Porto Pi. Dieses gehört zu den führenden Gourmetrestaurants der Insel. Gearbeitet haben wir im Teildienst: mittags von 11.30 Uhr bis etwa 16.00 Uhr und abends von 20.00 Uhr bis Ende. Unsere Aufgabe bestand darin, den eigentlichen Service am Gast durchzuführen. Dazu gehörte der Getränke- und Weinservice wie auch das Servieren der Speisen. Ansonsten wurden wir nach den Erklärungen des ersten Tages in alles involviert, was uns sofort das Gefühl der Dazugehörigkeit gab.

Die von mir festgestellten Unterschiede zu Deutschland sind folgende: Der Gast bringt mehr Zeit mit ins Restaurant und somit hat auch der Kellner die Möglichkeit, guten und ruhigen Service zu garantieren. Zwischen den Gängen werden automatisch Pausen gelassen, ohne dass der Gast darum bittet. Die dadurch entstehende Ruhe bei der Arbeit ist das komplette Gegenteil zur Hektik in deutschen Restaurants. Die Küche arbeitet Schritt für Schritt, ohne lautes Zurufen oder gegenseitiges Anraunen und das Service-Personal lässt jedem Gast eine individuelle Betreuung zukommen. ... Die Vorgehensweise im Service ist mit der in Deutschland nahezu identisch, so dass es für mich fachlich und praktisch keine wirklich neuen Erkenntnisse gab.

Matthias Hartlöhner, in: impuls 11, hrsg. von Nationale Agentur Bildung für Europa beim Bundesinstitut für Berufsbildung, Bonn, o. J., S. 20 (gekürzt)

Selbstständig machen in der Europäischen Union
Gastland bestimmt über Nachprüfungen

Will ein ausländischer Handwerker in Deutschland ein Unternehmen eröffnen, ohne den hiesigen Anforderungen zu genügen, kann das Gastland entscheiden, ob er noch Prüfungen absolvieren muss. Das wurde jetzt auf EU-Ebene vorentschieden. Der EU-Binnenmarktrat hatte sich mit der Frage der gegenseitigen Anerkennung von Abschlüssen unter anderem für die Berufe des Handwerks zu beschäftigen. Er hat dazu einen „gemeinsamen Standpunkt" erarbeitet, der den deutschen Vorstellungen entspricht und im EU-Parlament auch nur noch mit einer Zweidrittelmehrheit abzuändern ist.

Vom Zentralverband des Deutschen Handwerks wird darüber hinaus positiv bewertet, dass die so genannte „Sechs-Jahres-Systematik" bei der gegenseitigen Anerkennung von Qualifikationen beibehalten wird. Danach sind sechs Jahre Selbstständigkeit oder drei Jahre Ausbildung plus drei Jahre Selbstständigkeit oder zwei Jahre Lehre plus vier Jahre Unternehmertätigkeit Voraussetzung für die Anerkennung nationaler Qualifikationen.

Deutsches Handwerksblatt 15/1998 (geändert)

Im Vertrag von Maastricht wird die **Unionsbürgerschaft** eingeführt. Jeder Bürger eines Mitgliedsstaates ist sowohl Staatsbürger seines Landes als auch der Europäischen Union. Die Unionsbürgerschaft ist mit neuen Rechten verknüpft. So kann jeder Unionsbürger im Land seines Wohnsitzes an Kommunal- und Europawahlen teilnehmen und sich als Kandidat aufstellen lassen. Zudem wird jedem Bürger der EU das Petitionsrecht eingeräumt, sich direkt an das Europäische Parlament oder den **Bürgerbeauftragten** zu wenden, wenn er sich als Opfer einer „Verwaltungswillkür" der Institutionen oder Organe der EU fühlt. Der Bürgerbeauftragte informiert und berät auch in ganz konkreten alltäglichen Fragen, die Bürger bewegen.

EU-Bürgerberater

der Kommission der Europäischen Union
Vertretung in der Bundesrepublik Deutschland
Unter den Linden 78

10117 Berlin

http://www.eu-kommission.de

Europäisches Parlament

Informationsbüro für Deutschland

Unter den Linden 78

10117 Berlin

http://www.europarl.de

1. Auf welchen „drei Säulen" ruht die Europäische Union?
2. Welche vier Freiheiten garantiert der Europäische Binnenmarkt?
3. Welche Vorteile bietet der Europäische Binnenmarkt
   a) dem Verbraucher,
   b) dem Auszubildenden und Arbeitnehmer?
4. Was wird im Schengener Abkommen geregelt?
5. Welche Rechte erhält der EU-Bürger mit der Unionsbürgerschaft?
6. Welche Voraussetzungen sind notwendig, um sich in einem anderen EU-Land als Handwerker selbstständig zu machen?
7. Wie beurteilen Sie diese Voraussetzungen? Sind sie gerechtfertigt oder behindern sie die freie Berufsausübung in Europa?

3.2 Wirtschafts- und Währungsunion

Die wichtigste Ergänzung der ersten Säule im Vertrag von Maastricht war sicherlich der Beschluss zur **Wirtschafts- und Währungsunion (WWU)** mit dem Euro als gemeinsamer Währung. Die WWU bildet den logischen Abschluss der Entwicklung zum Binnenmarkt. Der Währungsunion gehören bisher 15 EU-Staaten an. Dänemark, Großbritannien und Schweden nehmen aus unterschiedlichen Gründen vorerst nicht an der Währungsunion teil.

Nachdem 1999 der Euro als Buchgeld eingeführt wurde, können die Bürger seit 2002 mit dem Euro als Bargeld zahlen.

Das Geld der Welt

● Der Euro ist offizielle Währung in 15 Mitgliedsstaaten der Europäischen Währungsunion.

○ EU-Staaten, die den Euro vorerst nicht einführen werden:
Dänemark
Großbritannien
Schweden

● EU-Beitrittskandidaten:
Türkei

◑ Neue EU-Mitgliedsstaaten, die vor der Euroeinführung noch bestimmte wirtschaftliche Kriterien erfüllen müssen:
Bulgarien Rumänien
Estland   Slowakische Rep.
Lettland Tschechische Rep.
Litauen   Ungarn
Polen

◔ Überseedepartements, die zum französischen Staats- und Territorialgebiet gehören:
1 Französisch-Guayana
2 Guadeloupe
3 Martinique
4 Réunion
5 Mayotte
6 St.-Pierre-et-Miquelon

● Staaten, die den Euro mit Erlaubnis des Europäischen Rates eingeführt haben:
7 Monaco
8 San Marino
9 Vatikan-Staat

◓ Staaten, die ihre Währung durch einseitige Erklärung an den Euro binden:
10 Andorra
11 Kosovo
12 Montenegro

◒ Staaten, die eine Bindung ihrer Währung an den Euro bilateral vereinbart haben:
13 Äquatorial-Guinea
14 Benin
15 Burkina Faso
16 Elfenbeinküste
17 Gabun
18 Guinea-Bissau
19 Kamerun
20 Kap Verde
21 Komoren
22 Mali
23 Niger
24 Republik Kongo (Kinshasa)
25 Senegal
26 Togo
27 Tschad
28 Zentralafrikanische Republik

Genau betrachtet ist der Euro weit über die 15 Mitgliedsstaaten der Währungsunion hinaus als direkte oder indirekte Leitwährung verbreitet. Inoffiziell wird der Euro in hohem Umfang als Zahlungsmittel in Osteuropa und in der Türkei benutzt.

Seit 1999 hat die **Europäische Zentralbank (EZB)** die alleinige Verantwortung für die Geldpolitik in der Euro-Zone übernommen. Zusammen mit den Nationalbanken bildet die EZB das so genannte Europäische System der Zentralbanken (ESZB). In dessen Zuständigkeit fällt es,

- die Grundsätze der Geldpolitik in den EU-Mitgliedsstaaten zu bestimmen,
- die Devisenreserven der Mitgliedsstaaten zu verwalten,
- einen funktionierenden Zahlungsverkehr zu gewährleisten.

Oberstes Ziel der Geldpolitik der Europäischen Zentralbank ist die Stabilität des Euro. Hierzu wurde die Wirtschafts- und Währungsunion durch einen Stabilitätspakt ergänzt.

3.3   Der Europäische Sozialraum

Erster „EUROSTREIK"

**Mit europaweiten Arbeitsniederlegungen haben die Beschäftigten
auf die Pläne der Renault-Führung reagiert ...**

... das Werk in Vilvoorde bei Brüssel zum 1. Juli zu schließen. Am „ersten Eurostreik der Geschichte" („tageszeitung") beteiligten sich nicht nur Arbeitnehmer in Belgien, sondern auch in Frankreich und Spanien. Während einer Sitzung des Gesamtbetriebsrats in Paris blockierten etwa 10 000 Menschen die Straßen der französischen Hauptstadt.

Mit der völlig überraschenden Ankündigung, das Werk mit 3 500 Beschäftigten dichtzumachen, hat Renault eindeutig Recht gebrochen. So wurde der Europäische Betriebsrat weder informiert noch konsultiert. Nach Auffassung des Europäischen Gewerkschaftsbundes (EGB) wurde zudem die EU-Richtlinie über Massenentlassungen missachtet. Der Konflikt bei Renault mache „die Kluft zwischen dem Europa des Geldes und dem sozialen Europa deutlich", so der EGB.

Metall 4/1997

1. Auf welche Rechte beruft sich der Europäische Betriebsrat?
2. Inwiefern macht der Konflikt bei Renault „die Kluft zwischen dem Europa des Geldes und dem sozialen Europa" deutlich?

Beschäftigte erleben immer wieder, wie Standorte einzelner Konzerne gegeneinander ausgespielt werden und damit Belegschaften gegeneinanderstehen. Der Europäische Betriebsrat ist kein Allheilmittel gegen dieses große Standortspiel, denn er hat keine Mitbestimmungsrechte. Aber er ist der erste Baustein für ein soziales Europa der Arbeitnehmer.

Euro-Betriebsräte müssen auf der Grundlage des nationalen Gesetzes oder Sozialabkommens errichtet werden. Was für die Betriebsräte gilt, gilt in allen Bereichen des Sozial- und Arbeitsrechtes in Europa. Prinzipiell werden Angehörige der EU-Staaten hinsichtlich der Löhne und sonstigen Arbeitsbedingungen wie inländische Arbeitnehmer behandelt. Dies gilt auch für alle übrigen sozialen Leistungen.

Kaum ein anderer Politikbereich weist so starke nationale Eigenheiten und unterschiedliche Standards auf wie die Sozialpolitik. Die europäische Sozialpolitik geht davon aus, die Errungenschaften in einzelnen Ländern, wie z. B. in den Niederlanden und der Bundesrepublik Deutschland, zu schützen und gleichzeitig die Arbeitsbedingungen und den Lebensstandard in allen Mitgliedsstaaten zu verbessern.

Der Vertrag von Maastricht hat der Europäischen Union sozialpolitische Befugnisse eingeräumt. In Bereichen wie der Verbesserung der Arbeitsumwelt und der Arbeitsbedingungen, der Unterrichtung und Anhörung der Arbeitnehmer sowie dem Sicherheits- und Gesundheitsschutz der Beschäftigten kann der Ministerrat mit qualifizierter Mehrheit Richtlinien mit Mindestvorschriften erlassen. Dagegen müssen Bestimmungen, die die soziale Sicherheit, den Kündigungsschutz oder die Mitbestimmungsrechte der Arbeitnehmer betreffen, einstimmig beschlossen werden.

Die „Richtlinie 94/95 EG" über Europäische Betriebsräte ist die erste Richtlinie der Europäischen Union, die nach diesem neuen Verfahren in Kraft tritt.

Europäische Sozialpolitik heißt auch europäische Strukturpolitik. Das wirtschaftliche Gefälle der Regionen in Europa ist sehr groß. Um den Wohlstand zu steigern und das Entwicklungsgefälle zwischen den Regionen zu verringern, werden verschiedene Strukturfonds eingerichtet. Für Strukturmaßnahmen sind in den Jahren 2007 bis 2013 über 300 Mrd. Euro vorgesehen.

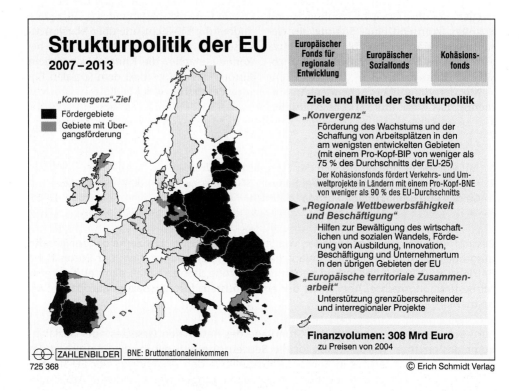

Strukturpolitik der EU
2007–2013

Europäischer Fonds für regionale Entwicklung

Europäischer Sozialfonds

Kohäsionsfonds

„Konvergenz"-Ziel

■ Fördergebiete
▨ Gebiete mit Übergangsförderung

Ziele und Mittel der Strukturpolitik

▶ „Konvergenz"
Förderung des Wachstums und der Schaffung von Arbeitsplätzen in den am wenigsten entwickelten Gebieten (mit einem Pro-Kopf-BIP von weniger als 75 % des Durchschnitts der EU-25)
Der Kohäsionsfonds fördert Verkehrs- und Umweltprojekte in Ländern mit einem Pro-Kopf-BNE von weniger als 90 % des EU-Durchschnitts

▶ „Regionale Wettbewerbsfähigkeit und Beschäftigung"
Hilfen zur Bewältigung des wirtschaftlichen und sozialen Wandels, Förderung von Ausbildung, Innovation, Beschäftigung und Unternehmertum in den übrigen Gebieten der EU

▶ „Europäische territoriale Zusammenarbeit"
Unterstützung grenzüberschreitender und interregionaler Projekte

Finanzvolumen: 308 Mrd Euro
zu Preisen von 2004

ZAHLENBILDER   BNE: Bruttonationaleinkommen
725 368   © Erich Schmidt Verlag

1. Welches Prinzip gilt im Arbeitsrecht und bei sozialen Leistungen innerhalb der EU?
2. Weshalb ist die EU noch weit von einer Sozialunion entfernt?
3. Erläutern Sie, weshalb EU-Strukturpolitik auch Sozialpolitik für Europa bedeutet.
4. Erläutern Sie mithilfe der Grafik die Strukturpolitik der EU.
5. Diskutieren Sie über die Vor- und Nachteile eines europäischen Mindestlohns.

3.4 Zusammenarbeit in der Außenpolitik

Die zweite Säule des Maastrichter Vertrages ergänzt die Zuständigkeit der Europäischen Union in außen- und sicherheitspolitischen Fragen.

Als Ziele der **Gemeinsamen Außen- und Sicherheitspolitik (GASP)** werden festgelegt:

- Wahrung der gemeinsamen Werte, der grundlegenden Interessen und der Unabhängigkeit der Union,
- Stärkung der Sicherheit der Union und ihrer Mitgliedsstaaten,
- Wahrung des Friedens und Stärkung der internationalen Sicherheit,
- Förderung der internationalen Zusammenarbeit,
- Entwicklung und Stärkung von Demokratie und Rechtsstaatlichkeit sowie die Achtung der Menschenrechte und Grundfreiheiten.

Die Gemeinsame Außen- und Sicherheitspolitik bedeutet jedoch nicht, dass die nationale Außenpolitik durch eine europäische Außenpolitik abgelöst wird. Zunächst verfolgt jeder EU-Staat auch weiterhin seine eigene Außenpolitik. Taucht jedoch eine außen- und sicherheitspolitische Frage „von allgemeiner Bedeutung" auf, so unterrichten sich die Länder gegenseitig und stimmen ihr Verhalten aufeinander ab. Der Rat kann auch einen „gemeinsamen Standpunkt" beschließen, an dem die Einzelstaaten sich orientieren müssen. Die weitestgehende Zusammenarbeit ist eine „gemeinsame Aktion", die für alle EU-Staaten bindend ist. Dazu ist allerdings Einstimmigkeit erforderlich. Ein Hoher Vertreter für die Außen- und Sicherheitspolitik vertritt die Beschlüsse der GASP zusammen mit dem Außenminister des Vorsitz führenden Landes nach außen.

Im Rahmen der GASP entwickelt die Europäische Union auch eine gemeinsame **Europäische Sicherheits- und Verteidigungspolitik (ESVP)**. Die EU will in Fragen der Konfliktverhütung und Krisenbewältigung in internationalen Krisen neben der NATO eigenständig militärisch eingreifen können. Dazu zählen laut den „Petersberger Aufgaben"

- humanitäre Aufgaben und Rettungseinsätze,
- friedenserhaltende Aufgaben sowie
- Kampfeinsätze.

Schwerpunkte bei den nichtmilitärischen Aufgaben sind z.B. der Einsatz von Polizeikräften, die Unterstützung bei der Durchsetzung rechtsstaatlicher Grundsätze oder Hilfen beim Aufbau von Zivilverwaltungen. Militärisch setzt die Europäische Union auf eine so genannte schnelle Eingreiftruppe. Eine eigene europäische Armee ist jedoch nicht vorgesehen.

1. Welche Argumente sprechen für eine gemeinsame Außenpolitik, welche dagegen?
2. „Die größte Schwäche einer wirkungsvollen europäischen Außenpolitik ist der Weg der Entscheidungsfindung." Erläutern Sie diese Aussage.

4 Die Organe der EU

Die Europäische Union benötigt wie ein Nationalstaat Insitutionen und Organe, welche die gemeinsamen politischen und rechtlichen Maßnahmen vorbereiten, entscheiden, ausführen und überwachen.

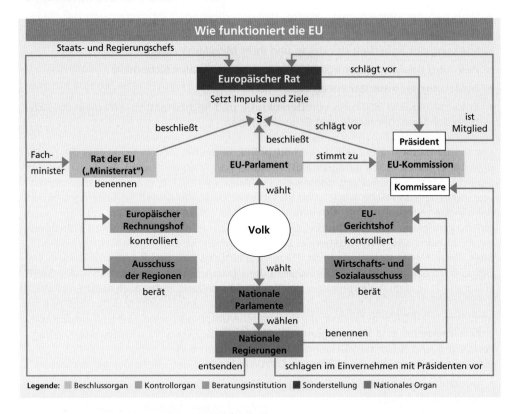

1. Welche Organe bilden die Legislative, welche die Exekutive, welche die Judikative?
2. Welche Organe sind eher „europäisch", welche eher „national"?

Die Mitgliedsstaaten haben einen Teil ihrer Hoheitsrechte an Organe der EU delegiert. Insgesamt gibt es laut EG-Vertrag fünf wichtige Organe:

- Rat der Europäischen Union (Ministerrat) – Sitz in Brüsel
- die EU-Kommission – Sitz in Brüssel
- das Europäische Parlament – Sitz in Straßburg
- der Europäische Gerichthof – Sitz in Luxemburg
- der Europäische Rechnungshof – Sitz in Luxemburg

Der Rat der Europäischen Union, das Europäische Parlament und die Europäische Kommission bilden ein ausgewogenes Machtdreieck, das für die Gesetzgebung und die Ausführung der politischen Entscheidungen verantwortlich ist.

Rechtlich gesehen ist der **Europäische Rat** kein Organ der EU. Tatsächlich spielt er jedoch eine herausragende politische Rolle. Die Staats- und Regierungschefs geben im allgemeinen politischen Ziele und Leitlinien der Gemeinsamen Außen- und Sicherheitspolitik vor.

Der **Wirtschafts- und Sozialausschuss** sowie der Ausschuss der Regionen bilden sogenannte Hilfsorgane. Sie beraten und unterstützen die anderen Einrichtungen.

Der Rat der Europäischen Union (Ministerrat)

Er ist das wichtigste gesetzgebende Organ der EU. Er setzt sich aus den Fachministern der einzelnen Länder zusammen. Diese entscheiden über EU-Gesetze. Der Rat kann nur über Gesetze beschließen, die ihm die Kommission vorgelegt hat.

Jedes Land hat eine bestimmte Anzahl von Stimmen im Ministerrat, die sich in etwa nach der Größe der einzelnen Länder richtet, aber zugunsten der kleineren Länder gewichtet ist. Die meisten Entscheidungen werden mit der Mehrheit getroffen, obwohl heikle Themen in Bereichen wie Steuerpolitik, Asyl- und Einwanderungspolitik oder Außen- und Sicherheitspolitik Einstimmigkeit erfordern.

Rechtsakte der Union
Verordnungen gelten unmittelbar in jedem Mitgliedsstaat. Sie sind mit einzelstaatlichen Gesetzen vergleichbar.
Richtlinien gelten für die Mitgliedsstaaten. Sie sind verbindlich im Ziel, überlassen den Einzelstaaten die Umsetzung in nationales Recht.
Entscheidungen sind für diejenigen verbindlich, die genannt werden, z. B. eine Regierung oder ein Unternehmen.
Empfehlungen und Stellungnahmen sind nicht verbindlich.

Bis zu viermal im Jahr treten die Staats- und Regierungschefs der Mitgliedsstaaten als Europäischer Rat zusammen. Auf diesen Gipfeltreffen werden die Leitlinien der EU-Politik festgelegt.

Die Kommission

Die Kommission ist die Exekutive der Europäischen Union. Jährlich werden einige tausend Durchführungsbestimmungen für EU-Gesetze erlassen, die der Rat beschlossen hat. Neben den exekutiven Aufgaben hat die Kommission das Initiativrecht für Gesetze. Sie legt dem Rat die Gesetzentwürfe vor. Die Kommission wacht auch darüber, dass EU-Verträge und EU-Recht eingehalten werden.

Die Kommission hat 27 Mitglieder, aus jedem Land ein Kommissar. Nach Zustimmung des Europäischen Parlaments werden diese von den Mitgliedsländern ernannt. Der Präsident der Kommission ist gleichzeitig Mitglied des Europäischen Rates.

Das Europäische Parlament

Das Europäische Parlament wird alle fünf Jahre von den Bürgern der EU direkt gewählt. Es vertritt 491 Millionen Bürger und ist das größte multinationale Parlament der Welt. Die Sitzverteilung erfolgt nach Ländern, abhängig von deren Einwohnerzahl. Die Abgeordneten haben sich in länderübergreifenden Fraktionen zusammengeschlossen.

Das Parlament hat noch nicht die Rolle einer Volksvertretung und Legislative wie in parlamentarischen Demokratien. In einigen Bereichen (z. B. internationale Abkommen, Unionsbürgerrechte) ist seine Zustimmung erforderlich, in anderen (z. B. Verbraucherschutz, Gesundheitswesen) verfügt es über das Recht der Mitentscheidung oder ist im Verfahren der Zusammenarbeit (z. B. Verkehrspolitik, Arbeitsschutz, berufliche Bildung) an den Entscheidungen beteiligt. Die Kommission muss durch das Parlament in ihrem Amt bestätigt werden, sie kann durch ein Misstrauensvotum zum Rücktritt gezwungen werden. Das Parlament ist neben dem Rat beteiligt an der Aufstellung, Beratung und Verabschiedung des Haushalts. Es muss dem Haushalt der Union zustimmen.

Der Europäische Gerichtshof

Seine Aufgabe als überstaatliches Organ ist es, über die Einhaltung und Durchführung des EU-Rechts zu wachen. Richter und Generalanwälte werden von den Mitgliedsländern ernannt.

Der Europäische Rechnungshof

Er vertritt die Interessen der Steuerzahler, indem er darüber wacht, dass die EU ihre Gelder nach den Regeln der Haushaltsordnung und zweckgebunden verwendet.

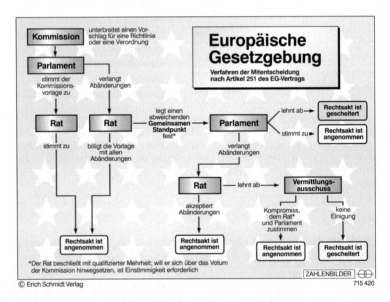

© Erich Schmidt Verlag

1. Über welche Organe verfügt die EU?
2. Welche Aufgaben haben die einzelnen Organe?
3. Welches Organ entscheidet über die Gemeinsame Außen- und Sicherheitspolitik der EU?
4. Beschreiben Sie mithilfe des Schaubildes den Gang eines EU-Gesetzes.
5. Vergleichen Sie die Aufgaben des Europäischen Parlaments mit denen des Bundestages.
6. Die Wahlbeteiligung der Bundesbürger bei den Wahlen zum Europäischen Parlament liegt mit ca. 60 Prozent deutlich niedriger als bei Bundestagswahlen. Welche Gründe sehen Sie für diesen Tatbestand?
7. Informieren Sie sich über die Zusammensetzung des EU-Parlaments. Welche Abgeordneten kommen aus Ihrer Region?

4.1 Reformierung der EU

Mit der Osterweiterung und dem Anwachsen der EU auf 27 Mitgliedsstaaten ist es notwendig, die Europäische Union handlungsfähiger, transparenter und demokratischer zu machen. Dazu sind wichtige Reformen verabschiedet worden. Nachdem der erste Anlauf mit der Europäischen Verfassung gescheitert war, sind im Vertrag von Lissabon vom Dezember 2007 wesentliche Reformen vereinbart worden. Der Name des EG-Vertrages wurde in „Vertrag über die Arbeitsweise der Europäischen Union" geändert. Auch dieser muss von den Mitgliedsstaaten ratifiziert werden. Ob dies gelingt, ist noch offen.

Der Vertrag von Lissabon enthält folgende wichtige Vereinbarungen:

- Ein **Ratspräsident** soll den Vorsitz im Rat der Staats- und Regierungschefs übernehmen. Er wird für zweieinhalb Jahre gewählt und führt die Geschäfte des Europäischen Rates. Damit entfällt in diesem Gremium die halbjährliche Rotation der Vorsitzenden.

- Ein **Hoher Vertreter für die Außen- und Sicherheitspolitik** wird bestellt. Mit Rücksicht auf nationale Befindlichkeiten wird er aber nicht mehr Außenminister heißen. Er wird zugleich Vizepräsident der Kommission und leitet den Rat der Außenminister.

- **Mehrheitsentscheidungen** mit der doppelten Mehrheit werden erst ab 2014 mit einer Übergangszeit bis 2017 eingeführt. Dann gilt: Für eine qualifizierte Mehrheitsentscheidung im Ministerrat sind 55 Prozent der Stimmen erforderlich, die gleichzeitig 65 Prozent der Bevölkerung darstellen müssen. Dies stärkt Deutschlands Einfluss als größtes EU-Land.

- Das **Mitentscheidungsverfahren** wird bei der Gesetzgebung zum Regelfall. Damit ist das Europäische Parlament als Vertreterin der Bürgerinnen und Bürger Europas gleichberechtigt mit dem Ministerrat.

- Das **Mitspracherecht der nationalen Parlamente** im europäischen Gesetzgebungsverfahren wird verbessert. Wenn sich eine Mehrheit der nationalen Parlamente gegen ein Vorhaben ausspricht, wird es von der EU-Kommission zurückgenommen.

- Die **Zusammenarbeit bei der Bekämpfung von Terrorismus und Kriminalität** sowie bei der **Energiepolitik** wird verstärkt.

- Die **Zahl der EU-Kommissare** wird 2014 von 27 auf 2/3 der EU-Mitgliedsländer reduziert.

- Die **Grundrechtecharta** wird in 25 Ländern (nicht in Großbritannien und Polen) geltendes Recht.

- Das **Bürgerbegehren** wird eingeführt. Eine Million Bürgerinnen und Bürger der EU können verlangen, dass sich Ministerrat und Parlament mit einem Vorhaben befassen.

- Erstmals wird vertraglich die Möglichkeit des **Austritts aus der Union** festgeschrieben.

- Mit Rücksicht auf nationale Befindlichkeiten und der Sorge in manchen Ländern vor einem europäischen Superstaat sollen die **europäischen Symbole** nicht mehr in dem Reformvertrag erwähnt werden.

4.2 Das Europa der Zukunft

Deutsche beurteilen EU skeptischer
Eurobarometer-Umfrage zeigt Widerstand gegen Beitritt der Türkei

BERLIN. Die Bundesbürger bewerten die Europäische Union skeptischer als früher. Nur 42 Prozent sahen die EU im Juni noch positiv – ein Rückgang von fünf Prozent gegenüber 2004. Das ist das Ergebnis der jüngsten „Eurobarometer"-Umfrage der Europäischen Kommission, die am Dienstag in Berlin vorgestellt wurde. Für die Studie wurden 1 520 Deutsche über 15 Jahren befragt.

Ein Grund für die wachsende Unzufriedenheit ist das Gefühl, dass die eigene Stimme in Europa nichts zähle. 55 Prozent der Deutschen denken, dass ihre Meinung für die Politik keine Rolle spielt. In Ostdeutschland sind es gar 66 Prozent.

Besonders ablehnend stehen die Bundesbürger einer fortschreitenden Erweiterung der EU gegenüber. 40 Prozent sind der Meinung, dass gar keine weiteren Staaten mehr aufgenommen werden sollten. Sogar 74 Prozent der Befragten lehnen einen Beitritt der Türkei ab. Gegen eine Mitgliedschaft Bulgariens und Rumäniens sind rund 60 Prozent eingestellt; diese Länder sollen schon 2007 beitreten können. Unter den 25 EU-Staaten lehnen nur in Frankreich und Österreich mehr Menschen eine Ausdehnung der Gemeinschaft ab.

Dagegen befürwortet weiter eine klare Mehrheit der Deutschen die EU-Verfassung. Mit 59 Prozent sind dies weit mehr als der EU-Durchschnitt (48 Prozent). Nur jeder Fünfte sprach sich gegen eine gemeinsame Verfassung aus.

Allerdings wusste ein Viertel der Befragten nicht, dass es überhaupt einen Verfassungsentwurf gibt. Nur jeder Neunte fühlt sich gut informiert über dessen Inhalte. 62 Prozent der Bürger sagen, sie wissen generell wenig über die EU. Der Anteil derer, die angaben, „nichts" über die Union zu wissen, stieg um einen Prozentpunkt auf 12 Prozent.

Die wachsende Gesamtskepsis steht im Widerspruch zu den Aussagen von zwei Dritteln aller Deutschen, dass die EU in der Welt an Bedeutung gewinnt und auch gewinnen soll. Wohl auch deshalb bleibt die Zustimmung zu einer gemeinsamen Außen- und Sicherheitspolitik sehr hoch.

Verzerrt ist die Wahrnehmung über die Arbeit der EU. So glaubt fast die Hälfte der Deutschen, dass das meiste Geld aus der Brüsseler EU-Kasse für Personal, Gebäude und Verwaltung ausgegeben wird. Nur 16 Prozent gaben die richtige Antwort – dass das meiste Geld in Hilfen für die Landwirtschaft fließt.

Andreas Rinke, Handelsblatt Nr. 173 vom 7.9.2005, S. 6

1. In welchen Punkten beurteilen die Deutschen die EU skeptischer?
2. Welche Gründe gibt es für die Skepsis der Bürger
3. Welche Entwicklungen beurteilen die Bürger positiv?
4. Wie erklären Sie sich die „verzerrte Wahrnehmung" der Bürger über die Arbeit der EU?

Die Europäische Gemeinschaft hat nach fast 50 Jahren drei große Ziele erreicht: den Binnenmarkt, die Europäische Union und die Währungsunion. In naher Zukunft hat die EU zwei große Aufgaben zu bewältigen: die Erweiterung und Integration der neuen Länder sowie die Vertiefung der Union.

4.3 Ein Europa der Bürokraten oder ein Europa der Bürger?

„DIN EN 12586" – die Schnullerkettenverordnung
Von Vanessa Seifert

52 eng bedruckte Seiten, acht Kapitel, jeweils bis zu 40 Unterpunkte: So umfangreich ist die Vorschrift, mit der Brüssel die Sicherheit eines kleinen Spielzeugs sicherstellen will. Doch selbst die EU-Bürokraten räumen ein, dass Unfälle, die durch Schnuller verursacht werden, „so gut wie nicht bekannt sind".

...

Höchstens 22 Zentimeter ist eine solche Kette lang. 22 Zentimeter, mit denen sich 30 Experten der Europäischen Union seit mehr als zehn Jahren immer wieder beschäftigen. Das aktuelle Ergebnis: 52 eng bedruckte Seiten, acht Kapitel, jeweils bis zu 40 Unterpunkte. „DIN EN 12586" heißt das Werk offiziell. „Schnullerkettenverordnung" nennen Gerhard Gollnest (52) und Fritz-Rüdiger Kiesel (54) mit leicht verächtlichem Unterton den Papierstoß, der sich vor ihnen auf dem Schreibtisch türmt. „Der staatliche Regulierungswahn ist völlig grotesk, erstickt jeden unternehmerischen Geist", sagen sie.

Vanessa Seifert, zitiert nach: http://www.abendblatt.de/daten/2008/08/15/922000.html, Zugriff: 16.08.2008

„Für Verbraucher viel erreicht"

Interview: EU-Abgeordnete Gebhardt zum Schutz der Bürger

Frankfurt Die Europaabgeordnete Evelyne Gebhardt hat eine neue Spielzeugrichtlinie auf EU-Ebene angekündigt, um die Sicherheit für die Verbraucher zu erhöhen. Im Interview mit Gerhard Kneier (AP) wandte sich die SPD-Politikerin zugleich gegen Vorurteile über eine bürokratische Regelungswut in der Europäischen Union. Gerade beim Verbraucherschutz habe das Straßburger Parlament viel erreicht.

Frau Gebhardt, vor allem seit dem irischen Nein zum EU-Reformvertrag von Lissabon wird die Rolle der Europäischen Union verstärkt kritisch hinterfragt. Oft ist der Vorwurf zu hören, die EU sei weit vom Bürger weg und befleißige sich einer bürokratischen Regelungswut. Ist der Vorwurf berechtigt?
Die oft behauptete blinde bürokratische Regelungswut gibt es nicht. Die Europäische Union stellt mit ihren Gesetzen lediglich Regeln auf, die das Zusammenleben erleichtern oder die Bürgerinnen und Bürger schützen.

...

Sie arbeiten im Europaparlament im Ausschuss für Binnenmarkt und Verbraucherschutz mit. Was ist dort bisher für die Verbraucher in Deutschland und Europa erreicht worden?
Wir haben schon viel erreicht. Zum Beispiel die Senkung der Roaminggebühren bei internationalen Handygesprächen. Zur Zeit arbeiten wir an der Möglichkeit von Sammel-

klagen, damit Verbraucher bei grenzüberschreitenden Geschäften nicht mehr so leicht über den Tisch gezogen werden können. Ein Thema, an dem das Europaparlament zurzeit arbeitet, ist die Spielzeugrichtlinie.

Was soll sie bewirken, und wie schätzen Sie die Chancen ein, die Verbraucher künftig wirksam zum Beispiel gegen schadhaftes oder gefährliches Spielzeug aus China zu schützen?
Die bereits bestehende Spielzeugrichtlinie reicht nicht mehr aus. Wir müssen die Sicherheitsstandards auf den neuesten Stand bringen. Das ist mit einem hohen Schutzniveau und stellenweise auch mit dem Verbot bestimmter Bestandteile oder Eigenschaften verbunden. Gefährliches Spielzeug kommt nicht nur aus China und anderen Ländern außerhalb der Europäischen Union, aber alle Importe müssen unseren hohen Sicherheitsstandards entsprechen. Das erfordert bereits an den Grenzen und nicht erst an der Ladentheke strenge Kontrollen. Da reicht ein CE-Zeichen nicht aus, mit dem der Hersteller erklärt, sein Produkt entspreche europäischer Norm. Wir brauchen eine gute europäische Zusammenarbeit an den Grenzen und ausreichend gut ausgestattete staatliche Labors, die Sicherheitstests vornehmen können. Dann ist Europa nah an seinen über 500 Millionen Menschen.

Gerhard Kneier, Evelyn Gebhardt: „Für Verbraucher viel erreicht",
unter: www.main-netz.de/nachrichten/politik/politik/art4204,450964, Artikel vom 25.7.2008

1. Vergleichen Sie die beiden Artikel und die verschiedenen Sichtweisen über die Regelungen der EU.
2. Welche Interessen stehen sich hier gegenüber?
3. Welche Argumente sprechen für EU-Regelungen, welche dagegen?

4. Analysieren Sie die Karikatur.
5. Wie erklären Sie sich eine allgemeine EU-Verdrossenheit?
6. Inwiefern ist die EU für die Bürger ein Erfolgsmodell?

Zur Wiederholung

1. Die Europäische Union ist nicht identisch mit Europa. Informieren Sie sich in Lexika über den Begriff „Europa".
2. Welche Länder
   a) sind Mitglieder der EU,
   b) haben den Euro als Zahlungsmittel eingeführt?
3. Was versteht man unter den Abkürzungen EGKS, EWG, GASP, WWU, EZB?
4. Welche Vorteile hat das „Schengener Abkommen" für den Bürger und die Wirtschaft?
5. Was sind die wichtigsten Ziele der GASP?
6. Nennen Sie die Organe der EU und deren Aufgaben.
7. Welche Änderungen sind im Vertrag von Lissabon vereinbart worden?
8. Vergleichen Sie das Stimmungsbild der EU-Bürger mit Ihren eigenen Ansichten.

Handlungsimpulse

A Ein Zukunftsbild entwerfen

Die Europäische Union ist unsere wirtschaftliche, politische und soziale Zukunft. Entwerfen Sie ein Zukunftsbild „Europa 2050", indem Sie zunächst in Form eines Brainstormings Ideen sammeln und danach in Gruppen ein Zukunftsbild entwerfen. Präsentieren Sie Ihre Gruppenergebnisse.

B Internet-Recherche

Informieren Sie sich über die aktuelle Politik und Entwicklung der Europäischen Union über die Internetseiten der EU: www.europa.eu.int

C „Jugend diskutiert"

Sammeln Sie in Gruppen Argumente für und gegen die Aufnahme der Türkei in die Europäische Union. Halten Sie ein Plädoyer und tauschen Sie die Pro- und Kontra-Argumente vor dem Plenum aus. Führen Sie im Plenum eine Schlussabstimmung durch.

D Eine Umfrage durchführen

Führen Sie mit Ihrer Lerngruppe eine Befragung/Umfrage zum Thema „Zukunft der EU" durch. Entwerfen Sie einen Fragebogen.
Werten Sie die Ergebnisse aus und präsentieren Sie diese auf einer Wandzeitung oder in einer Schülerzeitung.

Globalisierung

1　Erscheinungsformen und Ursachen

Die Welt im Umbruch

Aus einem Gespräch zwischen Schülern über das Internet

Laura Gestern habe ich meinen Familiennamen als Suchbegriff ins Internet eingegeben und eine Vielzahl von Internet-Adressen erhalten. Sogar aus Amerika!

Sarah Jetzt kannst du dich mit deinen Namensvettern in Verbindung setzen. Im Internet habt ihr eine gemeinsame Anlaufstelle zur weltweiten Kommunikation.

Laura Toll, man sitzt zu Hause am Computer, surft kurz nach Amerika zur Homepage eines Freundes, klickt sich in seine Chat-Seite ein, liest, welchen Witz gerade der Kumpel aus China reißt, speichert ihn ab, surft zur Freundin nach Schweden und hinterlegt ihn ihr als Geburtstagsgruß. Die Welt ist ein Dorf!

Sarah So ist es, im Internet spielen Grenzen keine Rolle mehr, man sitzt hier und ist doch dort und gleich wieder woanders!

Marko Wenn man Englisch spricht und mit dem Computer umgehen kann …

Peter … und genügend Geld für Computer und Gebühren hat.

Sarah Die Kosten kannst du ausgleichen, wenn du einen weltweiten Preisvergleich im Internet durchführst und die günstigsten Waren kaufst.

Peter Wenn wir unsere Musik übers Internet kaufen, können die Musikläden in der Stadt dichtmachen …

Marko … und die CD-Fabrik in Deutschland muss schließen, weil die Chinesen für einen Bruchteil unseres Lohnes arbeiten!

Sarah Zumindest erhalten die Musiker und Produzenten ihre Lizenzgebühren.

Peter Oder auch nicht. Unser Staat hat doch gar keine Möglichkeit, gegen illegale Downloads und CD-Produktion im Ausland vorzugehen.

Laura Das Problem löst sich doch von selbst: Die Chinesen können für uns gar keine CDs herstellen, weil sie ganz einfach den Geschmack der deutschen Jugend nicht kennen!

Marko Quatsch. Der Geschmack der Jugend ist doch überall gleich. Das kommt durch das Satellitenfernsehen. Alle sehen die gleichen Videoclips in den gleichen Musiksendern. Alle tragen dann die gleichen Klamotten und lieben die Hamburger amerikanischer Kettenrestaurants. Die Welt wächst zusammen!

Peter Das glaube ich nicht! Das Satellitenfernsehen treibt die Menschen auseinander. In unserer Nachbarschaft wohnt ein Türke, der schaut nur türkische Sender und kauft nur in türkischen Läden ein. Sein Körper ist zwar in Deutschland, aber mit seinem Kopf ist er in der Türkei. Wir wohnen zwar an einem Ort, aber wir leben in unterschiedlichen Welten.

1. Hat der Wohnort für unsere Lebenseinstellung an Bedeutung verloren?
2. Beurteilen Sie die Entwicklung eher positiv oder negativ?

1.1 Begriff der Globalisierung

Die Welt befindet sich im Umbruch. Sicherlich ist das schon immer der Fall gewesen. Nichts ist beständiger als der Wandel. Heute drängt sich jedoch der Eindruck auf, als gebe es eine spürbare Beschleunigung dieses Prozesses, als hätten wir es zu Beginn des 21. Jahrhunderts mit einer Veränderung von epochaler Tragweite zu tun.

Die Welt wächst immer stärker zusammen. Die Jugend von Asien liebt die gleiche Musik wie die in Europa, die von Amerika bevorzugt die gleiche Kleidung wie die in Australien. Modetrends sind nicht mehr ortsgebunden, sie sind weltumspannend. Die Angst vor einer Klimakatastrophe treibt Menschen in Montreal genauso auf die Straße wie in Berlin, AIDS hat das Sexualverhalten der Nigerianer genauso beeinflusst wie das der Koreaner. Die Umweltverschmutzung macht vor keiner Grenze Halt, Viren lassen sich durch keine Zollbeamten zurückweisen. Die Zahl der Internetanschlüsse wächst in Thailand wie in Brasilien unaufhörlich, die Helden japanischer Zeichentrickfilme sind den Kindern in Marokko genauso bekannt wie denen in Chile. Internet und Satellit machen Informationen im Prinzip für alle zugänglich.

Der geografische Raum als Begrenzung des menschlichen Denkens und Handelns verliert an Bedeutung. Der Globus in seiner Gesamtheit wird zum Handlungsfeld des einzelnen Menschen. Man sagt, die Welt werde zu einem globalen Dorf, wo jeder jeden treffen kann. Wie die Herausbildung einer weltweiten Jugendkultur zeigt, führt dieser Abbau von Grenzen zu einer Angleichung der Lebensformen. Er macht aber auch auf Unterschiede aufmerksam. So wird beispielsweise die eigene Kultur – etwa durch Zuwanderung – mit den Kulturen anderer Völker konfrontiert. Dieser **Prozess der weltweiten Vernetzung der Menschen** wird mit dem Begriff **Globalisierung** gekennzeichnet. Er gilt vielen bereits als das hervorstechende Merkmal des 21. Jahrhunderts.

Globalisierung ist ein vielfältiger Prozess. Er zeigt sich in Politik und Wirtschaft, Wissenschaft und Technik, Kunst und Kultur. Die einzelnen Bereiche lassen sich jedoch nicht klar voneinander trennen, sie wirken vielmehr gegenseitig aufeinander ein und beschleunigen dadurch zusätzlich die weltweite Vernetzung.

Am deutlichsten und wirkungsvollsten zeigt sich die Globalisierung in der Wirtschaft. Zwar werden die Exporte und Importe deutscher Unternehmen noch mehrheitlich innerhalb der Europäischen Union getätigt, die Wirtschaftsbeziehungen sind also eher noch regional als global, dennoch lassen sich einige Grundtendenzen des globalen Zeitalters erkennen.

Stufen der ökonomischen Globalisierung			
Phase 1	**Phase 2**	**Phase 3**	**Phase 4**
Neue Märkte werden erschlossen	**Erste Montageaufträge**	**Komplette Auslandsfertigung auf neuen Märkten**	**Globale Strategien**
Es werden lediglich Waren exportiert	Teile werden im Ausland produziert	Wird durch Verbesserung der Informationstechniken möglich	Strategische Partnerschaften sollen Wettbewerbsvorteile und Wissensvorsprung sichern
	Kostenvorteile sollen genutzt werden		
		Firmenteile arbeiten selbstständig vor Ort	

1.2 Verflechtungen in der Globalisierung

Weltweiter Handel

Noch einmal Exportweltmeister

Deutschland hat 2007 mit einem Ausfuhrrekord zum fünften Mal in Folge den Titel des Exportweltmeisters gewonnen. Der Wert der ausgeführten Waren wuchs um 8,5 % auf den Rekordwert von 969,1 Milliarden Euro, teilte das Statistische Bundesamt mit. Auf Platz zwei beim Weltexport liegt China mit umgerechnet rund 842 Milliarden Euro. Die aufstrebende Wirtschaftsmacht China hat in diesem Jahr die USA überholt und wird vorraussichtlich 2008 Deutschland den Weltmeistertitel streitig machen

Daniel Rhee-Piening, 09.02.2007, http://www.tagesspiegel.de/wirtschaft/;art271,1991510

Vom Welthandel sind wir alle betroffen. Gleichgültig, wo wir leben. Der Tee oder der Kaffee auf unserem Frühstückstisch kommt aus fernen Ländern, in denen umgekehrt die Autos, die wir hier bauen, gefahren werden.

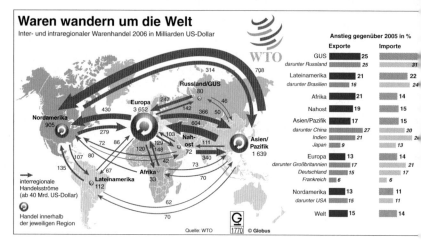

Der Austausch von Gütern wächst schneller als deren Produktion. Dies ist ein Zeichen dafür, dass die **weltweite Arbeitsteilung** zunimmt. Mehr und mehr Länder – arme wie reiche – sind eingebunden. Die Weltwirtschaft ändert sich rasant und mit ihr auch unsere Lebensweise.

Allein Deutschland hat nach Angaben des Statistischen Bundesamtes innerhalb von 10 Jahren die Ausfuhr **(Export)** und die Einfuhr **(Import)** von Waren mehr als verdoppelt. Seit Jahren übersteigt in unserem Land der Export den Import **(Handelsbilanzüberschuss)**.

Die Europäische Union mit ihren 27 Ländern ist mit Abstand die größte Handelsmacht der Welt. Obwohl die Region nur rund 10 % der Weltbevölkerung stellt, beträgt ihr Anteil über 20 %. Prognosen gehen jedoch davon aus, dass sich die Bedeutung der EU wegen der hohen Wachstumsraten vor allem in China in den nächsten Jahren relativ verringert.

1. Schauen Sie nach, wo die Produkte in Ihrem Lebensumfeld hergestellt wurden.
2. Stellen Sie die Struktur der Handelsströme dar.

Weltweite Investitionen

Die Zukunftsinvestition

Die Ludwigshafener BASF, das größte Chemie-unternehmen der Welt, und die Sinopec-Tochter Yangzi Petrochemical aus Nanjing haben im September 2005 das gemeinsame Chemie-werk BYC am Jangtse eröffnet. „Mit dem neuen Standort ist die Verbundwelt der BASF in China angekommen", sagte der BASF-Chef Jürgen Hambrecht bei der Eröffnung in Nanjing (...) Nanjing war in vielerlei Hinsicht der perfekte Ort für das gemeinsame Projekt. Die Stadt und der Bezirk Luhe, die Geburtsstätte der chine-sischen Chemieindustrie, liegen im Herzen des am schnellsten wachsenden Chemiemarkts in China (...) Das Projekt Nanjing ist wohl eine der ehrgeizigsten Direktinvestitionen, die je eine ausländische Firma in China getätigt hat. Für BASF ist es das größte Einzelinvestment in der 140-jährigen Unternehmensgeschichte (...) „Viele unserer Industrie-Kunden haben bereits ihren Schwerpunkt in Asien. Dieser Trend wird sich verstärken", sagt Hambrecht. „Für uns als global aufgestelltes Unternehmen gilt daher: Wir sind da, wo unsere Kunden sind." (...) Bis zum Jahr 2010 will das Joint-Venture (= Ge-meinschaftsunternehmen) rund 20% von Um-satz und Gewinn bei den Chemieaktivitäten in der Region Asien-Pazifik erzielen.

Sybille Wilhelm, 19.05.2006, http://www.magazine-deutschland.de/magazin/CH-BASF_3-06.php

Noch mehr als der Warenhandel haben weltweit die **Direktinvestitionen** zugenommen. Sie haben sich in den letzten zehn Jahren weltweit fast verzehnfacht (Dt. Bundesbank). Direktinvestitionen sind Investitionen inländischer Unternehmen im Ausland bzw. aus-ländischer Unternehmen im Inland. Über die Direktinvestitionen sind weltwirtschaft-lich orientierte Unternehmen auf ihren Exportmärkten unmittelbar vertreten. Sie ver-wandeln sich dabei immer mehr in **transnationale Unternehmen**, die keinem einzelnen Land mehr zuordenbar sind.

Porsche Cayenne zu zwei Dritteln aus dem Ausland

(In Leipzig) bekommt der Geländewagen nur seinen Feinschliff, nämlich die sportlichen Motoren und einige Ausstattungsdetails. Die Karosserie wird dagegen im slowakischen Bra-tislawa zusammengeschweißt, lackiert und mit der Inneneinrichtung versehen. Das Ganze läuft unter der Regie von VW, die dort auch das Schwestermodell Touareg fertigen. Nach Berechnungen von Ferdinand Dudenhöffer von der Fachhochschule Gelsenkirchen werden zwei Drittel der Wertschöpfung des gelände-gängigen Sportlers im Ausland geleistet. Das entspricht bei 34 000 EUR Produktionskosten für einen 61 000 EUR teuren Cayenne einer Summe von 22 870 EUR. Das Unternehmen selbst gibt den deutschen Anteil an den Ferti-gungskosten mit 55% an.

Allerdings sind genaue Berechnungen schwie-rig. So werden am Band in Bratislawa Teile in-ternationaler Zulieferer verbaut. Das fängt bei den Scheinwerfern von Hella (Deutschland) an, geht über die Armaturen von Faurecia (Frank-reich) und hört bei den Sitzen von Johnson Controls (USA) noch lange nicht auf. Der Fir-mensitz eines Zulieferers sagt aber nichts dar-über aus, woher die Teile wirklich stammen. Zudem kommen rund ein Drittel der Motor-komponenten für die Hochleistungsaggregate aus Zuffenhausen aus dem Ausland, schätzt der Auto-Professor.

Annette Marquardt, Dr. Marga Jennewein, in: Auto-Presse, 11.01.2006;
http://www.cesifo-group.de/portal/page/ifoHane/e-pr/e3echo/_echobasar?item_eink=echo-Auto-Presse-11-01-06.htm

1. Welche internationale Verflechtung hat Ihr Ausbildungsbetrieb?
2. Erläutern Sie die Bedeutung der Direktinvestitionen für den Standort Deutschland.

Weltweite Standortkonkurrenz

Transnationale Unternehmen suchen überall auf der Welt nach der Investitionsmöglichkeit mit den höchsten Gewinnen. Deshalb werden sie auch **„Global Players"** genannt. Wurden früher die Handelsbedingungen zwischen den Einzelstaaten festgelegt und dadurch der Waren- und Kapitalaustausch kontrolliert, so können die neuen Weltunternehmen unter ihrem Dach nunmehr beides frei verschieben. Die Steuerpflicht lässt sich unterlaufen und dadurch der wirtschaftliche Druck auf die Regierungen erhöhen. Nach Angaben der globalisierungskritischen Organisation attac werden über 40 % des Welthandels konzernintern abgewickelt (vgl. www.attac.de). Ein deutsches Beispiel für diesen Unternehmenstyp ist die Siemens AG, die weltweit mehr als 400 000 Mitarbeiter, davon über die Hälfte im Ausland, und 300 Fertigungsstätten in über 50 Ländern hat. Von den Gesamtumsätzen entfielen über 70 % auf das Ausland.

Produktion im Ausland sichert Arbeitsplätze in Deutschland

VDI Nachrichten, Düsseldorf, 7.1.05 – rok. Eine Alternative zur Auslagerung von Arbeitsplätzen an kostengünstigere Standorte gab und gibt es nicht. Mit Arbeitsplätzen im Ausland alimentieren Unternehmer Arbeitsplätze in Deutschland. So Stefan Ortseifen, Sprecher (einer Bank) im folgenden Beitrag.

(…) Bekanntlich ist Deutschland ein Hochlohnland. Diese Tatsache steht im internationalen Wettbewerb täglich auf dem Prüfstand und lässt sich nur bei einer hohen Produktivität der Beschäftigten aufrechterhalten.

Eine steigende Zahl von Arbeitsplätzen ist jedoch vor allem aufgrund der hohen Lohnzusatzkosten im internationalen Vergleich nicht mehr wettbewerbsfähig. Um als deutsches Unternehmen überhaupt Bestand zu haben, müssen Arbeitsplätze in Länder mit niedrigeren Herstellungskosten verlagert werden. In den letzten Jahren waren dies vor allem die Standorte Polen, Tschechische Republik, Ungarn und – als jüngste Entwicklung – Slowakei und baltische Staaten.

Analysiert man die Sektoren, die vor allem wegen der zu hohen Arbeitskosten den deutschen Standort weitgehend verlassen haben, dann sind dies in erster Linie die Textil- und Bekleidungsindustrie, die Leder- und Schuhindustrie, die Holzbearbeitung sowie Zulieferer aus der Automobilindustrie und dem Maschinenbau.

Um es klar zu sagen: Eine Alternative hierzu gab es nicht. Hätten die deutschen Mittelständler diesen Weg der Produktionsverlagerung nicht beschritten, wäre das Gros dieser Arbeitsplätze in Deutschland ohnehin verloren gegangen. Denn im internationalen Wettbewerb wären sie nicht länger rentabel gewesen. Durch die Verlagerung war es immerhin möglich, im Rahmen einer Mischkalkulation einen Teil der Arbeitsplätze in Deutschland zu halten. Oder wie es neulich ein Kunde von uns sagte: „Ich brauche die Erträge im Ausland, um Arbeitsplätze in Deutschland zu alimentieren."

Stefan Ortseifen, in: VDI Nachrichten, 07.01.2005 (gekürzt)

1. Wie beurteilen Sie die Aussagen des Bankchefs?
2. Welche Möglichkeiten sehen Sie, den Produktionsstandort Deutschland bei angemessenen Löhnen zu halten?

Weltweite Kapitalströme

Unternehmen müssen investieren, wenn sie im globalen Wettbewerb bestehen wollen. Dazu brauchen sie Geld. Eine Möglichkeit besteht darin, an der Börse Anteile am Unternehmen **(Aktien)** zu verkaufen. Selbst kleinere Unternehmen machen davon zunehmend Gebrauch. Die Käufer erhoffen sich eine hohe Gewinnausschüttung (Dividende) und einen steigenden Verkaufswert (Kursgewinn) ihres Anteils. Treffen ihre Erwartungen nicht zu, werden die Anteile in der Regel wieder verkauft. Durch das Internet hat sich der An- und Verkauf solcher Wertpapiere erheblich beschleunigt. Von zu Hause aus können in Sekundenschnelle Wertpapiere aus der ganzen Welt ge- und verkauft werden. Auf der Suche nach der höchsten Verzinsung **(Rendite)** fließt das Kapital rund um die Erde. Dies macht die **Finanzmärkte** sehr empfindsam: Selbst kleinere negative Nachrichten können blitzschnell tief greifende Störungen der Weltwirtschaft auslösen. Um dem zu begegnen, wird vielfach eine Steuer gefordert, die die Finanzgeschäfte verteuert und dadurch den globalen Kapitalfluss verlangsamt **(Tobin-Steuer)**.

Rettung durch Heuschrecken

So sehr Hedge-Fonds in Deutschland auch als Heuschrecken verschrien sind, sie steuern Liquidität in Situationen bei, in denen traditionelle Geldgeber keine Kredite mehr vergeben. Es hat sich gezeigt, dass mehrere deutsche Unternehmen mit diesem Kapitaleinsatz von Hedge-Fonds gerettet werden konnten. Andernfalls gäbe es diese Unternehmen heute nicht mehr.

FAZ, 16.12.2005, Nr. 293 / Seite 27

Neben Einzelwerten können alternativ Anteile an einem Wertpapierkorb **(Investmentfonds)** erworben werden. Sie sind besonders für Kleinanleger attraktiv, da der An- und Verkauf der darin enthaltenen Wertpapiere durch Manager gegen Provision erfolgt. **Hedge-Fonds** sind Fonds ohne Kaufbeschränkungen. Sie können sogar Kredite aufnehmen, um Kapitalanlagen zu finanzieren. Hedge-Fonds gehen sehr hohe Risiken ein, um sehr hohe Gewinnchancen zu erhalten. Je erfolgreicher sie dabei sind, desto höher ist der Wert ihrer Fondsanteile und damit das globale Kaufinteresse. Das wissen die Fondsmanager und wirken deshalb über ihre Rechte als Eigentümer auf die Unternehmenspolitik ein. Häufig führt dies dazu, dass sie nur noch die Gewinninteressen ihrer internationalen Kapitalanleger im Auge haben und die Interessen der Beschäftigen oder der Umwelt völlig außer Acht lassen.

Hedge-Fonds erpressen Cewe Color

Der größte europäische Fotoentwickler, Cewe Color, teilte mit, dass US-amerikanische Hedge-Fonds Management und Aufsichtsrat stürzen und eine Sonderausschüttung erzwingen wollen. Nach Angaben des Unternehmens drängen die Hedge-Fonds auf eine Sonderdividende von 37 bis 120 Millionen Euro, obwohl bei Cewe Color Umsatz und Gewinn schrumpfen. Das Eigenkapital beläuft sich auf 113 Millionen Euro. Um die Ausschüttung finanzieren zu können, soll Cewe neue Schulden machen. Der Cewe-Color-Chef sagte, vergangenes Jahr seien 700 von 3 700 Stellen abgebaut worden. Cewe Color benötige Kapital für Investitionen und die Sicherung der verbleibenden Arbeitsplätze. „Mit mir wird es keine Sonderausschüttung geben, wenn zugleich Mitarbeiter entlassen und Sozialplanverhandlungen geführt werden", sagte der Vorstandschef.

Martin Hesse, Süddeutsche Zeitung, 31.01.2007

1. Weshalb wird der globale Finanzmarkt immer empfindlicher?
2. Diskutieren Sie die Vor- und Nachteile der Hedge-Fonds.

Weltweite Kultur

„Fast Food passt nicht zu unserer Lebensart"
McDonald's in Kreuzberg? Undenkbar, sagen viele Kreuzberger und sind dabei, sich dagegen zu formieren. Viele haben Angst davor, dass die Kiez-Atmosphäre durch eine Niederlassung der Fast-Food-Kette zerstört wird. McDonald's passe nicht in den Kiez, in dem es viele alternative Restaurants und Läden gibt, darunter etliche, die natur-belassenes Essen anbieten. Dieses Vorhaben treibt auch eine Bürgerinitiative um: „Wir wollen verhindern, dass die Schüler das Schulessen für ein ungesundes Fast-Food-Menü stehen lassen." Außerdem habe man Angst, dass der Großkonzern den kleinen Unter-nehmen und Gewerbetreibenden im Kiez das Leben schwer machen könnte; „Das viel-fältige Angebot, das den Charakter dieses Stadtteils prägt, darf nicht zerstört werden."

Nach: Regina Köhler, 13.05.2007;
http://www.welt.de/berlin/article870536/Fast_Food_passt_nicht_zu_unserer_Lebensart.html

Die Globalisierung der Wirtschaft beeinflusst auch die Kultur der Menschen, das heißt die Art und Weise, wie sie leben: Die Fast-Food-Kette McDonald's prägt rund um den Erdball das Essverhalten junger Leute. Das Format der Quizsendung „Wer wird Millio-när?" wurde an nahezu alle TV-Sender der Welt verkauft und formt überall die Sehge-wohnheiten der TV-Zuschauer. Dieser globalen Konkurrenz sind die lokalen Produkte oft nicht gewachsen und verschwinden vom heimischen Markt. Übrig bleibt ein Wa-renangebot, das sich überall gleicht und die Lebensweise der Menschen weltweit ver-einheitlicht **(Harmonisierung)**.

Darin liegt die Gefahr, dass die Menschen ihre Beziehung zur traditionellen Kultur verlie-ren: Ihre lokale Identität nimmt ab und ihr sozialer Zusammenhalt wird geringer. Häufig stößt dies eine Gegenbewegung an: Die kulturellen Eigenarten werden bewusst gelebt, teils neben anderen Kulturkreisen **(Differenzierung)**. Die globalen Warenproduzenten greifen diese Tendenz auf und variieren ihre Produkte nach den speziellen Lebensweisen ihrer Kunden. So bietet beispielsweise McDonald's Hamburger an, die „Halal" sind, das heißt nach islamischen Vorgaben hergestellt wurden **(„Glokalisierung")**.

Die kulturelle Vielfalt wird vor allem in **„Global Cities"** wie New York, London oder Tokio sichtbar. Von dort aus steuern transnationale Unternehmen ihre weltweiten Netzwerke. Dazu beschäftigen sie Arbeitskräfte aus allen Kulturkreisen der Erde. Aus der Begegnung der Kulturen entstehen Mischformen **(Hybridisierung)**. Ein Beispiel ist die Rap-Musik, die neben ihren karibischen und afroamerikanische Wurzeln mittlerwei-le auch europäische, arabische und asiatische Stilelemente in sich aufgenommen hat.

Jenseits aller unterschiedlichen Bewertungen, Hoffnungen, Befürchtungen ist ein Faktum gewiss: Die Zuordnung nach der Volksgruppe wird immer komplizierter. Die Zahl derer wächst, die aus den unterschiedlichsten Gründen ihre Heimat verlassen, für kürzere oder längere Zeit, vielleicht auch für immer; die Ländergrenzen überschreiten, hier geboren werden, da aufwachsen, dort heiraten und Kinder bekommen. Es ist keine Seltenheit mehr weiß und asiatisch oder arabisch und jüdisch zu sein.

Elisabeth Beck-Gernsheim (Soziologin):
Juden, Deutsche und andere, Erinnerungslandschaften, Frankfurt am Main, Suhrkamp, 1999

1. Suchen Sie aus Ihrem Lebensbereich Beispiele der kulturellen Globalisierung.
2. Diskutieren Sie die Chancen und Gefahren der kulturellen Globalisierung.

1.3 Ursachen und Trends der Globalisierung

Die Idee des Freihandels

Marion In meiner Nachbarschaft hat ein schicker Laden mit ausländischem Obst eröffnet. Dort gibt es Äpfel, die hast du auf deutschen Bäumen noch nicht gesehen.

Marion

Daniela Und die deutschen Obstbauern bleiben auf ihren Produkten sitzen und gehen vielleicht in Konkurs. Man sollte den Obstimport verbieten!

Marion Dann kaufen die Südländer auch nicht mehr unsere guten Maschinen.

Daniela Jeder sollte für seinen eigenen Markt produzieren.

Daniela

Marion Wenn man das macht, dann haben wir kleine Äpfel und die Südländer schlechte Maschinen, da bin ich doch eher für große Äpfel und gute Maschinen überall!

1. Welche ausländischen Produkte bevorzugen Sie?
2. Diskutieren Sie die Vor- und Nachteile des freien Warenverkehrs.

Der weltweite ungehinderte Austausch von Gütern und Dienstleistungen, der globale Freihandel, gilt als eine der Triebkräfte der Globalisierung. Er fußt auf der Theorie der „komparativen Kostenvorteile" von **David Ricardo**. Danach ist der Freihandel kein Nullsummenspiel, bei dem sich einzelne Staaten über den Export auf Kosten anderer bereichern. Die Theorie behauptet vielmehr, dass alle Staaten profitieren, wenn sie sich auf das spezialisieren, was sie am besten können, und dann untereinander Handel treiben. Dies liegt daran, dass durch die Spezialisierung größere Produktionsmengen hergestellt und Rationalisierungsvorteile wahrgenommen werden können.

Schutzzölle statt Freihandel

Der globale Wettbewerb nutzt nur dann allen Völkern, wenn die Bedingungen fair sind. Das Hauptproblem liegt in dem enormen Wettbewerbsdruck der Niedriglohnländer. Die Löhne in Asien betragen nur einen Bruchteil der deutschen. Solche Unterschiede lassen sich nur in wenigen Fällen durch eine höhere Produktivität ausgleichen. Durch Produktionsverlagerungen gehen vor allem einfache Tätigkeiten verloren. Nur wenige hoch qualifizierte und gut bezahlte bleiben übrig. Die Löhne geraten allgemein unter Druck, Konsum und Wachstum gehen zurück, das Einkommensgefälle steigt sprunghaft an, der soziale Friede ist gefährdet. Deshalb: vorübergehende Schutzzölle vor Dumpinglöhnen!

Autorentext

Der Freihandel befördert zudem den Wettbewerb. Er treibt Innovationen an und steigert so die Produktivität. Importe wirken als Motor des wirtschaftlichen und technischen Fortschritts. Ohne Freihandel wären die Volkswirtschaften zudem von der internationalen Forschung ausgeschlossen und müssten sozusagen das „Rad" immer wieder selbst neu erfinden.

Der Freihandel ist nicht ohne Risiko, weshalb immer wieder Maßnahmen zum Schutz der eigenen Volkswirtschaft gefordert werden **(Protektionismus)**.

Der Liberalisierungstrend in der Politik

Grundlage der Globalisierung sind die Bedingungen des freien Marktes. Damit diese weltweit zur Geltung kommen können, müssen die Einzelstaaten ihre Märkte öffnen und durch Gesetz die staatlichen Handelsbeschränkungen aufheben. Diese Politik heißt **Liberalisierung**. Zölle, Einfuhr-, Kapital- und Devisenverkehrsbeschränkungen sind zu beseitigen, Investitionen und geistiges Eigentum zu schützen. Seit Kriegsende wurden die durchschnittlichen weltweiten Zölle von ca. 40 % auf ca. 4 % gesenkt.

Der Liberalisierungstrend führt 1995 zur Gründung der Welthandelsorganisation **WTO** (World Trade Organization) mit Sitz in Genf. Als Sonderorganisation der **UNO** (United Nations Organization) hat sie die Aufgabe, den Welthandel zu fördern und zu über-wachen. Sie achtet beispielsweise darauf, dass die Nationalstaaten nicht durch finan-zielle Zuwendungen (Subventionen) oder gezielte Auftragsvergabe ihre heimischen Unternehmen gegenüber der ausländischen Konkurrenz begünstigen. Durch multi-laterale (= mehrstaatliche) Abkommen versucht die WTO den Welthandel weiter zu liberalisieren. So wurde u. a. vereinbart, dass die nationalen Telefonnetze auch auslän-dischen Unternehmen der Telekommunikation offenstehen.

Unterhalb der Weltwirtschaft wird die Globalisierung durch eine verstärkte regionale Integration der Wirtschaft beschleunigt. Beispiele hierfür sind die **Europäische Union** (vgl. Kap. EU) oder die **APEC** (Asia-Pacific Economic Cooperation).

Was, wenn ein Zigarettenkonzern die Grundschule übernähme?
Was, wenn ein Nahrungsmittelmulti die Wasserversorgung übernähme?
Was, wenn eine Briefkastenfirma die Müllentsorgung übernähme?
Was, wenn ein Designfood-Konzern Krankenhäuser übernähme?

GATS (General Agreement on Trade in Services) ist ein Abkommen für die weltweite Liberalisierung der Dienstleistungsmärkte (Wasserversorgung, Bildung usw.) im Ver-tragswerk der Welthandelsorganisation (WTO). Alle sollen sie den WTO-Prinzipien des Marktzuganges und der Gleichbehandlung in- und ausländischer Anbieter unterwor-fen werden. Das GATS zielt dabei u. a. darauf ab, dass staatliche Unterstützungsmaß-nahmen (Steuervergünstigungen, Subventionen usw.) für öffentliche oder im öffent-lichen Auftrag erbrachte Dienste in gleichem Maße ausländischen Privatanbietern ge-währt werden. Als negative Effekte dieser zunehmenden Konkurrenz werden von den GATS-Gegnern Qualitätseinbußen, Preissteigerungen, erschwerter Zugang für Arme, Entlassungen, Lohnsenkungen oder prekäre Beschäftigungsverhältnisse befürchtet.

1. Diskutieren Sie die Chancen und Gefahren, die mit GATS verbunden sind.
2. Welche Grenzen sollte die Politik dem freien Welthandel setzen?

Der technische Fortschritt

Überhaupt wird der technische Fortschritt die Arbeitswelt radikaler umkrempeln, als man heute weithin ahnt, meint Ian Pearson, Chef-Futurologe der British Telecom: „Schon jetzt kann man IT-Jobs nach Indien oder China out-sourcen. 2020 werden diese Jobs wahrscheinlich von Maschinen übernommen." Übrig bleiben nur noch Jobs für Kreative und solche Arbeiten, die eine unmittelbare physische Präsenz verlangen.

Quelle: Wolfgang Stieler, Eine Frage des Vertrauens, Der Spiegel, SPIEGEL ONLINE – 17. Januar 2006, 07:11;
http://www.spiegel.de/wirtschaft/0,1518,395489,00.html

Arbeit gibt es im Jahre 2025 genug. Sie erfordert allerdings ein hohes Maß an Flexibilität. 60-Stunden-Wochen sind genauso alltäglich wie wochenweise Freizeit. Individuelle Arbeitszeitmuster prägen den Markt. Und sie machen es immer schwieriger, das Privatleben zu planen. Denn die meisten Tätigkeiten werden kurzfristig angeboten. Sie sind projektbezogen – und somit auch befristet. Die Anforderungen der Wissensgesellschaft sind hoch. Ihre Dienstleister müssen jederzeit über aktuellstes Know-how verfügen – angeeignet über selbst bezahlte Fortbildung. Wer hier nicht investiert, dem geht die Arbeit aus.

Quelle: Martina Müller, nano online, 19.09.2000; http://www.3sat.de/3sat.php?http://www.3sat.de/nano/vision/10283/

Die Globalisierung wird wohl am stärksten durch den technischen Fortschritt angetrieben: Neue **Transporttechnologien** (Luftfahrttechnik, Containertechnologie, Antriebssysteme usw.) senken die Transportkosten und ermöglichen es, Güter an weltweit verstreuten Standorten herzustellen. Zur Koordination des globalen Produktionsprozesses werden neue **Informations- und Kommunikationstechnologien** eingesetzt (Satellitentechnik, Computertechnik, Internet usw.). Technische **Innovationen** lösen nicht nur vorhandene Probleme, sie stoßen auch Neuerungen in anderen Bereichen der Technik an. Dieses Wechselspiel der Erfindungen beschleunigt die Globalisierung erheblich.

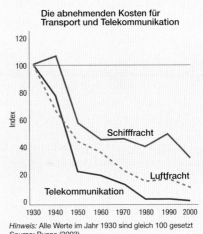

Durch den technischen Fortschritt verändert sich zugleich die Lebens- und Arbeitswelt der Menschen. Sie arbeiten zeitgleich im Team weltweit zusammen oder sie reparieren Maschinen über große Entfernungen hinweg. Damit ändern sich auch die beruflichen Anforderungen und die Lebensformen. Je mehr Menschen sich beispielsweise dem Internet anschließen, desto stärker wächst der Druck auf alle anderen, dies ebenfalls zu tun.

Ferngesteuert über den Acker

In zehn Jahren werden die ersten vollautomatischen Landmaschinen über die Äcker ziehen, meint Hermann Auernhammer, Professor für Landtechnik an der TU München-Weihenstephan. Das Steuer übernimmt der Satellit. Der Landwirt kann dann theoretisch von daheim aus die Feldarbeit überwachen. Das ist nicht nur bequem, sondern spart auch Geld und schont die Umwelt. Nach einer Bodenanalyse verteilt die Maschine genauso viel Saatgut und Dünger, wie notwendig ist (...)

http://www.br-online.de/wissen-bildung/thema/galileo/praxis.xml (27.08.2007)

1. Welche Veränderungen zeichnen sich durch den technischen Fortschritt an Ihrem Arbeitsplatz ab?
2. Diskutieren Sie die Chancen und Risiken des technischen Fortschritts für die Arbeitswelt.

2   Folgen der Globalisierung

2.1   Der globale Arbeitsmarkt

Ausländer gegen Arbeitskräftemangel

Der Standort Deutschland ist nach einer Studie der OECD für deutsche Krankenschwestern und Ärzte immer weniger attraktiv. Im internationalen Vergleich steht Deutschland, was die Abwanderung von medizinischen Fachkräften ins Ausland betrifft, nach den Philippinen und Großbritannien auf Platz drei. Auf der anderen Seite reicht die Zuwanderung von qualifiziertem Personal nicht aus, um die klaffende Lücke in der Pflege zu stopfen. Auch in anderen Branchen werden qualifizierte Arbeitskräfte durch den demografischen Wandel in Zukunft Mangelware. Die Statistik zeigt, dass bereits bis 2010 eine Arbeitskräftelücke von 1,3 % aufreißen wird. Tendenz: weiter steigend. Falls sich an der Migrationspolitik und der Attraktivität Deutschlands nichts ändert, wird die Erwerbsbevölkerung hierzulande bis zum Jahr 2020 um gut 6 % schrumpfen – mit negativen Auswirkungen für das wirtschaftliche Wachstum.

Nach: Nina Mareen Spranz am 25.06.2007;
http://www.welt.de/politik/article974489/Auslaender_gegen_den_Arbeitskraeftemangel.html?r=RSSa

Durch die weltweite Vernetzung der Produktionsstätten verlieren auf dem Arbeitsmarkt die räumlichen Grenzen an Bedeutung: Arbeitsplätze und Arbeitskräfte ziehen rund um den Globus. Die Wanderung von Arbeitskräften (**= Arbeitsmigration**) ist nicht neu. In den 1950er-Jahren kommen beispielsweise Millionen Flüchtlinge aus der DDR in den Westteil Deutschlands. Dort werden sie für den Wiederaufbau dringend gebraucht. Mit dem Mauerbau 1961 kommt dieser Zustrom von Menschen zum Stillstand. Um den weiterhin hohen Bedarf an Arbeitskräften zu decken, werden Menschen aus vielen Ländern für eine Tätigkeit in Deutschland angeworben. Seit der Wirtschaftskrise 1973 ist die Anwerbung gestoppt. **Zuwanderung** erfolgt nur aus Gründen der Familienzusammenführung, der Verfolgung oder der Vertreibung. Zwischenzeitlich werden jedoch wieder Stimmen laut, die eine Erleichterung der Zuwanderung insbesondere von qualifizierten Arbeitskräften fordern. Als Grund wird die rückläufige Bevölkerungszahl in Deutschland aufgeführt.

1. Suchen Sie Beispiele von Arbeitsmigration aus Ihrem eigenen Lebensumfeld.
2. Diskutieren Sie den Inhalt der Karikatur.

2.2   Gefahren im globalen Arbeitsmarkt

These 1:
Zu hohe Arbeitskosten können zur **Ver-lagerung** von **Arbeitsplätzen** ins Ausland führen. Im internationalen Vergleich liegt Deutschland auf einem Spitzenplatz. Das liegt vor allem an den Lohnnebenkosten (z. B. Sozialversicherungsbeiträge oder Urlaubstage). Rund zwei Drittel aller Produktionsverlagerungen haben Kostengründe.

Gegenthese:
Die Verlagerung von Produktionsteilen „vernichtet" nicht nur Arbeitsplätze. Durch die Zulieferung kostengünstiger Einzelteile hilft sie den deutschen Standort zu sichern. Entscheidend für den Kostenvergleich ist die Arbeitsproduktivität, d. h. das Verhältnis von Lohnkosten und der erzielten Wertschöpfung. Auch hier hat Deutschland eine Spitzenposition. Hohe Löhne können demnach international konkurrenzfähig sein, wenn die Arbeit durch den Einsatz moderner Technologien und Organisationsformen ebenfalls effektiv ist.

These 2:
Importe billiger Konkurrenten können inländische Anbieter verdrängen. In den letzten zehn Jahren hat sich der Import nach Deutschland fast verdoppelt (vgl. Statist. Bundesamt). Auch wenn sie vom Export übertroffen werden, verweisen sie auf eine verschärfte Konkurrenzsituation. Inländische Unternehmen sind gezwungen, zu rationalisieren und gegebenenfalls Arbeitsplätze abzubauen. Die Volkswagen AG hat beispielsweise innerhalb von zehn Jahren die Produktivität so stark gesteigert, dass ein Auto mit der Hälfte der Mitarbeiter hergestellt werden kann.

Gegenthese:
Damit sichert sich das Unternehmen zugleich seine internationale Wettbewerbsfähigkeit und kann durch eine Absatzsteigerung seine Beschäftigtenzahlen halten. Die Anpassung durch Rationalisierung ist ein ständiger Prozess und nur dann erfolgreich, wenn die weltweit neuesten Technologien importiert und in der heimischen Wirtschaft eingesetzt werden.

These 3:
Ein offener globaler Arbeitsmarkt kann zu einer Zuwanderung in Hochlohnländer führen und den **Wettbewerbsdruck für die inländischen Arbeitskräfte** erhöhen.

Gegenthese:
Nationale Lohnunterschiede haben jedoch nur eine untergeordnete Bedeutung für die Wanderung von Arbeitskräften. Dies tritt in der Regel nur ein, wenn das eigene Einkommen das Verdienstniveau des Heimatlandes erheblich unterschreitet oder eine gezielte Anwerbung erfolgt. Qualifizierte Arbeitskräfte sind mobiler. Ihr Wissen und Können ist weltweit gefragt. Wird ihr Know-how für die heimische Wirtschaft gewonnen, tragen sie zur Sicherung der Wettbewerbsfähigkeit des Standortes erheblich bei.

1. Erläutern Sie die Gefahren der Globalisierung auf dem Arbeitsmarkt.
2. Welche Argumente lassen sich dagegen vorbringen?

2.3 Chancen im globalen Arbeitsmarkt

Tobias (32) hat in seiner saarländischen Heimatstadt Kfz-Mechaniker gelernt. Jetzt ist er Ausbilder im US-Werk eines europäischen Autoherstellers. Schon während der Ausbildung nahm er an einem Austauschprogramm mit Frankreich teil. Fremdsprachen wurden zum Hobby. Seine internationale Karriere fing als Geselle in einem Kfz-Betrieb in Straßburg an. Seither war er mit wechselnden Aufgaben in fünf verschiedenen Ländern tätig. Tobias ist fachlich versiert, hat vielfältige praktische Erfahrungen, ist mehrsprachig. Und er ist flexibel genug, längere Zeit im Ausland zu arbeiten.

Spezialisten wie er haben gerade im Zeitalter der Globalisierung auf dem Arbeitsmarkt große Chancen und werden gut bezahlt. Diese „Global Player" sollen sich in fremde Kulturen und Mentalitäten einfügen, ausländische Mitarbeiter trainieren und multinationale Teams steuern können.

Betriebe, die global tätig sind, brauchen Mitarbeiter, die global tätig sein können. Das ist für den einzelnen Arbeitnehmer sicherlich eine Herausforderung, und zwar lebenslang. Es bietet ihm aber auch die Möglichkeit, sich beruflich und persönlich weiterzuentwickeln.

Um sich auf die globale Arbeitswelt vorzubereiten, besteht für Auszubildende die Möglichkeit, während der Ausbildung ein **Praktikum im Ausland** zu absolvieren. Azubis, die diese Chance ergreifen, ...

- lernen neue Techniken und Arbeitsmethoden kennen.
- haben neue berufliche Fähigkeiten erworben.
- können sich besser in einer Fremdsprache ausdrücken.
- lernen ein anderes Land und eine andere Mentalität kennen.
- beweisen Selbstständigkeit und Eigeninitiative.
- zeigen, dass sie engagiert, lernbereit, mobil und flexibel sind.
- haben ein selbstsichereres Auftreten.
- bekommen ein besseres Verständnis für andere Menschen.
- haben davon einen Nutzen für die gesamte weitere Ausbildung.
- können sich vorstellen, in einem anderen Land zu arbeiten.
- haben den Grundstein für lebenslange Weiterbildung gelegt.

Die im Ausland erworbenen persönlichen Fähigkeiten, Kompetenzen und Qualifikationen werden im **„Europass"** dokumentiert. Er vermittelt zusammen mit anderen Angaben ein umfassendes Bild einer Person und erleichtert in Bewerbungsverfahren die Vergleichbarkeit mit Arbeitskräften aus anderen europäischen Staaten.

1. Diskutieren Sie die Vor- und Nachteile von Auslandspraktika für Azubis.
2. Wie können sich Arbeitnehmer dauerhaft auf den globalen Arbeitsmarkt einstellen?

3 Handlungsfeld globale Gerechtigkeit

3.1 Das Wohlstandsgefälle

Globalisierung

1. Auf welches Problem macht die Zeichnung aufmerksam?
2. Worauf führt der Zeichner die Probleme zurück?

Der Wohlstand auf unserer Erde ist ungleich verteilt. Den obersten 10 % der erwachsenen Weltbevölkerung gehören nach einer Studie der Vereinten Nationen rund 85 % des **Weltvermögens** (Netto-Haushaltsvermögen), der unteren Hälfte nur 1 %. 90 % des weltweiten Reichtums befinden sich in Nordamerika, Europa und im asiatisch-pazifischen Raum (Japan, Australien).

Etwa eine Milliarde Menschen (2004) muss pro Tag mit einer Kaufkraft von weniger als einem US-Dollar auskommen (**„absolute Armut"**), während die 500 reichsten Frauen und Männer gemeinsam ein größeres **Einkommen** als die ärmsten 416 Millionen haben. Das Durchschnittseinkommen in den Entwicklungsländern betrug um 1900 ein Viertel von dem in den Industrieländern. Inzwischen liegt das Verhältnis bei 1 zu 30.

Nicht nur zwischen Industrie- und Entwicklungsländern ist der Reichtum gespalten, sondern auch innerhalb der Industrieländer. In den USA entfallen beispielsweise 70 % des gesamten Privatvermögens auf gerade mal 10 % der Bevölkerung. In den wohlhabenden Staaten gibt es zwar in der Regel durch die Sozialgesetzgebung keine die Existenz bedrohende Armut wie in den Entwicklungsländern, jedoch ist dort eine in den letzten Jahren zunehmende **„relative Armut"** festzustellen. Diese liegt vor, wenn der Lebensstandard eines Menschen erheblich unter dem allgemeinen Durchschnitt liegt. Betroffen sind vor allem junge Menschen. So müssen in Deutschland im Jahr 2006 ca. 1,9 Millionen Kinder unter 15 Jahren von Sozialleistungen leben (Bremer Institut für Arbeitsmarktforschung und Jugendberufshilfe).

3.2 Entwicklungspartnerschaft

Soziale, ökonomische, ökologische und politische Entwicklung gehören zusammen
Die vier Zieldimensionen der deutschen Entwicklungspolitik

Quelle: Orientierungsrahmen für den Lernbereich Globale Entwicklung im Rahmen einer Bildung für nachhaltige Entwicklung. Ergebnis eines gemeinsamen Projekts der Kultusministerkonferenz und des Bundesministeriums für wirtschaftliche Zusammenarbeit und Entwicklung (BMZ) Bonn, Juni 2007

Wir leben in einer Welt, aber in verschiedenen Zonen des Wohlstands: im Norden die wohlhabenden Industriestaaten **("Erste Welt")** und im Süden die sogenannten ärmeren Entwicklungsländer **("Dritte Welt")**. Letztere teilen sich noch einmal auf: in Staaten, die wirtschaftlich aufschließen **("Schwellenländer")**, und in Staaten mit sehr geringen Entwicklungschancen **("Vierte Welt")**. Daneben gibt es die Staaten des ehemaligen Ostblocks **("Zweite Welt")**. Sie werden heute als "Transformationsstaaten" bezeichnet, weil sie sich im Übergang zur Marktwirtschaft befinden.

Seit dem Ende des Zweiten Weltkrieges bemüht sich die Weltgemeinschaft, das globale Wohlstandsgefälle abzumildern. Nicht nur aus moralischen Erwägungen, sondern auch aus der Einsicht heraus, dass Verhältnisse, die als ungerecht empfunden werden, Spannungen auslösen, die nicht selten in Terror, Krieg und Bürgerkrieg umschlagen. Wer in Frieden und Sicherheit leben will, so die Auffassung der Vereinten Nationen, der muss sich für Gerechtigkeit, Wohlstand, Demokratie und eine gesunde Umwelt auf dem gesamten Globus einsetzen. Zur Jahrtausendwende haben sich deshalb die UN-Mitgliedstaaten verpflichtet **(Millenniumserklärung)**, bis 2015 die folgenden Ziele ("Millennium Development Goals", kurz "MDGs") zu erreichen:

Ziel 1:	Die Zahl der unter Hunger und Armut leidenden Menschen halbieren!
Ziel 2:	Allen Kindern eine Grundschulausbildung ermöglichen!
Ziel 3:	Die Gleichstellung der Frauen fördern!
Ziel 4:	Die Kindersterblichkeit verringern!
Ziel 5:	Die Gesundheit der Mütter verbessern!
Ziel 6:	HIV/AIDS, Malaria und andere übertragbare Krankheiten bekämpfen!
Ziel 7:	Den Schutz der Umwelt verbessern!
Ziel 8:	Eine weltweite Entwicklungspartnerschaft aufbauen!

Kritik der Welthungerhilfe:

"Wir können die Ziele nur erreichen, wenn wir in Fachkräfte im Gesundheitswesen und in Lehrer investieren (...) Stattdessen verfolgt die EU offenbar andere Prioritäten (...) Nur eine davon betrifft die Millenniumsentwicklungsziele. "Bei den anderen geht es darum, die afrikanischen Länder zu Maßnahmen gegen Migration, für Handelsliberalisierung und Terrorismusbekämpfung zu bewegen", sagt die EU-Expertin der Welthungerhilfe Dederichs-Bain. "Die Eigeninteressen der EU stehen also ganz offensichtlich vor der Armutsbekämpfung."

Welthungerhilfe: EU-Entwicklungshilfe für Afrika verfehlt Milleniumsentwicklungsziele, unter: http://www.welthungerhilfe.de/entwicklungshilfe-2015-watch.html, Beitrag vom 26.06.2007 (Auszug)

1. Welche Kritik wird von der Welthungerhilfe an der EU geübt?
2. Diskutieren Sie, ob die EU dem Vorschlag der Welthungerhilfe folgen soll.

3.3 Schwellenländer

Was ein **Schwellenland** kennzeichnet, ist nicht eindeutig geklärt. Gemeinsam ist allen eine hohe wirtschaftliche Wachstumsrate, die die der Industriestaaten übertrifft. Je nach Definition werden bis zu 40 Staaten als Schwellenländer bezeichnet. Die größten sind die Volksrepublik China, Indien, Südafrika, Brasilien und Mexiko. Einige Schwellenländer werden zwischenzeitlich den Industriestaaten gleichgesetzt wie die sogenannten **„vier kleinen Tiger"** Taiwan, Südkorea, Singapur und Hongkong (seit 1997 als Sonderverwaltungszone zu China gehörend).

Die Vergangenheit zeigt, dass die wirtschaftliche Entwicklung der Schwellenländer immer wieder starken **Rückschlägen** unterworfen ist. Ende des vergangenen Jahrhunderts halbierte sich beispielsweise in Thailand das Durchschnittseinkommen innerhalb von zwei Jahren. Unruhen und politische Instabilität bleiben in diesen Phasen nicht aus. Die **Ursachen** dieser Krisen liegen zum einen bei den jeweiligen Schwellenländern selbst: In vielen gibt es Korruption und eine große Zahl leichtfertiger Spekulanten (z. B. Immobilienmarkt). Zum anderen sind die Krisen eine Folge der globalen Kapitalströme: Das Geld fließt immer schneller um den Globus und die internationalen Geldgeber nehmen keine Rücksicht auf die lokalen Wirtschaftsverhältnisse. (Siehe S. 339)

Gefordert wird deshalb eine neue **Weltwirtschaftsordnung**, in der zum Schutz der Schwächsten und der Umwelt der globale Markt Regeln unterworfen ist. Die Einhaltung der Vorschriften wird darin über demokratische Einrichtungen gewährleistet, über die die Weltgemeinschaft schon heute verfügt. Die Organisation für wirtschaftliche Zusammenarbeit und Entwicklung **(OECD)** hat als ersten Schritt die Aufgabe bekommen, Gespräche zwischen Industrie- und Entwicklungsländern über Themen wie Investitionsfreiheit, den Schutz geistigen Eigentums, Entwicklungshilfe oder Energieeffizienz zu führen.

Schwellenländer als Herausforderung:

Solange die Macht, also die Geldverhältnisse (…) klar waren, sprachen die westlichen Mächte von Freiheit und meinten: Ökonomie (…) Aber Freiheit heißt vor allem Freiheit für die westlichen Unternehmen. Längst machen China und Indien Profite mit deutschem Know-how. Mit dem Geländewagen „Landwind" greift die chinesische Automobilindustrie den europäischen Markt an – unschlagbar günstig, Geiz ist geil und China billiger als Aldi. Noch ist die deutsche Technik überlegen. Aber wie lange noch? Wie können wir die neue Form der Globalisierung überleben? (...) Durch welche Stärken können wir in Zukunft bestehen? In der Bevölkerungsentwicklung haben China und Indien die Nase vorn. Sie sind jung, zukunftsorientiert und immer besser ausgebildet: zweieinhalb Milliarden Menschen. Demgegenüber steht die Überalterung der deutschen Bevölkerung. Die Angst vor dem „gelben Mann" ist so aktuell wie nie. Was lässt sich ihr entgegensetzen?

Karsten Umlauf für Kulturzeit, 26.09.2005; http://www.3sat.de/kulturzeit/themen/83667/index.html

1. Welchen Problemen sind die Schwellenländer ausgesetzt?
2. Geben Sie Antworten auf die Fragen im Textauszug.

3.4 Arme Entwicklungsländer

1. Interpretieren Sie die Karikatur.
2. Über welche Katastrophen in Afrika wird derzeit berichtet?

In den ärmsten Entwicklungsländern **(Least Developed Countries, kurz LDC)** leben zusammen rund 500 Millionen Menschen. Sie befinden sich überwiegend in Afrika. Nach Angaben der Welthungerhilfe müssen drei Viertel von ihnen mit weniger als zwei Dollar am Tag auskommen. Ein Drittel aller Kleinkinder ist unterernährt, die Lebenserwartung ist infolge von Aids auf 44 Jahre gesunken. Zwei von drei Einwohnern haben keinen Zugang zu sauberem Wasser.

Die **Ursachen** für diesen Zustand sind vielfältig. Sehr häufig werden die **Subventionen** (staatliche Zuschüsse) für die Landwirtschaft in den Industrieländern verantwortlich gemacht. Sie machen deren Produkte auf dem Weltmarkt so billig, dass sie die der Bauern aus den Entwicklungsländern vom Markt verdrängen. Die Produktion geht dann dort zurück, Arbeitsplätze gehen verloren, die Armut steigt und die Abhängigkeit von Nahrungsmittelimporten nimmt zu.

Sprit für die Welt

Das Getreide, das nötig ist, um den 120 Liter fassenden Tank eines Geländewagens mit Ethanol zu füllen, reicht aus, um einen Menschen ein Jahr lang zu ernähren (...) Seit fast alles, was essbar ist, zu Treibstoff verarbeitet werden kann – ob Weizen, Reis, Sojabohnen oder Zuckerrohr – verschwimmen die Grenzen zwischen der Nahrungsmittel- und der Energieindustrie (...) Wenn der Ölpreis steigt, wird es immer profitabler, aus Agrarprodukten Biogas, Ethanol oder Biodiesel herzustellen (...) Fällt der Preis für die Verwertung als Nahrungsmittel unter den Preis für Benzin, verkaufen die Hersteller ihr Getreide an die Sprit- statt an die Brotfabriken (...) Für die zwei Milliarden ärmsten Menschen der Welt, die mindestens die Hälfte ihres Einkommens für Nahrung ausgeben, könnten steigende Getreidepreise schnell lebensbedrohlich werden. Sie könnten Aufstände um Nahrungsmittel in den Ländern auslösen, die auf Getreide-Importe angewiesen sind, und so den globalen ökonomischen Fortschritt gefährden.

SPIEGEL Special 1/07, Lester Brown

1. Ein EU-Landwirt erhält 2,50 EUR pro Rind und Tag. Beurteilen Sie diese Subvention vor dem Hintergrund der Armut in Afrika.
2. Diskutieren Sie die Konflikte aus der steigenden Produktion von Treibstoff aus Agrarprodukten und zeigen Sie Lösungswege auf.

3.5 Maßnahmen zur Entwicklungshilfe

„In der Entwicklung des globalen Marktplatzes dürfen die Menschenrechte nicht verloren gehen.

Freiheit an sich ist zu wertvoll, ihr Geist ist zu wichtig für den Fortschritt, als dass sie im Kampf um Wohlstand verschachert werden dürfte."

Kofi Annan, damaliger UN-Generalsekretär, AP-Meldung vom 18.09.1998

In der Entwicklungspolitik hat ein **Umdenken** eingesetzt. Der alte Glaube, die armen Länder seien arm, weil ihnen Kapital fehle, wird von vielen Experten mittlerweile als Täuschung gewertet. Der Schlüssel zu einer erfolgreichen Entwicklung liege vielmehr bei den nationalen Eliten, also bei jenen führenden Politikern, Unternehmern, Beamten usw., die die Entwicklung im Lande steuern. **„Good Governance"**, eine gute, korrekte Regierungsführung, sei die wichtigste Voraussetzung dafür, dass ausländische Hilfe überhaupt etwas bewirken könne.

Ein Ländervergleich in der Dritten Welt hat ergeben, dass überall dort, wo schwerpunktmäßig in die **Entwicklung der menschlichen Fähigkeiten** investiert wurde, die Arbeitslosigkeit abgenommen hat. Bildung, Gesundheit und Nahrung sind der Motor des wirtschaftlichen Fortschrittes. Hinzu kommt eine Vermögensverteilung, die allen die Chance gibt, aus eigener Kraft für den Lebensunterhalt zu sorgen.

Hilfeschrei gen Heiligendamm ...

Der Friedensnobelpreisträger Muhamad Yunus zur Entwicklungspolitik:

„Für mich steht immer eine Frage im Mittelpunkt: Was ändert sich durch die Entwicklungshilfe im Leben eines armen Menschen? (...) Lassen Sie mich das an einem Beispiel verdeutlichen. Zu Beginn meiner Arbeit in Bangladesch traf ich Frauen, die nur ein Kleid hatten und ihre Unterkunft nicht verlassen konnten, nachdem sie es gewaschen hatten. Wenn sie zwei Kleider haben, dann ist das eine gelungene Entwicklungshilfe (...) Wenn man eine Brücke bauen will, dann sollte den Auftrag ein Straßenbauunternehmen erhalten, dessen Eigentümer die armen Einheimischen sind. Sie erhalten durch die Brücke die Möglichkeit, Einnahmen zu erzielen. Wenn Menschen die Brücke nutzen wollen, müssen sie dafür zahlen. Wenn nicht, müssen sie den Fluss eben auf andere Weise überqueren. Zentral an meiner Idee ist, dass die Armen die Eigentumsrechte an dieser Brücke erhalten, denn dann kümmern sie sich auch um den Erhalt ihrer Einnahmequelle."
(Muhamad Yunus ist Gründer der Grameen Bank, der es durch die Vergabe von Kleinkre+diten gelungen ist, zahlreiche Arme in Bangladesch aus ihrer hoffnungslosen Lage zu befreien.)

FAZ, 24. Mai 2007, Man darf die Weltbank nicht hassen

1. Welche Kritik wird durch die Karikatur an der Entwicklungshilfe geübt?
2. Diskutieren Sie das Konzept der Entwicklungshilfe von Muhamad Yunus.

3.6   Dritte Welt und Tourismus

„Wir haben nichts gegen die deutschen Touristen. Aber (...) sie kommen aus Deutschland in deutschen Fliegern, organisiert von deutschen Führern, wohnen im deutschen Hotel, was sicher von deutschem Personal geführt wird. Das ist doch Ausbeutung!"

Professor Sergio Carvalho, Goa/Indien

Touristen in Ephesus, Türkei

1. Fragen Sie Ihre Mitschüler, welche Reiseziele Sie bereits besucht haben, und lassen Sie sie von ihren Eindrücken berichten.
2. Beziehen Sie Stellung zu dem Zitat.

Die Krise als Chance nutzen

Die Motive, aus denen radikale Islamisten die USA angegriffen haben, sind die gleichen, aus denen die Separatisten im Baskenland oder auf Korsika agieren. Je größer das Gefühl der Unterdrückung und Hoffnungslosigkeit, umso stärker wird der Druck, der sein Ventil sucht. Ventile können zielführende Verhandlungen oder Streiks sein – oder eben Terror. Und was bedeutet das alles für die Tourismusbranche? Denken wir doch einmal an die vielen Luxushotels in Ländern wie Tunesien, Marokko und Ägypten oder in noch ärmeren Ländern wie Gambia oder dem Senegal. Da kommen die Gäste an die üppigen Büfetts und beschweren sich, wenn mal ein braunes Blatt im Salat ist. Das Ganze geschieht unter den Augen der einheimischen Hotelangestellten, deren Familien oft in großer Armut leben. Sie beobachten, wie ihr wertvolles Wasser verschwendet wird, damit die Golfplätze schön grün sind und die Touristen täglich duschen können. Kleine Kinder lernen, dass sie mit Betteln mehr Geld verdienen können als der Vater, und gehen deshalb nicht zur Schule. Wir verstehen den Tourismus als Möglichkeit, den Lebensstandard des Gastlandes zu verbessern. Die Menschen bekommen Jobs in den Hotels und müssen nicht mehr hart auf den Feldern arbeiten. Doch genau dort fehlen diese Hände, und Lebensmittel müssen nun importiert werden. Hier muss angesetzt werden, wenn man das Problem grundlegend lösen möchte. Jeder Einzelne kann einen Beitrag zur dauerhaften Lösung dieses Problems leisten. Wir Touristiker, indem wir unsere Kunden für die Verantwortung gegenüber fremden Menschen und Kulturen sensibilisieren: Lassen Sie uns den Tourismus als Garanten für Frieden, Verständnis und Miteinander in der Welt verstehen und den Kultur-Tourismus und die Völkerverständigung fördern. Wenn wir das schaffen, so meine feste Überzeugung, wird die Branche gestärkt aus der Krise hervorgehen.

Rainer Nuyken, Atouro Gruppen- und Sonderreisen, 74199 Untergruppenbach, www.atouro.de http://www.tourism-watch.de/dt/24dt/24.krise/index.html (Oktober 2001)

1. Welche Gefahren des Tourismus in der Dritten Welt werden aufgeführt?
2. Diskutieren Sie die angeführten Lösungsvorschläge.

Zur Wiederholung

1. Erläutern Sie, was unter dem Begriff „Globalisierung" zu verstehen ist.
2. Stellen Sie die Bedeutung und die Struktur des deutschen Außenhandels dar.
3. Vergleichen Sie die Vor- und Nachteile von Direktinvestitionen ins Ausland für Deutschland.
4. Begründen Sie die Behauptung, das Internet mache die Finanzmärkte störanfälliger.
5. Diskutieren Sie die Forderung, Hedge-Fonds zu verbieten.
6. Stellen Sie die drei Formen der kulturellen Globalisierung dar.
7. Diskutieren Sie die These, der Freihandel förderte den Wohlstand aller.
8. Erläutern Sie die Rolle der WTO im Zusammenhang mit der Globalisierung.
9. Analysieren Sie die Rolle des technischen Fortschritts für die Globalisierung.
10. Stellen Sie den geschichtlichen Hintergrund der Migration nach Deutschland dar.
11. Beurteilen Sie die Forderung nach Zuwanderung in Deutschland.
12. Diskutieren Sie die Gefahren der Globalisierung am Arbeitsmarkt.
13. Erörtern Sie die Frage: „Soll ich ein Auslandspraktikum absolvieren?"
14. Beschreiben Sie das Wohlstandsgefälle auf unserer Erde.
15. Stellen Sie das Modell der vier Welten des Wohlstands dar.
16. Bewerten Sie die Milleniumserklärung der Vereinten Nationen.
17. Erörtern Sie die Frage: „Ist der wirtschaftliche Aufstieg Chinas eine Bedrohung?"
18. Analysieren Sie die Ursachen der Armut in den ärmsten Entwicklungsländern.
19. Erläutern Sie die Bedeutung von „Good Governance" für die Entwicklungspolitik.
20. Beurteilen Sie das Entwicklungskonzept des Friedensnobelpreisträgers Yunus.
21. Erörtern Sie die Chancen und Gefahren des Tourismus für die Dritte Welt.

Handlungsimpulse

A Ein Rollenspiel zur Entwicklungspolitik spielen

In einer Partei soll für das Wahlprogramm die Frage diskutiert werden, ob der Markt der EU für die landwirtschaftlichen Produkte aus den Entwicklungsländern geöffnet werden soll und alle Agrarsubventionen an die EU-Bauern gestrichen werden sollen. Die Runde setzt sich aus den folgenden Vertretern zusammen:

- ein Betriebsrat der Kraftwerksbau GmbH, die in die Dritte Welt exportiert,
- ein Landwirt aus einer industriearmen Region im Saarland,
- ein Vertreter vom Bund für Verbraucherschutz,
- ein Vertreter der Bundeswehr (sein Ziel: Frieden in der Dritten Welt),
- ein Vertreter des Naturschutzbundes (Experte für Güterverkehr),
- ein Vertreter des Finanzministeriums,
- ein Vertreter des Verbandes für Landschaftsschutz,
- je ein Bundestagsabgeordneter aus einer Großstadt und vom Land.

Bilden Sie für jeden Vertreter eine Beratergruppe. Legen Sie fest, mit welchem Ziel er in die Verhandlung gehen soll, und sammeln Sie Argumente. Alle Vertreter sind in einem Streitgespräch vor der Klasse vertreten. Vor und nach der Diskussion führt der Diskussionsleiter Abstimmungen in der Klasse durch.

Sachwortverzeichnis

Bildquellenverzeichnis

akg-images, Berlin, S. 136 rechts

AOK-Mediendienst, S. 77 (5x)

Bildarchiv Preußischer Kulturbesitz, Berlin, S. 120 oben links (Dietmar Katz), 120 unten links (SBB/Dietmar Katz), 121, 132 unten links (Joseph Schorer), 133, 136 links (Carl Weinrother), 138 (Heinrich Hoffmann), 140 oben (Friedrich Seidenstücker), 146 links (Carl Weinrother), 146 rechts (Heinrich Hoffmann)

Bundesarchiv Koblenz, S. 162 (Barch PlaK 003-004-016), 163 (Barch PlaK 003-004-019)

Bundesumweltministerium/H.-G. Oed, S. 97

Der Spiegel 40/2006, S. 268 rechts

Deutscher Bundestag, Berlin, S. 249, 258 (Werner Schüring)

Deutsches Museum, München, S. 29

dpa-infografik GmbH, Hamburg, S. 17, 33 (2x), 35, 45, 49, 54 (2x), 67, 101, 102, 192, 195 unten, 210, 211, 287, 288, 305, 314, 322 Mitte, 336

Earthlink e. V./Birgit Wilczek, Eije Pabst, S. 106

Fotolia.com, S. 316 (Pixel), 331 (Aelita)

Frankfurter Rundschau, S. 239

ich-will-wählen.de, S. 221 Mitte

imu-Infografik, Duisburg, S. 90

Informations- und Medienzentrale der Bundeswehr (IMZBw), S. 296 (3x), 298, 299 unten links, 325

Institut für Zeitungsforschung Dortmund, S. 165

Interfoto, München, S. 52 links (TV-yesterday)

© Landesamt für Kataster-, Vermessungs- und Kartenwesen Saarland 21681/08, S. 265

Landesarchiv Saarbrücken, S. 161, 172 (Walter Barbian), 174 (Erich Oettinger)

MEV Verlag GmbH, Augsburg, S. 16 (2x), 18 (2x), 40, 64, 70, 73, 85, 87 (2x), 112, 194 unten (2x), 212, 253 (3x), 259, 339, 341 (2x), 342 (4x), 346, 352

NATO Photo, S. 293

picture alliance, Frankfurt, S. 25 (akg-images/Erich Lessing), 32 (KPA/TopFoto), 52 rechts (dpa), 57 (VOTAVA dpa/votava), 61 (Sven Simon), 111 (ZB), 120 oben rechts (dpa), 177 (dpa, 2x), 222 (dpa), 245 (dpa), 260 (dpa), 262 (dpa), 264 (ZB), 266 (dpa), 282 (akg-images, 2x), 299 unten rechts (dpa), 304 (dpa)

Erich Schmidt Verlag, Berlin, S. 59, 63, 80, 82, 96, 110, 123, 126, 128, 135, 140 unten, 221 oben, 223, 244, 315, 322 unten, 324, 328

Staatskanzlei Saarland, S. 175

Stadtarchiv Saarbrücken, S. 132 oben links (GÖ 9-93), 132 oben rechts (AF 1618), 132 unten rechts, 166 oben (GÖ 24-20), 166 unten (AS 2531), 173 (GÖ 11003)

Süddeutsche Zeitung Photo, München, S. 130, 143, 150, 155 (Karl-Bernd Karwasz), 180, 181, 182 (AP), 183 (2x), 184, 185, 187 (Hans-Peter Stiebing), 188 (phototek.net/Thomas Imo), 195 Mitte (AP), 247, 311 (2x), 313

ullstein bild, Berlin, S. 120 unten rechts, 137, 169

www.isoplan.de, S. 49

Karikaturen/Zeichnungen

Renate Alf, S. 52 unten
Bildungsverlag EINS/Angelika Brauner, S. 246
Bildungsverlag EINS/Elisabeth Galas, S. 321
Bildungsverlag EINS/Oliver Wetterauer, S. 75
Horst Haitzinger, S. 51, 189, 252, 344
Wolfgang Horsch, S. 46
Cesar Klein © VG Bild-Kunst, Bonn 2009, S. 120 unten links
Kostas Koufogiorgos, S. 202
Peter Leger/Sammlung Haus der Geschichte Bonn, S. 220, 310
Waldemar Mandzel, S. 108 links
Gerhard Mester, S. 118, 268 links, 332
Burkhard Mohr, S. 11
Murschetz/CCC, www.c5.net, S. 284
Felix Mussil, S. 153, 207
Thomas Plaßmann, S. 108 rechts, 115
Heiko Sakurai, S. 194 oben, 350
Roger Schmidt, S. 263
Karl-Heinz Schoenfeld, S. 225
Ivan Steiger, S. 275
Klaus Stuttmann, S. 227, 250, 351
Götz Wiedenroth, S. 347
Jupp Wolter/Sammlung Haus der Geschichte Bonn, S. 272